Franz Wagner (Hrsg.)

Medizin
Momente der Veränderung

Springer-Verlag
Berlin Heidelberg New York
London Paris Tokyo

Dr. Franz Wagner, Ph.D. (Columbia Pacific University)

Johannes Kepler Universität Linz
Institut für Soziologie, Abteilung für Soziologische Theorie
Altenbergerstraße 69, A-4040 Linz

ISBN 3-540-50194-0 Springer-Verlag Berlin Heidelberg New York
ISBN 0-387-50194-0 Springer-Verlag New York Berlin Heidelberg

CIP-Titelaufnahme der Deutschen Bibliothek
Medizin: Momente der Veränderung / Franz Wagner (Hrsg.).
Berlin; Heidelberg; New York; London; Paris; Tokyo: Springer, 1989
ISBN 3-540-50194-0 (Berlin ...) brosch.
ISBN 0-387-50194-0 (New York ...) brosch.
NE: Wagner, Franz [Hrsg.]

Satz: Elsner & Behrens GmbH, Oftersheim
Druck- und Bindearbeiten: Weihert-Druck GmbH, Darmstadt
2119/3140-543210 – Gedruckt auf säurefreiem Papier

Vorwort

An dieser Stelle stehen in vielen Büchern nicht selten langatmige Rechtfertigungen und Erklärungen zum Inhalt und Aufbau, zur Wichtigkeit des Themas und zur Legitimation der gewählten Perspektive.

Auf all das möchte ich verzichten und dem Leser die dadurch gewonnene Zeit zur Verfügung stellen, um kurz nachzudenken über das eigene Arzt-Sein, über das Helfer-Sein, das Patient-Sein und über das verbindende Moment dieser Teilbereiche: das Mensch-Sein. Denn nur darin kann sich letztlich alle Medizin legitimieren – die Bücher über Medizin nicht ausgenommen.

Allen Autoren danke ich für die spontane und unkomplizierte Zusammenarbeit, und ich freue mich persönlich sehr darüber, daß die Idee zu diesem Projekt von allen Seiten größte Unterstützung gefunden hat.

Danken möchte ich auch den Mitarbeitern des Springer-Verlags, die in irgendeiner Form dazu beigetragen haben, daß dieses Buch erscheinen konnte; besonders aber Herrn Priv.-Doz. Dr. Graf-Baumann, der dieses Projekt von Anfang an sehr wohlwollend und liebevoll begleitet hat.

Meine Position, von welcher ich als Sozialwissenschaftler an das Thema Medizin herangehe, möchte ich dem Leser nicht vorenthalten. Sie ist entscheidende Triebfeder für das medizinsoziologische Engagement und könnte nicht besser ausgedrückt werden als mit den Worten Paul Lüths, der in seinem Buch *Medizin als Politik* schreibt:

Wir stehen vor der Unterscheidung zwischen der sozialen Realität Medizin, ihrer Praxis, und der Auffassung der Medizin als reiner Wissenschaft, sowie dem Widerspruch zwischen dem, was die Ärzte tun, und dem, was sie denken. *Medizin als Praxis ist Sozialwissenschaft* wie jede angewandte Wissenschaft, und um die Praxis der Medizin zu analysieren und zu interpretieren, bedarf es sozialwissenschaftlicher Kategorien und Methoden. *Medizin als reine Wissenschaft ist Naturwissenschaft*. Genau das ist das Selbstverständnis der Ärzte, die damit in Widerspruch stehen zu ihrem Handeln: denn die angewandte Medizin erweist sich soweit sozial determiniert, als es nicht ausreicht, einen Sektor von angewandter Medizin von reiner Medizin puristisch und abstrakt zu trennen. Von der Praxis her müßte vielmehr korrigiert werden, daß die Medizin stets beides ist: sowohl Naturwissenschaft (und ohne diese nicht denkbar) als auch Sozialwissenschaft (und ohne diese nicht praktizierbar).

Ich hatte bis kurz vor seinem Tod einen sehr erfrischenden wie gleichermaßen besinnlichen Briefwechsel mit Paul Lüth über seinen geplanten Beitrag für dieses Buch.

Diesen Beitrag fertigzustellen, blieb Paul Lüth keine Zeit mehr. Ihm möchte ich dieses Buch widmen.

Linz/D., Februar 1989   F. Wagner

Autorenverzeichnis

Deppe, Hans-Ulrich, Prof. Dr. med.
Abteilung für Medizinische Soziologie,
Johann Wolfgang Goethe-Universität,
Theodor-Stern-Kai 7, D-6000 Frankfurt am Main 70

Frischenschlager, Oskar, Dr. phil.
Institut für Medizinische Psychologie der Universität Wien,
Severingasse 9, A-1090 Wien

Gerhardt, Uta, Prof. Dr. rer. soc.
Abteilung Medizinische Soziologie der Universität Gießen,
Friedrichstraße 24, D-6300 Gießen

Glatzel, Johann, Prof. Dr. med.
Psychiatrisches Klinikum der Universität Mainz,
Langenbeckstraße 1, D-6500 Mainz

Gross, Peter, Prof. Dr. rer. pol.
Sozial- und Wirtschaftswissenschaftliche Fakultät,
Feldkirchenstraße 21, D-8600 Bamberg

Hartmann, Fritz, Prof. Dr. med.
Medizinische Hochschule Hannover,
Konstanty-Gutschow-Straße 8, D-3000 Hannover 61

Hitzler, Ronald, Dr.
Forschungsinstitut für Soziologie der Universität zu Köln
Greinstraße 2, D-5000 Köln 4

Honer, Anne, M.A.
Amt für Statistik und Einwohnerwesen der Stadt Köln
D-5000 Köln 1

Huebschmann, Heinrich, Dr. med.
Arzt für innere und Erinnerungsmedizin,
Biethsstraße 48, D-6900 Heidelberg 1

Illhardt, Franz-Josef, Dr. theol.
Institut für Geschichte der Medizin,
Albert-Ludwigs-Universität Freiburg,
Stefan-Meier-Straße 26, D-7800 Freiburg

Kerger, Hermann, Dr. med.
Akademie für ärztliche Fortbildung und Weiterbildung,
Carl-Oelemann-Weg 5–7, D-6350 Bad Nauheim

Koch, Traugott, Prof. Dr. theol.
Seminar für Systematische Theologie, Universität Hamburg,
Sedanstraße 19, D-2000 Hamburg 13

Labisch, Alfons, Prof. Dr. med. Dr. phil.
Fachbereich Sozialwesen, Gesamthochschule Kassel,
Arnold-Bode-Straße 10, D-3500 Kassel

Novak, Peter, Prof. Dr. med. Dr. phil.
Abteilung für Medizinische Soziologie, Universität Ulm,
Am Hochsträß 8, D-7900 Ulm

Petersen, Peter, Prof. Dr. med.
Arbeitsbereich Psychotherapie und Gynäkologische Psychosomatik,
Medizinische Hochschule Hannover,
Pasteurallee 5, D-3000 Hannover 51

Ringel, Erwin, Univ.-Prof. Dr. med.
Institut für Medizinische Psychologie der Universität Wien,
Severingasse 9, A-1090 Wien

Schmidt-Rost, Reinhard, Dr. theol.
Evangelisch-theologisches Seminar,
Hölderlinstraße 16, D-7400 Tübingen

Schreiner, Paul-Werner
Dipl.-Krankenpfleger,
Schriftleiter der Deutschen Krankenpflegezeitschrift,
Rendernerstraße 103, D-7440 Nürtingen

Vogt, Irmgard, Priv.-Doz. Dr.
Institut für Sozialpädagogik und Erwachsenenbildung,
Johann Wolfgang Goethe-Universität,
Feldbergstraße 42, D-6000 Frankfurt am Main 1

Wagner, Franz, Dr. rer. soc. oec., Ph. D. (Columbia Pacific University)
Institut für Soziologie, Johannes Kepler Universität,
Altenbergerstraße 69, A-4040 Linz

Wesiack, Wolfgang, Univ.-Prof. Dr. med.
Institut für Medizinische Psychologie und Psychotherapie,
Universitätsklinikum Innsbruck,
Sonnenburgstraße 16, A-6020 Innsbruck

Wieland, Wolfgang, Prof. Dr.
Philosophisches Seminar, Universität Heidelberg,
Marsiliusplatz 1, D-6900 Heidelberg 1

Inhaltsverzeichnis

Das Dreiecksverhältnis Patient–Arzt–Gesellschaft und sein Einfluß auf die ärztliche Ausbildung und Fortbildung

H. Kerger

Einführung

Eine Gesellschaft befindet sich stets im Wandel, und jede Epoche ist im Umbruch. Das Attribut, das wir unserem eigenen Zeitalter, dem 20. Jahrhundert, zusprechen müssen, ist die Schnelligkeit der Geschehnisse.

Dadurch, daß die so sehr verschiedenartigen Glieder unserer Gesellschaft sich dem Fluß der Ereignisse und der Veränderung von Anschauungen, Meinungen, Glaubens- inhalten, Beziehungen, Abhängigkeiten und Bewertungen ganz unterschiedlich rasch oder auch gar nicht anzupassen vermögen, entstehen Retardierungen, Konflikte, Spannungen, Proteste, Aggressionen, aber auch übereilte und opportunistische Angleichungen und Einordnungen, die früher oder später zum Mißerfolg führen. Eine Zeit schneller Veränderungen ist eine Zeit der Unruhe und der Auseinandersetzungen.

Die Beziehungen zwischen Arzt und Patient sind davon nicht ausgenommen. Sie waren lange Zeit hindurch scheinbar rein dual und wurden von dritter Seite kaum beeinflußt. Der erste offensichtliche und für die weitere Entwicklung entscheidende Einbruch geschah durch die gesetzliche Krankenversicherung, die immer größere Kreise umfaßte.

Zu diesem einflußreichen „zahlenden Dritten" gesellten sich nach und nach andere Einwirkungen und Abhängigkeiten, die sowohl die Ärzte als auch ihre Patienten betrafen und ihre Beziehungen zueinander veränderten. Es erhebt sich die Frage, wie sich diese Veränderungen im einzelnen auswirken, wie sie zu deuten sind, inwieweit der Arzt noch in der Lage ist, seinen persönlichen übernommenen Behandlungsauftrag in eigener Verantwortung durchzuführen, ob und in welchem Maße gesellschaftliche Einflüsse ihn dabei behindern oder ihn unterstützen und fördern, ob er durch seine doppelte Verpflichtung gegenüber dem einzelnen Kranken und der Gesellschaft in eine zwiespältige Rolle gedrängt wird und ob er die damit verbundenen Probleme so zu lösen vermag, wie man es von seiner Doppelrolle erwartet.

Diese Fragen sind Gegenstand der vorliegenden Untersuchung. Die Ergebnisse sind darauf zu prüfen, wie sie die ärztliche Aus- und Fortbildung beeinflussen oder wie sie darauf einwirken müßten.

Wagner (Hrsg.), Medizin – Momente der Veränderung
© Springer-Verlag Berlin Heidelberg 1989

Die Rolle des Arztes

Wir wollen uns zunächst mit dem Problem beschäftigen, ob und wie es der Arzt bei seinen und seiner Patienten anderweitigen Beziehungen und Abhängigkeiten zustande-bringt, seiner individuellen Aufgabe gerecht zu werden und den ganzen Menschen, der ihm gegenübertritt, zu begreifen und danach die Mittel für sein ärztliches Handeln auszusuchen und zu gestalten. Diesen Vorgang und die Anwendung der so gefundenen Mittel könnte man die „Kunst des Arztes" nennen, während der andere Teil seiner Handlungsweise sich mit den komplexen Methoden der Wissenschaft vollzieht, einer Wissenschaft, die er gelernt hat, also der Medizin.

Nun kann man freilich sagen, die Medizin ist ein Produkt der Gesellschaft, und jede Gesellschaft hat die ihr eigene Medizin. Man könnte also Medizin dem Begriff Gesellschaft subsumieren. Es wäre aber zu einfach und damit zu hinderlich für die Lösung unserer Aufgabe, von der wir doch konkrete Aussagen erwarten, so daß wir unser Thema erweitern und von den 4 Eckpunkten einer geometrischen Figur sprechen wollen, nämlich von dem Patienten, dem Arzt, der Medizin, der Gesellschaft und von den Verbindungen und reziproken Beeinflussungen dieser Eckpunkte untereinander (Abb. 1).

Die Verbindungslinien sind Symbole sowohl der Kommunikation als auch der Spannung, der Konfliktmöglichkeiten, der Aufgaben und des Zwangs zu ihrer Lösung.

Medizin und Arzt sind nicht identisch. Dem Arzt wird die Medizin als Summe wissenschaftlicher Erkenntnis und der Erfahrung zusammen mit Handlungsmodellen, die er im Studium und in beruflicher Tätigkeit unter Aufsicht erlernt, dargeboten. Der Gebrauch, den er davon macht, ist abhängig von seinem Wissen und der Fähigkeit, es in die Praxis umzusetzen, von seiner persönlichen Erfahrung, wozu auch die Kenntnis des aktuellen Schrifttums gehört, von dem in Gesetzen und Vorschriften konkretisier-ten direkten Einwirken der Gesellschaft, von ihrem indirekten Einfluß in Form von Zeitströmungen, Modeerscheinungen, Meinungen, die kursieren und von den Medien verbreitet werden, von seiner beruflichen Ethik und den Erfordernissen des Einzelfal-les, wozu v. a. die subjektive Seite des Patienten, seine einmalige Individualität zu rechnen ist.

Unter „Erfahrung" des Arztes soll in diesem Zusammenhang die Prüfung der gelernten und übernommenen Theorien an konkreten Fällen und ihre Akzeptanz oder

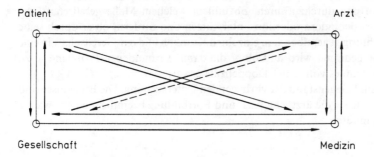

Patient   Arzt

Gesellschaft   Medizin

Abb. 1. Die Figur soll die Beziehungen und Wechselwirkungen der 4 Eckpunkte untereinander veranschaulichen. Die Stärke der *mit Pfeilen versehenen Verbindungslinien* soll die mutmaßliche Intensität der gegenseitigen Einwirkungen markieren

Modifikation als Resultat der Prüfung verstanden werden. Wir werden auch noch eine andere Definition des Begriffs Erfahrung verwenden.

Die beiden Linien Arzt–Medizin und Arzt–Gesellschaft enthalten somit eine Vielfalt von Beziehungen, Abhängigkeiten, Entscheidungen, Einwirkungs- aber auch Irrtumsmöglichkeiten und Anlässen zur Kritik. Überall sind heute Momente der Veränderung zu erkennen, die im Laufe unserer Untersuchung im einzelnen zum Vorschein kommen werden.

Mit dieser Fracht von Problemen beladen, tritt nun der Arzt seinem Patienten gegenüber. Doch fragen wir zunächst, bevor wir den Patienten zu beschreiben versuchen, ob es denn *den* Arzt überhaupt noch gibt. Schipperges (1986) meint, die Medizin zerfasere ohne integrative Kraft in Einzelfächer und Subspezialitäten, so daß nicht mehr von einem einheitlichen Arztbild gesprochen werden könne.

Kann man Ärzte im Laboratorium, hinter dem Mikroskop, am Seziertisch des Pathologen oder des Rechtsmediziners, im Operationssaal der verschiedenen operativen Fächer, auf der Intensivstation, vor dem Röntgenschirm, im Sprechzimmer, am Bett des Kranken im häuslichen Milieu, in der Praxis des Psychotherapeuten, im Untersuchungsraum eines Versorgungsamtes noch miteinander vergleichen, was doch nur dann möglich wäre, wenn die Gemeinsamkeiten ein tragfähiges und genügend breites Fundament bildeten?

Sie bestehen aus dem allen Fächern (Gebieten) gemeinsamen Medizinstudium, aus dem gemeinsamen ärztlichen Auftrag zu helfen und zu heilen und der dazugehörigen ärztlichen Ethik, die auch die mittelbar an der Patientenbehandlung beteiligten Ärzte einschließt, aus der für alle verbindlichen staatlichen Ärzteordnung und der berufsständischen rechtsverbindlichen Berufsordnung.

Gewiß kann man nicht ohne weiteres von der einen Sparte zur anderen überwechseln, aber man könnte es in praxi in wesentlich kürzerer Zeit, als es die Weiterbildungsordnung vorschreibt. Die gemeinsamen theoretischen Grundlagen sind solider, als man es in der Verteidigung der Gebietsbastionen wahrhaben möchte. Der Arzt, der nach abgeschlossener Weiterbildung in einem Gebiet noch ein anderes Fach beginnen möchte, fängt die Weiterbildung in diesem neuen Gebiet ganz anders an als der Berufsanfänger. Vieles jedem Gebiet zugehörige Allgemeine ist ihm vertraut, so daß er sich den spezifischen Eigenheiten des Faches intensiver zu widmen vermag. Manche Fertigkeiten, die er in seinem ersten Fach zu beherrschen gelernt hat, kann er im anderen Fach entweder direkt gebrauchen, oder sie erleichtern das Erlernen spezifischer Fertigkeiten des anderen Faches. Natürlich gilt das nicht für alle Gebiete und Teilgebiete gleichermaßen, im großen und ganzen dürfte die Aussage aber den tatsächlichen Verhältnissen entsprechen.

Ein Einwand kommt bestimmt: Jedes ärztliche Gebiet verfügt heute über eine derartige Fülle von Einzeldaten, daß man schon ein Fach allein nicht mehr völlig überblicken kann, geschweige denn mehrere. Das ist vollkommen richtig und betrifft natürlich den forschenden Arzt und den Hochschullehrer in weit höherem Maße als den niedergelassenen Gebietsarzt. Aber zumindest für den letzteren gilt es unter der Voraussetzung, daß wir weiter gezwungen sind, die Überfülle von Daten selber zu speichern, anstatt es einem elektronischen Datenspeicher zu überlassen, von dem die benötigten Daten jederzeit abrufbar sind. Diese denkbare und technisch realisierbare Organisationsform ist uns noch fremd, wird aber in absehbarer Zukunft bei weiterem Anwachsen der Datenflut unvermeidlich sein, weil die Alternative nur in neuen

Spezialisierungen bestehen würde. Doch auch dafür gibt es eine Grenze der Vernunft, der Ökonomie, des praktischen Handelns und v. a. der Zumutbarkeit für den Patienten.

Wenn, wie ausgeführt, die Beschränkung der Spezialisierungen vornehmlich für die niedergelassenen Ärzte gilt, so muß die Organisationsform ärztlicher Zusammenarbeit im Krankenhaus auch so beschaffen sein, daß der Patient sich nicht selber als ein Puzzlespiel empfindet, sondern daß er in jedem, der sich um seine vielen Einzelteile bemüht, doch einen Arzt sieht. Je mehr Ärzte sich mit einem Patienten beschäftigen, um so schwächer ist die duale Arzt-Patient-Beziehung. Es müßte nicht so sein, aber es ist so.

Es gibt einige wenige Kliniken, die wenigstens in der programmatischen Absicht des organisatorischen Ablaufs versuchen, die Angst des Kranken, hilflos einem übermächtigen unpersönlichen Apparat ausgeliefert zu sein, dadurch zu beheben, daß jedem Patienten ein persönlicher Arzt zugeteilt wird, der selber jedem beliebigen Fachgebiet angehören kann, aber den Patienten durch alle nötigen Spezialabteilungen hindurch betreut und führt und ihm überall erklärend und helfend zur Seite steht. Auch das ist für den Patienten ein verständliches Kennzeichen dafür, daß es doch noch ein einheitliches Arztbild gibt.

Die Aufzählung der Gemeinsamkeiten dürfte Anlaß zu ernstzunehmender Kritik sein, mit der es sich auseinanderzusetzen gilt.

Zur Kritik an der „Schulmedizin"

Ziel einer von außen, aber auch aus Kreisen der Ärzteschaft selber kommenden Kritik ist das naturwissenschaftliche Fundament der Medizin, das auch heute noch den weitaus größten Teil des Studiums beherrscht. Als man es in der Mitte des vorigen Jahrhunderts aufzubauen begann, war zum ersten Male eine Medizin entstanden, die sichtbare und auch voraussehbare Erfolge aufzuweisen hatte. Diese Erfolge steigerten sich in einem bisher von niemand für möglich gehaltenen Ausmaße. Erst jetzt konnte sich eine Chirurgie entwickeln, die diesen Namen verdiente, und die mörderischen Infektionskrankheiten verloren ihre Schrecken. Ob es jetzt mehr chronische Krankheiten gibt als früher, die sich nicht dadurch erklären lassen, daß der Menschen sie erleben und auch länger damit leben können, als es früher der Fall war, wissen wir nicht so genau. Die fast selbstverständliche Wiederholung der Behauptung, es wäre in der Tat so, ist kein Beweis für ihre Richtigkeit, ebensowenig die höhere absolute Zahl, noch gar der höhere Prozentsatz der chronischen Krankheiten im Vergleich zu den akuten. Unsere Bevölkerungsstruktur läßt sich mit der vor 150 Jahren nicht vergleichen.

Wir wissen nur, daß der heutige Überfluß ebenso krankheitsfördernd ist wie der frühere Mangel, wenn auch beides sich in unterschiedlichen Erscheinungen äußert. Aber die Herausforderung von Medizin und Arzt durch die Gesellschaft, sich um Abhilfe zu bemühen, besteht zu Recht.

Die Kritik an der auf die Naturwissenschaften gegründeten Medizin richtet sich wesentlich darauf, daß die abstrakten Krankheitsbegriffe den Zugang zu der subjektiven Seite des Patienten versperrten. Daraus ergibt sich die Forderung nach einer Ganzheitsmedizin. Hier ist ein erheblicher Wandel erkennbar.

Die durch Induktion gewonnenen allgemeinen Merkmale einer Krankheit und Regeln der Ätiologie und Pathogenese dienen dazu, den konkreten Fall zu erkennen und zu erklären. Wenn auch Induktion keinen Wahrheitsbeweis im strengen Sinne (Popper 1973) erbringen kann, so kommt man damit praktisch doch recht gut aus, wenn man sich der Unvollkommenheit der Beweisführung bewußt ist und auch Folgerungen daraus zieht, z. B. daß unsere durch Abstraktion aus konkreten Fällen gewonnenen Regeln Theorien sind, die immer wieder der Nachprüfung bedürfen. Sie konnten ja nur dadurch entstehen, daß wir zuvor aus unseren konkreten Fällen vereinfachte Modelle machen mußten, weil wir nicht imstande sind, alle in biologischen Systemen wirksamen Faktoren zu erkennen. Daher müssen wir immer mit Überraschungen rechnen. Sie sind nicht der Wissenschaft zur Last zu legen, sondern die Folge unserer unvollkommenen Erkenntnismöglichkeiten. In der – vorwissenschaftlichen – Erfahrungsmedizin müssen schon rein theoretisch die Überraschungen, d. h. doch das gleiche wie die Fehler unserer Theorien – bzw. in der Erfahrungsmedizin unseres Glaubens – noch viel häufiger sein.

Man kann daraus schließen, daß nicht nur der forschende Arzt, bei dem es selbstverständlich sein muß, sondern auch der praktizierende Arzt sich mit den hauptsächlichsten Problemen der Erkenntniskritik auseinandergesetzt haben sollte. Es gibt schon viele bedeutsame Stimmen, die dem zugunsten des Physikums einstmals abgeschafften Philosophikum wieder einen Platz im Medizinstudium einräumen möchten.

Die Typen bezeichnende Diagnostik ist ein objektiver Zugang zum Patienten und wird es bleiben. Der weise Spruch, es gäbe keine Krankheiten, sondern nur kranke Menschen, steht dem nicht entgegen. Zum kranken Menschen benötigt der Arzt einen Zugang, und der besteht zunächst einmal in dem Mittel der sorgfältig erarbeiteten Diagnose. Daß diese Diagnose, die typisierende Bezeichnung des „Falls", durch das nur diesem einen Patienten eigentümliche subjektive Moment ergänzt werden muß, ist unbestritten.

Wenn man weiß, daß man dem Kranken „in der Gesamtheit seiner Lebensumstände" gegenübertritt (Alliez u. Alliez 1987), gibt es keinen Gegensatz zwischen der sog. Schulmedizin und einer definierbaren Ganzheitsmedizin.

Wir erleben wohltuend und befreiend eine Erweiterung der Medizin um die psychologische und psychosoziale Dimension, aber keinen Abbruch ihrer naturwissenschaftlichen Fundamente.

Allerdings muß diese Erweiterung des Gesichtskreises auch zu solchen therapeutischen Konsequenzen führen, welche die bisherigen Therapiemethoden ergänzen und ihre Resultate verbessern. Alle diesbezüglichen Theorien müssen der Nachprüfung standhalten. Eine Verbesserung der Behandlungsresultate durch neue Therapieformen ist noch nicht deutlich zu erkennen.

Da es offensichtlich leichter ist, nach dem Prinzip der Entweder–Oder als dem des Sowohl-Als-auch zu handeln, sieht man nicht selten eine Vernachlässigung naturwissenschaftlich-medizinischer Grundsätze zugunsten der psychologischen, was zwar zum nützlichen Begreifen und Verstehen des Kranken, aber auch zur zweifelhaften „Interpretation" (Kerger 1986) der Krankheit anstatt zur klaren Diagnose führt und erhebliche Gefahren der Unterlassung in sich bergen kann. Sie sind in jedem Falle vermeidbar, wenn man das „Entweder-Oder" als falsch erkannt hat. Zur ärztlichen Kunst gehört auch die Flexibilität in gegebenen Situationen. Wenn ein Student plötzlich an einer hoch fieberhaften eitrigen Angina erkrankt und unglücklich darüber ist, daß ihm dieses Mißgeschick ausgerechnet 2 Tage vor dem mündlichen Examen widerfährt, so nützt es ihm nichts, daß ich ihm durch ein analysierendes Gespräch Einsicht verschaffe in die wahrscheinliche Ursache seiner Krankheit – in diesem Falle die psychisch induzierte immunologische Abwehrschwäche; denn die Krankheit ist selbständig geworden und eine Psychotherapie schützt ihn nicht vor einer Myokarditis oder einem rheumatischen Fieber, das ihn hierbei bedroht. Penicillin aber kann es. Hinterher hat sich die Psychotherapie auch meist von selber erledigt, denn die Selbstheilung erfolgt bei psychogenen Erkrankungen allem Anschein nach genau so häufig wie bei somatischen. Statistisch bewiesen hat es noch niemand, das dürfte auch recht schwierig sein.

Bei chronischen Fällen liegen die Verhältnisse oft umgekehrt, da liegt der Schwerpunkt der Behandlung häufig in der Psychotherapie, wenn auch nicht ausschließlich.

Stimmt die Erklärung der Ergebnisse epidemiologischer Forschungen, daß viele chronische Krankheiten aus psychischen und psychosozialen Ursachen entstehen, so wäre die Domäne dieser neuen Pathologie eher die primäre Prävention als die Therapie. Ärztliches Denken muß komplex bleiben, und das Handeln bedarf der stetigen selbstkritischen Begleitung.

Mir scheint, daß sich die beschriebene Kritik an der „Schulmedizin" im Grundsätzlichen erledigt hat. Sie ist jedoch insoweit immer noch berechtigt, als das praktische ärztliche Verhalten noch nicht überall dem entspricht, was hier als auch von der „Schulmedizin" akzeptierte „Ganzheitsmedizin" definiert worden ist; und wenn sie nicht durch ungebührliche Wortwahl spontanen und unreflektieren Widerspruch hervorruft, ist sie gewiß auch förderlich.

Ärztliche Ethik

Der ärztliche Auftrag, „zu helfen und zu heilen", ist in dieser Formulierung für viele Kritiker ein hohles Pathos geworden. Das betrifft auch die ärztliche Berufsordnung – zumindest in ihrem Vorspann, dem Gelöbnis – sowie eine besondere ärztliche Ethik. Sie sei nichts anderes als Ausdruck eines obsolet gewordenen elitären Denkens und eines ebenso unzeitgemäßen Bewußtseins und Verhaltens. Hier stoßen wir erneut auf den Begriff der Arroganz.

Eine Stellungnahme zu dieser Frage ist unumgänglich, wenn es das Anliegen dieser Überlegungen sein soll, Konsequenzen aus den gegebenen Verhältnissen für die ärztliche Ausbildung und Fortbildung zu ziehen. Das spezifisch Ärztliche, so die Kritiker einer berufsständischen Ethik – nämlich die Schweigepflicht, der Tatbestand der Körperverletzung, die Einwilligung des Patienten zu Eingriffen, die Aufklärungspflicht des Arztes – seien durch das Strafgesetzbuch hinreichend abgedeckt. Notwendige wirtschaftliche Überlegungen beim Führen einer Praxis können auch nicht durch Ethik ersetzt werden. Das ist, grob gesehen, richtig. Doch besteht die Praxis der ärztlichen Berufsausübung aus einer Fülle unendlich feiner Differenzierungen und Entscheidungen, die natürlich nicht in jedem Falle das Resultat einer systematischen Denkarbeit sind, wie sie der Anwalt bei der Verfertigung eines Schriftsatzes aufwendet oder der Arzt als Gutachter, denn dazu fehlt bei dem Zwang zur sofortigen Entscheidung hic et nunc die Zeit. Sie sind vielmehr zumeist Ausdruck einer erworbenen inneren Haltung, die vor Fehlern schützt und auf dem Boden einer berufsspezifischen Ethik aufgebaut ist. Daß trotzdem manche Fehler vorkommen, ist nicht einfach menschlichem Versagen zur Last zu legen, was es natürlich auch gibt, sondern ist nicht zuletzt darauf zurückzuführen, daß ärztliche Ethik nur in großen Zügen verbalisiert ist und nicht gelehrt wird. Darauf werden wir noch zurückkommen.

Wer jemals Noninfektion, Antisepsis und Asepsis gelernt hat, wie es bei den operativen Fächern der Fall ist, weiß, daß eine entsprechende Grundhaltung so dominiert, daß eine Verletzung des Prinzips geradezu körperliche Schmerzen bereiten würde. Man muß sich nicht im Einzelfalle klar machen, wo Noninfektion als Operateur zu beachten, wo Asepsis zu bewahren ist, man handelt automatisch richtig. Diese Sicherheit muß auch bei den alltäglichen ethischen Fragen ärztlicher Tätigkeit erreicht werden, was mit einigen Paragraphen des Strafgesetzbuchs, der Artzhaftung oder einigen Verwaltungsvorschriften nicht garantiert sein dürfte. Die ohnehin schon übertriebene Verrechtlichung der Medizin würde mit noch detaillierteren Bestimmungen wahrscheinlich noch mehr Unsicherheit hervorrufen, als es jetzt schon der Fall ist, und damit Schaden stiften.

In unserem Lande herrscht zwar der Grundsatz der Therapiefreiheit, aber auch das Gebot, den Patienten „nach den Regeln der ärztlichen Kunst" zu behandeln. Wer entscheidet, was das ist?

In einem Vortrag über „Medizin und Transkultur" auf dem 6. Kongreß der Europäischen Akademie für ärztliche Fortbildung im April 1987 in Berlin äußerte sich Prof. Jarret aus Marseille über Methoden alternativer Medizin folgendermaßen:

> Wir müssen darüber nachdenken, wieweit man die hierzulande ausgeübten Methoden offiziell nicht anerkannter Behandlungspraktiken tolerieren darf. Wo beginnt der Scharlatan? [...] Der Vorteil der „sanften Medizin" und ihre gegenwärtige Beliebtheit – 55% der Franzosen ziehen sie vor – liegt vielleicht an der angenommenen Garantie ihrer Unschädlichkeit, ausgenommen dann, wenn dringend notwendige Mittel in einem bestimmten klinischen Falle gewollt vernachlässigt werden. [...] Alles ist möglich, wenn der an neuen Behandlungsmethoden interessierte Arzt niemals den Grundsatz der Verantwortung für die angewandten Mittel vergißt und damit die Grenzen, die seiner definierten Rolle durch Ethik und die berufliche Deontologie gesetzt sind (Jarret 1987).

Erklärend wäre hinzuzufügen, daß Fehler nur in seltenen Fällen strafrechtliche Konsequenzen haben dürften, weil der Nachweis des Zusammenhangs mit dem entstandenen Schaden nicht unstrittig gelingt. Die strenge Beachtung der ethischen Prinzipien scheint mir sicherer zu sein, auch sind Sanktionen eher möglich, sofern sie überhaupt verhängt werden. Doch das ist ein anderes Kapitel.

In Frankreich wird die Einhaltung der „definierten Rolle des Arztes" anscheinend schärfer überwacht. An der Berechtigung einer berufsspezifischen Ethik (Deontologie) gibt es dort keinen Zweifel.

Das Verhältnis Arzt–Patient

Wir kommen nun zum Patienten, der Zentralfigur unserer Überlegungen und Bemühungen. Sind auch bei ihm Momente der Veränderung zu erkennen? Wo und in welchem Maße berühren sie das Verhältnis zum Arzt und zur Medizin? Unsere

Gesellschaft ist pluralistisch durch die Pluralität ihrer Glieder. Aus der Verschiedenheit der Ärzte und ihrer beruflichen Eigenart wurde der Versuch unternommen, Gemeinsames herauszustellen. Das Gemeinsame bei allen Patienten ist das Verlangen nach ärztlicher Hilfe. Die sich selbst Behandelnden oder die von Nichtärzten Behandelten mögen zunächst außer Betracht bleiben, da sie nicht in persönliche Beziehung zum Arzt treten.

Der Patient in unserem Lande hat Anspruch auf ärztliche Hilfe. Er hat die Wahl, von wem er sie verlangt. Der Arzt hingegen hat keine gleichwertige Wahlmöglichkeit; er kann zwar einen Patienten ablehnen, aber nicht, wenn ein Notfall vorliegt, wobei rechtlich die Annahme eines solchen sehr weit ausgelegt werden muß und außerdem auch für den Arzt manchmal sehr schwer zu entscheiden ist.

Das traditionelle Verhältnis des Patienten zum Arzt ist, seitdem es eine wissenschaftliche Medizin gibt, das zu einer fachlichen Autorität und einer Respektsperson. Beides gibt es auch heute noch, aber nur bei einem kleineren Teil der Patienten. Der größere Teil versteht sich als aufgeklärt, mit Unterschieden in Stadt und Land, hat irgendwelche Kenntnisse über Medizin erworben und versucht selber zu wählen, sowohl in der Person des Arztes, der nach fachlichen Qualitäten und speziellen Eigentümlichkeiten seiner Methoden ausgesucht wird, als auch in den anzuwendenden Mitteln. Die Anforderungen an Aufklärung und Beratung durch den Arzt sind dadurch erheblich gestiegen, zumal starre Ansichten des Patienten nicht selten dem berechneten Erfolg einer Behandlung entgegenstehen.

Respekt ist hier als Hochachtung an sich gemeint, die a priori dem Angehörigen eines bestimmten Berufs oder Standes ohne vorherige Prüfung der Person gezollt wird. Sie kann durch Prüfung und Erfahrung verloren gehen. Es ist wohl kein Irrtum anzunehmen, daß eine solche Einstellung zum Arzt, bei allen grundsätzlichen Vorbehalten, primär noch vorhanden ist.

Umfragen über die Wertschätzung einzelner Berufe lassen es bis in die jüngste Gegenwart hinein erkennen. Die Beurteilung der fachlichen Kompetenz des einzelnen Arztes dürfte für den medizinischen Laien immer schwierig bleiben. Verallgemeinerungen einzelner Beobachtungen, im positiven wie im negativen Sinne, sind dafür typisch. Man urteilt nach Sympathien, nach dem persönlichen Eindruck und nach dem, was man vom Hörensagen weiß. Auch der aufgeklärte Patient bringt eine Menge von Vorurteilen mit, die ihm von den Massenmedien her geläufig sind, aber auch als Frucht eigener Beschäftigung mit medizinischen Fragen entstanden: die Skepsis vor „harten" Arzneien voller schädlicher Nebenwirkungen, die Bevorzugung „unschädlicher" natürlicher Heilmittel, die „sanfte Medizin", die Gefährlichkeit und auch die Sinnlosigkeit mancher Operationen, das Wissen um moderne Anschauungen über die Ätiologie von Krankheiten, den Anspruch auf bessere „Lebensqualität", die bei einer tiefgreifenden Behandlung sorgfältige Berücksichtigung finden muß. Es sind nicht alles unberechtigte Vorurteile, sie wirken aber so, wenn der Arzt im konkreten Falle eine bessere Einsicht des Patienten in Notwendigkeiten der Behandlung für erforderlich hält. Auf diesen Patienten ist der seinerseits aufgeklärte Arzt von heute bereits eingestellt, und er versucht die Partnerschaft. Einige Patienten sind davon begeistert, die meisten aber sind mehr oder weniger offensichtlich enttäuscht, denn ihre Skepsis war nur vorgetäuscht, sie war ein primärer Schutz, der den Wunsch nach Führung und fraglosem Vertrauen verdeckte und nun in der Stunde der Wahrheit für den Patienten selbst und seinen Arzt unerwartet in Erscheinung tritt. Ist der Arzt imstande, diese sehr unterschiedlichen Typen seiner Patienten beim ersten, dem oft entscheidenden Kontakt zu erkennen und adäquat darauf zu reagieren?

Viele können es aus natürlicher Begabung, Erfahrung und Reflexion, andere können es weniger oder gar nicht und verharren bei einem starren Schema, das sie sich angewöhnt haben. Gelernt hat es niemand, ärztliches Verhalten als Psychologie des beruflichen Alltags ist kein Gegenstand des Medizinstudiums und auch nicht der Weiter- oder Fortbildung des Arztes.

Es ist sonderbar, aber offensichtlich, daß bei Zuständen existentieller Bedrohung der immer vorhandene latente Wunsch nach vertrauensvoller, ja bedingungsloser Hingabe an den helfenden Arzt über die weniger tief wurzelnde, weil erst sekundär angelernte Skepsis dominiert.

Aus einigen Untersuchungen könnte man schließen, daß festes Vertrauen, Skepsis, der Wunsch nach aktiver Mitbestimmung und Partnerschaft Charakteristika der Zugehörigkeit zu sozialen Schichten und des Alters der Patienten sind. Es mag pauschal stimmen, die Ausnahmen sind jedoch beträchtlich. So muß der Arzt bei jedem Patienten dem Recht auf Aufklärung entsprechen und sie auch dann vollziehen, wenn der Wunsch des Patienten danach nicht besteht. Nur die Art und Weise, wie er sie vornimmt, wird er je nach der körperlichen und seelischen Verfassung seiner Patienten variieren.

Ein Kollege sagte mir, wenn er sich einer Operation unterziehen müsse, geht er zu einem Arzt, von dem er annehme, daß er ihm voll und ganz vertrauen könne, und dann tue er es auch. Er wolle nicht mit dem Arzt über dies und jenes diskutieren und ihm Vorschläge machen oder irgendwelche Bedenken äußern, sondern er überlasse ihm jede Einzelheit der Behandlung, verlange auch keinerlei Aufklärung, weil er befürchte, daß irgendein Vorbehalt oder Widerstand seinerseits den Arzt veranlassen könnte, sein als richtig erfahrenes Programm zu modifizieren, was ihm vermutlich nur zum Schaden gereichen würde. Seine Fragen, Einwände und Bedenken wären mit großer Wahrscheinlichkeit sachlicher und treffender als ähnliche der meisten Patienten, er unterläßt sie aber aus den geschilderten ganz rationalen Gründen. Das ist dann Psychologie von der anderen Seite her.

Ich drücke damit keine etwa gewünschte Tendenz aus, sondern berichte über unterschiedliche Einstellungen zu dem Problem, die man quer durch alle sozialen Schichten hindurch antreffen kann.

Ich habe auch Kollegen gekannt, die froh und dankbar für die beschwichtigenden, tröstenden und Hoffnung erweckenden Worte ihres Arztes waren, weil sie ihnen halfen, die Diagnose des weit forgeschrittenen metastasierenden Karzinoms, die sie nicht vom Arzt erfuhren, aber nach Lage der Dinge zweifellos selber stellen mußten, zu verdrängen – und zwar so lange, bis das im Koma verlöschende Bewußtsein die Schrecken der Todesdrohung nicht mehr aufkommen ließ.

Verdrängung ist ja ein bei jedem Menschen sowohl bei banalen und alltäglichen als auch bei wichtigeren Anlässen ganz unbewußt funktionierender Schutzmechanismus, der nur in Ausnahmefällen pathogen wirkt und erst dann der aufklärenden Analyse bedarf.

Das Miterleben solcher und vieler ähnlicher Fälle macht den Unterschied zwischen den klar formulierten Tatbeständen des Juristen und der Realität ärztlicher Entscheidungszwänge überdeutlich. Es sind alte ärztliche Probleme, die erfolgte Veränderung besteht in der rechtlichen Forderung nach lückenloser Aufklärung. Neu ist auch, daß es infolgedessen Ärzte gibt, die das echte Dilemma durch bedingungslose Erfüllung des rechtlichen Gebots umgehen. Sie haben recht, aber sie tun oft unrecht.

Der ärztliche Alltag besteht natürlich nicht in der Häufung extremer Situationen. Die Arzt-Patient-Beziehung äußert sich in einem durchschnittlichen Erscheinungsbild. Das kann nun nicht mehr die autoritäre Attitüde des Arztes gegenüber seinem unwissenden und sich willig fügenden Patienten sein, sondern das natürliche Verhalten eines Mitmenschen, der in der Situation des ärztlichen Gesprächs der Experte ist der berät und behandelt, aber auch weiß, daß er in anderen Situationen und auf anderen Gebieten als denen der Medizin in unserer extrem arbeitsteiligen Gesellschaft diesem gleichen Menschen auch weit unterlegen sein könnte. Insoweit würde das Gespräch zwischen beiden von gleich zu gleich zu führen sein, unter Verzicht auf einen Fachjargon, der beim aufgeklärten Patienten nur scheinbar den Nimbus des Arztes erhöht. Schon die Wahrnehmung des modernen Patienten, daß sein Arzt versucht, für ihn verständlich zu sprechen, dürfte dessen Ansehen eher steigern als mindern.

Auch die Ausdrucksweise auf den verschiedenen Ebenen der Verständnismöglichkeiten, die Variationen der Wortwahl und der Vergleiche sollten gelehrt werden und müssen gelernt sein. Doch es geschieht bis jetzt nirgendwo. Es ist um so erstaunlicher, als die rechtliche Verpflichtung besteht, den Patienten so aufzuklären, daß er es versteht, wozu er sich entscheidet und wozu er seine Zustimmung gibt. Offenbar nimmt man an – wer ist „man"? – daß der in seinem Fach gut ausgebildete Arzt dazu von allein fähig sei, ebenso wie man der Meinung zu sein scheint, daß der mit einer hervorragenden experimentellen Arbeit Habilitierte auch ein hervorragender Hochschullehrer sein müsse, ohne spezielle pädagogische und didaktische Kenntnisse erworben zu haben.

Hier treten Lücken in Ausbildung, Weiterbildung und Fortbildung offen zutage.

Eine isolierte duale Beziehung Arzt–Patient ist heute nicht mehr möglich, da beide in eigene und verschiedene gesellschaftliche Kreise und Bindungen verflochten und auch unterschiedlichen gesellschaftlichen Rückkoppelungen unterzogen sind.

Da gibt es zunächst die gesetzliche Krankenversicherung mit den gleichgestellten Ersatzkassen, in denen zusammen rund 90 % unserer Bevölkerung versichert sind, so daß sich unsere Darstellungen im wesentlichen auf die durch diese Versicherungen geschaffene Situation beziehen. Der Versicherte hat, wie bereits beschrieben, Anspruch auf eine Behandlung zur Heilung seiner Krankheit oder zur Linderung seiner Beschwerden, die aber, als Verpflichtung des Arztes, das Maß des hierzu Notwendigen nicht überschreiten darf. Hierzu kommen, als Folge der als unerträglich empfundenen Kostensteigerungen im Gesundheitswesen, neue Bestimmungen und Maßnahmen zur Kostendämpfung, die v. a. die Auswahl von Medikamenten betreffen, aber auch in andere Sektoren ärztlicher Tätigkeit eingreifen. Hieraus ergeben sich Konfliktmöglichkeiten mit dem Patienten, mit den Kassenärztlichen Vereinigungen und über sie mit den Kassen, mit Kollegen anderer Fachgebiete, mit Apothekern und, wenn auch nur indirekt, mit der pharmazeutischen Industrie. Aber auch andere Beziehungen des Arztes zu gesellschaftlichen Einrichtungen wie Krankenhäusern, Kuranstalten, Gesundheitsämtern und zu Arbeitgebern (Verordnung von Arbeitsruhe und deren Dauer) sorgen für mannigfache Gelegenheiten zu Konflikten. Nicht zuletzt ist die ärztliche Tätigkeit eingebunden in eine bis ins kleinste detaillierte Gebührenordnung, die einen zunächst nicht voraussehbaren nun aber ganz offenkundig gewordenen Einfluß auf die Art der kassenärztlichen Berufsausübung gehabt hat.

Wenn 1883, dem Jahr der Einführung der gesetzlichen Krankenversicherung, die PreuGO (Preußische Gebührenordnung) für die ärztliche Beratung 1 Mark auswies, die zur Quote von ca. 80% (80 Pfennige) ausgezahlt wurde, so haben die heute für eine Beratung gezahlten 7,20 DM etwa die gleiche Kaufkraft. Der wesentliche Unterschied zwischen beiden Epochen besteht darin, daß 1883 etwa 15% der Bevölkerung gesetzlich versichert waren und die übrigen 85% der Mitbürger höhere Honorarsätze zahlen mußten, während es heute 90% zu Kassensätzen sind, ohne daß sich die Gebühren, wie man sieht, erhöht hätten.

Auf einer Studienreise durch Einrichtungen des französischen Gesundheitswesens im Jahr 1973 wurde in einer ländlichen Gemeinschaftspraxis berichtet, daß der Arzt dort für einen Patienten durchschnittlich eine Viertelstunde Zeit rechnet und für eine Stunde 3 Patienten und eine Viertelstunde für Verwaltungsarbeit, Dokumentation, Nachlesen und dergleichen vorsieht, auch persönliche Entspannung ist einkalkuliert. Maximal seien es 30 Patienten pro Arbeitstag. Mit maximal 30 Patienten am Tag kann keine deutsche Kassenpraxis existieren. Man mußte also – und so etwas geht fast automatisch, ohne klare Absicht, mit guten Argumenten abgesichert – in die Masse ausweichen. Dadurch formten sich ein spezifisches Verhalten der Kassenärzte und ein adäquates Verhalten der Patienten. Das ausführliche, gute, therapeutisch so wirksame ärztliche Gespräch war nicht mehr einkalkulierbar, und die Technik, die unentbehrliche und bei richtig indiziertem Einsatz so segensreiche, erfuhr eine nicht immer notwendige Bevorzugung. Es ist unsinnig, nunmehr den Arzt zu schelten, daß er das ärztliche Gespräch vernachlässige, weil ihm die Zeit dazu fehle, und daß er allzu technikgläubig geworden sei, oder dem Patienten vorzuwerfen, er sei zu anspruchsvoll und begehre ärztliche Hilfe schon bei den kleinsten Beschwerden – denn die Verhältnisse konnten sich unter den gegebenen Bedingungen gar nicht anders entwickeln. Das Zurückschrauben auf ein rationelleres Maß ist außerordentlich schwierig, was man bei der Reaktion auf die vorsichtigen Schritte in diese Richtung, die man mit dem neuen „Einheitlichen Bewertungsmaßstab" (EBM) versucht, deutlich zu sehen vermag.

Die hier vorgelegte Theorie der gesellschaftlichen Beeinflussung ärztlicher Tätigkeit durch die Gebührenordnung kann allerdings die zur Zeit beobachtete ärztliche Verhaltensweise nur zum Teil erklären. Denn sie gilt nicht für das Krankenhaus, wo es zwar eine analoge Beeinflussung gibt, nämlich die früher in Deutschland so außerordentlich lange Verweildauer der Patienten als Funktion der Pflegesätze (ebenso mit guten Argumenten versehen wie die Massenbehandlung in den Praxen der niedergelassenen Ärzte), aber nicht den Einfluß der Gebührenordnung für ärztliche Einzelleistungen. Doch auch im Krankenhaus ist das ärztliche Gespräch versiegt, allem Anschein nach noch mehr als in den Praxen. Der Arzt der Praxis kommt jedoch aus dem Krankenhaus, wo er die Grundformen seines Verhaltens gelernt hat. Die Erklärung findet sich in der Tat in den Vorwürfen, die heute dem Krankenhaus als einer kalten, fremden Institution ohne menschliche Wärme gemacht werden: Die Visite beim Patienten ist oft nur eine Formsache, der behandelnde und verordnende Arzt orientiert sich auch ohne die Gegenwart des Patienten an dessen Labordaten, Röntgen- und Endoskopiebefunden und an Berichten anderer Gebietsärzte, ein Gespräch mit dem Kranken ist eigentlich überflüssig und findet daher auch häufig nicht statt. Der Patient fühlt sich alleingelassen und hat Angst. Der visitemachende Arzt geht an der Angst vorbei und bemerkt sie nicht. Wie oft solche Verhältnisse zutreffen und wo sie keinesfalls zu finden sind, weiß man nicht; Berichte von Patienten, die dem gezeichneten Bild entsprechen, sind nicht selten.

Wenn man hier Wandel schaffen und dazu das Studium und die ärztliche Fortbildung als geeignetes Mittel benutzen will, muß man bedenken, daß die heutige Situation in einer Entwicklung von mehreren Jahrzehnten entstanden ist, so daß man nicht erwarten darf, sie ohne revolutionierende Systemänderung in überschaubarer Zeit rückläufig zu machen. Allerdings ist auch die Systemänderung im Gespräch, von gewisser ärztlicher wie auch von politischer Seite. Die große Mehrheit aller interessierter Kreise will sie aber nicht, da sie damit keine Besserung, sondern als sehr viel wahrscheinlicher eine drastische Verschlechterung unseres Gesundheitswesens voraussieht, das doch unschätzbare Vorteile bietet. Trotzdem bringt die Drohung Unsicherheit und läßt auch das Arzt-Patient-Verhältnis nicht unberührt.

Nicht unerwähnt bleiben darf die von einigen Seiten erhobene Forderung, der Arzt müsse politisch sein. Man verweist auf Rudolf Virchow und seine Definition des ärztlichen Berufs als eines sozialen Berufs. Die Politik, die damals von den Ärzten gefordert wurde, zielte auf Beseitigung der Armut und deren Pathogenität, auf bessere Hygiene in allen Schichten der Gesellschaft, auf bessere und gesündere Arbeitsbedingungen, auf die Organisation eines umfassenden Gesundheitsdienstes. Wahrscheinlich hat selbst Virchow nicht ahnen können, was heute von seinen Vorstellungen erreicht und weit übertroffen wurde. Allerdings gibt es auch jetzt noch vieles zu verbessern, und zwar fortlaufend, weil Lebensbedingungen und Umwelt sich ständig verändern. Die Ärzte sind im Durchschnitt wenig in solchen politischen Zielsetzungen engagiert, während die ärztlichen Verbände und der Deutsche Ärztetag ihre gesundheitspolitischen Vorstellungen und Forderungen zwar zum Ausdruck bringen, aber wenig politische Durchschlagskraft dabei aufweisen. Der nötige Nachdruck unterbleibt vermutlich deshalb, weil es sich oft genug um parteipolitische Implikationen mannigfacher Art handelt, vor denen die Ärzte zurückschrecken.

Politische Betätigung ist Privatsache jedes Arztes, genauso wie seine politische Meinung und sein Wahlverhalten. Als Arzt, gegenüber seinen Patienten, sollte er strikte Neutralität bewahren. Gewiß kann damit eine gewisse Distanziertheit zum Patienten verbunden sein, die aber nicht vermeidbar ist. Der Arzt hat alle seine Patienten unparteiisch und gleich zu behandeln, unabhängig von ihrem Alter, Geschlecht, ihrer Rasse, Nationalität, Religion und ihrer Zugehörigkeit zu politischen Parteien. Seine eigene politische Meinung kann er natürlich nicht völlig aus seinem Verhalten und aus der Beratung seiner Patienten ausschalten, sie muß aber als sachliches, dem Patienten ad hoc dienendes Argument vorgebracht werden, nicht als politische Doktrin. Man mag darüber verschieden denken; wenn es aber darum geht, aus den bestehenden Verhältnissen Konsequenzen für die ärztliche Ausbildung und Fortbildung zu ziehen, ist es nicht vorstellbar, daß die überwältigende Mehrheit unserer Mitbürger darin die Imprägnierung mit einer einseitigen politischen Doktrin dulden würde. Insoweit mußte auf dieses gewiß schwierige und problemreiche Thema eingegangen werden.

Das Verhältnis Gesellschaft–Medizin

In den vielfältigen Beziehungen der 4 Eckpunkte unseres Schemas untereinander wollen wir auf das Verhältnis der Gesellschaft zur Medizin zurückkommen. Obwohl man die Medizin als Produkt der jeweiligen Gesellschaft annehmen kann, so ist sie in Forschung und Lehre zwar auch eine gesellschaftliche Einrichtung, aber als solche doch relativ selbständig und in der Lage, der Gesellschaft gegenüberzutreten. Manipulationen durch Ausnutzung der finanziellen Abhängigkeiten medizinischer Einrichtungen, v. a. der Universitäten und ihrer Institute, sind zwar zu beobachten, halten sich aber in Grenzen.

In dem Verhältnis Gesellschaft–Medizin hat sich ein entscheidender Wandel vollzogen.

Die unerhörten Erfolge wissenschaftlicher Erkenntnis mit den daraus hervorgehenden Möglichkeiten des praktischen Handelns haben überall in der Welt, v. a. in den hochzivilisierten Staaten, die besorgte Aufmerksamkeit der Öffentlichkeit wachgerufen. In der Medizin sind es vorzugsweise die Gentechnologie, die Intensivmedizin und die Transplantationschirurgie.

Die Frage, ob alles Machbare auch gemacht werden dürfe, war naheliegend. Darf man das in der embryonalen Entwicklung befindliche menschliche Leben manipulieren? Man darf es nicht, weil damit die Würde des Menschen verletzt würde. Aber wann beginnt das menschliche Leben?

Hier klafft ein Widerspruch: Im Problemkreis des Schwangerschaftsabbruchs wird der Beginn der menschlichen Entwicklung mit dem Beginn der Schwangerschaft gleichgesetzt und mit der Einnistung des Keims in den Uterus festgelegt, eine willkürliche juristische, aber keine biologische, natürliche Definition. In vitro erzeugte Embryonen befinden sich noch in dem Stadium der Zellteilung, das bei natürlicher Befruchtung vor der Einnistung in die vorgeformte Uterusschleimhaut besteht. Hier hat man menschliche Wesen vor sich, im anderen Falle keine, oder doch zu vernachlässigende. Die Gesellschaft und ihr Repräsentant, der Gesetzgeber, können sich nicht zu einer unteilbaren Moral entschließen und gebrauchen definitorische Tricks.

Es ist auch nicht zwingend, sich zu entschließen, da der Begriff „Moral" mit dem Begriff „Gesetz" ausgetauscht wird. Der übergeordnete, wenn auch juristisch nicht definierbare, aber im praktischen Handeln bewährte Moralbegriff ist der allgemeinen Verrechtlichung zum Opfer gefallen.

Dem Vorteil größerer Gerechtigkeit, die man davon erwartet, stehen Nachteile gegenüber, die auf dem ärztlichen Gebiet bedeutsam sein können. Das Gesetz kann, wenn es nicht politisch interpretiert werden soll, nicht alle Feinheiten menschlichen Handelns abdecken, wie ein moralischer Kodex es zu tun vermöchte, weil dieser keine öffentlichen Sanktionen enthält und nur Gewissensentscheidungen fordert, deren prinzipielle Richtigkeit allerdings bezweifelt wird. Denn das Gewissen sei keine natürliche Eigenschaft des Menschen, sondern gesellschaftlich geprägt.

Immerhin, was bei Pessarträgerinnen millionenfach ohne Bedenken geschieht, ist bei den überschaubaren Fällen der In-vitro-Fertilisation mit überzähligen Befruchtungen, sprich Embryonen, Gegenstand hoher moralischer Entrüstung.

Der Arzt, von dem unablässig kritisches Denken verlangt wird, hat sich der Entscheidung der Gesellschaft zu beugen, wie auch in der Berufsordnung für die Deutschen Ärzte nachzulesen ist.

In der Intensivmedizin erhebt sich die Frage, wie lange menschliches Leben, dessen menschenwürdiger Fortbestand aussichtslos ist, unter Aufbietung aller vorhandenen technischen Möglichkeiten erhalten werden muß. Schon der Ausdruck „menschenwürdig" läßt zurückzucken angesichts grauenhafter Erfahrungen mit menschlicher Hybris. Der Arzt wehrt sich dagegen, hierbei Entscheidungen treffen zu sollen, die ihm nicht zustehen, obwohl diese Entscheidung nichts zu tun hat mit dem Verlangen nach dem Urteil „menschenunwürdig".

Die aktive Euthanasie ist zur Zeit kein Problem, sie wird einmütig abgelehnt; die passive aber, von der hier gesprochen wird, bleibt schon deshalb problematisch, weil der von einem Patienten geäußerte Wunsch, ihn ohne weitere ärztliche Bemühungen sterben zu lassen, nicht sein letzter und endgültiger sein muß und weil es sich im übrigen oft um solche Fälle handelt, bei denen der Betroffene nicht in der Lage ist, ein Verlangen zu artikulieren, und andere für ihn entscheiden müssen. Die Meinungen in der Öffentlichkeit sind geteilt, der Arzt aber muß eine absolut sichere Stellung zu dieser heiklen Frage einnehmen, und der Patient muß diese Überzeugung seines Arztes auch kennen.

Die Transplantationschirurgie hat so großartige Erfolge aufzuweisen, daß sie neben Gentechnologie und Intensivmedizin den schwächsten Punkt in der Trilogie der Medizinkritik von seiten der Gesellschaft darstellt. Die Frage des Todeseintritts beim Organspender scheint zur Zufriedenheit gelöst zu sein, sie war begreiflicherweise für die Öffentlichkeit von höchster Wichtigkeit.

Das vorwurfsvolle Modewort „Apparatemedizin" wäre vielleicht nicht entstanden, wenn die Ärzte ihren Patienten die Notwendigkeit und den hohen Nutzen der Technik immer in der psychologisch richtigen Weise nahegebracht hätten. Sie haben es offenbar nicht, denn das klärende Gespräch mit dem Patienten ist trotz der rechtlichen Seite des Problems nur rudimentär entwickelt. Es sei deshalb noch einmal hervorgehoben, daß richtiges ärztliches Verhalten lehr- und lernbar gemacht werden muß.

Sehr kompliziert sind andere Einflüsse der Gesellschaft auf die Tätigkeit der Ärzte, aber umgekehrt die Beeinflussung der Gesellschaft durch Eigenschaften und besondere Behandlungsmethoden mancher Ärzte. Sie betreffen die sog. alternative Medizin, die „sanfte Medizin" und Methoden der Erfahrungsheilkunde, die wissenschaftlich nicht abgesichert sind.

Die Ganzheitsmedizin soll hier nicht von neuem besprochen werden, weil wir darunter die Berücksichtigung aller Gegebenheiten des Kranken verstehen, die somatischen, die psychologischen und die psychosozialen. Dem wird nirgendwo ernsthaft widersprochen.

Auch die Ergebnisse epidemiologischer Forschungen über die Ätiologie von Krankheiten im Zusammenhang mit psychischen und psychosozialen Störungen und Konflikten seien an dieser Stelle übergangen. Ihre Diskussion ist Allgemeingut aller Ärzte geworden, wenn auch die Schlußfolgerungen eine unterschiedliche Annahme erfahren. Man wird Schaefer (1981) recht geben können, daß eine durch epidemiologische Untersuchungen gewonnene ätiologische Wahrscheinlichkeit dann akzeptabel ist, wenn man dazu ein physiologisches Modell erstellen kann. Das ist wissenschaftliche Medizin und in diesem Zusammenhang nicht gemeint. Wir beschäftigen uns jetzt ausschließlich mit den wissenschaftlich nicht anerkannten Methoden. Das Versagen der Anerkennung wird vornehmlich den Universitäten angelastet, die von Vertretern dieser Richtungen der Überheblichkeit, ja sogar der Ignoranz gezogen werden, und nur deshalb, weil sie den Nachweis der Wirksamkeit und der Unbedenklichkeit verlangen. Dazu können wir die bereits zitierte Aussage Jarrets (1987) wiederholen, daß man alles machen könne, wenn man damit dem Patienten nichts vorenthält, was er zur Wiederherstellung seiner Gesundheit oder gar zur Rettung seines Lebens dringend benötigt. Für den entsprechend orientierten Arzt bleibt dennoch ein weites Feld der Betätigung übrig. Er darf nur die Kritik seines Handelns nicht verlieren, und er muß auch prüfen, wo und warum er mit der Anwendung offiziell nicht anerkannter Methoden, die er selber propagiert oder auf die er durch den Wunsch seiner „aufgeklärten" Patienten gekommen ist, den Tatbestand des Experiments am Menschen erfüllen könnte. Eine recht heikle Frage! Es könnte ja sein, daß auch hierbei Nebenwirkungen auftreten oder daß Unterlassungen zu Folgen führen, die in der Aufklärung der Patienten über das therapeutische Vorhaben keine Erwähnung fanden.

Es ist interessant, daß in den Entwicklungsländern Afrikas, wo manche Methoden unserer „alternativen Medizin" traditionell sind, der dringende Wunsch nach Ärzten besteht, die in der wissenschaftlichen „westlichen" Medizin ausgebildet sind, weil deren Überlegenheit handgreiflich ist. Andererseits haben transkulturelle Untersuchungen ergeben, daß in den gleichen Ländern die Vertreter der traditionellen und die der wissenschaftlichen Medizin ganz gut nebeneinander existieren, indem die traditionellen „Heiler" ihre somatisch Kranken zum „westlich" ausgebildeten Arzt schicken und umgekehrt der Arzt die psychogen oder soziogen Erkrankten dem „Heiler" überweist, weil dessen Behandlungsresultate in diesen Fällen besser sind als die des Artzes (Jarret 1987). Es kommt demnach auf die richtige Differentialdiagnose an, die bei uns nicht immer so leicht ist wie anscheinend in Afrika.

Zum Schluß sei noch ein großes und zunehmend wichtiges Gebiet erwähnt, auf dem immer dringlichere Forderungen der Gesellschaft an die Ärzte erhoben werden, nämlich die Prävention. Die Politiker führen gern den Satz im Munde, daß vorbeugen besser sei als heilen, als hätten sie damit eine ganz neue Weisheit entdeckt. Die Ärzte haben sich im Durchschnitt deshalb nur spärlich und zögernd mit Prävention, mit Gesundheitserziehung und -beratung befaßt, weil es bislang nicht so viele harte Daten außerhalb der Trias „gesunde Ernährung – ausreichende Bewegung – Vermeidung schädlicher Genußmittel (Tabak, Alkohol, Drogen)" gab. Ein neuer Hufeland müßte eine neue Makrobiotik für unsere Zeit schreiben!

Immerhin gibt es mittlerweile genügend brauchbare Regeln für Krankheitsverhütung, so daß eine zusammenfassende Belehrung in Ausbildung und Fortbildung erfolgen könnte, die der Arzt dann an seine Patienten weitergibt. Natürlich gehört auch die Kenntnis krankmachender Stoffe und Einflüsse unserer Umwelt dazu von denen viele anerkannt, manche noch heftig umstritten sind. Ein großer Teil davon ist im Fachgebiet Arbeitsmedizin bereits untergebracht, das Wesentliche davon sollte Gemeingut aller Ärzte sein, und zwar auch deshalb, weil die Kenntnis solcher Daten auch für die Diagnose und die Therapie von Wichtigkeit sein können. Da niemand in der Lage ist, solche Daten in ihrer Überfülle im Kopf zu haben, sei wieder auf den auf S. 3 beschriebenen Vorschlag der Einrichtung von Datenbanken zur Verfügung der Ärzte verwiesen. Für Studium und Fortbildung hat sich hiermit ein sehr großes, noch keineswegs richtig bewertetes Gebiet aufgetan.

Zusammenfassung und Schlußfolgerungen

In der Darstellung der Beziehungen von Arzt, Patient, Medizin und Gesellschaft untereinander haben sich also, wie aufgezeigt wurde, in der Tat manche, z. T. einschneidende Veränderungen und Tendenzen zu Veränderungen gefunden, von denen sich einige schon lange ankündigten, aber erst in den letzten beiden Jahrzehnten deutlich manifestierten und die nun Konsequenzen für die Ausbildung und Fortbildung der Ärzte verlangen. Sie sollen deshalb hier noch einmal in Form von Thesen und Antithesen hervorgehoben werden, weil auf diese Weise eine neutrale Beschreibung der Probleme gelingen könnte. Daß die persönliche Meinung des Autors trotzdem durchschimmert, ist weder vermeidbar noch gänzlich unerwünscht.

These 1: Der ärztliche Beruf ist ein Dienstleistungsberuf wie viele andere. Auf dem Gesundheitssektor haben auch andere Berufe die Aufgabe, zu heilen und zu lindern. Der Arzt hat in seinen zahlreichen Fachgebieten jeweils nur eine Teilaufgabe.

Alle Heilberufe sollten daher zusammen gesehen und auch in einer einzigen Heilberufskammer zusammengeschlossen werden.

Die Berechtigung zu eigenständigen Ärztekammern ist unter den derzeitigen Umständen nicht mehr gegeben.

Antithese 1: Wenn der Arztberuf nur noch Teil der integrierten Gesundheitsberufe ist und nicht mehr im Zentrum des Gesundheitswesens steht, ist eine Anonymisierung ärztlicher Tätigkeit mit einer großen Distanz zum Patienten unvermeidlich. Alle Erfahrung lehrt, daß der Patient ein persönliches Vertrauensverhältnis zum Arzt wünscht und benötigt. Ärztliche Behandlung berührt so stark die Existenz des Kranken, daß eine andere Einstellung menschliche Urbedürfnisse verleugnet.

Die Zusammenfassung aller Heilberufe in einer Kammer bedeutet die Vorprogrammierung innerer Kämpfe, die jedem beteiligten Berufszweig Schaden zufügen und ihn in seiner spezifischen Entfaltung hindern würden. Aufgaben, Bedeutung und Verantwortlichkeit der einzelnen Berufe sind zu verschieden voneinander, als daß sie auf eine gemeinsame Linie gebracht werden könnten. Die Arbeit der nichtärztlichen Heilberufe ist eine wichtige und zur Erreichung optimaler Resultate heute unentbehrliche Ergänzung und Erweiterung ärztlicher Wirkungsmöglichkeit. Auch wenn sich die Feder sträubt, muß man doch gestehen, daß man im Notfall auf alle anderen Heilberufe eher verzichten könnte als auf den Arzt. Sollen in einer allgemeinen Heilberufskammer wissenschaftliche Probleme durch Abstimmung gelöst werden?

These 2: Aus den Formulierungen der Antithese 1 verrät sich ein Elitedenken des Arztes, das zur Überheblichkeit führt. Zum mindesten ist es eine Idealisierung des Arztberufs, die den realen Verhältnissen nicht entspricht. Deshalb ist auch eine spezielle ärztliche Ethik überflüssig.

Die jüngere Ärztegeneration hat sich bereits mit den in These 1 beschriebenen Gedanken angefreundet. Man kann dies u. a. auch aus ihrer Ablehnung berufseigener oder formeller Kleidung schließen.

Antithese 2: Elite heißt nicht Bevorrechtung und damit Verletzung des Gleichheitsgrundsatzes, sondern heißt in erster Linie stärkere Inanspruchnahme, erhebliches persönliches Engagement und hohe soziale Verantwortung. Alles trifft beim Arzt zu, wenn er optimal arbeiten soll. Keine Gesellschaft kann ohne Eliten in diesem Sinne auskommen. Jüngste Großversuche bestätigen dies sehr eindringlich (Beispiel: das maoistische China). Unsere junge Ärztegeneration befindet sich leider in einer Ausnahmesituation, aber auch bei ihr sind die Meinungen durchaus zwiespältig. In einer Einführung in die vorklinischen Semester (Burfeindt 1984) heißt es einmal:

> [...] hinzu kommt, daß die große Distanz zwischen Arzt und Patient, verursacht durch den großen Wissensunterschied, der früher dem Arzt Macht über den Patienten gab, geschmolzen ist. Der Patient schaut dem Arzt auf die Finger, er hat Fernsehen, Radio, Zeitschriften und Gesundheitslexikon, die ihn medizinisch informieren.

Kurz danach steht dann aber:

> Es wäre wünschenswert, daß jeder Abiturient, der Medizin studieren will, ein realistisches Bild vom Beruf des Arztes bekäme. Er sähe dann, daß kaum ein anderer Beruf neben der sorgfältigen fachlichen Ausbildung nicht selten auch eine Veränderung der Persönlichkeit verlangt, im Grunde so egoistische Anforderungen stellt und so an die Substanz gehen kann, wie dieser.

Auch solche Einsichten verbreiten sich in der jungen Ärztegeneration, und genau das ist unter Elite zu verstehen. Damit verliert aber auch das sog. Elitedenken seinen perhorreszierenden Charakter.

These 3: Eine besondere ärztliche Berufsethik erübrigt sich trotzdem. Strafgesetzbuch und Haftungsrecht genügen. Ärztliche Ethik ist auch nur Ausdruck der Überheblichkeit und der Distanzierung von anderen Berufen. Sie bewirkt eine Idealisierung des Arztes, die heute obsolet ist. Obwohl in These 2 bereits ausgedrückt, soll hierauf noch einmal nachdrücklich hingewiesen werden.

Antithese 3: Gesetze können nicht jedes Detail regeln. Auf die Details kommt es aber in der Beziehung Arzt/Patient besonders an, denn selbst wichtige, existentielle Entscheidungen, die zu Fehlresultaten führen, sind nicht immer als strafbare Tatbestände nach dem Strafgesetzbuch zu verfolgen. Eine Abschreckung ist darin auch nicht zu sehen. Dagegen vermag eine fest eingeprägte spezifisch ärztliche ethische Grundhaltung mehr. Natürlich wird das Ideal nie ganz erreicht. Schwere Verirrungen in der Vergangenheit betrafen glücklicherweise nur einen kleinen Teil der Ärzte, aber gerade den nur deshalb, weil er ärztliche Ethik zugunsten anderer, z. B. als neues Recht deklarierter Anschauungen verriet. Ärztliche Ethik ist etwas Grundsätzliches, Unwandelbares und ist v. a. unabhängig von politischen Entscheidungen.

These 4: Das allen Ärzten Gemeinsame ist durch die starke Spezialisierung immer geringer geworden. Der Psychiater und ärztliche Psychotherapeut steht dem therapeutisch tätigen Psychologen näher als etwa dem Kollegen Urologen, der Leiter eines ärztlichen Laboratoriums kann auch ein Chemiker sein. All das spricht für den Vorschlag aus These 1, den ärztlichen Berufsstand als geschlossene Einheit aufzulösen und die Ärzte der einzelnen Fachgebiete in die Gesamtheit der Heilberufe zu integrieren.

Antithese 4: Das stimmt selbst in den genannten und einigen wenigen anderen denkbaren Extremfällen nicht, schon gar nicht in allen übrigen. Dem nichtärztlichen Psychotherapeuten fehlt das eingehende Verständnis für Physiologie, Pathophysiologie und die Klinik der Geisteskrankheiten, also das Somatische und dem kranken

Menschen genauso Eigentümliche wie das Psychische, was dem Psychiater eine Selbstverständlichkeit ist.

Der Chemiker im ärztlichen Laboratorium ist vielleicht der größere Experte in der Präzision der Analysen, aber die Beratung des zuweisenden Arztes über Normwerte, Bewertung von Abweichungen, zusätzlich notwendige Untersuchungen bei diesem oder jenem Verdacht obliegt ihm nicht. Im übrigen ist das in Antithese 1 Gesagte auch hier gültig.

These 5: Die Ärzte beharren zu einseitig auf der naturwissenschaftlich fundierten Medizin. Die psychologische und die psychosoziale Dimension in der Pathologie des Menschen wird vernächlässigt. Wir benötigen demgegenüber eine Ganzheitsmedizin. Die naturwissenschaftlich ausgerichtete Medizin erschöpft sich im „linear-kausalen Denken", das Individuum, die einmalige, unaustauschbare Person existiert für die Schulmedizin nicht. Ihre Ergebnisse sind statistisch gewonnen und passen nicht für die Einzelperson. „Ganzheitsdenken ist auch wissenschaftlich, wenn auch nicht nur naturwissenschaftlich" (Rössler 1987).

Antithese 5: Hier kommen wieder zwei verschiedene Definitionen von Ganzheitsmedizin zum Vorschein. Die erste lautet: Der Kranke ist in der Gesamtheit seiner Lebensumstände zu begreifen und zu behandeln. Dazu gehört selbstverständlich die psychische und psychosoziale Dimension. Es gibt dagegen keine ernsthaften Einwendungen, wie bereits dargelegt wurde.

Die zweite Definition ist unscharf; sie umreißt eine „Gesamtschau" im Sinne eines intuitiven Erfassens, das aus Erfahrung entsteht. Aber nirgendwo ist zu erkennen, wie sich der Vorgang der Gesamtschau abspielt. Es ist von Empathie die Rede, von Zuhören und Begreifen.

Bei der Kritik an den Denkmethoden der „schulmedizinisch" eingestellten Ärzte, die also zunächst einmal versuchen, eine Typisierung der Störung des Patienten vorzunehmen, also eine Diagnose zu stellen und dann die für die Behandlung relevanten individuellen Eigentümlichkeiten herauszufinden, müßten die Befürworter einer anders verstandenen Ganzheitsmedizin erst einmal am konkreten Beispiel ihr Vorgehen schildern, ihren besonderen Zugang zum Patienten beschreiben und ihre therapeutischen Resultate vorweisen, die nachprüfbar sein müssen. Empathie ist wichtig, Zuhören und Begreifen sind nützlich, aber sie führen allein nicht zur Diagnose, und sie ersetzen die Diagnose nicht, die für ein zielgerechtes ärztliches Handeln unentbehrlich ist. Man kann das Spezielle, also das Individuum, nicht ohne eine allgemeine Theorie, also die objektive Diagnose, erklären. Dieser Satz müßte erst einmal widerlegt werden!

Was den Vorwurf des linear-kausalen Denkens anbetrifft, so ist zu entgegnen, daß jede Krankheit multikausal entsteht. Zur Pathogenese einer Tuberkulose gehört zwar als conditio qua non der Tuberkelbazillus, aber noch vieles mehr im Patienten selbst und in dem Milieu, in dem er lebt. Wird das von der Schulmedizin je bestritten?

These 6: Im Arzt-Patienten-Verhältnis ist ein Vertrauensschwund von seiten der Patienten zu beobachten. Der Patient ist selbstsicherer geworden, auch fachkundiger in den seine Krankheit betreffenden Fragen. Er ist mißtrauisch gegen eine ihm nicht mehr verständliche Technik, von der er gehört hat, sie sei eigentlich „inhuman". Auch die vielen bekannt gewordenen Nebenwirkungen der üblichen Arzneimittel lassen ihn solche Mittel ablehnen und „sanfte Medizin" bevorzugen. Seine „Compliance" mit der ärztlichen Therapie ist schlecht.

Die Ärzte zeigen sich diesem neuen Typ des Patienten oft nicht gewachsen, so daß man die Abwanderung vieler Patienten zum Heilpraktiker als Mißtrauen gegen den Arzt und die Bildung zahreicher Selbsthilfegruppen als Protest gegen eine als unzureichend empfundene Behandlung und Aufklärung durch die Ärzte deuten kann. Daß die Zahl der von der offiziellen Medizin abwandernden Menschen nicht noch größer ist, liegt einzig und allein an ihrer Bindung durch die gesetzliche Krankenversicherung.

Antithese 6: Dem Grundtenor der These ist zuzustimmen. Dennoch muß man entgegenhalten, daß dieser neue Typus nicht alle Patienten repräsentiert. Auch trifft es nicht zu, daß *die* Ärzte vor der ungewohnten Situation versagen. Wieviele sich inzwischen positiv zur neuen Lage eingestellt haben und wieviele noch im Negativen verharren, weiß niemand. Daß es die letzteren aber noch gibt, ist gewiß.

Die Bindung an die Sozialversicherung ist sicher auch ein Grund für die Bindung an den Arzt, aber nicht der einzige.

Ein anderer, gewiß ebenso wichtiger Grund ist die Persönlichkeit des Arztes, deren Ausstrahlung den von dem einen oder anderen empfundenen Mangel an Mitteilsamkeit und Gesprächigkeit weit übertrifft. Sie ist, der Ganzheitsmedizin vergleichbar, auch eine Wirkung des „ganzen Menschen Arzt".

Trotzdem muß in den hier angeschnittenen Fragen eine pauschale Änderung ärztlichen Verhaltens erfolgen:

Die Aufklärung der Patienten, das ärztliche Gespräch, der Gebrauch von „sanften Mitteln", wenn es die Lage des Kranken erlaubt, aber auch dann die Fähigkeit, sich mit der Verordnung stärkerer, auch mit unangenehmen Nebenwirkungen versehener Arzneien durchzusetzen, wenn es für den Patienten notwendig ist, müssen erlernt werden.

Aus diesen Thesen und Antithesen lassen sich mehrere Themen ableiten, die Gegenstand der ärztlichen Ausbildung oder der Fortbildung oder beider sein sollten. Zunächst ist aber noch einmal eine Modifikation oder doch eine nähere Erläuterung unseres Gesamtthemas geboten: Die Formulierung „Das Dreiecksverhältnis Patient–Arzt–Gesellschaft und sein Einfluß auf die ärztliche Ausbildung und Fortbildung" legt die Vermutung nahe, es gäbe eine fortlaufende Orientierung der Ausbildung und der Fortbildung an den jeweiligen Gegebenheiten dieser Beziehungen. Das ist leider ein Wunschtraum. In der Fortbildung ist eine solche ständige Anpassung an aktuelle Erfordernisse möglich und wird auch praktiziert. Sie betrifft aber hauptsächlich neue diagnostische und therapeutische Methoden und auch Fortschritte in den Grundlagenwissenschaften. Das, was sich bei den hier vorliegenden Überlegungen als besonders beachtenswert ergibt, findet sich kaum als Thema einer Fortbildungsveranstaltung. Sehen wir jetzt einmal nach, was das sein könnte:

1) Ganz wesentlich ist eine Schulung kritischen Denkens. Sie sollte als Ersatz für das schon lange abgeschaffte Philosophikum in speziellen Philosophiekursen für Mediziner in die vorklinischen Semester eingebaut werden und in den klinischen Semestern in adäquater Form zur Wiederholung und praktischen Nutzanwendung kommen.

2) Ethik und ärztliches Verhalten müßten Gegenstand der ärztlichen Ausbildung in späten klinischen Semestern, im praktischen Jahr oder noch besser in der Zeit des „Arztes im Praktikum" sein, wenn es organisatorisch so möglich ist.

3) Die Bedeutung der psychischen und psychosozialen Faktoren in Ätiologie und Pathogenese findet in der ärztlichen Fortbildung in Seminaren über Psychosomatik und in Balint-Gruppen schon lange ausreichende Berücksichtigung. Der Teilnehmerkreis an diesen Veranstaltungen stellt aber offensichtlich eine bestimmte Selektion dar, so daß Mittel und Wege gefunden werden müssen, das Gros der Ärzte zum Besuch solcher Seminare zu motivieren.

Bei unserem System der freiwilligen Fortbildung könnte man diese neuen Wissensgebiete auch dadurch vermitteln, daß in klinischen Seminaren ein Psychosomatiker mitwirkt und das Thema auch aus seiner Sicht beleuchtet. Diesbezügliche Versuche gibt es schon vielerorts, es besteht aber zwischen Klinikern und Psychosomatikern nicht immer ein so reibungsloses Einvernehmen, daß diese gemischten Veranstaltungen gut gelingen. Die jüngere Ärztegeneration ist für diese Dinge aufgeschlossener, manchmal sogar so sehr, daß man eine zu große Einseitigkeit befürchten muß.

4) Auch die sog. Naturheilverfahren müßten in der ärztlichen Fortbildung den üblichen klinisch-therapeutischen Methoden gegenübergestellt und ihre Indikationen erarbeitet werden. Sie dürfen keine Frage der „Weltanschauung", sondern nur eine der gesicherten praktischen Erfahrung sein. Mit ihren Möglichkeiten sollte sich jeder Arzt aus den vielerlei Gründen, die aufgezeigt worden sind, vertraut machen.

5) Gesundheitsberatung und aktive Maßnahmen der Prävention müssen als eigenständiges Gebiet in die ärztliche Fortbildung aufgenommen werden, da mittlerweile genügend brauchbare und wissenschaftlich gesicherte Daten vorhanden sind. Auch die Methoden der Weitergabe müssen dabei sehr eingehend dargestellt und geübt werden. Zum Teil gehören sie in die folgende Rubrik, das ärztliche Gespräch.

6) Das Erlernen des ärztlichen Gesprächs sollte in mehreren Abschnitten erfolgen: als Gesundheitsberatung in der Prävention, als diagnostisches und therapeutisches Gespräch und als psychologisch adäquate Ausdrucksweise und Wortwahl in den unterschiedlichen Situationen der Arzt-Patient-Kontakte. Die Befürchtung, durch Anlernen eines schematischen Verhaltens die Wirkung der Arztpersönlichkeit zu zerstören, besteht dann nicht, wenn Erfahrungen der Alltagspsychologie neben wissenschaftlicher Psychologie gelehrt werden, die der Arzt als Grundlage seines Verhaltens annimmt und in seine individuelle Verhaltensweise integriert. Das zu können, muß man jedem Arzt zutrauen.

Die Diskussion über das ärztliche Gespräch gehört in jedes klinische Fach und ist auch Bestandteil der noch zu schaffenden ärztlichen Verhaltenslehre. Es ist Sache der Universitäten, sich um diese für die praktische ärztliche Tätigkeit so eminent wichtigen Lehrinhalte zu kümmern, denn eine ad hoc zu erwartende Novellierung der Approbationsordnung ist utopisch. Es sei jedoch nicht verschwiegen, daß Äußerungen von fachkundiger Seite vorliegen, daß eine Verhaltenslehre nicht möglich sei (Pöppel 1987). Es dürfte gewiß schwierig sein, sie aufzubauen, aber unmöglich ist sie nicht.

Einfacher und zugleich schwieriger liegen die Verhältnisse in der ärztlichen Fortbildung. Einfacher deshalb, weil es ganz im Belieben von Fortbildungsträgern steht, die angeführten Themen in ihre Programme einzubringen. Die Akademien könnten es ohne Hindernisse tun. Schwieriger als im Studium ist hier die Wahl der richtigen Methode. Kurse oder Seminare über ärztliche Ethik, ärztliche Verhaltenslehre oder über das ärztliche Gespräch und philosophische Veranstaltungen über Erkenntniskritik als solche anzubieten, dürfte wahrscheinlich kein großes Interesse erwecken, und die Zahl der Teilnehmer dürfte klein bleiben. Das ärztliche Gespräch könnte man vielleicht von der pessimistischen Erwartung ausnehmen, denn Veranstaltungen darüber gibt es schon seit geraumer Zeit. Sie sind nur noch nicht systematisch aufgebaut.

Nach aller Erfahrung würde die beste Methode, diese Themen vorzutragen, darin bestehen, die betreffenden Fragen in klinische Fallseminare einzubringen (Renschler 1987). Doch damit berühren wir eines der Hauptprobleme einer systematischen Fortbildung, nämlich die Schulung der Fortbildungsreferenten. Die üblichen Vorträge sind fast alle methodisch genormt: Sie umranken eine aus Diapositiven bestehende Leitschiene. Die Diskussion beschränkt sich auf die Beantwortung von zufälligen Fragen. Der Inhalt der Vorträge ist fachlich in der Regel einwandfrei, das Thema wird vollständig erfaßt, die Darstellung kann sogar hervorragend bis begeisternd sein. Wir wissen aber wenig über den didaktischen Wert, Effektivitätsuntersuchungen fehlen. Das Ausschöpfen von Fallbearbeitungen im Sinne unserer zusätzlichen Gebiete ist noch im Beginn des Experimentierstadiums begriffen, aber gute Ansätze sind vorhanden.

Der Wandel im Verhältnis Patient–Arzt–Medizin–Gesellschaft ist ständiger Beobachtung bedürftig, und die Ergebnisse müssen fortlaufend in die ärztliche Fortbildung einfließen.

Der vorliegende Versuch, einen Querschnitt durch die gegenwärtigen schwer übersehbaren und noch schwieriger beweisbaren Verhältnisse zu zeichnen, möge als Anregung zu entsprechendem praktischen Handeln dienen.

Literatur

Alliez J, Alliez B (1987) Medizin und Gesellschaft. Medicus Europeaus, vol VI/3/X
Anschütz F (1987) Ärztliches Handeln. Grundlagen, Möglichkeiten, Grenzen, Widersprüche. Wissenschaftliche Buchgesellschaft, Darmstadt
Approbationsordnung für Ärzte (³1984) Bundesärzteordnung. Dt. Ärzteverlag, Köln
Badura B (1987) Zukunftsaufgabe Gesundheitsförderung. Die Berliner Ärztekammer, 4
Bertalanffy L von (1951) Neue Wege biol.-mediz. Denkens. Festvortrag anl. des 20. Fortbildungskurses für Ärzte in Regensburg
Brand KW, Büner D, Rucht D (1986) Aufbruch in eine andere Gesellschaft. Neue soziale Bewegungen in der Bundesrepublik Deutschland. Campus, Frankfurt am Main New York
Burfeindt J (1984) Studium der Humanmedizin, Teil 1. Hayit, Köln
Carré M (1964) Quelle médecine voulez-vous? Laffont, Paris
Engelhardt D von (1986a) Auf der Suche nach dem wahren Gesicht. Hoechst AG (Hrsg) Die Patienten und ihre Copingstruktur. Start 5, Nr. 1. Hoechst, Frankfurt
Engelhardt D von (1986b) Mit der Krankheit leben. Grundlagen und Perspektiven der Copingstruktur der Patienten. Fischer, Heidelberg
Glatzel J (Hrsg) (1983) Schwergewicht: Arzt und Patient. Medizin, Mensch und Gesellschaft, 4. Enke, Stuttgart
Graber GC, Beasley AD, Eaddy JA (1985) Ethical analysis of clinical medicine. Urban & Schwarzenberg, Baltimore München
Gsell D, Mach RS (1980) Ethik ud Medizin. Ethique et médecine. Schwabe, Basel Stuttgart (Symposium der Schweiz. Akad. der Med. Wissenschaft)

Hartmannbund, Verband der Ärzte Deutschlands (1986) Grundsatzerklärung zur Stellung des Arztes in Gegenwart und Zukunft. Deutscher Ärzteverlag, Köln

Häussler S (1976) Gesundheitspolitik. Reform d. Zwang oder Einsicht? Deutscher Institutsverlag, Köln

Iandolo C (1983) Parlare col malato. Armando, Rom

Illich I (1977) Die Nemesis der Medizin. Von den Grenzen des Gesundheitswesens. Rowohlt, Reinbek

Informed Medical Informations Dienst GmbH (1987) Medizin 2000. Eine Beitragssammlung zum 1. Hildener Forum 1987

Jablonski K (1981) Studium der Humanmedizin Teil II. Hayit, Köln

Jarret R (1987) Medizin und Transkultur. Medicus Europaeus, vol VI, 3/X

Jong OJ de, Braun E, Wolter K (1966) Das ärztliche Gespräch als therapeutische Methode. Hippokrates, Stuttgart

Keil G (1980) Das Bild des Arztes bei politischen Entscheidungen und in der Presse. Deutscher Ärzteverlag, Köln

Kerger H (1986a) 50 Jahre erlebte Fortbildung. Hess Ärztebl 7:369–375

Kerger H (1986b) Die ärztliche Fortbildung. Springer, Berlin Heidelberg New York Tokyo

Kerger H, Rieck G (1986) Hört ihr Patient wirklich noch auf Ihren Rat? Ä P Gespräch – Ärztl Praxis (01. 03. 86)

Kommission der Europ. Gemeinschaften (1987) Die ärztliche Ausbildung in der Europ. Gemeinschaft. Springer, Berlin Heidelberg New York Tokyo

Kötschau K (1960) Medizin am Scheideweg. Wiederherstellung von Ordnung, Ganzheit und Mitte der Medizin. Haug, Ulm

Lüth P (1971a) Lehren und Lernen in der Medizin. Thieme, Stuttgart

Lüth P (1971b) Ansichten einer zukünftigen Medizin. Hauser, München

Lüth P (1972) Kritische Medizin. Zur Theorie-Praxis-Problematik der Medizin und des Gesundheitssystems. Rowohlt, Reinbek

Lüth P (1986) Von der stummen zur sprechenden Medizin. Campus, Frankfurt am Main New York

Max Planck Gesellschaft München (Hrsg) (1984) Verantwortung und Ethik in der Wissenschaft. Symposium der Max Planck Gesellschaft Schloß Ringber, Tegernsee

Naef AR (Hrsg) (1986) Permanentes Lernen in der Medizin. Methoden und Wege der Fortbildung. Hüber, Bern Stuttgart Toronto

Pöppel E (1987) Die Beziehung von Arzt und Patient ist nicht erlernbar. Ärzte-Zeitung 140 (30. 07. 1987)

Popper K (1973) Objektive Erkenntnis, ein evolutionärer Entwurf. Hoffmann & Campe, Hamburg

Renschler H (1987) Die Praxisphase im Medizinstudium. Die geschichtliche Entwicklung der klin. Ausbildung mit der Fallmethode. Springer, Berlin Heidelberg New York Tokyo

Rössler H (1987) Ist Ganzheitsmedizin mehr als ein Schlagwort? Dtsch Arzt 11, 12

Schaefer H (1971) Sozialmedizin. Einführung in die Ergebnisse und Probleme der Medizinsoziologie und Sozialmedizin. Thieme, Stuttgart

Schaefer H (1981) Plädoyer für eine neue Medizin. Piper, München

Schaefer H (1983) Medizinische Ethik. Medizin im Wandel. Fischer, Heidelberg

Schipperges H (1971) Ausbildung zum Arzt von morgen. Thieme, Stuttgart

Schipperges H (1986) Medizin zerfasert in Subspezialitäten. Ärzte-Zeitung 209

Schoeck H (1983) Der Arzt zwischen Politik und Patient. Medical Tribune, Wiesbaden

Verein demokratischer Ärztinnen und Ärzte (1986) Programm und Satzung

Probleme der Medizinkritik

U. Gerhardt

Einführung

Die medizinische Soziologie betont vielfach ihre kritische Distanz gegenüber der Medizin, und von manchen wird sie als Verkörperung der Medizinkritik empfunden. Man erwartet unter Medizinern, daß Soziologen ihnen die Leviten lesen, oftmals weniger, um hinterher sagen zu können, nun zeige sich die Ignoranz dieses sozialwissenschaftlichen Fachs, sondern bei aufgeschlossenen Ärzten, weil sie besorgt sind, ob gegenüber ihrer Arbeit und Leistung kritische Vorbehalte berechtigt sein könnten. Gerade vor diesem Hintergrund möchte ich aus der Perspektive der Medizinsoziologie *nicht* Medizinkritik betreiben, sondern meinerseits letzterer kritisch gegenübertreten. Ich möchte darlegen, welche Schwächen und Denkfehler ich an der heutigen Medizinkritik sehe.

Ich wende mich 2 Problembereichen zu, wo nach meiner Ansicht ungerechterweise Kritik an der Medizin geübt wird. Daß diese Kritik, gesellschaftliche Sachverhalte betreffend, häufig von Ärzten vorgebracht wird, die soziologische Dilettanten sind, möchte ich erwähnen. Insgesamt scheint mir, daß soziologische Kenntnisse für Ärzte nützlich sein können, damit nicht Vorurteile über gesellschaftliche Aspekte der Medizin entstehen, jenseits des verbürgten Wissens.

Die 2 Problembereiche, die ich näher betrachte, sind:

1) Bedeutung des technischen Fortschritts; es wird unterstellt, die moderne Medizin werde von technischen Neuerungen beherrscht, woraus sich eine Verkümmerung kommunikativer Zuwendung zum Patienten und letztlich Inhumanität der humanen Institution Krankenhaus ergebe; damit verbindet sich ein *Plädoyer für Gesprächstherapien und ein neues Menschenbild in der Medizin.*

2) Effektivität der modernen Medizin; es wird unterstellt, die moderne Medizin sei ineffektiv, weil die Prävalenzraten für chronische Krankheiten steigen und der Anteil chronischer Erkrankungen an der Sterblichkeit stetig wächst; damit verbindet sich ein Plädoyer für *Prävention als Alternative zur kurativen Medizin.*

Wagner (Hrsg.), Medizin – Momente der Veränderung
© Springer-Verlag Berlin Heidelberg 1989

Die Effektivität der modernen Medizin

Lassen Sie mich mit dem letztgenannten Punkt beginnen: Das entsprechende Argument beruft sich auf 2 Entwicklungen, nämlich erstens das relative Anwachsen des Anteils an chronischen Erkrankungen bei den Todesursachen in der Mortalitätsstatistik; zum Kontrast wird der sinkende Anteil akuter Erkrankungen aufgeführt und zum anderen das Spektrum der Todesursachen vor 50, 100 oder 150 Jahren, wo im Gesamtbild deutlich niedrigere Anteile chronischer Erkrankungen auffallen.

Zweitens wird in diesem Zusammenhang besonders bei einzelnen Diagnosegruppen im Zeitverlauf eine Steigerung des Anteils an der Gesamtmortalität und -morbidität nachgezeichnet, z. B. beim Herzinfarkt oder bestimmten Karzinomgruppen, wo operative oder medikamentöse Therapien als palliativ, jedoch nicht kurativ gelten. Von den nachgewiesenen Anteilen chronischer Leiden an der Morbidität und Mortalität der Bevölkerung ist es nicht weit bis zu der Behauptung, die Bevölkerung werde immer kränker, bzw. die Morbidität und Mortalität bei bestimmten Diagnosen steige in absoluten, also keineswegs nur relativen Zahlen.

Die polemische Spitze gegen die Medizin erhält diese Situationscharakterisierung durch das Denken McKeowns (1965). Anhand einer Gegenüberstellung des Einflusses *sanitärer* und *ernährungspolitischer* Maßnahmen seit dem 18. Jahrhundert auf der einen Seite und der Errungenschaften der modernen Medizin auf der anderen Seite (z. B. elektive Chirurgie, Chemotherapie etc.) will McKeown zeigen, daß der *medizinische Fortschritt am drastischen Rückgang der Sterblichkeit im 19. und 20. Jahrhundert kaum beteiligt gewesen sei.* Am Beispiel Tuberkulose argumentiert McKeown, daß sie durch Verbesserungen der Ernährungslage, und am Beispiel infektiöser Darmerkrankungen, daß sie durch Trinkwasserhygiene und Kanalisation besiegt worden seien. McKeown wirft der Medizin vor, ihren Beitrag zur Steigerung der allgemeinen Lebenserwartung zu überschätzen, da einschneidende medizinische Therapien, z. B. bei der Tuberkulose, erst in den 30er Jahren dieses Jahrhunderts entwickelt worden seien, lange nach der wirksamen Eindämmung der Tuberkulosesterblichkeit. Als Begründung verweist McKeown auf eine einseitig naturwissenschaftliche Auffassung des Organismus, wo physiologische Prozesse nach Gesichtspunkten der Mechanik, Physik, Biologie und Chemie betrachtet würden, anstatt Umweltprozesse zu berücksichtigen, die die physiologischen Vorgänge ebenso wie Infektionen und andere Krankheitsprozesse auslösen oder mitbedingen.

Gegen McKeown möchte ich einwenden, daß er der Medizin vorwirft, im Verhältnis zur öffentlichen Gesundheitspflege des 19. Jahrhunderts sei sie relativ unwirksam im Kampf gegen Tbc, Cholera etc. gewesen (anders gesagt: nicht die Medizin, sondern die öffentliche Gesundheitspflege habe die Infektionskrankheiten weitgehend ausgeschaltet); aber dabei übersieht er, daß der wissenschaftlichen Medizin bis in die 60er Jahre des 19. Jahrhunderts die sog. Miasmatheorie zugrundelag, also eine vornaturwissenschaftliche Theorie, die z. B. Umweltverunreinigungen aufgrund schlechter Luft- oder Wasserqualität als direkte Erkrankungsursache deutete. Mit anderen Worten: Wie kann die öffentliche Gesundheitspflege des 19. Jahrhunderts gegen die Schulmedizin ins Feld geführt werden, da beide damals dieselben Erklärungsmodelle verwendeten? Erst die naturwissenschaftlich begründete klinische Medizin des 20. Jahrhunderts steht im theoretischen Gegensatz zur Präventivmedizin, die heute vielfach die weiterentwickelten Erklärungsmodelle des 19. Jahrhunderts beibehält. McKeown, der die weitgehende Deckungsgleichheit der öffentlichen und privaten Medizin im 19. Jahrhundert nicht wahrnimmt, also nicht die Veränderung dessen, was Medizin heißt, wirft der Medizin des 20. Jahrhunderts vor, sie sei ineffektiv, weil sie an der drastischen Senkung der Sterblichkeit bei Infektionskrankheiten im 19. Jahrhundert nur marginal beteiligt gewesen und heutzutage gegenüber dem Anwachsen der Prävalenz chronischer Erkrankungen hilflos sei.

Zur Entkräftung der letzteren Behauptung möchte ich auf eine Arbeit von Gruenberg (1977) eingehen, die unter dem Titel *The failures of succes* feststellt, es sei eine

erstaunliche Tatsache, daß der Nettoertrag erfolgreicher technischer Innovationen, die zur Krankheitsbekämpfung benutzt werden, eine Steigerung der Prävalenz bestimmter Krankheiten und Behinderungen aufgrund der Verlängerung von deren durchschnittlicher Dauer ist (S. 3).

Gruenbergs Argument hat 2 Teile: Der Einsatz der Chemotherapie – so zeigt er anhand der Sulfonamide – bewirkte einen drastischen Rückgang der Mortalität an Lungenentzündung, Grippe und anderen Infektionskrankheiten seit den 20er und 30er Jahren; die Folge war, daß chronisch Kranke und Behinderte, z. B. Mongoloide, senil Demente, ferner Patienten mit Herz- und Gefäßleiden, Nephritis, Diabetes oder chronischer Bronchitis, die früher vermehrt während Grippeepidemien oder an Pneumonie starben, nunmehr solchen sekundären Infektionskrankheiten nicht mehr erliegen, sondern meist erst an ihren primären chronischen Leiden zu einem späteren Zeitpunkt sterben. – Die 2. Seite des Fortschritts, die ebenfalls zur Erhöhung der Prävalenzraten beiträgt, betrifft die Verbesserungen der symptomatischen Behandlung der chronischen Primärerkrankungen, z. B. durch Anwendung und Dosierung des Insulins beim Diabetes, Dialyse- und Transplantatbehandlung bei terminaler Niereninsuffizienz, Neuroleptika bei Wahnerkrankungen oder Kontrolle der perniziösen Anämie bei Spina bifida.

Beide Entwicklungen bewirken, daß sich die Lebensspanne chronisch Erkrankter verlängert: Die Bekämpfung sekundärer Infektionen bewirkt, daß mehr chronisch Kranke länger leben und letztlich an ihren Primärerkrankungen, nicht an deren infektiösen Komplikationen, sterben; Fortschritte bei der Therapie für chronische Leiden verlängern ihrerseits die Lebensspanne der Betroffenen. Dadurch entsteht eine Steigerung der Prävalenzrate, also Vermehrung des Anteils Erkrankter an der Bevölkerung, für bestimmte Diagnosen ebenso wie insgesamt. Ferner entsteht dadurch eine Steigerung des Anteils chronischer Erkrankungen an der Gesamtsterblichkeit; diese ist zum einen durch den Wegfall sekundärer Infektionskrankheiten als „vorzeitige" Todesursache bedingt, zum anderen durch die Steigerung der Prävalenzraten für bestimmte oder alle chronischen Erkrankungen in der Bevölkerung. Es gelingt Gruenberg, das Paradox teilweise aufzuhellen, daß als ungewollte Nebenfolge des medizinischen Fortschritts eine Steigerung der Morbidität ebenso wie der Mortalität an chronischen Erkrankungen in der modernen Gesellschaft auftritt. Die Erfolge der Medizin, so zeigt Gruenberg, schlagen sich als Verlängerung der Lebensspanne auch bei chronisch Erkrankten nieder; dadurch leben mehr chronisch Erkrankte länger und sterben auch an ihren Primärleiden. Dies schlägt sich statistisch als Erhöhung der Morbiditäts- und Mortalitätsraten für chronische Leiden nieder.

Um beurteilen zu können, ob tatsächlich mehr chronische Krankheiten als früher auftreten, eignet sich angesichts der geschilderten Sachlage nur die *Inzidenz* als verläßlicher Indikator. Es gibt jedoch kaum Datenmaterial, wo Inzidenz, also

Neuerkrankungsfälle pro Zeiteinheit, epidemiologisch angemessen abgebildet wird. Als Beispiel dafür, daß die Inzidenz ein sensibles Häufigkeitsmaß ist, seien Ziffern für tödliche Unfälle (ohne Verkehrsunfälle) für die USA angeführt (vgl. v. Ferber 1975). Die Sterblichkeit pro 100000 der Bevölkerung für diese Todesursache ging dort von 1900 bis 1959 von 72,3 auf 30,7 zurück, der Anteil an der Gesamtmortalität jedoch nur von 4,2 auf 3,2%. Während die Inzidenz sich also um über die Hälfte verringerte, sank der Anteil an der Gesamtmortalität nur um ein Viertel; der Grund dafür liegt darin, daß die Gesamtsterblichkeit ebenfalls in diesem Zeitraum abnahm. Relativ gesehen ist die Unfallhäufigkeit angewachsen, während sie absolut abgenommen hat. Die Auswirkungen derart ungleicher Rhythmen der Mortalitätsentwicklungen können auch an der Verschiebung des Verhältnisses zwischen bestimmten Infektions- und chronischen Krankheiten als Todesursachen erläutert werden: Die Sterbeziffer für Tuberkulose betrug 1900 ca. 12% der Gesamtsterblichkeit, 1959 noch 3,5%, sie sank um 170 pro 100000 Bevölkerung; die Sterbeziffer für Diabetes betrug demgegenüber 1959 ca. 15%, 1900 war sie 3,7% gewesen, sie stieg um 83 pro 100000 Bevölkerung. Obwohl die relativen Zahlen für beide Krankheitsbilder sich – in umgekehrter Reihenfolge – ähneln, sind die Sterblichkeitshäufigkeiten, die dahinter stehen, merklich verschieden. Schließlich kann es geschehen, daß eine insgesamt steigende Mortalitätsziffer für bestimmte Diagnosen fälschlicherweise den Eindruck erweckt, als betreffe sie alle Gruppen der Bevölkerung. Beispielsweise stieg die Sterblichkeit an bösartigen Neubildungen in der Bundesrepublik Deutschland zwischen 1952 und 1967 von 178 auf 184 Gestorbene pro 100000 Einwohner in der Altersgliederung 1950; ein Anstieg war aber nur bei den Männern zu verzeichnen (von 182 auf 210), während bei den Frauen im gleichen Zeitraum eine Senkung der Sterblichkeitsrate von 174 auf 166 erfolgte (Bundesminister für Jugend, Familie und Gesundheit 1971, S. 55). Für kardiovaskuläre Erkrankungen als Todesursachen zeigen Junge u. Hoffmeister (1982), daß die Mortalitätsziffern bei Frauen und jüngeren Altersjahrgängen seit Kriegsende rückläufig sind. Zwischen 1952 und 1978 sank die Sterblichkeit an Herzerkrankungen für 45- bis 54jährige Frauen von 70 auf 50 pro 100000 Gestorbene und für Männer von 220 auf 195 im Zeitraum 1965–1978. Diese Verbesserung der Situation beim sog. vorzeitigen Herztod zeichnet sich statistisch jedoch kaum in der Gesamtmortalität ab, da Männer über 65 und Frauen über 75 Jahre besonders häufig diese Todesursache aufweisen.

Im Überblick muß sich die Behauptung, die moderne Medizin sei ineffektiv, den Einwand gefallen lassen, daß ihre Begründungen nicht überzeugen. Erstens erweisen sich die hohen Prävalenzraten für chronische Erkrankungen ebenso wie die hohen Anteile chronischer Diagnosen an der Gesamtsterblichkeit bei näherem Hinsehen paradoxerweise als Ausdruck der Erfolge und Leistungen der modernen Medizin, denn diese ermöglicht nunmehr mehr Menschen mehr Infektionsvermeidung und insgesamt ein längeres Leben, auch den chronisch Erkrankten. Zweitens ist die Überzeugung irrig, die Sterblichkeit an chronischen Erkrankungen sei gestiegen, gerade für die oft als besonders gefährdet geschilderten Bevölkerungsgruppen, nämlich Frauen und jüngere Altersjahrgänge, selbst bei bösartigen Neubildungen und Herzerkrankungen. Insgesamt zeigt sich, daß, wenn kein Bezug auf die Entwicklungen der Gesamtmortalität hergestellt wird und die Einzelentwicklungen bei speziellen Bevölkerungsgruppen nicht berücksichtigt werden, eher ein ungenaues oder sogar falsches Bild des Krankheits- und Sterblichkeitsrisikos entsteht. Ihm sollte keine Bedeutung für die Beurteilung der Effektivität der Medizin beigemessen werden.

Die Bedeutung des technischen Fortschritts in der Medizin

Das 2. Thema der Medizinkritik, das vielfach diskutiert wird, betrifft die Bedeutung der technischen Ausstattung der Krankenhäuser und ärztlichen Praxen. Der Vorwurf lautet, der technische Fortschritt habe ein Niveau erreicht, das für eine verantwortungsvolle Ausübung der Arzttätigkeit schädlich werde. Der Gedankengang hat 3 Teile. Er lautet zunächst, die Vermehrung der technischen Apparaturen während der letzten Jahrzehnte habe dazu geführt, daß Ärzte sich bei Diagnose und Therapie zunehmend auf Befunde und Behandlungsformen verlassen, die maschinell erstellt und nicht durch klinische Untersuchung sowie persönliche Beratung oder Entscheidung gesichert seien; daraus ergebe sich eine Hypertrophie der Technik und eine Atrophie der Kommunikation im Arzt-Patient-Verhältnis. Lüth (1974) charakterisiert dies als Mißverhältnis zwischen „stummer" und „sprechender" Medizin. – Der 2. Teil der Kritik lautet, daß das Gespräch als Teil der klinischen Praxis besonders hoch einzuschätzen sei, weil ihm eine therapeutische Aufgabe zukomme. Vor allem hinsichtlich diffuser oder sog. funktioneller Leiden, jedoch letztlich für alle Krankheiten, die behandlungsbedürftig sind, sei das Gespräch ein bewährtes therapeutisches Instrument. An dieser Stelle setzt die Argumentation ein, daß psychische Komponenten an der Verursachung von Organläsionen beteiligt und daher medikamentöse oder operative Therapien durch Gespräche im Zusammenhang einer psychosomatischen Medizin zu ergänzen oder zu ersetzen seien. In einem anderen Zweig der Literatur wird beklagt, der Mangel an Gesprächen benachteilige Sterbende; Ärzte hätten verlernt, mit Patienten, zumal Sterbenden, zu reden, während deren Bedürfnis zur Aussprache immer vorauszusetzen sei, selbst dann, wenn es nicht wahrgenommen oder geäußert würde; infolge dessen setze sich die technikintensive „stumme" Medizin dem Verdacht aus, Lebensverlängerung, besonders in der Intensivmedizin, an die Stelle des Gesprächs zu setzen, auch wo dies dem Patienten schade (Ridder 1983). – Die dabei zutagetretenden Widersprüche sind Thema der 3. Kritik, die einen scheinbar soziologischen Bezugspunkt wählt. Eine Krise des gesellschaftlichen Bewußtseins insgesamt zeige sich in einer Krise der Medizin, charakterisiert durch einen Antagonismus zwischen zwei Lebensanschauungen, die den Arzt in einen Konflikt zwischen unvereinbaren Polen seines Selbstverständnisses bringen. Richter (1981) beschreibt, daß der Arzt auf der einen Seite zu „Wundertaten eines omnipotenten Gesundheitsingenieurs" gedrängt, auf der anderen Seite aber zugleich zum „Partner" erkoren werde, „der sich außer um [...] Organe auch um [...] Gefühle und [...] mit der Krankheit verbundene Lebensumstände kümmert". Mit der Lösung dieses Konflikts sei der Arzt allemal überfordert (und überfordere sich selbst); es bedürfe politischer, nicht individueller Lösungen der Krise.

Das Kernstück dieser Argumentation ist nach meiner Ansicht, daß dem Gespräch eine eigenständige therapeutische Funktion zugesprochen wird. Diese Annahme wird den 3 Teilargumenten gleichermaßen zugrundegelegt: Zunächst gilt das therapeutisch relevante Gespräch als das Eigentliche, das die Krankenbettmedizin „sprechend", die Laboratoriumsmedizin jedoch „stumm" mache; sodann prägt sich darin das Selbstverständnis der psychosomatischen Medizin aus, die den Patienten zur Bewußtmachung seiner Umweltbeziehungen und Kindheitsumstände anregt, um ihm durch psychische Hilfe sein Leiden anders als durch Therapien der naturwissenschaftlich begründeten Medizin zu lindern; schließlich gilt das Heilsame am Gespräch als Begründung für die Überlegenheit jenes ärztlichen Selbstbilds, nach dem sich der Arzt als Partner des

Patienten anstatt bloß als kurativen Helfer sieht. Angesichts dieser These von der zentralen Bedeutung des Gesprächs als ein ärztliches Mittel muß man fragen: Gibt es gesicherte Hinweise darauf, daß *Gespräche* – als Kommunikation mit Berücksichtigung der persönlichen Gefühle oder als gemeinsame Aussprache über belastende Lebensumstände – eine positive Wirkung auf das Krankheitsgeschehen haben?

Zur Beantwortung dieser Frage soll zunächst auf Themenstellungen der medizinsoziologischen Literatur hingewiesen werden. Parsons (1951) hat in einem einflußreichen Text über Struktur und Funktion der modernen Medizin dargelegt, Kranksein sei, gesellschaftlich gesehen, Unfähigkeit zur alltäglichen Aufgabenerfüllung und für den Arzt Anlaß zu kontrollierter Rückführung des Patienten zur Wiederaufnahme seiner Alltagstätigkeiten. Bei diesem erziehungsähnlichen Vorgang enthalte das Handeln des Arztes „unbewußte Psychotherapie". In ihr spielt das Gespräch eine Hauptrolle, und zwar als Gegenmittel gegen eventuell beim Patienten vorhandene unbewußte Motivation zum Kranksein, die sich äußere im Rückzug aus dem Alltag mit dem Ziel, sich versorgen und pflegen zu lassen. Was dabei im Patienten vorgeht, kann man Wiedergewinnung innerer Umweltkontrolle nennen. Egbert et al. (1964) fanden beispielsweise, daß Patienten der Chirurgie am dritten und jedem folgenden Tag nach einem Eingriff weniger Narkotika benötigten und weniger Schmerzen berichteten, wenn sie vor der Operation und danach durch Informationsgespräche mit dem Anästhesisten auf zu erwartende Einzelheiten vorbereitet worden waren. Die Autoren resümieren: „Wir glauben, daß unsere Diskussionen mit Patienten die Bedeutung der postoperativen Situation für diese Patienten verändert haben" (S. 826). Denselben Gedanken entwickelt Raspe (1983) in einer Art Umkehrschluß. Das Negative an der Krankenhausatmosphäre, daß Gefühle des Ausgeliefertseins aufgrund gewollter oder routinemäßiger Informations- und Aufklärungsverweigerung gefördert würden, sei mit einem Modell der psychosozialen Adaption in 4 Schritten zu erklären. Es enthält die folgenden Aussagen: 1) Belastungen werden nach Informationsgehalt bewertet, 2) daraus resultiert Bedrohung, wenn eine Situation nicht klar einzuordnen ist, weil Informationen fehlen, 3) die daraus resultierende Furcht erhöht die Aufmerksamkeitsspannung und setzt Anstrengung- und Innovationsbereitschaft frei, 4) diese laufen ins Leere, wenn der Patient im Krankenhaus zur Passivität verurteilt ist, so daß sich neue Belastung ergibt, die Bedrohung auslöst etc. Das Gespräch zwischen Arzt und Patient, so Raspe, unterbricht diesen Teufelskreis; ihm komme eine diffus strukturschaffende und unsicherheitsvermindernde Wirkung zu, wobei ein gesundheitlicher Nutzen erreicht würde. Er liege in der Anspannungsverminderung, die durch Reduktion empfundener Belastung eintrete, insofern „eine gezielte Aufklärung, als das Angebot bzw. die Ausarbeitung einer kognitiven Ordnung, *beanspruchungs*mindernde Wirkungen haben wird" (S. 20; Hervorhebung von mir).

Worin die therapeutische Funktion des Gesprächs besteht, wird, soweit ich sehe, zunächst durch Negation bestimmt. Durch den Hinweis, daß gesprächslose Behandlung Konflikte fördere, die belastend und daher genesungshemmend seien, wird ein iatrogener Effekt gesprächsaverser Therapieformen behauptet. Damit ist jedoch nicht ausgesagt, welche psychologischen oder gar physiologischen Wirkungsketten im einzelnen zur Erklärung dieses iatrogenen Effekts anzuführen wären. Auch Balints Hinweis auf die „Pharmakologie der Droge ‚Arzt'" (1964, S. 19) führt letztlich kaum näher an eine plausible Deutung. Balint unterscheidet beim Patienten eine Grundkrankheit, die mit konflikthaften Lebensumständen zu umschreiben ist, von den wechselnden klinischen Erkrankungen, deren Diagnose und Behandlung er vom Arzt verlange. Auf der Arztseite sieht Balint typische Persönlichkeitszüge und Behandlungsstile, denen gemäß er seine Patienten „erzieht", sich entsprechend anzupassen. Die „apostolische Funktion", die den Arzt richtig handeln läßt, unabhängig vom Behandlungsstil, sei kritisch vom Arzt zu reflektieren. Zumindest solle er „kleine Psychotherapie" in fachärztlicher Spezialisierung praktizieren: Deren Zweck wäre die Durchleuchtung der ihm vom Patienten „angebotenen" klinischen Erkrankungen auf die eigentlich behandlungsbedürftige Grundkrankheit hin, meist eine lebensgeschichtliche oder umweltbedingte Konfliktlage, die psychologische anstatt oder zusätzlich zu medikamentöser Hilfe erfordert. Balints Unterscheidung zweier Krankheitsebenen und die damit verbundene Verlagerung der wesentlich ärztlichen Aufgabe auf psychologische Betreuung löst aber das Problem nicht, wie die Wirkung anamnestischer oder therapeutischer Gespräche – gar als „pharmakologische" Wirkung – im einzelnen zustandekommen soll. Man fragt sich: Hilft es weiter, wenn im Arzt-Patient-Gespräch eine Sonderform des Plazebophänomens gesehen wird? Sollte die These von Shapiro (1971) richtig sein, daß die vornaturwissenschaftliche Medizin während der gesamten Geschichte – wie bekanntlich auch etwa 1/3 des Behandlungseffekts der modernen klinischen Praxis – auf Plazebowirkungen beruhte, so könnte der Gedanke in unserem Zusammenhang passen, daß die Wirkung der „Droge Arzt" ebenso wie anderer Therapien partiell oder überwiegend auf Plazebo rückführbar sein könnte. Allerdings ist in der Forschung bisher ungeklärt, was am Plazebo insbesondere die dem potenten Agens vergleichbare symptomatische Wirkung auslöst; trotz Doppelblindversuchen bleibt noch weitgehend rätselhaft, warum die Überzeugung aller Beteiligter, ein Medikament sei „echt", zu dessen Wirksamkeit unerläßlich ist (Melzack 1973).

So regt die Ähnlichkeit der therapeutischen Wirkung bei Plazebo und Gespräch zwar dazu an, durch weitere Forschung nähere Aufschlüsse zu suchen; aber bisher hilft die Analogie Gespräch/Plazebo nur, ein breiteres Feld physiologisch rätselhafter Begleitumstände ärztlicher Therapie zu vermuten.

Entsprechend skeptisch stimmt die These, ärztliche Praxis schließe, wenn sie kompetent auf Genesung des Patienten hinarbeitet, eine „unbewußte Psychotherapie" als Geheimnis der „ärztlichen Kunst" ein (Parsons 1951). Man fragt sich, ob denn die psychotherapeutische Technik der kommunikativen Behandlung von Neurosen und die allgemein- oder fachärztlichen medikamentösen und operativen Therapien für das breite Krankheitsspektrum letztlich nach denselben Mechanismen funktionieren. Anders gefragt: Ist die temporäre Eltern-Kind-Abhängigkeit und die daraus resultierende Übertragungsbeziehung kindlicher und elterlicher Strebungen im Arzt-Patient-Verhältnis, wie in der psychoanalytischen Neurosenlehre beschrieben, auch für die Allgemein- und Facharztpraxis typisch? Zwei Einwände sprechen dagegen: (1) Gäbe es ein Übertragungsverhältnis auch in der Allgemeinpraxis routinemäßig, müßten intensive Arzt-Patient-Kontakte mit vielfachen wochenlangen Wiederholungskonsultationen zur *Conditio sine qua non* wirksamer Genesung gehören; darin läge ein Wandel der ärztlichen Versorgung, der auch zu jener Übermedikalisierung des Lebens beitragen könnte, vor der selbst von den Theoretikern der Gesprächsmedizin ausdrücklich gewarnt wird. (2) Eine Angleichung jeglicher Behandlung an Übertragungsbeziehungen, die bei Neurotikern therapeutisch effektiv sind, würde das spezielle Leiden des Neurotikers, nämlich seine im symptomatischen Verhaltenszwang zuweilen lebensbedrohlich empfundene Angst, mit den meist weniger einschneidenden Symptomen vieler Patienten der Allgemeinpraxis gleichsetzen; dadurch würde eine Entdifferenzierung der klinischen Diagnostik und des therapeutischen Spektrums in Kauf genommen, um einer nostalgisch wiederbelebten Krankenbettmedizin willen, die im vornaturwissenschaftlichen Zeitalter mit wesentlich höheren Morbiditäts- und Mortalitätsziffern als die moderne Medizin verknüpft war.

Im Überblick kann man sagen, daß das Plädoyer für Arzt-Patient-Gespräche als Ersatz für Laboratoriumsdiagnostik und Medikamentenbehandlung sich bisher nicht auf nachweisbare therapeutische Effekte stützen kann. Das Argument bleibt daher weltanschaulich statt wissenschaftlich begründet. Es reiht sich in den Kanon von Maschinenskepsis und Technikfeindlichkeit ein, die seit dem 18. Jahrhundert – gewissermaßen als Strandgut des Fortschritts – aus der westlichen Kultur nicht wegzudenken sind. Indessen ist bisher keine Verfeinerung des kommunikativen Handelns in der ärztlichen Praxis systematisch überprüft, so daß psychologische Techniken den pharmakologischen Therapien gleichwertig an die Seite treten dürften.

Ausblick: Soziologie und Medizinkritik

Abschließend möchte ich die Frage ansprechen, was die Soziologie zur kritischen Sichtung der Argumente der Medizinkritik beiträgt. Erstens erlaubt die zentrale Stellung der Gesellschaftstheorie in der Soziologie, daß Aussagen zu gesellschaftlichen Sachverhalten in der Medizin auf ihre begriffliche Stringenz und ihre Hypothesenqualität geprüft werden. Von da aus können empirische Implikationen ermittelt werden, die sich aus den Aussagen ergeben. Diese können vergleichend gegen Ergebnisse aus der Forschung gehalten werden, um die Evidenz oder Plausibilität der Aussagen der Medizinkritik argumentativ zu prüfen. Hier erweist sich das *soziologische Vorgehen als Teil der Medizintheorie*.

Zweitens gehören zur Soziologie Kenntnisse über Methoden der empirischen Sozialforschung sowie deren Ergebnisse, nämlich Einzelheiten über gesellschaftliche Strukturen, zu denen auch medizinische Praxis und Versorgung zählen. Kenntnisse z. B. über die Beziehung zwischen Bevölkerungsaufbau und Mortalitätsentwicklung oder über Kranken- und Arztrolle stehen als Wissensfundus zur Verfügung, dem die Aussagen der Medizinkritik standhalten müssen. Gelangt man zu neuen Hypothesen, etwa über das lineare Verhältnis von Prävalenzraten und Effektivität der Medizin, so führt der Vergleich mit anderen strukturähnlichen Phänomenen schließlich zu Einsichten, die mit der allgemeinen Gesellschaftstheorie zusammenpassen, beispielsweise Mertons (1949) Theorem über nichtantizipierte Folgeerscheinungen bei planmäßig fortschrittlichem sozialen Wandel. An dieser Stelle erweist sich die Medizin als Beispiel für größere gesellschaftliche Zusammenhänge, wo allgemeine soziologische Aussagen gelten.

Literatur

Abholz H-H (1980) Welche Bedeutung hat die Medizin für die Gesundheit? In: Deppe H-U (Hrsg) Vernächlässigte Gesundheit. Kiepenheuer & Witsch, Köln, S 15–57

Balint M (⁶1984, ¹1964) Der Arzt, sein Patient únd die Krankheit. Klett-Cotta, Stuttgart

Bundesminister für Jugend, Familie und Gesundheit (1971) Gesundheitsbericht. Kohlhammer, Stuttgart

Egbert LD, Battit GE, Welch CE, Bartlett MK (1964) Reduction of postoperative pain by encouragement and instruction of patients. N Engl J Med 270/16:825–827

Federlein K, Fleischer K, Lasch HG, Pia HW, Voßschulte K (1982) Braucht die Medizin ein neues Bild vom Menschen? Dtsch Ärztebl 79/41:75–83

Ferber C von (1975) Soziologie für Mediziner. Springer, Berlin Heidelberg New York

Gerhardt U, Kirchgässler KU (1984) The influence of social and administrative structures on the distribution of health care and health risks in West Germany. (World Health Organization, European Office, Meeting on the Health Burden of Social Inequities, Vortragsmanuskript, mimeo)

Gruenberg EM (1977) The failures of success. Milb Mem Fund Quart Health and Society: 55/4:3–24

Junge B, Hoffmeister H (1982) Entwicklung von Herzkrankheiten- und Gesamt-Sterblichkeit. MMW 124/21:523–529

Lüth P (1974) Sprechende und stumme Medizin. Über das Patienten-Arzt-Verhältnis. Herder & Herder, Frankfurt am Main New York

McKeown T (1965) Medicine in modern society. Allen & Unwin, London

Melzack R (1973) The puzzle of pain. Basic Books, New York

Merton RK (1949, ²1957) Manifest and latent functions. In: Social theory and social structure, Collected Essays. Free Press, Glencoe/IL, pp 19–84

Parsons T (1951) Social structure and dynamic process: The case of modern medical practice. In: The social system. Free Press, Glencoe/IL [dt. 1958: Struktur und Funktion der modernen Medizin. In: König R, Tönnesmann E (Hrsg) Soziologie der Medizin. Westdeutscher Verlag, Opladen (Sonderheft 3 der Kölner Zeitschrift für Soziologie und Sozialpsychologie, S 10–57)]

Raspe H-H (1983) Aufklärung und Information im Krankenhaus. Vandenhoek & Rupprecht, Göttingen

Richter H-E (1981) Die Rolle und das Selbstverständnis des Arztes, Festrede, Deutsche Gesellschaft für ärztliche Fortbildung. (Manuskript, mimeo)

Ridder P (1983) Tod und Technik: Sozialer Wandel in der Medizin. Soziale Welt 34:109–119

Schaefer H, Blohmke M (1978) Sozialmedizin. Thieme, Stuttgart

Shapiro AK (1971) Factors contributing to the placebo effect. Am J Psychother 43:73–88

Die ethische Grenze medizinischer Machbarkeit in der Berufspraxis des Arztes*

T. Koch

Unter dem Titel „Grenzen medizinischer Machbarkeit" wird gegenwärtig zumeist entweder die Problematik erörtert, die sich an der äußersten, vordersten Spitze des medizinisch-technischen Fortschritts ergibt – also die Probleme medizinischen Machens und Verfügens, die durch die Einführung neuester Technologien gestellt sind, oder es wird von den Fragen und Problemen gehandelt, die an den äußeren Grenzen des Lebens – bei Geburt und Tod – auftreten. Beide Male wird ungewollt der irreführende Anschein erweckt, die Dimension des Ethischen komme nur an den Rändern ärztlicher Tätigkeit vor – so als sei die alltägliche, routinisierte Praxis des Arztes nicht Thema einer ethisch gebildeten, christlichen Berufsauffassung. Um diesem abwegigen Mißverständnis vorzubeugen, als stelle sich das Ethische nur am Rande, an den äußersten Grenzen und also nur bei ganz besonderen, außergewöhnlichen medizinischen Verrichtungen – um diesem Mißverständnis zu wehren, möchte ich hier von der Grenze medizinischen Tuns und Machens sprechen, die in jeder ärztlichen Tätigkeit gegenwärtig ist. Von der ethischen Grenze allen ärztlichen Eingreifens und Verfügens über andere soll die Rede sein. Meine Hoffnung dabei ist, ich könnte ein wenig beitragen, daß dem Arzt und uns Patienten klarer wird, was der Sinn ärztlichen Tuns *selbst* und was der Sinn*zusammenhang* ist, in welchem die ärztliche Tätigkeit steht. Denn anderes – oder gar „mehr" – als zur Erhellung *der* Aufgabe beitragen, die mit dem Beruf des Arztes gegeben ist, kann ich nicht tun; die Verantwortung für sein Tun kann ich ja nicht dem Arzt ermäßigen wollen.

Ich will so vorgehen, daß ich in einem 1. Teil darlege, was ich unter „Krankheit" verstehe – also was ich meine, daß „Krankheit" ist. Auf diesen Begriff von Krankheit bezogen, soll dann in einem 2. und in einem abschließenden 3. Teil ausgeführt werden, wie ich die ärztliche Tätigkeit verstehe und wie sich in ihr selbst die ethisch zu bedenkende Grenze des Machbaren stellt. Meinen Ausgang nehme ich von dem Gedanken, daß der Mensch von Gott gewürdigt ist, Subjekt, Person zu sein, wenn er selbst das, was er ist, sein will. Das ist für meine Argumentation eine Basis, wie sie auch im ersten Artikel des Bonner Grundgesetzes, zusammen mit dem ersten Satz der Präambel, formuliert ist. Es sei konzediert, daß ich diesen Basissatz vom Subjektsein des Menschen hier nicht weiter begründe.

---

* Dieser Beitrag wurde erstmals veröffentlich in der ÖZS (1985), Heft 3/4.

Wagner (Hrsg.), Medizin – Momente der Veränderung
© Springer-Verlag Berlin Heidelberg 1989

Der Begriff der Krankheit

Wer sich gesund und wohl fühlt, der spürt in der Regel des alltäglichen Lebens seinen Leib und seine Seele gar nicht. Er lebt in dem Lebensprozeß, ohne diesen eigens wahrzunehmen; er lebt *den* Prozeß, in dem unmerklich Seelisches, Innerliches übergeht in Körperliches und ebenso umgekehrt Somatisches übergeht in psychische Erregung und Zustände. Nur in intimen Augenblicken höchsten sexuellen Glückerlebens, in dem Seele und Leib geeint sind und das Ich doch bei dem anderen ist, nimmt ein Mensch seinen Leib und seine Seele in ihrem Ineinander bewußt wahr. Gemeinhin jedoch wird Gesundheit gelebt als Selbstverständlichkeit. In dem ungestörten Zusammenspiel von Körper und Seele – man könnte das die Homöostase von Seele und Leib nennen[1] – kooperieren alle Organe und seelischen Funktionen, „Instanzen", so reibungslos, daß das Ich der Person, die da lebt und erlebt, sich darin gar nicht seiner selbst bewußt wird. Das Ich des Erlebens und Sichempfindens ist in dem ungestörten – gesunden – Prozeß des Zusammenspiels von Leib und Seele gleichsam versunken; es braucht nicht auf sich selbst aufmerksam zu sein. – Gesundheit, so möchte ich sagen, ist die Verborgenheit des Ich im reibungslosen Lebensprozeß, in welchem Psychisches und Somatisches fließend ineinander übergehen und ausgewogen miteinander funktionieren. Gesund ist, wer von seinem Körper und von seiner Psyche her nicht belastet, dadurch nicht beeinträchtigt ist, so daß er von daher gar nicht aufgestört ist. Das meint: Gesundheit wird gemeinhin gelebt als Selbstverständlichkeit.

Krankheit hingegen ist die Störung dieses Lebensprozesses – und damit zugleich und in einem die Aufstörung des Ich. Daß Krankheit dies beides ist, das scheint entscheidend wichtig zu sein. Krankheit ist Stagnation des Lebensprozesses in einem körperlichen Organ oder in einer seelischen Funktion. Die „Homöostase", das ausgewogene *Zusammen*funktionieren aller Organe von Leib und Seele, ist an einem Punkt unterbrochen. Krankheit ist an einem Teil Desorganisation, insofern sich etwas Somatisches oder Psychisches herauslöst aus dem fließenden Gesamtprozeß eines Lebewesens: gleichsam „nicht mehr mitmacht". Jede Krankheit ist in diesem Sinne eine Erkrankung des Lebensprozesses, nie nur der Defekt eines Organs oder eines psychischen Vermögens. Die Krankheit betrifft den lebendigen Menschen selbst – nicht nur eine wunde Stelle an ihm.

Folglich steht jede Krankheit eines Menschen in der Lebensgeschichte dieses Menschen. Jede Krankheit ist, so gesehen, eine individuelle, biographische Erkrankung[2]. – Daß jede Krankheit eines Menschen in der Lebensgeschichte dieses Menschen steht, also seiner Biographie zugehört, das gilt ganz unabhängig von der Frage, wodurch die jeweilige Krankheit verursacht ist. Zur Frage, ob die Ursache bestimmter

---

[1] J. van der Meulen spricht von der „dynamische(n) Einheit von Leib und Seele im Sinne eines flüssigen Umschlagens der Momente ineinander als Verleiblichung des Seelischen und unmittelbare Vergeistigung des Leiblichen" – und von der „Erkrankung" als „Erstarrung dieses Prozesses" (Meulen 1963, S. 262).

[2] Die „biographische Medizin" (oder in anderer Selbstbezeichnung: die „menschliche Anthropologie") V. von Weizsäcker vertritt die These: „Die Krankheiten sind Darstellungen des ... Lebenskampfes" (Weizsäcker 1947, S. 37; Weizsäcker 1950, S. 126; Weizsäcker 1951, S. 218; Rössler 1977, S. 19): „Gerade bei Herzkranken wird oft genug anschaulich, daß die Krankheit dem Patienten seine eigene Lebenssituation greifbar macht und vor Augen führt. Die Krankheit wird dem Patienten zum Symbol seiner selbst" (S. 53).

Krankheiten mehr im Psychischen oder im Somatischen oder ob sie bei allen im „Psychosomatischen" liegt – oder zur Frage, ob bestimmte Krankheiten mehr durch erbliche Praedisposition oder durch Milieu und Umwelteinflüsse bedingt sind – und somit zur Frage, wo folglich die ärztliche Diagnose und Therapie anzusetzen habe: zu dieser Ursachenfrage Stellung zu nehmen, steht mir nicht zu. Auch wenn jemand durch einen Verkehrsunfall krank ist, gehört seine Erkrankung seiner eigenen Lebensgeschichte an. Der querschnittgelähmte Motorradfahrer ist dafür ja das erschütternde Beispiel.

Jede Krankheit, wie immer verursacht, ist ein Ergebnis, ein Einschnitt in der Lebensgeschichte des Betroffenen. Jede Krankheit ist, in sehr verschiedenem Ausmaß, eine biographische Krise. Sie reißt aus Gewohnheiten heraus, zerschlägt oft Lebenspläne, isoliert aus dem alltäglichen Beziehungsnetz, in dem man ansonsten mehr oder weniger unreflektiert lebt. Durch die Institution des Krankenhauses, durch den Aufenthalt im Krankenhaus, wird das nur drastischer. Jede Krankheit stellt immer auch eine Bedrohung meiner Lebensweise dar: je schwerer, in meinen Lebensprozeß einschneidender sie ist, desto schwergewichtiger ihre Bedrohung. Und je länger sie dauert, desto mehr wird sie meine, individuierte Krankheit.

Vor allem aber löst jede Krankheit Irritation aus; sie kann geradezu in Ungewißheit, ja sogar in Verzweiflung stürzen. Ich muß mich mit der Störung meiner Gesundheit – meines Lebensprozesses – auseinandersetzen[3] und bin am Ende, wenn ich das nicht mehr kann. Jede Erkrankung erregt also das Ich: ich, ich selbst muß mich mit meiner Krankheit auseinandersetzen, nicht zuletzt, weil sie mich schmerzt. Die Bedrohung meiner Lebensweise, die von der Krankheit ausgeht und die Irritation und Ungewißheit auslöst – diese Bedrohung meiner selbst, die ich leibhaftig als Schmerz erfahre, ist es, die in der Krankheit das Ich aufstört, erregt. So bedroht, so ungewiß, so schmerzend wird einer in der Krankheit seiner selbst bewußt.

Im Schmerz wird die Auseinandersetzung mit der Krankheit vom Ich erlebt. Leidig und lästig ist der undefinierbare Zustand, wenn man sich nicht wohl fühlt, so hin- und herkränkelt, ohne genau sagen zu können, wo und was einen schmerzt; man ist wie verstimmt. Demgegenüber ist es für den Betroffenen von Vorteil, wenn er seinen Schmerz und damit seine Krankheit annähernd genau lokalisieren kann. Seine Krankheit ist dann definierend (eingrenzend) beschreibbar und so auch von einem anderen „objektiv" feststellbar.

Das zu verstehen, halte ich für wichtig: Der Patient selbst objektiviert, so gut er nur immer kann, seine Erkrankung zu einem – möglichst engumgrenzten – somatischen oder psychischen Defekt. Er, der Patient selbst, distanziert sein Leiden körperlich oder psychisch von sich weg, so weit es ihm gelingt. Er objektiviert seine Erkrankung und distanziert sie so aus seiner Lebensgeschichte heraus. Das tut der Kranke selbst, diese Verobjektivierung der Krankheit nimmt keineswegs erst der Arzt vor. Dieser verstärkt sie allerdings.

Viele Beobachtungen ließen sich anführen, die dies Verhalten des Kranken belegen, seine Erkrankung herauszutrennen aus der Lebensgeschichte und zu einem nur

---

[3] Kern 1966, S. 261: Selbst der „Idealpatient wird sich der psychischen Auseinandersetzung mit seiner Krankheit oder mit seinem Unfall nicht entziehen können; er muß so die Störung seiner Gesundheit, seiner Pläne verarbeiten, er muß so mit seinen Schmerzen fertigwerden und braucht daher vom Chirurgen mehr als nur die handwerklich-somatische Hilfe."

objektiv feststellbaren Defekt zu machen: die Erkrankung also zu verobjektivieren. Viktor von Weizsäcker notiert beispielsweise den „außerordentlich starke(n) Widerstand vieler ... Kranke(r) gegen den Versuch, ihre Krankheit psychologisch zu deuten ... Dieser Widerstand ist so stark", daß man, „den Eindruck" gewinnt, „der Kranke" ‚erlebe nicht nur' „die natürliche Ich-Fremdheit seiner Krankheit", sondern er ‚brauche' sie (Weizsäcker 1948, 1950).

Die Kranken „sind es, welche unter allen Umständen ein Symptom los sein und nicht die Wurzel der Krankheit, dem eigenen Anteil am Kranksein, nachgehen wollen. Die Kranken sind es, welche sich ans Es (den somatischen oder psychischen Defekt, Anm. d. Verf.) klammern, um dem Ich zu entgehen" (Weizsäcker 1948, 1950).

Mithin halte ich es für kurzschlüssig, der Medizin und der ärztlichen Praxis vorzuwerfen, sie „denaturiere", verkürze und verkehre die Erkrankung zu einer objektiven, unpersönlichen, „Sache", die folglich auch technisch behandelbar und behebbar sei, und mache so und darum den Menschen zum Objekt. Dagegen wird dann zumeist der Gedanke geltend gemacht, der Mensch sei Person, ganzheitliche Person. Ich halte diese Form der Kritik für vorschnell, denn sie kapriziert sich auf eine gedanklich isolierte Einzelheit – die Verobjektivierung zum begrenzten Defekt – und übersieht den Prozeß, in welchen diese Verobjektivierung hineingehört.

Aber die Verobjektivierung der Erkrankung aus der eigenen Lebensgeschichte heraus zu einem möglichst genau lokalisierbaren Befund gelingt dem Kranken gleichsam nur halb. Er hat ja Schmerzen; und die hat er *selbst,* er als Person. Sie gehen wohl in aller Regel von *einer* Körperstelle aus; aber er kann sie nicht auf eine Körperstelle reduzieren: sie erregen, schmerzen *ihn.* Ich zitiere den Chirurgen Kern: „Der Schmerz ist kein ausschließlich somatisches Geschehen: ..." Es „ist nicht zu übersehen, daß Angst und Furcht, die ‚grauen Schwestern des Schmerzes', wie Sauerbruch und Wenke sie genannt haben, die Schmerzempfindung und -empfindlichkeit außerordentlich stark beeinflussen" (Kern 1966, S. 256). „Ohne ein erlebendes ICH existiert kein Schmerz; ein Computer kann ... nie Schmerz empfinden, denn er hat kein Ich-Bewußtsein. Der Schmerz ist ein veränderter Zustand des ICH" (Kern 1978, S. 9).

Wie der Schmerz bekundet, ist der einzelne selbst *in* seiner Krankheit, an seiner Krankheit mitbeteiligt. Insofern leuchtet ein, was die anthropologische Medizin seit Krehl dartut: „Der Mensch vermag das pathologische Geschehen, zu ‚gestalten durch seinen körperlichen und seelischen, am besten gesagt menschlichen Einfluß auf eben die Vorgänge. Und er ist nicht nur Objekt, sondern stets zugleich Subjekt'." Darum „gibt es" nach Krehl „keine Krankheiten als solche"; „‚wir kennen nur kranke Menschen'".[4]

Aber der Kranke wird ja seiner Schmerzen nicht Herr, und insofern wird er auch seiner Krankheit nicht Herr; er kann sie distanzieren und bringt sie doch nicht los. So kann man direkt sagen: krank ist, wer seinen Schmerzen ausgeliefert ist. Wegen seiner Schmerzen wendet der Kranke sich an den Arzt.

---

[4] Zitiert nach Schipperges (1972, S. 208). Im Anschluß an Krehl sind besonders V. v. Weizsäcker und Siebeck zu nennen; gegenwärtig u. a. auch Rössler (1977). – Man beruft sich nicht zuletzt darauf, daß seelische Krankheitssymptome in körperliche übergehen (konvertieren) können und umgekehrt oder (anders gesagt) eine Organstörung stellvertretend für einen seelischen Konflikt stehen kann.

Das Verständnis der ärztlichen Tätigkeit

Halten wir zunächst fest: Der Kranke selbst distanziert seine Erkrankung zu einem objektiv feststellbaren Defekt, zu einem lokalisierten „Ding" oder Befund. Weil er aber Schmerzen erleidet, er *selbst,* er in seinem Ich, also von seiner Krankheit nicht loskommt, deshalb sucht er – in *dieser* Lage – den Arzt auf. Jene objektivierende Distanzierung der Krankheit gehört mithin der Selbstbestimmung des Kranken an: bewußt oder unbewußt will er es so. Er weiß auch, daß die Heilung oder Genesung – also das therapeutische Ziel – nur erreicht ist, wenn die schmerzende Stelle körperlicher oder seelischer Art wieder in den reibungslosen Lebensprozeß rückgegliedert ist: das erkrankte Organ nicht mehr weh tut, nicht mehr beeinträchtigt, die Wahrnehmungs- oder Beteiligungsfähigkeit nicht länger reduziert. Und eben diese Genesung will der Kranke selbst nach der Selbstbestimmung seines Lebenswillens. Doch eben dazu bedarf er der Hilfe des Arztes. Denn in seinen Schmerzen ist er nicht imstande, das aus sich zu erreichen, was er sein will: unbeschwert er selbst. Um wieder uneingeschränkt Subjekt in seinem Lebensprozeß zu sein, liefert er sich – wie E. Kern formuliert – „dem Arzt ... im wahrsten Sinn des Wortes aus (...)" (Kern 1966, S. 257).

Ambivalent, in sich ungeklärt, ist darum auch das Vertrauen, das er dem Arzt entgegenbringt. Es ist ja das Vertrauen eines Unterlegenen, Hilfebedürftigen; und so ist es ein banges Vertrauen, schwankend in der Furcht vor dem Unheimlichen, Ungewissen der Erkrankung einerseits und in der Hoffnung, die ungehinderte Lebensfähigkeit wieder zu erlangen, andererseits. Allemal ist es primär ein Zutrauen zur medizinischen Fähigkeit des Arztes[5]. Folglich ist die Aufgabe des Arztes, jedem Patienten gegenüber ebenso in sich zwiespältig, oder zwiefältig: Er soll einerseits den kranken Defekt beseitigen und andererseits zugleich dadurch den Kranken befähigen, seinen Lebensprozeß und damit seine Lebensgeschichte wieder oder neu selbstbestimmt – d. h. als Subjekt, selbst – zu vollziehen. Der Arzt behandelt den Kranken als Objekt, indem er seine Tätigkeit auf die kranke Organstelle einstellt – wie das der Patient selbst will –, um dem Kranken zu helfen, wieder Subjekt im ungestörten Lebensprozeß zu sein. Der Arzt hilft, indem er Objektives – einen pathologischen Befund –, aber an einem lebendigen Menschen behandelt, mithin insofern den Kranken als Objekt nimmt, ihn also erniedrigt. Doch er tut das, damit der Patient wieder Subjekt wird, er selbst und frei in seinem Leben.[6]

Ich denke, dieser Widerspruch, in dem sich die ärztliche Tätigkeit vollzieht, ist unumgehbar, ist notwendig. Und insofern steht alle ärztliche Tätigkeit unter einem in sich gegensätzlichen strittigen Widerspruch oder in einer Paradoxie. Dieser Widerspruch ist kein anderer als der, den der Kranke selbst vollzieht, wenn er selbst seine Erkrankung objektiviert und so seine kranke Stelle vom Arzt behandelt haben will. Auf

---

[5] Vgl. Rössler (1977, S. 45 f.): „Dem Arzt wird Vertrauen entgegengebracht, und zwar das Vertrauen desjenigen, der Kompetenz sucht, weil er sich bedroht findet. Weil durch die in ihr liegende Bedrohung Krankheit immer mit Angst zu tun, unterwirft der Patient sich der Kompetenz des Arztes in einer Weise, die seinem Leben sonst fremd ist."

[6] Vgl. Spaemann (1984): „Um einen Menschen als freies, über sich selbst verfügendes Wesen wieder herzustellen, wird er als Patient ... entmündigt, ja verdinglicht ..." Spaemann sieht darin kein moralisches Übel, sondern, im Gegenteil, eine moralische Herausforderung.

beiden Seiten, beim Arzt und beim Patienten, ist das ein Widerspruch, in welchem Subjektsein und behandeltes Objektsein einander widerstreiten.

Dieser Widerstreit beeinflußt auch das Vertrauensverhältnis zwischen Arzt und Patient. Der Arzt wird um das Vertrauen des Patienten werben, weil er es – von aller Aufklärungspflicht einmal abgesehen – für seinen Heilungs- oder Besserungserfolg braucht. Er braucht es als hinreichend verläßliches Zutrauen des Patienten zu seiner medizinischen Fähigkeit: also sehr eingeschränkt. Freilich ist Vertrauen nie nur so zu haben, immer enthält es auch eine personale Komponente. Indem der Arzt sich Vertrauen erwirbt, stärkt er übrigens damit zugleich den Lebenswillen des Patienten.

Im Widerspruch zwischen dem Subjektsein des Patienten und seinem Objektsein in der ärztlichen Behandlung ist selbst noch das Vertrauen gleichsam eingeklemmt, so daß es als personales Vertrauen sich kaum entfalten kann. Dieser Widerspruch, der alle ärztliche Tätigkeit durchzieht, ist nach meinem Verständnis keineswegs zu beklagen oder irgend jemandem, gar der ominösen „Gesellschaft", als Verschulden anzulasten. Er ist nicht etwas, was nicht sein soll. Er ist vielmehr als der Widerspruch, der er ist, sich bewußt zu machen.

Die bewußte Anerkennung, das bewußte Zulassen dieser Grenze durch den Arzt wäre nach meinem Verständnis bereits ein ethischer Umgang mit der Grenze medizinischer Machbarkeit. Denn solche widersprüchliche Zwiespältigkeit weckt – wenn sie nicht bewußt gemacht wird – viele diffuse Harmonieerwartungen. Ich meine, der Arzt tut gut, sie zu kennen. Nur zu oft geht die Absicht des Patienten, die kranke Stelle therapiert zu bekommen, über in den immensen Wunsch, ganz – in seiner Lebensweise überhaupt – gesund gemacht, erneuert und wiederhergestellt zu werden: so als könne der Arzt das Lebensschicksal eines Menschen wenden oder auch nur wirklich, dauerhaft bessern. Gerade solchem, oft unbewußten und darum um so mächtigeren Ansinnen gegenüber sollte der Arzt, wie auch sonst, nicht beschwichtigen, nicht mit vermeintlich guten Worten zudecken, was als Problem sich stellt. Und gleichfalls ist er selbst mit seiner medizinischen Tätigkeit in einer Konfliktlage: einem Unterlegenen, Hilfsbedürftigen primär nur eingeschränkt – nur konzentriert und eingegrenzt auf den objektiven „Krankheits"-Befund – helfen zu können. Die Gesundung, die Erneuerung der Gesundheit im strengen, genauen Sinn, so daß einer wieder Subjekt in seinem Lebensprozeß wird: das ist keine Sache des Machens, nichts, was einer dem anderen besorgen und verschaffen könnte. Gesundwerden in diesem Sinne kann der Arzt nicht herstellen.

Doch aus dieser Konfliktlage, daß in der ärztlichen Tätigkeit der Kranke nur eingeschränkt als Subjekt, primär aber als zu behandelndes Objekt erscheint – aus dieser Widersprüchlichkeit gehen nicht nur diffuse Harmoniewünsche hervor: Von manchen Medizinkritikern wird die Abschaffung dieser Spannung direkt gefordert – so, wenn das Ansinnen erhoben wird, der Arzt müsse die Not der Kranken zu seiner eigenen Not werden lassen, oder wenn behauptet wird, es gehöre zur ärztlichen Tätigkeit, den Patienten als Person – „ganz" – in die diagnostischen und therapeutischen Vollzüge einzubeziehen, gleichsam ein Dauergespräch mit ihm zu führen. – Solche Forderungen, durch Abschaffung des Widerspruchs Harmonie zu schaffen, führen allemal nicht nur zu einer Überforderung des Arztes als Individuum, sondern zur gigantischen Überforderung der ärztlichen Tätigkeit überhaupt.

Demgegenüber denke ich, der Arzt solle sich der Grenze seiner Tätigkeit bewußt sein: daß er einen Menschen, ein Subjekt, vor sich hat, über den er doch verfügt und in dessen Integrität und Selbstsein er eingreift, wenn er seinen objektiven Krankheitsbefund an ihm zu behandeln und zu beseitigen sucht. Alles ärztliche Handeln hat, so gesehen, den Charakter des Eingreifens, des Verfügens. Und doch zielt es darauf, daß der Betroffene wieder selbst sein Leben führe, also wieder, wenn möglich, uneingeschränkt Subjekt sei.

Diesen Widerspruch sich bewußt halten, das heißt zum einen für den Arzt: seine medizinische Fachkenntnis einsetzen, so gut er nur immer kann. Gerade die fachspezifische, streng medizinische Arbeit des Arztes hat ihren guten Sinn und ihren ethischen Wert. Denn sie – gerade sie – kann dem Erkrankten verhelfen, wieder Subjekt zu werden und zu sein: nicht aber eine betulich ‚ganzheitliche' Gemeinschaftlichkeit. Der Arzt soll sein Interesse mithin durchaus auf eine möglichst genaue Diagnose des Befundes zum Zwecke einer nachfolgenden Therapie konzentrieren. Es ist ja eine große medizinische Kunst, in dieser Zwecksetzung die Untersuchungen auf das Nötigste zu begrenzen. Und das ist übrigens auch eine menschliche Kunst, wenn ich an die Belästigung des Patienten denke oder auch nur an den eigenen Geldbeutel. Doch insofern ist m. E. aller technische Aufwand gerechtfertigt: wenn er der präzisen Diagnose zum Zweck der Therapie dient. Nicht gerechtfertigt ist allerdings eine Diagnostik, um sich beispielsweise lediglich gegen eventuelle Schadenersatzklagen abzusichern oder gar um Geräte zu amortisieren usw.

Jedoch ein Zweites kommt noch hinzu: Es wird eben nie nur ein pathologischer Befund behandelt, immer ist es ein kranker Mensch, und zwar ein ganz bestimmter kranker Mensch, das Individuum. Das, denke ich, soll der Arzt, so gut er kann, bei allen seinen Tätigkeiten mit bedenken. Jeden Patienten soll er als Individuum sehen und ernstnehmen.[7] V. a. soll er danach – also am Wohl, am Ergehen des jeweiligen individuellen Patienten – alle seine medizinischen Eingriffe ausrichten. Das wird er insbesondere bei Nichtroutinefällen nur tun können, wenn er sich ein zureichendes Bild auch von den Lebensumständen und der Lebensweise, also von der Biographie, und von der psychischen Lage dieses betreffenden Patienten macht. Gerade in schwierigen Fällen muß der Arzt dessen gewiß sein, daß sein Eingriff letztlich – bezogen auf den gesamten Lebensprozeß – dieser betreffenden Person nicht schadet, sondern für sie lebensförderlich ist.

Wenn ich recht sehe, ist die Verantwortung der Ärzte an dieser Grenzstelle gegenwärtig besonders gefordert, um alle medizinischen Maßnahmen, v. a. Diagnose und Indikation, strikt auf den möglichst ungehinderten, selbst-eigenen Lebensprozeß des je individuellen Patienten zu beziehen. Bei dem vielen, was machbar ist, wäre konsequent zu fragen: ist es nach bester ärztlicher Voraussicht für das gesamte Ergehen dieses Patienten gut, wird es dazu beitragen, daß er sein Leben, so gut es geht, selbst leben kann?

Kann ein Arzt sein Tun so verstehen, daß er sich mit einem objektiven Krankheitsbefund beschäftigt und es doch mit einem kranken Menschen – mit diesem erkrankten Individuum – zu tun hat, so wird er dessen eingedenk sein können, daß selbst sein medizinisches Heilen – nur das für sich betrachtet – relativ, beschränkt ist. Denn, ich zitiere wiederum V. v. Weizsäcker: es „gibt, genau besehen, in jedem Krankheitsfall etwas, ein Stück, eine Seite, die unheilbar ist. ... auch jede leichte, scheinbar restlos

---

[7] Zur Recht wird dies immer wieder als Teil des ärztlichen Ethos gefordert (vgl. Kern 1984).

ausheilende Wunde oder Krankheit hinterläßt eine Narbe, eine Disposition oder wenigstens eine nur in der Seele wahrnehmbare Spur unserer Verletzlichkeit, unserer Unzulänglichkeit, unserer Gefährdung, ..." (Weizsäcker 1947, S. 39f.; Weizsäcker 1950, S. 129f.).

Ethische Grenzen des Machbaren

Einen letzten Gedanken möchte ich noch vorstellen; von einer letzten Grenze ärztlichen Tuns will ich noch sprechen. Ich sagte, die Erkrankung stört das ansonsten im Lebensprozeß latente, gleichsam überdeckte Ich auf. Die Erkrankung ist so, neben anderen, eine Form der Krise in der persönlichen Lebensgeschichte, in der ein Mensch sich in Frage stellt und mit seinem bisherigen Leben konfrontiert sieht: mithin aufgerüttelt seines Ichs ansichtig wird. Er – er als Ich – findet sich auf einmal einem Problem gegenüber, das doch sein ureigenstes ist: Was ist mit mir; ob das so stimmt, wie ich lebe? Warum trifft diese Krankheit gerade mich? Und: Was soll aus mir werden? So oder so, mehr oder weniger stark, die Erkrankung stellt seine Lebensweise in Frage. Offenkundig oder unterschwellig bricht in der Erkrankung die Frage des Betroffenen nach sich selbst auf, nach dem, was er als dieser ist und überhaupt soll: in der Erkrankung steckt also die Anfrage an den einzelnen nach seiner Bestimmung und seinem Heil, dem Heil seiner ganzen Person, seines Lebens. Aufgeworfen wird mit anderen Worten die religiöse Frage.

Noch einmal zitiere ich V. v. Weizsäcker: Jede Krankheit "ist auch ein Angebot zur Besinnung auf das eigentliche Ziel", "jede Krankheit ist ... einem Stücke Vorbereitung auf jene ... eigentliche (...) Wandlung, die mit dem Tode kommt, vergleichbar"; so als ein "memento mori" ist sie "ein positiver Wert der Lebensreise zu ihrem Ziele"; kurz: jede Krankheit ist eine "Gelegenheit", aus ihr "die Wandlung zu entwickeln".[8]

Wenn das so ist, ja wenn darin sogar die Humanität, die Würde gleichsam, der Krankheit liegt: wie soll der Arzt damit umgehen? Ganz sicher nicht so, daß er das als ein zusätzliches Pensum ansieht, das er zu bewältigen haben. Doch andererseits kann er christlich seinen Heilungsauftrag ebenso wenig darin sehen, durch sein Handeln diese religiöse Infragestellung, diese religiöse Dimension, zuzudecken. Es ist ja auch die über das ganze Leben eines Menschen entscheidende Frage – die Frage nämlich: wie er selbst dies sein Leben leben will, also was ihn wirklich lebendig macht und letztlich am Leben hält.

Noch einmal also: Wie kann der Arzt mit dieser Dimension umgehen, wie kann er sich dazu verhalten? So, denke ich, daß er sich von der inneren Überzeugung leiten läßt, daß sein ärztlicher Heilungsauftrag in einem größeren Zusammenhang steht, der ihm nicht mehr zur Verfügung ist, den er aber auch nicht zu besorgen hat. Für die Wahrnehmung dieses unverfügbaren, aber lebensentscheidenden Zusammenhangs ist

---

[8] In *Grundfragen medizinischer Anthropologie* stellt V. v. Weizsäcker einleuchtend beides heraus (Weizsäcker 1948, S. 24f.; Weizsäcker 1950, S. 157): Mit der Reduktion der Krankheit auf das Natürliche, auf das Pathologische, wie sie der Medizin eigen sei, "wird" im Kranken "ein Menschliches verfehlt. Die Medizin hintertreibt die letzte, die höhere, wenn Sie wollen, die religiöse Bestimmung des Menschen". Doch zugleich gelte andererseits: Gerade dadurch, durch diese Selbstbeschränkung auf den pathologischen Befund, sei die Medizin dem Kranken gegenüber barmherzig; denn – möchte ich hinzufügen- so läßt sie dem Kranken seine Freiheit.

eine prinzipiell andere Einstellung nötig als die des Machens: eine Einstellung des Sein-Lassens, des Einräumens und Sich-bewußt-Haltens, daß diese Dimension überhaupt ist und in allem Tun gegenwärtig sein will. Wenn diese Einstellung und diese Überzeugung, mit dem eigenen Tun in einem Kontext zu stehen, der, wenn er trägt, Gnade ist – wenn diese Überzeugung alle ärztlichen Eingriffe und Verrichtungen durchwirkt, dann wird auch der Patient dies ahnen: dies, ganz unbezweckt, dem Arzt anmerken. Und so – so gerade – werden sie sich, verschwiegen zumeist, menschlich gegenseitig begegnen.

Läßt der Arzt zu, daß alle seine Tätigkeit in einem Zusammenhang steht, der unverfügbar, nicht machbar ist, in welchem allein jedoch ein Mensch wirklich er selbst, lebendig in seinem Leben ist, dann wird er als Arzt achtsam darauf, ob ihm ein Einfall kommt, der diese religiöse Dimension aufblitzen läßt. Er wird achtsam sein, wo es am Platze ist, ein gutes Wort zu sagen, das aufrichtet und ahnen läßt, daß wir von mehr leben als jeder nur von sich. So hat schon mancher Arzt einen Patienten wirklich getröstet – nicht vertröstet und nicht beschwichtigt – oft ohne das selbst zu merken.

Ich zitiere den Internisten R. Siebeck: „Kranke haben ein überaus feines Gespür für jedes Wort des Arztes und für alles, was zwischen den Worten schwebt, für jeden freundlichen, jeden sorgenvollen, bekümmerten und ängstlichen Blick, aber auch für jede warme und ermunternde Miene. Wie der Arzt selbst zum Leben, zu Leiden und Not steht, das dringt aus einem ganzen Wesen in das des Kranken ein, bis zum Spiel von Herz- und Kreislauf" (Siebeck 1956). Dies zuzulassen und einzulassen in alle ärztliche Tätigkeit: das wäre beim Arzt selbst ein Leben aus dem, was jenseits des Machens und Herstellens ist.

Literatur

Kern E (1966) Chirurgie und Psyche. Therapeut Umschau 23:256–261

Kern E (1978) Zur Kulturgeschichte des Schmerzerlebnisses. H Unfallheilk 138:9:22

Kern E (1984) Die psychische Belastbarkeit akut und chronisch Kranker in der Chirurgie. Langenbecks Arch Chir 364:45–49

Meulen J van der (1963) Hegels Lehre von Leib, Seele und Geist. In: Nicolin F, Pösseler O (Hrsg) Hegel-Studien, Bd 2. Bouvier, Bonn, S 251–274

Rössler D (1977) Der Arzt zwischen Technik und Humanität. Religiöse und ethische Aspekte der Krise im Gesundheitswesen. Piper, München, S 19

Schnipperges H (1972) Anthropologien in der Geschichte der Medizin. In: Gadamer H-G, Vogler P (Hrsg) Neue Anthropologie, Bd 2. dtv WR, München, S 179–214

Siebeck R (1956) Über den Schmerz. Der Auftrag des Arztes vor Wissenschaft und Gebot. In: Wolf E, Kirschbaum C von, Frey R (Hrsg) Antwort. Festschrift für K. Barth zum 70. Geburtstag. Zollikon, Zürich, S 700–710

Spaemann R (1984) Gesetz und Freiheit im ärztlichen Handeln. Langenbecks Arch Chir 364:22–27 (Festvortrag bei der Eröffnung des 101. Deutschen Chirurgenkongresses, München)

Weizsäcker V von (1947) Von den seelischen Ursachen der Krankheit. In: Siebeck R, Weizsäcker V von (Hrsg) Die Medizin in der Verantwortung (Schriftenreihe der Evang. Akademie, Reihe V, 2) Tübingen, S 27–44

Weizsäcker V von (1948) Grundfragen medizinischer Anthropologie. Furche, Tübingen, S 27

Weizsäcker V von (1950) Diesseits und Jenseits der Medizin. Arzt und Kranker. Neue Folge, Stuttgart, S 115–135

Weizsäcker V von (1951) Der kranke Mensch. Eine Einführung in die medizinische Anthropologie. Köhler, Stuttgart, S 218

Grenzprobleme der Medizin*

P. Novak

Die Grenzprobleme der Medizin, von denen hier die Rede sein wird, sind solche der „modernen Medizin". Dieser schlagwortartige Begriff umfaßt ein komplexes Verständnis von Medizin, für welches die folgenden Komponenten charakteristisch sind:

1) Naturwissenschaften und Technologie bestimmen die Rahmenbedingungen medizinischen Handelns sowohl in normativer wie in instrumenteller Hinsicht, d. h. sie leiten nicht nur Denken, Erkennen, Deuten und Werten im medizinischen Handeln, sondern Produkte der Pharma- und Geräteindustrie sind die wichtigsten Mittel, welche für diagnostische und therapeutische Prozesse eingesetzt werden.

2) Die dominant naturwissenschaftlich-technologisch orientierte Medizin hat eine große gesellschaftliche und wirtschaftliche Bedeutung. Diese Bedeutung hat sie in hochindustrialisierten Ländern,
   a) die ein vergleichsweise hohes jährliches Pro-Kopf-Bruttosozialprodukt erwirtschaften (es übertrifft z. B. nach WHO-Analysen das der Länder der dritten und vierten Welt um etwa das 25fache);
   b) die einen relativ großen Teil ihres Bruttosozialprodukts aus öffentlichen Haushaltsmitteln für das Gesundheitswesen aufwenden (wiederum nach WHO-Analysen das ca. 4fache dessen, was die Länder der dritten und vierten Welt pro Kopf und Jahr im gleichen Bereich ausgeben; WHO 1981);
   c) die über einen hochentwickelten medizinischen Versorgungsstandard verfügen, der prinzipiell jedem Bürger zugänglich ist;
   d) in denen ein geschlossener und mächtiger Ärztestand die wichtigsten Funktionen bei der Verteilung von Gesundheitsgütern und bei der Erbringung gesundheitsbezogener Dienstleistungen innehat;
   e) in denen eine wissenschaftlich-technisch hochentwickelte, mächtige privatwirtschaftliche Industrie zur Herstellung pharmazeutischer Produkte und medizinischer Geräte existiert.

Diese Rahmenbedingungen medizinischen Handelns bestimmen die Grenzen dessen, was für die „moderne Medizin" und mit ihr „machbar" ist. Damit bestimmen sie auch Deutungen und Realisierungen der Humanitätsverpflichtung der Medizin.

---

* Dieser Beitrag wurde erstmals veröffentlicht in der ÖZS (1985), Heft 3/4.

Wagner (Hrsg.), Medizin – Momente der Veränderung
© Springer-Verlag Berlin Heidelberg 1989

Im folgenden betrachten wir die Grenzproblematik der Medizin zunächst unter den Gesichtspunkten der ökonomischen und der technologischen Machbarkeit. Sodann stellen wir „Überforderungssyndrome" in der Medizin dar, welche teils die Medizin selbst durch Ansprüche produziert, die sie an sich stellt, und welche zum anderen Teil aus gesellschaftlichen Ansprüchen an die Medizin resultieren. In diesem Rahmen diskutieren wir schließlich exemplarische Möglichkeiten und Schwierigkeiten der Grenzziehung zwischen Medikalisierung gesellschaftlicher Probleme und politischer Verantwortlichkeit der Medizin.

Grenzen der ökonomischen Machbarkeit

Westliche Länder mit einem große Teile ihrer Bevölkerung umfassenden System der sozialen Sicherung oder einem staatlichen Gesundheitssystem bieten ein besonderes Beispiel für ökonomische Grenzprobleme der heutigen Medizin. Hier werden für die als öffentliche dargestellten Aufwendungen im Gesundheitswesen seit gut 15 Jahren Progressionen verzeichnet, die im Vergleich zu den Aufwendungen in anderen Bereichen des Haushalts v. a. wirtschafts- und ordnungspolitisch als problematisch gesehen werden. Die BRD z. B. hat daher sog. Kostendämpfungsgesetze erlassen, welche diese als explosiv bezeichnete Entwicklung bremsen sollten, ohne allerdings den beabsichtigen Erfolg zu erreichen.

Eher langfristige als mittelfristige Strukturreformen – in kleinen Schritten – werden zwischen Politikern, der Pharmaindustrie, den Krankenkassen, der Ärzte- bzw. Zahnärzteschaft und Wirtschaftswissenschaftlern diskutiert, beispielsweise bei der Jahrestagung des traditionsreichen deutschen „Vereins für Socialpolitik" im September 1985. Sie werden v. a. zu Einschränkungen und Reduzierungen der Leistungskataloge und zur Ausweitung des Selbstbehalts für die Leistungsberechtigten führen. Der medizinische Fortschritt soll allerdings nicht behindert werden. Bekannt ist zwar die Problematik der ökonomischen Einschätzung persönlicher Dienstleistungen im Gesundheitswesen wie auch gesundheitlicher Effekte des Einsatzes von Pharmaka und Geräten für Diagnosen und Therapien oder generell die Problematik des Geldwerts von „health outcomes" (vgl. Wolinsky 1980, S. 396f.; Akehurst 1985; Broyles u. Rosko 1985; Gravelle 1985; Muurinen u. Legrand 1985). Da aber brauchbare Lösungen dieser Problematik ausstehen, findet sie z. Z. keine explizite Berücksichtigung in ordnungspolitischen Überlegungen.

Zum Aufwand und Nutzen von Pharmaka und medizinischer Technologie

Versuche, ökonomische Grenzen für die Medizin zu ziehen, haben ärztliche und zahnärztliche Honorarentwicklungen gebremst. Sie schränken durch Selbstbehalt den Konsum an Gesundheitsgütern bei den Versicherten ein. Und sie haben sich auf die persönlichen Dienstleistungen gegenüber dem Patienten ausgewirkt (z. B. Personalreduktion in Krankenhäusern für die psychiatrische Versorgung), nicht dagegen auf den Aufwand für Pharmaka und medizinische Technologie. Auch angesichts ökonomischer Grenzen der Medizin wurde nur selten wahrnehmbar und ohne praktische

Konsequenzen die Frage gestellt, ob der im Gange befindliche medizinisch-technologische Fortschritt der Masse der Bevölkerung oder nur wenigen Ausgewählten zugute kommen könne. Von dieser Frage wäre exemplarisch die Organtransplantations- und Organersatzmedizin betroffen. Wie vielen Nierenkranken ist durch Nierentransplantation zu helfen? Wie vielen Herzinfarktkranken durch Herztransplantation? Wie vielen Leberkranken durch Lebertransplantation? Wie vielen Blutkrebskranken durch Knochenmarktransplantation? Was ist bei diesen Interventionen als Erfolg zu bezeichnen? Wie groß ist er? Wie lange hält er an? Der Verdacht scheint nicht unbegründet, daß die ökonomische Grenzproblematik nur hinsichtlich ihrer Epiphänomene, kaum dagegen hinsichtlich ihrer Grundbedingungen gesehen wird.

Aber was läßt sich als Grundbedingungen der ökonomischen Grenzprobleme der Medizin identifizieren?

Da ist an vorderer Stelle eine bisher weder öffentlich noch vom Verbraucher noch vom ärztlichen Verteiler zu beeinflussende privatwirtschaftliche Preisgestaltung für Gesundheitsprodukte der Pharma- und Geräteindustrie zu nennen, die aus öffentlichen und privaten Haushalten bezahlt werden. Der mit dieser Ausschaltung des Marktprinzips zusammenhängende, nicht hinreichend kontrollierte oder kontrollierbare privatwirtschaftliche Zugriff auf öffentliche und private ökonomische Mittel ist ein wichtiges Problem, aber beileibe nicht das einzige von Bedeutung.

Zur kurativen und präventiven Medizin

Ein weiteres Problem stellt sich in der Frage nach dem Verhältnis zwischen kurativen und präventiven Aufgaben der Medizin. Tatsache ist, daß der weitaus überwiegende Aufwand für diagnostische Maßnahmen nicht der Fragestellung gilt, ob überhaupt eine behandlungsfähige und -bedürftige Krankheit vorliegt, sondern welche krankhaften Zustände bestehen. Und die interventiven Mittel werden ganz überwiegend zur Heilung bzw. zur Linderung oder Veränderung schon bestehender krankhafter Zustände eingesetzt. Fragen nach Effizienz und Effektivität der Medizin in diesem Handlungsbereich werden skeptisch gestellt, und die empirisch gestützten Antworten sind nicht geeignet, diese Skepsis zu widerlegen. Der ökonomische Aufwand für medizinische Präventivmaßnahmen dagegen war und ist minimal im Vergleich zu den kurativen Maßnahmen, obgleich die Zuwachsraten in etwa einander entsprechen.

Es steht nicht in Frage, daß mehr Aufwand für mehr medizinische Prävention – und übrigens auch für Rehabilitation – Effektivität und Effizienz der kurativen Medizin steigern würde. Daher enthält auch z. B. der Leistungskatalog der gesetzlichen Krankenkassen in der BRD seit über einem Jahrzehnt einige „kostenfreie", sog. sekundärpräventive Maßnahmen. Diese wurden allerdings angeboten, ohne schon vorliegende und noch zu erarbeitende Erkenntnisse über die Variabilität des Krankheits- und Gesundheitsverhaltens in Abhängigkeit von sozioökonomischen und soziodemographischen Merkmalen zu berücksichtigen, trotz freiwilliger Teilnahmemöglichkeit der Adressaten. Die Inanspruchnahme der Maßnahmen war und ist so gering, daß sie deren mögliche Effektivität und Effizienz keineswegs zur Wirkung kommen läßt.

Welche Präventivmaßnahmen stehen eigentlich der Medizin und damit dem Arzt zur Verfügung? Ganz überwiegend sind es nicht solche, deren Zweck Vorbeugung und

Verhütung ist, sondern solche, die frühzeitigem Erkennen bereits bestehender Erkrankungen dienen und daher frühzeitige Interventionen gestatten würden. Erstere werden als primärpräventive, letztere als sekundärpräventive Maßnahmen bezeichnet.

Typische primärpräventive Maßnahmen der Medizin sind Schutzimpfungen gegen übertragbare, d. h. Infektionskrankheiten. Gegen die heute häufigsten chronischen Erkrankungen – Herz- und Kreislauferkrankungen sowie Krebserkrankungen – gibt es keine Impfungen. Unter deren Entstehungs- und Verursachungsbedingungen spielen folgende Faktoren eine im einzelnen unterschiedliche, insgesamt gesehen aber eine entscheidende Rolle:

- landwirtschaftliche und industrielle Erzeugung von Nahrungsmitteln sowie deren Verarbeitung, Zusammensetzung und Konservierung;
- Emissionen v. a. industrieller Produktion in Wasser, Boden und Luft;
- inhaltliche und zeitliche Arbeitsgestaltung sowie Kontakte mit Arbeitsmitteln und Arbeitsprodukten;
- Gruppen- und Individualverhalten im produktiven (Arbeit) und reproduktiven Bereich (Essen, Trinken, Familienleben, Freizeitgestaltung, „Konsum").

Nicht nur die isolierte Wirkung von einzelnen Faktoren oder von Faktorenbündeln ist hier von Bedeutung, sondern v. a. auch interdependente Wirkungen, wie sie beispielsweise hinsichtlich des Einflusses von Nachtarbeit auf das Verhalten im reproduktiven Bereich bekannt sind (Münstermann u. Preiser 1978; Carpentier u. Cazamian 1981).

Hat die Medizin hier Aufgaben? Wo nimmt sie sie wahr? Wo liegen Probleme?

Im Bereich der Umwelt- oder ökologischen Prävention existiert – nicht unbestritten – auch ein differenziertes und weites medizinisches Aufgabenfeld. Organisierte medizinische Kompetenzbereiche konnten sich aber in nennenswertem Umfang bisher nicht entwickeln. Fortschritte in der organisatorischen Entwicklung und zumindest Erkenntnisfortschritte konnten im Bereich der Arbeitsmedizin erreicht werden, letztere besonders hinsichtlich multivariater Verursachungs- und Entwicklungsprozesse arbeitsbedingter- bzw. mit-bedingter – gesundheitlicher Bedrohungen und Erkrankungen. Sie haben jedoch kaum Zugang zu den rechtlichen Regelungen betriebsärztlicher Praxis und zu dieser Praxis selbst gefunden. Die betriebsärztliche Praxis ist weitgehend auf Eingangs- und Kontrolluntersuchungen, d. h. auf Selektion von Arbeitskräften und auf das Individualverhalten hinsichtlich betrieblicher Schutzmaßnahmen begrenzt, z. B. Tragen von Schutzkleidung etc. (Levi 1978; Valentin u. Zober 1982).

Die präventivmedizinischen Interventionen des Arztes im Krankenhaus und des niedergelassenen Arztes beschränken sich ganz überwiegend auf Patienten, d. h. auf jenen Teil der Bevölkerung, der aus gesundheitlichen Gründen ärztliche Hilfe in Anspruch nimmt. Sie bestehen in Beratungen und Empfehlungen hinsichtlich gesundheits- bzw. krankheitsgerechten Verhaltens in den produktiven und reproduktiven Lebensbereichen. Abgesehen davon, daß der Arzt den Patienten i. allg. nur auf der kognitiven Kommunikationsebene und durch Appelle erreichen kann, dagegen kaum in der Lage ist, mit dem Patienten gesundheitsbezogenes Verhalten einzuüben, hat er zumeist auf Bedingungen risikoreichen Verhaltens (Arbeitssituation, familiäre Situation oder allgemeine sozioökonomische Situation) keinerlei Einfluß. Dies beschränkt auch die Möglichkeiten der Gesundheitserziehung, besonders wenn sie als ärztlicher Aufgabenbereich betrachtet und beansprucht wird.

Als entscheidende Grenzprobleme medizinischer Prävention sind zu identifizieren:

- die Bindung ärztlicher Interventionen an individuelles Verhalten;
- der auf Patienten beschränkte Zugang zur Bevölkerung;
- der fehlende Einfluß auf pathogene Lebensbedingungen,
- der mangelnde Einfluß auf Bedingungen risikoreichen Verhaltens.

Medizinische Prävention ist auch insofern ein problematischer Aufgabenbereich, als hier die Kollision klientenorientierter ärztlicher Interventionen mit politischen, wirtschaftlichen, betrieblichen Interessen und mit privaten Verhaltens- und Konsuminteressen in besonders hohem Maße wahrscheinlich ist. Hinzu kommt, daß – anders als bei Erkennen und Behandeln von Krankheit – ein ärztliches Monopol hinsichtlich gesundheitlicher Prävention weder besteht noch hinreichend begründet werden kann, d. h. ein ärztliches Aufgabenfeld ist hier gegen die Konkurrenz zu anderen Berufen, z. B. Pädagogen, Sozialarbeitern und Psychologen, offen, ganz besonders wenn die interessierten Vertreter dieser Berufe lerntheoretisch und verhaltenstherapeutisch aus- oder weitergebildet sind. Diese Position des ärztlichen Berufs im Aufgabenfeld Prävention kann nur sehr viel weniger geeignet sein, hier ärztliches Engagement zu verstärken im Vergleich mit dem Bereich Diagnose und Therapie von Krankheiten.

Es kann nicht in Abrede gestellt werden, daß eine Option für mehr gesundheitliche Prävention – v. a. Primärprävention – im Verhältnis zur kurativen Medizin ökonomische Grenzprobleme der Medizin zunächst noch verstärken würde. Erst wenn präventive Interventionen in großem Umfang effektiv laufen, wenn daher Krankheitsinzidenzen rückläufig werden und der Berg von Krankheitsprävalenzen kurativ abgebaut wird, kann sich die Effizienz dieser Interventionen und damit auch der ökonomische Vorteil der Prävention im Vergleich mit der kurativen Medizin herausstellen. Erst dann kann die Medizin nicht nur billiger, sondern auch preiswerter werden. Erst dann wäre den ökonomischen Grenzproblemen der Medizin wirkungsvoll zu begegnen. Nicht zu übersehen ist allerdings, daß diese Entwicklung davon abhängt, in welchem Maße staatliche Sozial- und Gesundheitspolitik bürger- und insbesondere arbeitnehmerorientiert ist, sein will und sein kann (Naschold 1976, 1982)

Grenzen der technologischen Machbarkeit

Blickt man rückwärts auf die Geschichte der Entwicklung der modernen Medizin und vorwärts auf ihre Perspektiven, so scheinen die Grenzen dessen, was sie technologisch erreichen kann, vom jeweiligen Erkenntnisstand von Naturwissenschaft und Technologie im biologischen Bereich bestimmt zu sein. Dies gilt für Prothesen des Stützapparats ebenso wie für Prothesen von Organen, Organsystemen und Organfunktionen. Es gilt für Gentechnologie – beispielsweise zur Bekämpfung erbgebundener Stoffwechselkrankheiten – ebenso wie für die Beherrschung von Empfänger-Spender-Aggressionen sowie Spender-Empfänger-Aggressionen bei Organtransplantationen oder wie für die Entwicklung neuer Pharmaka.

Psychosozialer Bedarf und der Schein des Körper-Seele-Dualismus

Indessen demonstriert der parallel zur technologischen Entwicklung in der Medizin steigende Bedarf an psychosozialer Kompetenz im diagnostischen, therapeutischen und pflegerischen Handeln deutlich, daß „die Natur des Menschen" sich nicht radikal auf Regelmechanismen reduzieren läßt, die in den Bereichen Chemie, Physik, Nachrichtentechnik und Kybernetik gelten.

Es muß erstaunen, daß die sog. psychosozialen Fächer, z. B. medizinische Psychologie, medizinische Soziologie, Psychotherapie, Psychosomatik, ausgerechnet ihren größten Entwicklungsschub erreichten, als die wissenschaftliche Medizin mit spektakulärsten Erfolgen an die Öffentlichkeit treten konnte; es sei an die Pharmakotherapie psychischer Krankheiten, an die Hämodialyse und an die ersten „erfolgreichen" Organtransplantationen erinnert. Natürlich haben „psychosoziale Reformer" die Gunst der Zeit genutzt, d. h. wirtschaftskonjunkturell günstige Situationen, um ihre inhaltlichen und institutionellen Ziele zu realisieren. Auch wird niemand ernsthaft leugnen, ausgerechnet für die psychosozialen Disziplinen gelte nicht, daß sie sich ihren Bedarf und ihre Klientele selbst schaffen. Nur greift diese Erklärung viel zu kurz, denn der psychosoziale und psychosomatische Bedarf tritt gerade auch dort schmerzlich in Erscheinung, wo die medizinische Technologie beherrschend im Vordergrund steht: bei den operativen medizinischen Disziplinen, in der Intensivmedizin, in den Institutionen der sog. Maximalversorgung (vgl. Lennard u. Crowhurst Lenhard 1979; Gück et al. 1983).

Was manchen Ärzten selbst, dem Pflegepersonal, dem Klinikseelsorger, den Sozialarbeitern und dem Sozialwissenschaftler als Vernachlässigung der psychosozialen Bedürfnisse der Kranken oder der psychosozialen Bedingungen und Folgen von Krankheitsentstehung, -verlauf und -behandlung auffällt, das konstituiert einen durchaus realen Bedarf. Dieser wird häufig nur verstanden als zusätzlicher Bedarf an sozialen, psychologischen und psychotherapeutischen Leistungen, wie wenn „die Natur des Menschen" zusammengesetzt sei zumindest aus psychischen und körperlichen Elementen, für die es in der Diagnostik und Therapie getrennte Zuständigkeiten gäbe. Doch tritt nicht die psychosoziale Verfaßtheit des Menschen erst dann als Gegensatz zur körperlichen hervor, nachdem die letztere die dominierende Stellung im diagnostischen und therapeutischen Handeln behauptet? Erweist sich damit das Körper-Seele-Problem als ein Scheinproblem, das erst von einer absolutistischen Beherrschung modernen medizinischen Handelns durch Naturwissenschaft und Technologie produziert wird? Falsifiziert also die heutige Grenzproblematik der technologischen Machbarkeit in der Medizin jenes Modell, nach dem Descartes 1632 und 1648 den Menschen als einen nach physikalischen Gesetzen funktionierenden Automaten vorstellte, den eine Seele reguliere? Jenes Modell, das 100 Jahre später (1748) den Titel für das einflußreiche Werk des Arztes de Lamettrie liefern sollte, *L'homme machine?* (Jaspers 1913, S. 5ff., S. 294ff.; Plessner 1926, S. 230ff.; v. Weizsäcker 1940; v. Uexküll 1963, S. 121ff.; Feigl 1967; Gadamer 1972; Hartmann 1973, S. 78ff.; v. Uexküll u. Wesiack 1979, S. 56ff.).

Oder ist es vielmehr so, daß Krankheit in einem Prozeß partieller Verdinglichung bzw. Verobjektivierung des Leibes und damit in einem sukzessiven Schwund leiblicher Subjektivität besteht, dem die wissenschaftlich-technologische Entwicklung der Medizin als Bewältigungsstrategie nur fortschreitend erfolgreicher zu begegnen vermag?

Würde diese Erklärung zutreffen, so müßten psychosoziale Bedarfs- und Bedürfnissituationen im Rahmen medizinisch-technologischer Diagnostik und Therapie eher schwinden als zum Vorschein kommen.

Doch selbst wenn eine These von der ausschließlich wissenschaftlich-technologisch erzeugten Scheinproblematik des Körper-Seele-Dualismus nicht zu vertreten sein sollte, bleibt, daß rein wissenschaftlich-technologische Handlungsbereiche der Medizin den menschlichen Leib radikal auf die Ebene prinzipiell vollkommen manipulierbarer Objekte reduzieren. Damit entstehen psychosoziale Defizite im Umgang mit dem kranken Menschen, die häufig den erfolgreichen Einsatz pharmakologischer und technischer Mittel hemmen und die insofern Grenzen technologischer Machbarkeit in der Medizin darstellen.

Normative Regelung ärztlichen Handelns
oder die Ambivalenz des öffentlichen und individuellen Nutzens

Grenzen setzt der technologischen Machbarkeit in der Medizin nicht nur ihr Gegenstand, die Natur des Menschen. Deutlicher wahrgenommene und auch stärker geschützte Grenzen bestehen in Normen unterschiedlichen Formalisierungsgrades, die Handeln und Zusammenleben von Menschen regeln, hier insbesondere die Beziehung zwischen den Mitgliedern der in der Medizin dominierenden Berufsgruppe, den Ärzten, ihren individuellen Klienten und ihrem generalisierten Klienten, der Öffentlichkeit. Die wichtigsten von ihnen entstammen in gesatzter Form dem ältesten berufsständischen Normenkodex, dem hippokratischen Eid der Ärzte. Sie banden ursprünglich die ärztliche Intervention allein an den Nutzen für den individuellen Kranken und – mit dem Gebot der Schweigepflicht – an den Schutz des Kranken gegenüber der Öffentlichkeit. Die Anwendung bestimmter Techniken untersagten sie, z. B. die operative Behandlung von Blasensteinen, ebenso beispielsweise auch die Tötung auf Verlangen und den Schwangerschaftsabbruch (vgl. Diller 1962).

Heute wird z. B. in der BRD die bedeutendste normative Regelung ärztlichen Handelns, nämlich dessen Bindung an den Nutzen für das kranke Individuum, in einer staatlich sanktionierten ärztlichen Berufsordnung kodifiziert, allerdings in Form einer einschränkenden Variante. Dem Nutzen des einzelnen wird der Nutzen der Allgemeinheit hinzugefügt. In der Reichsärzteordnung von 1935 hieß es noch: „Der Arzt ist zum Dienst an der Gesundheit des einzelnen Menschen und des gesamten Volks berufen. Er erfüllt eine durch dieses Gesetz geregelte öffentliche Aufgabe."

Diese Formulierungen bringen eine bedeutende Problematik der normativen Regelungen ärztlichen Handelns zum Ausdruck: Der Arzt steht in der öffentlich, d. h. staatlich sanktionierten Pflicht, für das individuelle Wohl des Kranken zu sorgen, aber dieses zugleich in Einklang mit dem öffentlichen Wohl zu bringen. Was jedoch öffentliches Wohl ist, wird politisch definiert oder ausgehandelt. Unter welchen Bedingungen in bezug auf bestimmte Handlungssituationen, z. B. klinische Erprobung neuer Medikamente, Arzt, medizinische Fachgesellschaften und berufsständische Vereinigungen öffentliches Wohl mit individuellem als kompatibel betrachten, dafür müssen sie erst politische Überzeugung erwirken. Einerseits kann die Medizin, können Ärzte z. B. damit konfrontiert werden, politisches Verhalten, das nicht im Interesse der legitimierten Repräsentanz der Öffentlichkeit steht, als pathologisch zu behandeln, etwa mit Psychopharmaka oder physikalischen Methoden. Grenzen technologischer Machbarkeit würden somit entlang politischer Interessen verlaufen, und innerhalb der medizinischen Handlungsfelder würde der Konflikt zwischen öffentlichem Interesse und dem Wohl des einzelnen ausgetragen.

Auf der anderen Seite wird das Individuum öffentlich gegenüber wissenschaftlichen und technologischen Interessen der Medizin in Schutz genommen durch nationale wie auch internationale Abkommen und Vereinbarungen, die z. T. rechtsverbindlich sind (vgl. z. B. das sog. 2. Arzneimittelgesetz in der BRD 1976 oder die Bestimmungen „Adaptation of International Clinical Research Standards" 1975). Andere Regelungen haben eher empfehlenden Charakter, z. B. der Nürnberger Kodex von 1947 oder die Deklaration von Helsinki und Tokio des Weltärztebundes 1975 (vgl. Helmchen et al. 1978, S. 151 ff.).

Ethikkommissionen und „informed consent"

Es bestehen Wechselbeziehungen zwischen politisch-öffentlicher bzw. öffentlich-rechtlicher Kontrolle und veröffentlichter Selbstkontrolle der technologischen Machbarkeit in der Medizin. Veröffentlichte Selbstkontrolle besteht z. B. sowohl im Falle von Deklarationen nationaler und internationaler Ärztevereinigungen wie auch auf der Ebene von Ethikkommissionen, etwa einer medizinischen Fachgesellschaft oder einer medizinischen Fakultät, die nach schriftlichen Richtlinien und Satzungen arbeitet. Zu ihren Mitgliedern gehören häufig nicht ausschließlich Ärzte, sondern in der Regel auch Juristen, Theologen und gelegentlich Sozialwissenschaftler. Die unterschiedliche fachliche Zusammensetzung solcher Kontrollorgane ist von Vorteil, sofern dadurch die verschiedenen Perspektiven der Vermittlung zwischen individuellem und allgemeinem Nutzen mehr Chancen haben, zur Geltung zu kommen. Allerdings steht dem entgegen, daß die hochspezialisierten medizinischen Forschungsdesigns nur in geringem Umfang anderer als naturwissenschaftlich-medizinischer Expertise zugänglich sind. Der Theologe und der Jurist mögen noch hinreichenden Einblick in die Forschungsziele erreichen. Die in einem Projektantrag mehr oder weniger offen und detailliert dargelegten Mittel und Wege dagegen, wie sie erreicht werden sollen, wird er kaum verstehen. Selbst der nicht dem entsprechenden Spezialgebiet zugehörende medizinische Kollege hat hier meistens erhebliche Schwierigkeiten. Sie aber bergen häufig die eigentlichen Probleme der Schädigung oder Gefährdung der konkreten Versuchspersonen bzw. Patienten; beispielsweise bei der klinischen Prüfung eines Medikaments auf Nebenwirkungen, die im Tierversuch nicht beobachtbar waren und die in keinem tolerablen Verhältnis zum angezielten positiven Effekt stehen; beispielsweise persönlichkeitszerstörende Wirkungen stereotaktischer Eingriffe am Gehirn bei Indikationen wie kindlichen Aggressionen, Alkoholismus oder sexuellen Devianzen, die zudem auf unzureichender wissenschaftlicher Erkenntnisgrundlage bis vor einigen Jahren durchgeführt wurden.

Da Kontrollorgane wie gerade Ethikkommissionen wissenschaftlichen Fortschritt nicht hemmen, sondern als normativ legitimierten unterstützen sollen, fördern unaufhebbare Inkompetenz ihrer Mitglieder auf wissenschaftlichen Spezialgebieten und deren Ausnützung durch Wissenschaftler, die ihre Projekte um jeden Preis durchsetzen wollen, Zustimmungen zu problematischen Forschungs- und Therapieverfahren. Probleme der Erforschung von Therapieverfahren bestehen ferner darin, daß der zunächst hypostasierte, dann aber gesicherte positive Effekt eines Verfahrens wohl den Patienten aus der Versuchsgruppe zugute kommt, nicht dagegen der Kontrollgruppe mit dem gleichen Leiden wie die Versuchsgruppe.

Problematisch ist schließlich auch, ob und wie der gesetzlich vorgeschriebene „informed consent" erreicht wird, d. h. die Zustimmung einer Versuchsperson zur Teilnahme an einem Experiment aufgrund vollständiger und von ihr verstandener Information über Zielsetzungen, Beeinträchtigungen und Gefährdungen durch das Experiment. Wieweit Ausbildungsstand, intellektuelle Kapazität und Beeinträchtigungen durch Krankheit und Behinderung Einblick in ein Forschungsdesign und in das damit verbundene persönliche Risiko erlauben, ist selbst im konkreten Einzelfall kaum zureichend zu beurteilen. Auch wo der schriftlichen Zustimmung der Versuchsperson intensive und einfühlsame Informationsgespräche vorausgingen, können erfahrungsgemäß weder der Forscher noch eine Ethikkommission wirklich unterscheiden, wieviel Überzeugung und wieviel Überredung hierbei im Spiel waren.

Überforderungssyndrome in der Medizin

Grenzprobleme der modernen Medizin lassen sich auch unter Gesichtspunkten der Überforderung ihrer Interventionsmöglichkeiten darstellen. Zwar hängt das, wohin diese Zugänge zur Grenzproblematik führen, eng zusammen mit den Problemen ökonomischer und technologischer Machbarkeit, sie erlauben aber, Probleme des gesellschaftlichen Anspruchs an die Medizin und Probleme der Verstärkung und Evozierung dieses problematischen Anspruchs durch die Medizin selbst besonders zu betonen.

Medizinische Produktion von medizinischen und Lebensproblemen: Behandlungsfolgen

Chirurgische und medikamentöse Eingriffe zur Besserung oder Heilung von definiten Krankheiten und Krankheitssymptomen haben, auch wenn sie den beabsichtigten spezifischen Effekt erzielen, sehr häufig Folgen, die weiterer medizinischer Eingriffe und anderer Hilfen bedürfen.

Entfernung der Gaumen- und Rachenmandeln (Tonsillektomie) hat nicht selten zur Folge, daß die Operierten nun häufiger z. B. unter Seitenstranganginen leiden, die wiederum medizinischer Behandlung bedürfen. Zudem werden beispielsweise aufgrund von Untersuchungen in den USA etwa 10mal mehr Tonsillektomien durchgeführt als tatsächlich indiziert gewesen wären, unter Inkaufnahme des Operationsrisikos von einem Todesfall auf 1000 Operationen (National Center for Health Statistics 1968).

Die Entfernung beider Ovarien hat eine jahre- und jahrzehntelange medikamentöse Behandlung als Ersatz für ausgefallene Hormonproduktion zur Folge, abgesehen von psychischen und sozialen Problemen der Patientinnen, aus denen die Notwendigkeit psychotherapeutischer Interventionen und/oder lang dauernde schwerwiegende Leiden und Benachteiligungen resultieren. Hier wie auch bei der kombinierten Uterus-

und Ovarentfernung gab es Anlässe, die Indikationen stärker einzugrenzen (Doyle 1952, 1963).

Besonders wegen häufiger Armlähmungen infolge radikaler Operationstechniken bei Brustdrüsenkrebs, welche langwierige und oft erfolglose neurologische Nachbehandlungen notwendig machten, wurden hier ebenfalls die Indikationsgrenzen enger gezogen.

Amputationen von Gliedmaßen erfordern nicht nur langdauernde Rehabilitationsmaßnahmen und Prothesen, sondern wegen der häufigen Phantomschmerzen auch neurologische, neurochirurgische und psychotherapeutische Interventionen, und sie sind dennoch schwer damit zu beeinflussen.

Intensive pharmakologische Epilepsie- und Schizophreniebehandlungen bedingen in der Regel z. B. Kreislauf- und Bewegungsstörungen, die wiederum medikamentös behandelt werden müssen und nicht selten eine hinsichtlich des Effekts problematische Dosisreduktion bei der Behandlung des „Hauptleidens" erforderlich machen – eines der vielen Beispiele für die Nebenwirkungen von Pharmaka.

Andere Folgen medizinischer Behandlung, z. B. schwere und dauerhafte Persönlichkeitsveränderungen nach stereotaktischen Zerstörungen in bestimmten Hirnarealen können medizinisch kaum oder gar nicht – auch psychotherapeutisch nicht – beeinflußt werden. Hierhin gehören auch die zahlreich aufgetretenen angeborenen Verstümmelungen von Kindern, deren Mütter wegen Schmerzzuständen in der Schwangerschaft mit Thalidomid behandelt wurden, d. h. das Contergandesaster.

Es sind diese zumeist nicht vermeidbaren Folgen notwendiger, nicht notwendiger oder im praktizieren Ausmaß nicht notwendiger medizinischer Maßnahmen, die Illich (1976) unter dem Stichwort „clinical iatrogenesis" kritisiert hat. Sie erfordern Erweiterung der medizinischen Leistungsmöglichkeiten und/oder Ergänzung medizinischer Interventionen durch psychotherapeutische, psychologische und soziale. Häufig überfordern sie diese Möglichkeiten im medizinischen Bereich oder auch in allen 3 Bereichen.

Medizinische Produktion von medizinischen und Lebensproblemen: professioneller Imperialismus und therapeutische Entmündigung der Laien

Prominente Ärzte des 19. Jahrhunderts, wie z. B. Rudolf Virchow, die wesentlich dazu beigetragen hatten, medizinische Erkenntnis- und Handlungsprozesse den universalistischen Begriffs- und Methodenprinzipien der Naturwissenschaften zu unterstellen, setzten sich zugleich entschieden dafür ein, den medizinischen Kompetenzbereich der Krankheitsbewältigung von dem der sozialen und politischen Krankheitsbewältigung zu trennen (Neumann 1847; Virchow 1849). Erfolgreichem naturwissenschaftlich orientiertem medizinischen Denken maßen sie dabei mit Blick auf die dominierenden Todesursachen ihrer Zeit einen vergleichsweise eng begrenzten Geltungsbereich zu und warnten zugleich vor einer Überschätzung der medizinischen Leistungsmöglichkeiten.

Die dominierenden Todesursachen bei insgesamt hoher Sterblichkeit – etwa 3mal höher als die Sterblichkeit 1984 in der BRD – stellten die Infektionskrankheiten dar. Sie verursachten rund zwei Drittel aller jährlichen Todesfälle, die Tuberkulose allein ein Viertel bis ein Drittel von ihnen. Die naturwissenschaftliche Analyse von Ursache- und Wirkungsmechanismen bei Entstehung und Verlauf dieser Erkrankungen befand sich aber erst im Anfangsstadium ihrer Entwicklung. Es sollte noch bis 1882 dauern, bis zum erstenmal der spezifische Erreger der damals verbreitetsten Infektionskrankheit identifiziert wurde – der Erreger der Tuberkulose durch Robert Koch. Erst recht existierten noch keine auf naturwissenschaftlichen Erkenntnissen gegründete spezifische Techniken und Mittel des Eingriffs in diese Ursache- und Wirkungsmechanismen. Beispielsweise konnte eine spezifische Chemotherapie der Tuberkulose erst seit den 40er Jahren dieses Jahrhunderts eingesetzt werden, die ebenfalls spezifische BCG-Impfung erst seit den 50er Jahren.

Noch in den ersten beiden Jahrzehnten dieses Jahrhunderts wurden die gleichen Warnungen vor Überschätzung medizinischer Möglichkeiten zur Krankheitsbewältigung ausgesprochen (vgl. Mosse u. Tugendreich 1913; Grotjahn 1923; Gottstein 1924). Zog Virchow aus seinen Analysen erst die Konsequenz, drastisch vom Staat Maßnahmen zur Verbesserung der hygienischen Verhältnisse und der sozioökonomischen Lage der armen Bevölkerungsschichten zu fordern, so konnten die ärztlichen Sozialhygieniker des frühen 20. Jahrhunderts ihre Forderungen nach sozialer und politischer Krankheitsprävention bereits mit Hinweisen auf positive Ergebnisse verbesserter Lebens- und Arbeitssituationen verbinden (Grotjahn 1923). Denn in der Tat war die Sterblichkeit an Infektionskrankheiten rapide gesunken und die Lebenserwartung erheblich angestiegen (McKeown 1966; Powles 1973; Abholz 1980; Novak 1980).

Die auf sorgfältiger Analyse beruhenden deutlichen Hinweise auf Grenzen medizinischer Möglichkeiten zur Krankheitsbewältigung und die Forderung nach sozialer – und d. h. außermedizinischer – Primärprävention, welche von Ärzten ausgingen, wären prinzipiell geeignet gewesen, ein ärztliches Monopol auf Diagnose und Behandlung von Krankheit zu verhindern. Gleichwohl gelang es aber den Protagonisten für die Professionalisierung des ärztlichen Berufs doch, dieses Monopol – in Deutschland selbst gegen den Widerstand zahlreicher Kollegen (vgl. Plaut 1913) – durchzusetzen. In der Zeit zwischen der Gründung des Deutschen Reichs 1871 und der Einführung der Sozialgesetzgebung seit 1881 waren in Deutschland die Grundlagen hierfür geschaffen:

- Die Reichsgründung ermöglichte politische Loyalitätserklärungen einer zahlreichen Ärzteschaft gegenüber einem mächtigen Staatsgebilde mit der Option des Schutzes durch den Staat.
- Die schließlich erfolgreichen Bestrebungen, den ärztlichen Beruf aus der preußischen Gewerbeordnung zu entlassen, dokumentierte den von Profitinteressen freien Dienstleistungscharakter dieses Berufs und wirkte zugleich interkollegialer Konkurrenz entgegen.
- Die Verpflichtung auf naturwissenschaftliche Orientierung der ärztlichen Ausbildung und des medizinischen Handelns ermöglichte die Reduktion subjektiv empfundener und vermittelter Leidenszustände, Störungen und Beeinträchtigungen auf wissenschaftlich objektivierte Tatbestände, so daß der diagnostische Prozeß wie auch die therapeutischen Konsequenzen im Prinzip ubiquitär kollegialer Kontrolle zugänglich wurden unter Verwendung universell gültiger Maßstäbe. Nicht mehr was der Patient und andere medizinische Laien so empfinden und bezeichnen, ist deshalb schon krankhaft oder Krankheit, sondern es kann nur vermittelt durch naturwissenschaftlich begründete ärztliche Diagnoseprozesse dazu werden.

Als nun der Staat die soziale Krankenversicherung als Zwangsversicherung für die meisten Erwerbstätigen in abhängiger Position einführte und die Krankenkassen mit der Sicherstellung der gesundheitlichen Versorgung der Versicherten beauftragte, mußte der ärztliche Beruf wegen seiner naturwissenschaftlichen Orientierung besonders geeignet erscheinen, diesen Sicherstellungsauftrag durchzuführen. Die Eignung dazu resultiert jedoch durchaus nicht allein aus der Leistungsfähigkeit dieses Berufs zur Krankheitsbewältigung. Denn da im medizinischen Sinn als krank nur gelten kann, was sich im objektivierenden diagnostischen Prozeß als Devianz biologischer Normwerte erweist und als nosologischen Regeln folgend, so eignet sich der ärztliche Beruf auch besonders dazu, die Kontrolle des Zugangs zu den Leistungen der sozialen Kranken- und Rentenversicherung zu übernehmen. Er ist inexplizit der Garant dafür, daß der Versicherte nicht eine Krankheit vorschützt oder über die medizinische Notwendigkeit hinaus ausnützt, um illegitimerweise Leistungen der Sozialversicherung in Anspruch zu nehmen und um sich sozialen Verpflichtungen zu entziehen, d. h. der ärztliche Beruf kontrolliert und begrenzt sekundären Krankheitsgewinn. Er trägt im Prinzip wesentlich zur Effektivitätssteigerung und Effizienzsteigerung des Leistungsaufwands der sozialen Kranken- und Rentenversicherung bei.

Die heute erreichte Monopolstellung des ärztlichen Berufs in der Gesundheitsversorgung bezieht sich auf die Definition und Behandlung von Krankheit und auf die Kontrolle des Zugangs der Kranken zu den Leistungen der Einrichtungen des Gesundheitswesens. Nicht nur die Kranken, sondern auch die nichtärztlichen Verwaltungen bzw. die öffentlichen oder privaten Eigentümer dieser Einrichtungen sind daher von autonomen ärztlichen Entscheidungen abhängig (vgl. hierzu die jüngste Analyse von Freidson 1985). Hierzu gehört auch die Kontrolle des Zugangs zu gesundheitsbezogenen Leistungen der Sozialversicherungsträger. Damit ist die Konkurrenz von Angeboten anderer Berufe zur gesundheitlichen Versorgung prinzipiell ausgeschaltet. Patienten sind derartige Angebote nur über ärztliche Delegation oder durch eigenen Aufwand zugänglich, im letzteren Fall aber auch nur, sofern keine Fehlzeiten am Arbeitsplatz aus nichtärztlichen Konsultationen entstehen.

Zwei Grenzprobleme für die Medizin bringt die Monopolstellung des ärztlichen Berufs in der gesundheitlichen Versorgung hervor: Das eine läßt sich in Anlehnung an Freidson (1975 S. 108ff.) als das des „professionellen Imperialismus" beschreiben, das andere in Anlehnung an v. Ferber (1971, S. 42f.; 1978 S. 96f.) als das der „therapeutischen Entmündigung der Laien".

Professioneller Imperialismus

Der „professionelle Imperialismus" besteht in unserem Fall darin, daß der ärztliche Beruf nicht nur im Sinn des berufsethischen Normkodex an der beständigen Realisierung des Dienstleistungsideals, d. h. am allgemeinen und individuellen Wohl interessiert ist, sondern auch Interessen an bedeutender ökonomischer Position und gesellschaftlichem Einfluß verfolgt. Diese Eigeninteressen vertritt der Arztberuf einerseits gegen andere Gesundheitsberufe und gegen den hauptsächlichen Finanzierungsträger gesundheitlicher Leistungen, gegen die Krankenkassen, aufgrund seines konkurrenzlosen Zugangs zu den wichtigsten ökonomischen Ressourcen gesundheitlicher Versorgung. Andererseits kontrolliert der ärztliche Beruf die Zulassung nichtärztlicher gesundheitsbezogener Leistungen – beispielsweise die von Krankenschwestern und -pflegern, von Heilpraktikern, Psychologen, Sozialarbeitern, Logopäden etc. – hinsichtlich ihres Umfangs und hinsichtlich ihrer Art. Wie z. B. der ärztliche Kampf gegen die Kassenzulassung therapeutisch qualifizierter Psychologen in der BRD zeigt, können damit effektive gesundheitliche Leistungen am Bedarf vorbei eingeschränkt werden. Damit ergeben sich für den ärztlichen Beruf Möglichkeiten und Notwendigkeiten, die Lösung von gesundheitlichen Problemen mit eigenen Mitteln zu übernehmen, die den Mitteln anderer Berufe an Effektivität und Effizienz gleichkommen oder nachstehen oder unter bestimmten Bedingungen nachstehen, so beispielsweise wenn ärztliche Pharmakotherapie da an Stelle psychologischer Verhaltenstherapie tritt, wo diese bei bestimmten psychischen Störungen erfolgreicher und nebenwirkungsfrei ist. Zwar erweitert der ärztliche Beruf auf diese Weise die Reichweite seiner Interventionen, läuft aber zugleich Gefahr, sich mit medizinisch nur partiell lösbaren, nicht lösbaren und mit Folgeproblemen medizinischer Interventionen zu überlasten.

Therapeutische Entmündigung der Laien

Markiert der Begriff „professioneller Imperialismus" die beherrschende Stellung, die der ärztliche Beruf als Träger und Sachwalter der modernen wissenschaftlichen Medizin gegenüber anderen gesundheits- bzw. krankheitsbezogenen Berufen und gegenüber den finanziellen Trägern des Gesundheitssicherungssystems einnimmt, so bezeichnet der Begriff „therapeutische Entmündigung der Laien" die beherrschende Stellung des ärztlichen Berufs gegenüber seinen Klienten, d. h. gegenüber den medizinischen Laien, die krank sind oder krank werden können.

Die „therapeutische Entmündigung" besteht im engeren Sinn darin, daß der medizinische Laie nicht mehr selbständig seine gesundheitlichen Beschwerden und Leiden behandeln darf und schließlich auch nicht mehr behandeln kann. Wer gesundheitliche Probleme hat, darf z. B. nicht einfach seinem Arbeitsplatz fernbleiben, um sich zu Hause mit Mitteln zu kurieren, die er kennt oder die in seiner Umgebung bekannt sind, seien dies Hausmittel oder Medikamente, die einmal ärztlich verordnet worden waren und nach eigener oder anderer Erfahrung „wunderbar geholfen" haben. Gesetzliche Regelungen schreiben vielmehr vor, daß ein Arzt zu konsultieren ist, der darüber formal zu entscheiden hat, ob eine gesundheitsbedingte Arbeitsunfähigkeit vorliegt und wie die verursachende Krankheit zu behandeln ist. Ärztliche Entscheidung ist auch notwendig, um Fragen gesundheitsbedingter Erwerbsminderung, Erwerbs- oder Berufsunfähigkeit zu klären, nicht Meinung oder Gefühl des Patienten und seiner Umgebung.

Die ärztliche Monopolstellung in Fragen der Gesundheit und im Gesundheitswesen impliziert, daß auch in den Fällen, da Beschwerden, Störungen und Krankheiten nicht mit Fehlzeiten am Arbeitsplatz verbunden sind – d. h. bei Kindern, alten Menschen und anderen nicht Erwerbstätigen – die ärztliche Expertise für die Unterscheidung zwischen „Bagatellstörungen" und „ernsthaften Störungen" zuständig ist, nicht dagegen ein Erfahrungswissen medizinischer Laien. Das an Traditionen außerhalb der „modernen" Medizin gebundene Wissen wie auch die damit verknüpften Praktiken von Laien können sich nicht mehr unmittelbar am Erfolg bewähren, wenn es eine Instanz gibt, die nach allgemein verbindlichen wissenschaftlichen Kriterien über die Problemangemessenheit allen gesundheitsbezogenen Wissens und Handelns zu entscheiden befugt ist. Diese Instanz repräsentiert heute der ärztliche Beruf als Sachwalter einer auf die wissenschaftlichen Prinzipien der Naturwissenschaften gegründeten Medizin. Damit aber steht die Medizin in dem Dilemma, nur jene gesundheitsbezogenen Verhaltenstraditionen als bewährt approbieren zu können, die wissenschaftlich analysierbar sind. Dagegen steht selbst der gesundheitsbewußte medizinische Laie in dem Dilemma, nicht zu wissen, ob das traditionsbewährte Wissen und Handeln bei Gesundheitsproblemen, dem er folgen könnte, auch im Sinn der Medizin „wirklich gut" ist.

Hieraus folgt nun, daß nach medizinischen Kriterien festzulegen ist, wann und bei welchen Symptomen jemand ärztliche Hilfe in Anspruch nehmen sollte. Der Adressat aber, der medizinische Laie, verfügt nicht über medizinische Interpretationsmuster. Denn er deutet und verarbeitet Veränderungen seines Befindens, seiner Fähigkeiten und Fertigkeiten, selbst Schmerzempfindungen in lebensweltlichen Situations-, Traditions- und Beziehungskontexten.

Innerhalb dieser kontextgebundenen Deutungsmuster haben diese Wahrnehmungen grundsätzlich eine andere Relevanz für gesundheitliche Bedrohung, Belastung und Störung als innerhalb der lebensweltliche Kontexte abstrahierenden wissenschaftlich medizinischen Interpretationsmuster. Daher hängt beispielsweise der Erfolg gesundheitlicher Aufklärung davon ab, in welchem Maße sich Empfehlungen zu gesundheitsgerechtem Verhalten in die gegebenen und nur innerhalb enger Grenzen variablen lebensweltlichen Kontexte der Adressaten (Arbeitsbedingungen, sozioökonomische Situationen etc.) einfügen lassen. Appelle dagegen, rechtzeitig, aber nur im Bedarfsfall und nicht bei Bagatellstörungen, den Arzt aufzusuchen, demonstrieren lediglich die Aporie bedarfsentsprechender Steuerung medizinischer Leistungen durch die ärztliche Profession.

Da der medizinische Laie einerseits häufig nicht in der Lage ist, frühzeitig Auffälligkeiten, Beschwerden und Störungen im Sinne medizinischer Symptome zu deuten und da er andererseits den eventuellen Einfluß medizinischer Interventionen auf seine lebensweltlichen Kontexte nicht einzuschätzen vermag, sind v. a. 2 Konsequenzen wahrscheinlich:

– Aufgabe traditioneller Bestände des Wissens und Handelns bei Gesundheitsproblemen, d. h. Verkümmerung des Laienhilfe- und Selbsthilfepotentials und verstärkte Inanspruchnahme medizinischer Leistungen auch bei geringfügigen Störungen;
– weitgehende Beschränkung auf Laienhilfe und Selbsthilfe unter Vernachlässigung „rechtzeitiger" Inanspruchnahme medizinischer Leistungen.

Die verstärkte Abhängigkeit vom medizinischen Versorgungssystem führt zwangsläufig zu dessen Belastung mit der Behandlung von Problemen, die häufig effektiver und effizienter auf der Ebene der Selbst- und Laienhilfe lösbar wären. Dem versucht nicht nur die gesundheitspolitische Diskussion des sog. Selbstbehalts der Versicherten Rechnung zu tragen, sondern in besonderem Maße auch die sozialwissenschaftliche Untersuchung des sog. Laienpotentials, der Patientenaktivierung sowie der Deprofessionalisierungs- und Desinstitutionalisierungsprozesse (Novak u. Zipp 1981; v.Ferber u. Badura 1983).

Die aus der therapeutischen Entmündigung der Laien resultierenden Grenzprobleme der Medizin sind als Probleme der „Patientensteuerung des Gesundheitswesens" bezeichnet worden (v. Ferber 1971, S. 42f.; 1978, S. 96f.). Dieser Begriff bringt zum Ausdruck, daß es im Gesundheitswesen nicht gelungen ist, medizinische Leistungen entsprechend ärztlich definierten Bedarfssituationen zu erbringen, sondern nur in

Abhängigkeit vom Konsultationsverhalten der als Patienten auftretenden medizinischen Laien, dem subjektive Definitionen von gesundheitsbezogenen Bedürfnissituationen zugrunde liegen, welche in kaum kontrollierbarer Weise wenig und selten mit medizinischen Indikationen für einen Arztbesuch übereinstimmen. Indessen zeigt eine differenzierte Betrachtung, daß diese sog. Patientensteuerung eine Sekundärfolge jener ärztlich-professionellen Steuerung des Gesundheitswesens oder der Monopolstellung des Arztberufs im Gesundheitswesen ist, welche die therapeutische Entmündigung der Laien in entscheidendem Maße erst mitbedingt hat.

Krankheitsverhalten und medizinische Bewältigung

Als ein Komplex der Bedingungen für die therapeutische Entmündigung der Patienten bzw. der medizinischen Laien durch die moderne Medizin wurden bereits Teilaspekte des Gesundheits- und Krankheitsverhaltens dargestellt. Es wurde erwähnt, daß Deutungsmuster gesundheitsbezogener Wahrnehmungen als Teilaspekte entsprechenden Verhaltens von aktuellen und traditionsverwurzelten lebensweltlichen Kontexten bestimmt werden, auf welche die Handlungsmuster der naturwissenschaftlichen orientierten Medizin nicht zugeschnitten sind. Unterschiedliche lebensweltliche Kontexte bestimmen auch unterschiedlich große Distanz zum medizinischen Versorgungssystem und zum Arzt. In diesem Zusammenhang liegen zahlreiche sozialwissenschaftliche Untersuchungen über kulturspezifische, geschlechtsspezifische, altersspezifische und schichtspezifische Krankheitsverhalten vor, die hier nicht referiert werden müssen (Mechanic 1978, S. 249ff.; Siegrist u. Kramer 1979). Der Erklärungswert einzelner sozialer Merkmale ist i. allg. sehr begrenzt und häufig nicht konstant. Durchaus nicht konstant ist auch der Erklärungswert von Merkmalskomplexen, da er u. a. mitbedingt wird durch situationale Einflüsse, beispielsweise durch bedrohliche Arbeitslosigkeit (Wacker 1981).

Die zahlreichen und häufig voneinander abweichenden Ergebnisse sozialwissenschaftlicher Studien des gesundheitsbezogenen Verhaltens konvergieren jedoch dahin, daß große Distanz der lebensweltlichen Kontexte dieses Verhalten zum medizinischen Handlungssystem die Chancen eines medizinisch definierten bedarfsgerechten Verhaltens verringert. Damit vergrößert sich die Wahrscheinlichkeit, daß bedarfsinadäquat medizinische Leistungen zu viel und zu wenig in Anspruch genommen werden. Dies provoziert besondere Grenzprobleme der Leistungsmöglichkeiten der Medizin. Vermittlungen zwischen medizinischem System und potentiellen Patienten, die von Ärzten, Krankenschwestern und -pflegern, von nichtmedizinischen Einrichtungen, von Angehörigen nichtmedizinischer Berufe, von Laien- und Selbsthilfevereinigungen übernommen werden (z. B. in Form von Stadtteilarbeit), wirken im Sinne bedarfs- und bedürfnisbezogener gesundheitlicher Versorgung. Sie leisten spezielle Beiträge zur Bewältigung medizinischer Grenzprobleme, indem sie sowohl die Kluft zwischen Laienwelt und Medizin verkleinern als auch das außermedizinische, das Laien- und Selbsthilfepotential zur Krankheitsbewältigung stärken und insofern Voraussetzungen und Bedingungen für Deprofessionalisierungs- und Desinstitutionalisierungsprozesse schaffen.

Medizinische Produktion von medizinischen und Lebensproblemen:
Medikalisierung sozialer Probleme

Ein weiterer Bedingungskomplex für Grenzprobleme der Leistungs- und Finanzierungsmöglichkeiten, insbesondere aber des Humanitätsanspruchs und der Humanitätsverpflichtung der Medizin wird unter dem Stichwort „Medikalisierung sozialer Probleme" begriffen (Pitts 1968; Freidson 1970, S. 247ff.; Pflanz 1979, S. 237ff.; Wolinsky 1980, S. 381ff.). Wenn man strukturfunktionalen Ansätzen der Theorie sozialer Systeme folgt, stellt Krankheit durchweg Bestandsicherungsprobleme verschiedener sozialer Systeme dar (Parsons 1951, Kap. X; Freidson 1970). Insofern hätte es die Medizin immer mit sozialen Problemen zu tun. Indessen werden als medikalisierte solche sozialen Probleme verstanden, die ursprünglich auf anderen Ebenen sozialen Handelns bearbeitet wurden, ehe sie Umdeutungen zu Problemen medizinischer Interventionen erfuhren.

Devianzen hinsichtlich Eigentumsbeziehungen, Sexualverhalten, Gewaltanwendung bieten die bekanntesten Grenzprobleme medizinischer und juridischer Kompetenz, wenn es um die Frage geht, ob anatomische, physiologische und genetische Besonderheiten als verursachende Bedingungen sozial devianten Verhaltens in Frage kommen.

Angesichts dieser Grenzsituationen hat sich die ärztliche Profession häufig relativ widerstandslos, wenn nicht bereitwillig in den Dienst politischer Machtinteressen gestellt und tut dies auch weiterhin, um sich unter falscher Berufung auf medizinischwissenschaftliche Legitimation an der Vernichtung und sozialen Ausgrenzung politischer Opponenten, diffamierter kultureller Minderheiten, Kranker, Behinderter usw. zu beteiligen (Mitscherlich u. Mielke 1949; Bloch u. Reddaway 1978; Baader u. Schultz 1980; Tübinger Vereinigung für Volkskunde 1982; Ebbinghaus et al. 1984).

Nicht immer und nicht immer so offenbar verbinden sich Mißachtung und Verletzung von Menschenrechten und Grundsätzen der Humanität mit Formen der Medikalisierung. Einige Beispiele können dies verdeutlichen:

Die meisten alten Menschen in Industrieländern beenden ihr Leben im Krankenhaus. Es gibt zahlreiche Erfahrungen darüber, aus welchen Gründen dies geschieht. Die Familie ist außerstande, umfangreicher und intensiver werdende Betreuung und Pflege zu übernehmen oder zu organisieren. Sie fühlt sich emotional nicht in der Lage, das Sterben eines ihrer Mitglieder zu begleiten. Sie ist sich unsicher, ob nicht medizinisch „doch noch etwas zu machen" ist, und auch der herbeigerufene Hausarzt vermag hier keine Entscheidungshilfe zu bieten außer der, eine Klinikeinweisung zu veranlassen. Die Entscheidungshilfe, die der Wunsch des Sterbenden bieten könnte, wird häufig nicht angenommen, da man ihm wegen seines „Zustandes" *wirkliche* Entscheidungskompetenz abspricht. Partiell mögen die geringe Mitgliederzahl der „modernen" Familien und damit verbunden die Einschränkung und die Spezialisierung der Funktionen ihrer Mitglieder ihre Kompetenz wie auch ihre mangelnde Bereitschaft zur Toleranz des Todes und zur Begleitung des Sterbens erklären; ebenso partiell jedoch bietet auch das medizinische Angebot Bedingungen dafür. Die Inhumanität dieses Grenzproblems, einer Form der Medikalisierung des Todes und des Sterbens, besteht darin, die Wünsche des Sterbenden, die sich auf die letzte bedeutende Lebensperiode beziehen, nicht zu beachten oder gar zu unterdrücken. Ähnlich steht es im Fall des Schwerstkranken in einer Intensivstation: Ärzte, Pflegepersonal, die

Angehörigen sind des nahen Todes des Kranken sicher, und er selbst gibt mit Blick und Händedruck – den einzigen noch verbliebenen Kommunikationsmitteln – zu verstehen, die äußerst quälenden medizinischen Prozeduren einzustellen, und er wird auch von allen Beteiligten verstanden, aber niemand ist in der Lage, seinem Wunsch zu entsprechen.

Gelegentliche Unselbständigkeit und Orientierungsstörungen alter Menschen sind Anlaß für ihre Familie, mit Hinblick auf die eigene Berufstätigkeit, die Entfernung der Wohnung oder den dringend benötigten Urlaub, über einen Arzt medizinische Diagnosen zur Erklärung dieser Selbständigkeitsprobleme zu bemühen, um eine Krankenhausbehandlung zu erreichen. Diese Form der Medikalisierung des Alterns wird partiell dadurch ermöglicht, daß ein alter Mensch immer organische und funktionelle Befunde bietet, die medizinisch behandlungsfähig oder -bedürftig sind, z. B. unter dem medizinischen Etikett „hirnorganisches Alterssyndrom".

In den USA wurde 1976 von Conrad ausführlich beschrieben und analysiert, wie im Prozeß die Medikalisierung eines Problems der familiären und schulischen Sozialisation sogar ein neues medizinisches Krankheitsbild entstehen konnte.

Im Familien- und Schulleben fielen Kinder wegen außerordentlicher Lebhaftigkeit und Unruhe, gelegentlich auch Aggressivität, auf. Traditionelle Erziehungstechniken erreichten ihr Ziel nicht, und die Anwendung körperlicher Züchtigungen war mit den gewandelten vorherrschenden Vorstellungen über die Rechte des Kindes nicht mehr vereinbar. Lösungen dieser Probleme sozialer Kontrolle wurden daher außerhalb der Sozialisationsinstanzen Familie und Schule gesucht, nämlich im Bereich der Zuständigkeit für die Kontrolle von Krankheiten als Bedingungen sozialer Devianzen, d. h. in der Medizin. Hier gelang es in der Tat, die Kinder durch Verabreichung von Psychopharmaka – später übrigens auch durch stereotaktische Operationen am Großhirn – unter Kontrolle zu bringen. Es verstärkte die Legitimation dieser gefährlichen Variante der Medikalisierung sozialer Devianz, daß als zumindest Mitursache eine „minimale Dysfunktion des Gehirns" objektiviert werden konnte, was außerdem Anlaß war, „hyperkinetic impulse disorder" als nosologische Einheit einzuführen (Conrad 1976; Wolinsky 1980, 391).

Auch Alkoholismus und Drogensucht können unter dem Gesichtspunkt der Medikalisierung sozialer Devianz betrachtet werden. In der Regel stehen jedoch hier medizinische Interventionen in einem Komplementärverhältnis zu sozialadministrativen Maßnahmen hinsichtlich Verbesserung der sozioökonomischen Situation und zu Trainingstechniken sozialer und psychischer Kompetenzen.

Zu den Bedingungen der Medikalisierung sozialer Probleme gehörten:

- In sozialen Systemen treten Probleme auf, die nicht innerhalb dieser Systeme lösbar sind.
- Es wird nach Bewältigungsmöglichkeiten außerhalb dieser Systeme gesucht.
- Die Medizin als Bewältigungssystem für Krankheitsprobleme ist bereit, sich des neuen Problemkomplexes anzunehmen.
- Die Medizin findet vollständige, partielle oder Scheinerklärungen des Problemkomplexes und liefert ebensolche Lösungen, die als befriedigend und legitim interpretiert werden.

Medikalisierung wird für die Medizin problematisch, sofern sie deren Leistungs- und Finanzierungsmöglichkeiten und insbesondere sofern sie Humanitätsanspruch und

Humanitätsverpflichtung der Medizin tangiert. Nicht die Medikalisierung überhaupt ist das eigentliche Problem. Sie kann sich sogar zum allgemeinen und individuellen Vorteil auswirken, wie die partielle Medikalisierung des Alkoholismusproblems zur Alkoholkrankheit zeigt. Medikalisierung sozialer Probleme wird vielmehr dann intolerabel und für die Medizin kritisch, wenn sie Partialerklärungen und Partiallösungen als totale ausgibt, wenn sie Scheinerkrankungen und Scheinlösungen als reale anbietet, wenn sie mit der Delegation von Problemerklärungen und -lösungen Verantwortlichkeiten übernimmt, die sie nicht einlösen kann, wobei sie jedoch den „Auftraggeber" entlastet und dessen Intentionen legitimiert.

Am Ende dieses Versuchs einer Darstellung und Analyse von Grenzproblemen der modernen Medizin kann nicht auf den Hinweis verzichtet werden, daß sich die Medizin heute historisch einzigartig und radikal in der Situation der Übernahme unlösbarer Probleme und Verantwortlichkeiten sowie der Legitimation und Entlastung ihrer „Auftraggeber" befindet. Diese Situation ist damit gegeben, daß das Gesundheitswesen und die medizinischen Berufe durch gesetzgeberische Maßnahmen auf die Folgen kriegerischer Auseinandersetzungen mit nuklearen und chemischen Waffen vorbereitet werden sollen. Im Bewußtsein ihrer dominanten Stellung im Gesundheitswesen leisten Ärzte gegen diese äußerste Zumutung der Medikalisierung politischer und existentieller Probleme international, national und regional organisierten Widerstand. Dieser Widerstand erwächst ebenso aus der Erkenntnis der Grenzen ärztlich professionellen Handelns und eines jeden Gesundheitswesens wie aus der humanitären und sozialen Verantwortung des ärztlichen Berufs (British Medical Association 1983; Ulmer Ärzteinitiative 1983; Tübinger Ärzteinitiative gegen den Krieg 1984). Dieses Beispiel, wie zu gleich erkenntnis- und verantwortungsgeleitete äußerste Grenzerfahrung zur Vernunft medizinischer Praxis führt, sollte zum Muster der Bewältigung von Grenzproblemen der Medizin überhaupt werden können.

Literatur

Abholz H-H (1980) Welche Bedeutung hat die Medizin für die Gesundheit? In: Deppe H-U (Hrsg) Vernachlässigte Gesundheit. Kiepenheuer & Witsch, Köln, S 15–60

Adaption of international clinical research standards (1975) Acceptance of foreign data. Federal Register Vol 40/69, (9.4.1975)

Akehurst A (1985) The economist evaluation of clinical practice. Soc Sci Med 20:1037–1040

Baader G, Schultz U (Hrsg) (1980) Medizin und Natinalsozialismus. Verlagsgesellschaft Gesundheit, Berlin

Bloch S, Reddaway R (1978) Dissident oder geisteskrank? Mißbrauch der Psychiatrie in der Sowjetunion. Piper, München Zürich

British Medical Association (Board of Science and Education) (Hrsg) (1983) The medical effects of nuclear war. Wiley & Sons, Chichester New York Brisbane Toronto Singapore

Broyles RW, Rosko MD (1985) A qualitative assessment of the medicare prospective payment system. In: Soc Sci Med 20:1185–1190

Carpentier J, Cazamian P (1980) Nachtarbeit – Ihre Auswirkungen auf Gesundheit und Wohlbefinden (1977). Rationalisierungs-Kuratorium der Deutschen Wirtschaft (RKW), Eschborn

Conrad P (1976) Identifying hyperactive children. Heath, Lexington/Ma

Descartes R (1632, 1969) Über den Menschen. Lambert Schneider, Heidelberg

Descartes R (1648, 1969) Beschreibung des menschlichen Körpers. Lambert Schneider, Heidelberg

Diller H (Hrsg) (1962) Hippokrates Schriften. Rowohlt, Reinbek

Doyle J (1952) Unnecessary ovarectomies: Study based on the removal of 704 normal ovaries from 546 patients. J Am Med Ass 148:1105–1111

Doyle J (1963) Unnecessary hysterectomies: Study of 6248 operations in 35 hospitals. J Am Med Ass 151:360–365

Ebbinghaus A, Kaupen-Haas A, Roth KH (Hrsg) (1984) Heilen und Vernichten im Mustergau Hamburg. Bevölkerungs- und Gesundheitspolitik im Dritten Reich. Konkret, Hamburg

Feigl H (1967) The „mental" and the „physical". The essay and a postscript. Univ Minnesota Press, Minneapolis

Ferber C von (1971) Gesundheit und Gesellschaft. Haben wir eine Gesundheitspolitik? Kohlhammer. Stuttgart Berlin Köln Mainz

Ferber C von, Ferber L von (1978) Der kranke Mensch in der Gesellschaft. Rowohlt, Reinbek

Ferber C von, Badura B (Hrsg) (1978) Laienpotential, Patientenaktivierung und Gesundheitsselbsthilfe. Oldenbourg, München Wien

Freidson E (1970) Profession of medicine. Dodd Mead, New York

Freidson E (1975) Dominanz der Experten. Zur sozialen Struktur medizinischer Versorgung. Urban & Schwarzenberg, München Berlin Wien (engl. Original: Professional dominance: The social structure of medical care, Atherton, New York, 1970); Übers. und Hrsg. der dt. Ausg.: J. J. Rohde)

Freidson E (1985) The Reorganization of the medical profession. Med Care Rev 42:11–35

Gadamer H-G (1972) Theorie, Technik, Praxis – die Aufgaben einer neuen Anthropologie. In: Gadamer H-G, Vogler P (Hrsg) Neue Anthropologie, Bd 1. Thieme, Stuttgart, S IX–XXXII

Gadamer H-G (1984) Körper und Leib (Vortrag in der Abteilung Medizinische Psychologie, Heidelberg 27. 01. 1984)

Gottstein A (1924) Das Heilwesen der Gegenwart. Deutsche Buchgemeinschaft, Berlin

Gravelle HSE (1985) Economic analysis of health service professions: a survey. Soc Sci Med 20:1049–1061

Grotjahn A (^{3}1923) Soziale Pathologie. Springer, Berlin

Gück J, Matt E, Weingarten E (1983) Zur interaktiven Ausgestaltung der Arzt-Patient-Beziehung in der Visite. In: Deppe H-U, Gerhardt U, Novak P (Hrsg) Medizinische Soziologie, Jahrbuch 3. Campus, Frankfurt New York, S 158–214

Hartmann F (1973) Ärztliche Anthropologie. Schünemann, Universität-Verlag, Bremen

Helmchen H, Müller-Oerlinghausen B (Hrsg) (1978) Psychiatrische Therapie-Forschung. Ethische und juristische Probleme. Springer, Berlin Heidelberg New York

Illich I (1976) Medical Nemesis. Pantheon, New York

Jaspers K (1913) Allgemeine Psychopathologie. Springer, Berlin

Lamettrie JO de (1748) L'homme machine, Leiden

Lennard HL, Crowhurst Lennard S (Hrsg) (1979) Ethics of health care. Dilemmas of technology in health care and psychotherapy. Gondolier, Woodstock New York

Levi L (1978) Quality of the working environment: Promotion and protection of occupational mental health. Reports from the laboratory for clinical stress research no. 88. Karolinska Institute, Stockholm (Sept. 1978)

McKeown T (1965) Medicine in modern society. Allen & Unwin, London

Mechanic D (^{2}1978) Medical sociology. Free Press, New York

Mitscherlich S, Mielke E (Hrsg) (1960) Medizin ohne Menschlichkeit. Dokumente des Nürnberger Ärzteprozesses (1949). Fischer, Frankfurt am Main

Mosse M, Tugendreich G (Hrsg) (1913) Krankheit und soziale Lage. Lehmanns, München

Münstermann J, Preiser K (1978) Schichtarbeit in der Bundesrepublik Deutschland. Bundesminister für Arbeit und Sozialordnung (Hrsg) Humanisierung des Arbeitslebens Bd 8, Bonn

Muurinen J-M, Legrand J (1985) The economic analysis of inequalities in health. Soc Sci Med 20:1029–1035

Naschold F (1976) Probleme einer arbeitnehmerorientierten Gesundheitspolitik. Neue Gesellsch, Bonn

Naschold F (1982) Arbeitsmedizin und präventive Gesundheitspolitik. In: Hauss F (Hrsg) Arbeitsmedizin und präventive Gesundheitspolitik. Campus, Frankfurt am Main New York, S 19–27

National Center for Health Statistics (Hrsg) (1968) Report of the Division of Vital Statistics. U.S. Government Printing Office, Washington

Neumann S (1847) Die öffentliche Gesundheitspflege und das Eigentum. Rieß, Berlin

Novak P (1980) Entwicklungen und Perspektiven des Krankheitspanoramas. In: Schönbäck W (Hrsg) Gesundheit im gesellschaftlichen Konflikt. Urban & Schwarzenberg, München Wien Baltimore, S 29–69

Novak P, Zipp W (1981) Gesellschaftliche Probleme der Medizin: Professionalisierungs- und Deprofessionalisierungstendenzen in der psychosozialen Versorgung. In: Deppe H-U, Gerhardt U, Novak P (Hrsg) Medizinische Soziologie Jahrbuch 1. Campus, Frankfurt New York, S 89–125

Parsons T (1951) The social system. Free Press, New York

Pflanz M (^{2}1979) Medizinsoziologie. In: König R (Hrsg) Handbuch der empirischen Sozialforschung, Bd 14: Religion, Bildung, Medizin. Enke, Stuttgart, S 237ff

Pitts JR (1968) Social control: The concept. In: International encyclopedia of the social scienes. Macmillan Company and Free Press, New York (vol XIV, S 391ff)

Plaut T (1913) Der Gewerkschaftskampf der deutschen Ärzte. Braunsche Hofbuchdruckerei und Verlag, Karlsruhe

Plessner H (^{3}1975) Die Stufen des Organischen und der Mensch. Einleitung in die philosophische Anthropologie (1926). Gruyter, Berlin New York

Powles J (1980) On the Limitations of Modern Medicine (1973). In: Mechanic E (Hrsg) Readings in medical sociology. Free Press, New York, S 18ff

Siegrist J, Hendel-Kramer A (Hrsg) (1979) Wege zum Arzt. Ergebnisse medizinsoziologischer Untersuchungen zur Arzt-Patient-Beziehung. Urban & Schwarzenberg, München Wien Baltimore

Tübinger Ärzteinitiative gegen den Krieg (Hrsg) (1984) Unser Eid auf das Leben verpflichtet zum Widerstand. Eigenverlag, Tübingen

Tübinger Vereinigung für Volkskunde e. V. (Hrsg) (1982) Volk und Gesundheit. Heilen und Vernichten im Nationalsozialismus. Selbstverlag, Tübingen

Uexküll T von (1963) Grundlagen der Psychosomatischen Medizin. Rowohlt, Reinbek

Uexküll T von, Wesiack W (1979) Das Leib-Seele-Problem in psychosomatischer Sicht. In: Uexküll T von (Hrsg) Lehrbuch der Psychosomatischen Medizin. Urban & Schwarzenberg, München Wien Baltimore (Kap 4)

Ulmer Ärzteinitiative (Hrsg) (1983) Tausend Grad Celsius. Das Ulm-Szenario für einen Atomkrieg. Luchterhand, Darmstadt Neuwied

Valentin H, Zober A (1982) Über den permanenten Dialog zwischen Politik und Wissenschaft in der Arbeitsmedizin. Berufgenossenschaft 1:63–67

Virchow R (1968) Mitteilungen über die in Oberschlesien herrschende Typhus-Epidemie (1849). Wissenschaftliche Buchgesellschaft, Darmstadt

Wacker A (1981) Unfreiwillige Arbeitslosigkeit und psychosomatische Störung. In: Deppe H-U, Gerhardt U, Novak P (Hrsg) Medizinische Soziologie Jahrbuch 1. Campus, Frankfurt am Main New York, S 175–183

Weizsäcker V von (^{4}1968) Der Gestaltkreis (1949). Thieme, Stuttgart

WHO (World Health Organization) (Hrsg) (1981) Global Strategy for Health for all by the year 2000, Geneva

Wolinsky FD (1980) The Sociology of Health. Principles, Professions, and Illness. Little/Brown, Boston Toronto

Zweites Arzneimittelgesetz (1976) Bundesgesetzblatt I von 24. 8. 1976, S 2448

Grundlagen der Krankheitsbetrachtung*

W. Wieland

Geistige Grundlagen der Krankheitsbetrachtung – unter diesem mir zugefallenen Thema sollen keineswegs die Prinzipien analysiert werden, nach denen sich die vielen einzelnen Krankheitsbilder, an denen sich der Arzt in seiner Arbeit orientiert, beschreiben, untersuchen und klassifizieren lassen. Ebensowenig sollen die theoretischen Grundprobleme erörtert werden, die im Hintergrund jenes diagnostischen Prozesses stehen, der darauf zielt, den Zustand eines individuellen hilfsbedürftigen Menschen einem derartigen Krankheitsbild zuzuordnen. Die Frage nach den geistigen Grundlagen der Krankheitsbetrachtung zielt in eine andere Richtung: Hier geht es darum, welcher Art die Grundlagen sind, die wir als für uns verbindlich ansehen, wenn wir einen bestimmten Vorgang oder einen bestimmten Zustand eines Menschen als „krank" einstufen und damit zugleich gegenüber allen nichtkranken, d. h. gesunden Vorgängen und Zuständen abgrenzen. Es geht mithin um nichts anderes als um den Begriff der Krankheit überhaupt.

Überlegungen, die den Inhalt und die sachgerechte Definition derartiger Grundbegriffe zum Gegenstand haben, hält manch einer für steril. Denn man macht immer wieder die Erfahrung, daß über Fragen, die mit Grundbegriffen verbunden sind, nur selten Einigung erzielt werden kann, – ganz im Gegensatz zu eingegrenzten Detailfragen, bei denen man, wenn sie nur hinreichend präzisiert worden sind, in der Mehrzahl der Fälle die Chance hat, eine Antwort zu finden, die allgemeiner Anerkennung sicher sein kann, wenn es einem nur gelungen ist, die spezifische Methodik ausfindig zu machen, die eine solche Antwort ermöglicht. Die Vorbehalte gegenüber Reflexionen im Bereich der Grundbegriffe, wie sie sich gerade in der Medizin immer wieder Geltung verschaffen, stützen sich auch noch auf einen anderen Sachverhalt: der Bereich wahrer medizinischer Sätze und sinnvoller ärztlicher Handlungsmöglichkeiten wird nämlich durch das Ergebnis derartiger Reflexionen niemals vergrößert. Dieser Bereich ist andererseits, wie jedermann weiß, ins fast Unabsehbare dadurch vergrößert worden, daß die neuzeitliche Medizin Ergebnisse der theoretischen Naturwissenschaften in ihrem Bereich übernahm und sie zugleich als Prämissen ihrer Arbeit akzeptiert. Ergebnisse, wie sie auch im günstigsten Fall ein Gespräch zwischen Medizin und Philosophie erzielen kann, werden eine vergleichbare Wirkung selbst dann nicht haben, wenn ein solches Gespräch geglückt sein sollte. Unter diesen Umständen ist es nur konsequent, wenn etwa Fritz Hartmann in bezug auf die Begriffe „Gesundheit" und

---

* Erstmals veröffentlicht in Gross R (1985) (Hrsg) Geistige Grundlagen der Medizin. Springer, Berlin Heidelberg New York Tokyo

Wagner (Hrsg.), Medizin – Momente der Veränderung
© Springer-Verlag Berlin Heidelberg 1989

„Krankheit" feststellt: „Die beiden Begriffe haben für die praktische und wissenschaftliche Medizin keinerlei normative Bedeutung."

Trotzdem ist man weit davon entfernt, den Bereich unverbindlicher Spekulationen zu betreten, wenn man Inhalt und Umfang des Krankheitsbegriffs zur Diskussion stellt. Denn der Krankheitsbegriff wird nun einmal trivialerweise ständig verwendet; weder innerhalb noch außerhalb der Medizin kann man darauf verzichten, zwischen krank und gesund zu unterscheiden. Nur unter bestimmten Voraussetzungen ist man bereit – um sich einmal an der Redeweise der Soziologen zu orientieren –, einem Menschen die „Rolle" des Kranken zuzubilligen und damit zugleich auch die Konsequenzen zu akzeptieren, die mit einer derartigen Rollenzuweisung nun einmal verbunden sind. Das System der sozialen Sicherheit sorgt im übrigen freilich dafür, daß bereits pragmatische Gründe im Hinblick auf die Anwendung des Krankheitsbegriffs dazu zwingen, präzise Abgrenzungen vorzunehmen. Das überrascht einen denn auch gar nicht, wenn man nur die heute sehr wirkungsmächtigen Tendenzen in Rechnung stellt, die darauf zielen, den Bereich der Zustände, die gleichsam unter dem „Schutz" des Krankheitsbegriffs stehen, immer mehr auszuweiten – nicht selten sogar bis über die Grenze hinaus, jenseits derer es nur noch um die Folgen nicht geglückter Bewältigung lebenspraktischer Fragen geht. Die Auffassung auch des Arztes darüber, was als krank zu gelten hat, werden im Kraftfeld dieser Tendenzen nachhaltig modifiziert.

Schon hier dürfte deutlich werden, daß man sich nicht nur im Raum wertfreier Theorie bewegt, wenn man der Frage nachgeht, wie der Begriff der Krankheit auf sachgerechte Weise zu definieren sei. In Wahrheit konkurrieren hier nämlich nicht nur unterschiedliche Auffassungen, sondern auch divergierende Interessen. Weil nicht nur von der aktuellen Krankheit selbst, sondern indirekt auch von der Definition des Krankheitsbegriffs Dinge abhängen, die unmittelbar in das Leben des einzelnen Menschen eingreifen, ist es verständlich, daß es selbst dort, wo es um die Definition von Begriffen geht, zu Kompetenzstreitigkeiten kommen kann. Man sollte gerade deshalb darauf achten, daß dieser Streit um die Definitionskompetenz nicht nur zwischen den Vertretern der Medizin und den Vertretern der staatlichen und gesellschaftlichen Ordnung ausgetragen wird. Zu leicht vergißt man, daß gerade hier der Patient legitimerweise sein Recht zur Mitsprache anmelden kann. Gewiß wird gerade der gute Arzt dieses Recht oft treuhänderisch wahrnehmen müssen. Gerade deshalb darf er aber nicht darüber hinwegsehen, daß dieses Mitspracherecht des Patienten originär und unabgeleitet ist, wenn über die Fragen verhandelt wird, wie Krankes und Gesundes voneinander abgegrenzt werden können, – gleichgültig, ob über diese Dinge in abstracto oder implizit an Hand des konkreten Falles verhandelt und entschieden wird.

Gibt es dann aber legitimationsfähige Kriterien, auf Grund deren man in diesem Bereich begründbare Entscheidungen treffen kann? Man muß noch nicht einmal in der Geschichte der Medizin nachforschen, wenn man Beispiele an die Hand bekommen will, bei deren Erörterung implizit auch die Definition des Krankheitsbegriffs berührt wird. Innerhalb der alltäglichen Tätigkeit des Arztes scheinen derartige Fragen freilich nicht aufzutauchen; die Antwort auf sie scheint dem Bereich jener Dinge anzugehören, nach denen man nicht eigens fragt, weil sie sich von selbst verstehen. Welche Aktualität sie haben, wird jedoch sofort deutlich, wenn es um die Abgrenzung normaler und pathologischer Alterungsvorgänge geht; wenn es darum geht, den Krankheitswert von Erscheinungen des menschlichen Verhaltens zu beurteilen, die von der Durchschnittsnorm abweichen. Hierher gehören auch Fragen, die den Umgang des Menschen mit suchterzeugenden Mitteln, insbesondere mit Alkohol betreffen; schließlich auch die Tatsache, daß eine immer mächtiger werdende Tendenz der öffentlichen Meinung dem Arzt in unseren Tagen zumutet, mit unerwünschten Schwangerschaften umzugehen, als handle es sich um Krankheitsfälle.

Geht es um eine korrekte Explikation des Krankheitsbegriffs, ist es sinnvoll, besondere Aufmerksamkeit auf die Frage zu wenden, wie der formale Status der Medizin als Wissenschaft zu bestimmen ist. Hier freilich wird man auf die Annahme verzichten müssen, daß die heute so beliebte Einteilung in Natur- und Geisteswissenschaften so etwas wie eine Fundamentalalternative repräsentiert und daß die Medizin unter der Voraussetzung dieser Alternative dem Bereich der Naturwissenschaften zuzuordnen ist. Man sollte nämlich nicht übersehen, daß die Alternative von Natur- und Geisteswissenschaften allenfalls im Bereich der theoretischen Disziplinen Anwendung finden kann. Diesen Disziplinen steht aber gleichberechtigt die Hemisphäre der praktischen Wissenschaften gegenüber. In die Hemisphäre gehört die Medizin. Anders als im Bereich theoretischen Forschens geht es in den praktischen Wissenschaften nicht darum, bestehende Sachverhalte zu erkennen und diese Erkenntnis zu begründen. Denn die praktischen Wissenschaften machen es sich zur Aufgabe, bestimmte Handlungen zu ermöglichen und zu legitimieren. Sie werden dabei freilich nicht umhin können, auch von den Ergebnissen Gebrauch zu machen, die von den theoretischen Disziplinen erzielt und bereitgestellt werden. So hätte die Medizin zu dem, was sie heute ist, nicht werden können, wenn sie nicht in weitestem Umfang Ergebnisse und Methoden der theoretischen Naturwissenschaften fungibel gemacht hätte. Doch dadurch ist sie selbst noch lange nicht zu einer dieser Wissenschaften geworden.

Der Eigenart der praktischen Disziplinen wird die moderne wissenschaftstheoretische Diskussion zumeist nur wenig gerecht. Man sieht in ihnen bezeichnenderweise in der Regel „angewandte" Wissenschaften; so gilt dann beispielsweise die Medizin als „angewandte" Naturwissenschaft. Selbstverständlich soll niemand daran gehindert werden, sich einer derartigen Redeweise zu bedienen. Man sollte jedoch nicht vergessen, daß die mit dem formalen Status der Medizin verbundene Strukturproblematik durch den Ausdruck „Anwendung" vielleicht markiert, aber gewiß nicht aufgelöst wird. Die Probleme, die sich im Zusammenhang mit der Bereitstellung der „anzuwendenden" Hilfsmittel ergeben, sind von sekundärer Bedeutung verglichen mit den Problemen, die sich im Hinblick auf die Normierung der anwendenden Tätigkeit selbst ergeben.

Sprechen wir von der Medizin als einer praktischen Wissenschaft, so richten wir unsere Aufmerksamkeit darauf, daß ihr Ziel nicht im Erkennen, sondern im Handeln liegt. Alles Erkennen erfüllt in der Medizin immer nur Dienstfunktionen im Rahmen von Handlungszusammenhängen, innerhalb deren die Wirklichkeit in einem bestimmten Bereich, nämlich im Bereich des kranken Menschen verändert und gestaltet werden soll. Wer handelt, hat es stets mit Alternativen zu tun, zwischen denen eine Vorzugswahl getroffen werden muß. Gewiß muß der Handelnde darum bemüht sein, sich über die Randbestimmungen seines Handelns eine möglichst zuverlässige und genaue Kenntnis zu verschaffen. Weil er handelt, hat er es jedoch zugleich auch mit den Problemen der Werte und Normen zu tun. Als handelnde Disziplin kann sich die Medizin daher legitimerweise nicht als wertfreie Wissenschaft verstehen. Deswegen muß sie in ihrem Bereich stets mit kategorialen Irrtümern rechnen, die dem Typus des sog. naturalistischen Fehlschlusses angehören. Ein solcher Fehlschluß liegt überall dort vor, wo man aus dem, was ist auf das, was sein soll – oder auch auf das, was nicht sein soll – zu schließen unternimmt. Derartige Ableitungen bleiben jedoch stets unkorrekt. Niemand bestreitet, daß man Behauptungen über das, was sein soll, in der Regel nicht begründen kann, wenn man das, was ist, nicht zuvor als Randbedingungen in Rechnung gestellt hat. Doch eine fehlerhafte Ableitung im Sinne des naturalistischen Fehlschlusses liegt nur dann vor, wenn man Sollensaussagen ausschließlich auf Seinsaussagen, d.h. auf Aussagen über Faktisches und über das Vorliegen von Sachverhalten zu gründen sucht. Eine noch so präzise Analyse der Wirklichkeit, wie sie ist, sagt als solche und für sich allein nichts darüber aus, wie die Wirklichkeit sein soll. Sollensforderungen bedürfen zu ihrer Legitimation noch einer ganz anderen Grundlage als einer Analyse jener Wirklichkeit, in deren Umkreis sie ihre Erfüllung finden können. Wäre dem nicht so, ließe sich schwerlich verstehen, daß zur medizinischen Wissenschaft die ärztliche Ethik als ein sowohl unverzichtbarer als auch unvertretbarer Bestandteil mit hinzugehört.

Der Bereich der Wirklichkeit, in den die Medizin handelnd, gestaltend und verändernd eingreift, ist der des kranken und leidenden Menschen. Es könnte zunächst so aussehen, als würden sich keine Probleme ergeben, wenn es darum geht, die Grenzen dieses Bereichs zu bestimmen. Ob ein bestimmter Zustand krankhaft ist oder nicht, ist eine Frage, die sich in vielen Fällen, nämlich gerade im Hinblick auf die „eigentlichen" Krankheiten, von selbst zu erledigen scheint. Zuordnungsschwierigkeiten scheinen sich dann allenfalls in Randbereichen zu ergeben. Das Entsprechende gilt für die hier einschlägigen deontologischen Fragen, also für die Sollensfragen der ärztlichen Ethik; daß Krankheit und Leiden so weit wie möglich verhütet, bekämpft oder wenigstens gelindert werden sollen, gehört so sehr zu den Voraussetzungen allen ärztlichen Handelns, daß es überflüssig erscheinen mag, darüber noch ein Wort zu verlieren. Doch gerade hier ist Vorsicht geboten: Gerade der Krankheitsbegriff bezeichnet und verdeckt zugleich Probleme, über die jeder hinwegsieht, der von der Voraussetzung ausgeht, daß die Bedeutung dieses Begriffs sich von selbst versteht und einer Analyse nicht bedürftig ist. In einem solchen Fall liegen jedoch zumeist Selbsttäuschungen vor. Ohnehin verbergen sich hinter dem, was man gewöhnlich für evident hält, in manchen Fällen bloße Denkgewohnheiten oder Vorurteile, deren Ursprung unklar und deren Legitimation fraglich ist.

Ich kehre nach diesen Überlegungen noch einmal zu der Frage zurück, ob es möglich ist, den Begriff der Krankheit, mit dem wir immer schon umgehen, so zu präzisieren, daß seine Definition zugleich ein Kriterium liefert, mit dessen Hilfe man, wenn schon nicht im Einzelfall, so doch wenigstens im Grundsätzlichen Gesundes und Krankes voneinander unterscheiden kann. Ein erster Schritt in diese Richtung scheint unproblematisch zu sein: er hat zur Folge, daß man Krankheiten unabhängig davon, was sie sonst noch sein mögen, als natürliche Zustände und Vorgänge betrachtet. Dann sieht man in ihnen Phänomene der Natur, deren Eigenschaften und Veränderungen Regeln unterstehen, wie sie für diesen Bereich charakteristisch sind, nämlich Naturgesetzen.

Um die Relevanz dieser ersten Eingrenzung richtig würdigen zu können, muß man sich vergegenwärtigen, daß eine der entscheidenden Leistungen, vielleicht sogar der wichtigste Beitrag zur Begründung einer wissenschaftlichen Medizin in unserem Kulturkreis erbracht war, als man in den Krankheiten natürliche Phänomene und nicht mehr die Resultate über- oder widernatürlicher Einwirkungen irgendwelcher magisch wirkenden Wesen zu sehen begann. Sicher bestehen zwischen den Naturvorstellungen unserer Zeit und den entsprechenden Vorstellungen im hippokratischen Umkreis mancherlei Differenzen, die sich nun einmal nicht überbrücken lassen. Doch trotz allem Wandel in den Auffassungen von der Natur als solcher bleibt es ein unverlierbares Erbstück der hippokratischen Tradition, die Krankheiten dem Bereich der Natur und nicht irgendeinem anderen Bereich zuzuordnen. Die moderne Medizin hat sich wohlweislich gehütet, bei aller Kritik an anderen Bestandstücken der hippokratischen Tradition gerade dieses Erbe auszuschlagen. Auch jeder, der in einer Krankheit außerdem noch einen bestimmten tieferen, vielleicht nur religiös zu fassenden Sinn sucht, wird einen derartigen Sinn in der Krankheit immer nur finden, insofern er sie zugleich als ein natürliches Ereignis betrachtet.

Unter diesen Voraussetzungen ist es verständlich, daß die Medizin, sofern sie auf Hilfswissenschaften zurückgreift, in erster Linie immer Ergebnisse und Methoden der Naturwissenschaften für ihre Zwecke in Anspruch nimmt. Die Bedeutung, die die Sozialwissenschaften und die Psychologie für die Medizin haben können, wird dadurch nicht berührt. Im Gegenteil: die Medizin würde ihrem Auftrag gewiß nicht gerecht werden, übersähe sie die Bedingungen und die Folgen von Krankheiten, die im Bereich des Psychischen oder des Sozialen liegen. Dennoch berührt ihre Kompetenz diese Bereiche nur unter der Bedingung, daß die von dort ausgehenden Einflüsse schließlich auch im Somatischen spezifische Wirkungen zeitigen. Insofern kann die Medizin auch hier Funktionszusammenhänge aufzeigen und erforschen. Sie würde jedoch ihre Kompetenz überschreiten, wollte sie über ihre Grenzen hinausgehen und sich unabhängig von diesen Korrelationen eine Beurteilung der gesellschaftlichen Ordnung im ganzen vorbehalten oder gar entsprechende Reformpläne entwickeln. Sie hätte dabei nichts zu gewinnen, liefe dagegen Gefahr, ihre Kompetenzen in dem Gebiet, für das sie bisher unangefochten zuständig war, zu verspielen. Es würde zu einem bloßen Streit um Worte führen, wollte man erörtern, ob und gegebenenfalls inwiefern beispielsweise eine Gesellschaft krank sein kann. Denn es liegt auf der Hand, daß von „Krankheit" in einem derartigen Fall allenfalls im metaphorischen Sinn die Rede sein kann.

So gut indessen bereits in den Anfängen unserer medizinischen Tradition der Versuch geglückt war, als Krankheit nichts zu akzeptieren, was sich nicht im Bereich der Natur manifestiert und was nicht wenigstens prinzipiell einer natürlichen Erklärung fähig ist, so wenig haben sich die Erwartungen erfüllt, unter diesen Ausgangsbedingungen so etwas wie einen natürlichen Krankheitsbegriff zu entwickeln. Hat man sich darüber geeinigt, daß Krankheiten jedenfalls Phänomene im Bereich der Natur sind, so stellt sich sofort die Frage, welcher Kriterien man sich bedienen soll, wenn man aus dem unübersehbar großen Bereich natürlicher Vorgänge diejenigen auszusondern unternimmt, denen man einen spezifischen „Krankheitswert" zusprechen will. Es ist bisher noch niemals gelungen, solche Kriterien dem Bereich der Natur zu entnehmen, es sei denn um den Preis, daß die so gewonnene begriffliche Bestimmung für die Medizin und für das ärztliche Handeln nicht mehr praktikabel war.

Man könnte an dieser Stelle die bunte Reihe der Krankheitsbegriffe durchgehen, die im Laufe der Geschichte konzipiert worden sind, und man könnte versuchen, mit Hilfe einer Typologie eine gewisse Ordnung in diese Reihe zu bringen. Dann könnte man beispielsweise Krankheitsbegriffe identifizieren, die sich am Modell der Läsion oder an den Modellen der Entgleisung, des Ungleichgewichts, der Normwidrigkeit, der Störung oder an irgendwelchen anderen Vorstellungen orientieren. Doch nur wenn man darauf verzichtet, die begriffliche Analyse konsequent zu Ende zu führen, kann man sich dem Glauben hingeben, auf diesen Weg Einsicht in das Wesen des Krankhaften gewonnen zu haben. Wenn man genauer nachforscht, sieht man bald, daß man das, was man definieren wollte, dem Sinn nach bereits vorausgesetzt hat. Derartige Erfahrungen bleiben keinem erspart, der in den Bereich der Grundbegriffe mit Hilfe von expliziten Definitionen Ordnung zu bringen sucht. Will man beispielsweise den Begriff der Krankheit im Blick auf das Modell der Normabweichung bestimmen, so muß man zunächst gewiß den Normbegriff präzisieren und beispielsweise die idealtypische Norm von einer Norm unterscheiden, die man gewinnen kann, wenn man von statistischen Analysen ausgeht. Doch selbst wenn dies bereits geschehen wäre, hätte man immer noch kein Kriterium zur Verfügung, das es einem erlaubte, diejenigen Normalabweichungen, die als krankhaft eingestuft werden sollen, von all den Normalabweichungen zu unterscheiden, denen kein Krankheitswert zukommt. Ähnlich liegen die Dinge bei den meisten anderen Krankheitskonzepten, die bislang vorgeschlagen und diskutiert worden sind.

Will man verstehen, warum man bei dem Versuch, den Krankheitsbegriff zu definieren, immer wieder Mißerfolge erleidet, so tut man gut daran, die Differenz zwischen Sein und Sollen (oder von Faktum und Wert), die ich bereits erwähnt hatte, in Rechnung zu stellen. Man wird nämlich dem Krankheitsbegriff nicht gerecht werden können, wenn man nicht die Möglichkeit in Rechnung stellt, daß dieser Begriff gerade dann, wenn wir ihn so fassen wollen, wie wir ihn vor aller Reflexion auf seinen Sinn verwenden, gar nicht dem Bereich der deskriptiven, sondern dem der normativen Begriffe und der Wertbegriffe zugeordnet werden muß. Natürlich bezieht man sich mit Hilfe dieses Begriffs zunächst auf Faktisches, auf bestehende Sachverhalte, jedoch in der Weise, daß man sie in bestimmter Weise bewertet. Bezeichnen wir einen Vorgang oder eine Zustand als krank, so geben wir damit zugleich zu verstehen, daß dieser Zustand als unerwünscht zu gelten hat; daß eine Änderung, wenn nicht faktisch, so doch prinzipiell möglich sein muß; daß ferner eine solche Änderung nicht nur legitim, sondern sogar geboten ist. Um ein solches Urteil über einen Sachverhalt fällen zu können, reicht es nicht, ihn auf seine faktisch vorliegenden Merkmale hin zu analysieren und zu betrachten. Ob ein Mensch der Hilfe bedarf und ob er Hilfe in Anspruch zu nehmen berechtigt ist, kann einen auch eine noch so genaue Betrachtung seines Zustands nicht lehren, wenn es dazu nötig ist, diesen Zustand auch im Hinblick auf das, was sein soll und was nicht sein soll, zu bewerten.

Damit hat sich gezeigt, daß der Begriff der Krankheit von Hause aus ein deontologischer Begriff ist, ein Begriff also, der der Sphäre der Werte und Normen zugeordnet ist. Wenn dem so ist, käme die ärztliche Ethik freilich zu spät, würde sie ihre Aufgabe nur darin sehen, Normen für den Umgang mit kranken Menschen zu legitimieren, und dabei die Krankheiten als gleichsam vorgegeben auf sich beruhen lassen. In Wirklichkeit wird nämlich über Fragen der ärztlichen Ethik zumindest implizit auch schon immer dort entschieden, wo es um die Bestimmung des Krankheitsbegriffs geht. In einem präzisierbaren Sinne kann man aus ähnlichen Gründen eine jede Krankheit auch als eine Zivilisationskrankheit bezeichnen. Denn es bleibt nun einmal eine Leistung der Zivilisation, ein Recht des Individuums auf Selbsterhaltung inmitten einer Umwelt und ein Recht auf Vermeidung von Schmerz und Behinderung anzuerkennen. Auf der Grundlage einer bloßen Betrachtung der

Fakten der natürlich-biologischen Welt wäre dies niemals möglich. Im Bereich der natürlichen Welt der Lebewesen ist nun einmal das Individuum gegenüber der Art oder gar gegenüber der Evolution in keiner Weise privilegiert. Herausforderungen, denen vorzugsweise die lebensschwächeren Individuen zum Opfer fallen, sind im Hinblick auf die Selbstbehauptung der Art nicht selten sinnvoll und zweckmäßig. Zu den Grundlagen einer humanen Medizin gehört jedoch auch die Entscheidung, derartigen Erwägungen keine motivierende und richtungweisende Kraft im Hinblick auf die Bestimmung des Handelns zuzugestehen und Hilfe auch dort – und gerade dort – zu gewähren, wo diese Hilfe keinen Sinn mehr hätte, würde man den Sachverhalt ausschließlich unter biologischen Gesichtspunkten bewerten. Mit Recht hält man es für einen Rückfall in die Barbarei, wenn dem einzelnen in Dingen der körperlichen Integrität über ein unbedingt notwendiges Minimum hinaus zugemutet wird, sich selbst für die Allgemeinheit aufzuopfern. Humane Medizin ist bestrebt, das Individuum so lange, wie es in ihren Kräften steht, vor dem Tod zu bewahren. Ihr Dilemma ergibt sich daraus, daß der Tod gleichwohl das unausweichliche Schicksal eines jeden höheren individuellen Organismus ist. Eine Medizin, die über ihren Bemühungen diese für sie unüberschreitbare Grenze nicht respektierte, wäre nur noch eine Karikatur ihrer selbst.

Noch aus einem anderen Grunde sind die Versuche zum Scheitern verurteilt, die darauf zielen, einen „natürlichen" Krankheitsbegriff zu entwickeln. Der Organismus des Menschen steht, wie jeder andere Organismus, ständig unter dem Zwang, sich seiner Umwelt anzupassen und sich den von hier ausgehenden Herausforderungen zu stellen. Daher ist es ein durchaus sinnvoller Versuch, den Krankheitsbegriff auf dieser Grundlage in der Weise zu bestimmen, daß man unter diesem Begriff alle die sich im Bereich der Lebensvorgänge manifestierenden Erscheinungen zusammenfaßt, die durch die Tatsache bedingt sind, daß es dem Organismus nicht mehr gelingt, die von ihm geforderten Leistungen zu erbringen. Aber das eigentliche Problem hat man auf diese Weise nicht gelöst, sondern nur verschoben. Denn andernfalls müßte man bereits eine bündige Antwort auf die Frage anbieten können, welche Anpassungsleistungen vom menschlichen Organismus überhaupt legitimerweise gefordert werden können. Daß auch hier Legitimitätsfragen auftauchen, wird doch dadurch unterstrichen, daß die Umwelt, die jene Anforderungen stellt, für uns ganz überwiegend eine vom Menschen geschaffene, eine künstliche Umwelt ist. Es ist zudem eine Umwelt, die sich in ständigen und sich immer stärker beschleunigenden Umwandlungsprozessen befindet, deren zeitliche Größenordnungen sich in markanter Weise von den Größenordnungen unterscheiden, in denen sich natürliche evolutionäre Prozesse abspielen. Es wird von niemanden bestritten, daß die moderne Medizin einen immer größer werdenden Anteil ihrer Bemühungen darauf verwenden muß, Schäden zu regulieren, die sich als unerwünschte Nebenwirkungen eines zivilisatorischen Prozesses einstellen, den man immer weniger bereit ist, nur noch unter dem Leitbild des Fortschritts zu bewerten. Vielleicht ist es noch nicht möglich, die Grenzen exakt anzugeben, jenseits deren jeder Versuch scheitern muß, den Organismus den Bedingungen einer sich in immer rascherem Tempo wandelnden kulturellen Umwelt anzupassen. Gleichwohl sollte man sich der Tatsache bewußt bleiben, daß jede kulturelle Leistung und Errungenschaft ihren biologischen Preis verlangt. Es ist ein Preis, der – um im Bilde zu bleiben – in der Währung der Krankheiten bezahlt werden muß. Daher sind diejenigen gut zu verstehen, die angesichts dieser Interdependenzen die Forderung nach einer naturgemäßen Lebensweise erheben. Diese Forderung hat ihren guten Sinn, wenn sie auf Übertreibungen und Einseitigkeiten eines durch die Zivilisation bedingten Lebens aufmerksam machen will. Trotzdem wird niemand ein „Zurück zur Natur" ernsthaft wollen, der ohne Beschönigung versucht, sich die vollen Konsequenzen eines solchen Schrittes vor Augen zu stellen.

Ohnehin übersieht man sehr oft, daß die kulturelle Überforderung des menschlichen Lebens schon in einem viel früheren Stadium der Entwicklung beginnt, als man gewöhnlich annimmt. „Kultur" ist ein Ausdruck, der seinem Wortsinn nach ursprünglich „Ackerbau" bedeutet. Die jungsteinzeitliche Revolution, die zur Entwicklung des Ackerbaus und damit zugleich zur Seßhaftwerdung des Menschen führte, ist vielleicht die einschneidenste Veränderung, die der Gattung des Homo sapiens bislang zugemutet wurde. Hier war es zum ersten Mal gelungen, über einen weiten Bereich der Natur planende Herrschaft auszuüben. Die Herausforderungen, denen der Mensch infolge dieser Revolution begegnen mußte, reichen bekanntlich bis in die Grundlagen der Ernährungsweise. Von dieser neolithischen Revolution trennt uns historisch gesehen eine sehr lange, biologisch gesehen eine sehr kurze Zeit. Um so dringlicher bleibt die Frage, ob auch nur die von dieser Revolution gestellten Probleme auf längere Sicht und dauerhaft bewältigt werden können, – von den durch die industrielle Revolution gestellten Problemen ganz zu schweigen.

Geistige Grundlagen der Krankheitsbetrachtung – der Überblick über einige mit diesem Thema verbundenen Fragen hat ergeben, daß wir alle, wenn wir von Krankheiten sprechen, an natürliche Zustände denken sowie an Prozesse, die nach naturgesetzlichen Gesetzen ablaufen und die man auf der Grundlage naturgesetzlicher Erkenntnisse beeinflussen kann. Wenn wir aber bestimmte Prozesse und Zustände als Krankheiten einstufen, nehmen wir Bewertungen vor, deren Kriterien niemals dem Bereich der Natur allein entstammen; denn bereits dieser Bewertung liegen ethische und humanitäre Forderungen zugrunde. Dieser Sachverhalt macht es unwahrscheinlich, daß man die Krankheitsbetrachtung jemals an einem natürlichen System der Krankheiten orientieren kann. Es ist gerade ein Kennzeichen der medizinischen Außenseitermethoden, daß sie von festgefügten Krankheitssystemen ausgehen, innerhalb deren alle Grundsatzfragen bereits beantwortet sind. So bizarr diese Systeme dem Außenstehenden auch manchmal erscheinen mögen, sie vermitteln den Vertretern dieser Methoden immerhin ein hohes Maß an Sicherheitsgefühl. In ihm gründet ein guter Teil des Erfolges, den sie in ihrer Arbeit im Umgang mit ihren Patienten nicht selten erzielen. Die eigentliche Medizin, von zweifelnden Gegnern oft als Schulmedizin apostrophiert, kann sich in ihrer Arbeit auf kein solches System stützen. Das ist ihre Schwäche, aber zugleich auch ihre Stärke. Denn sie ist mit dem Gedanken vertraut, daß alles Wissen und Können, daß sie erarbeitet und tradiert, auch dort, wo es um Grundsätzliches geht, immer Stückwerk ist und daher stets der Möglichkeit einer Revision ausgesetzt bleibt. Sie leistet ihre Arbeit in einem Spannungsfeld von Naturwissenschaften und Humanität, das nicht nur in gewissen Randproblemen manifest wird, sondern das einen Ursprung hat, der sich bis in den Krankheitsbegriff selbst zurückverfolgen läßt.

Körpernähe

F. Wagner

> Zwei mal zwei gleich vier ist Wahrheit.
> Schade, daß sie leicht und leer ist.
> Denn ich hätte lieber Wahrheit
> über das, was voll und schwer ist.
>
> *Wilhelm Busch*

Krise, Kritik und Körper

Das zentrale Paradigma des heute überaus eifrig kritisierten Denkens und Handelns in der Medizin ist auf ein naturwissenschaftlich-objektivistisches Verständnis des Gegenstandsbereichs der medizinischen Wissenschaften ausgerichtet. Die Medizin hat sich in ihrer Entwicklung aus dem 19. Jahrhundert – Heidegger nannte sie „die dunkelste aller Epochen" – am naturwissenschaftlichen Theoriegebäude orientiert. Die damit verbundene Abstraktion und Vergegenständlichung der Körperlichkeit des Menschen führt letzten Endes dazu, daß diese mit demselben methodischen Instrumentarium und in denselben Kategorien zu erfassen versucht wird, wie es eben nach allgemeinen wissenschaftlichen Standards mit den nichtmenschlichen Lebensformen auch geschieht.

Zum einen ist die Medizin leistungsfähig wie nie zuvor geworden; zum anderen war sie selten zuvor solch konzentrierter und ebenso unseriöser Kritik ausgesetzt: medizinkritische Literatur erklimmt Bestsellerlisten. Krisen sind Chancen zur Weiterentwicklung; da heißt es, Verbindendes über Trennendes zu stellen, Feindbilder abzubauen, Kommunikation zu intensivieren, sich Zeit zum Nach-Denken zu nehmen. Nur deshalb schreibe ich diese Zeilen.

Vertraute theoretische Strukturen beginnen sich zu wandeln, das Schlagwort vom Paradigmenwechsel oder von der Paradigmenkrise fällt gerade in bezug auf die Medizin auf fruchtbaren Boden, geht es doch um einen sehr sensiblen gesellschaftlichen Bereich. Die Medizin scheint in der Tat an jenem Punkt angelangt zu sein, an dem es unmöglich ist, paradigmatische Abweichungen und Anomalien über Zusatzhypothesen und Ergänzungs- oder Ausnahmeregelungen zu neutralisieren. Die deutlichere Betonung einiger ausgewählter Aspekte wie psychosomatische Theorieansätze, soziokulturelle Determinanten des Krankheitsverhaltens oder der massive Hinweis auf die Einbettung ärztlicher Handlungssequenzen in spezifische Kommunikationsstrukturen allein reichen nicht aus, um den Paradigmenzerfall aufzuhalten. Auch das ist bekannt: jede Wissenschaft bahnt konsequent den Weg für ihren eigenen Wechsel; es gibt die für den Fortschritt so notwendige Konkurrenz von Paradigmen.

Wenn sich Abweichungen und Ergänzungen im Bewußtsein der Wissenschaftler zu häufen beginnen, gerät die „normale" Wissenschaft in eine Krise. Dann reicht der mühevolle, sachliche Diskurs nicht mehr aus; vieles passiert überraschend, unvorbereitet; Unsicherheit und Unruhe wachsen: Auch diese Zeilen haben ihre Grundlage in wachsender Unruhe und vorsichtig tastender Unsicherheit, sind aber gleichzeitig

Wagner (Hrsg.), Medizin – Momente der Veränderung
© Springer-Verlag Berlin Heidelberg 1989

getragen von der Gewißheit, daß es allemal wichtiger ist, darüber nachzudenken, ob die bedeutsamen und sinnvollen Fragen gestellt wurden, bevor wir mit übereilten Antworten konfrontiert werden.

Die medizinische Wissenschaft ist ein Konzentrationspunkt von Kritik und Spannungsmomenten gegenwärtiger Veränderungen. Entscheidend dabei ist sicher, daß wissenschaftlicher Fortschritt v. a. daran gemessen wird, ob damit gleichzeitig humaner Fortschritt und die emanzipatorische Weiterentwicklung der politisch-sozialen Verhältnisse im weitesten Sinn erreicht werden können. Geht es dabei um Gesundheit, Leib und Leben, wird Medizin erst recht zum Prüfstein.

Medizin, jene Wissenschaft, die sich als angewandte Wissenschaft mit Eid auf ein bestimmtes Ziel hin verpflichtet, muß ihr eigenes Tun und die Grundlagen dieses Tuns dauernd prüfen und sich den Grundsatzentscheidungen im praktischen alltäglichen Handeln neu zuwenden: nur so wird Medizin selbst lebendig werden und bleiben.

Anwendungen wissenschaftlicher Methoden allein macht noch keine Wissenschaft; wissenschaftliches Denken ist ohne Denken *über* Wissenschaft möglich. Die Mittel und Erkenntnismöglichkeiten einer technologisch-naturwissenschaftlichen Medizin konzentrieren sich auf einen beschränkten Teil der Wirklichkeiten, und im Zuge der drastischen Wandlung des Selbstverständnisses der Wissenschaften vom Menschen werden die Grundelemente neuer Konzeptionen für veränderte Bedingungen wissenschaftlichen Denkens und Handelns geschaffen. Zu diesem neuen Selbstverständnis gehört das Nachdenken; die Reflexion wird als konstitutives Element der Wissenschaft selbst begriffen (Thürkauf 1979).

Die folgenden Gedanken konzentrieren sich auf einige Aspekte des Umgangs mit der Leiblichkeit des Menschen und stellen eine Einladung an den Leser dar, die Medizin letzten Endes als umfassende und integrative Wissenschaft vom Mensch-Sein zu begreifen.

Jegliches menschliche Handeln ist von spezifischen Wertstrukturen und Orientierungsmustern mitbegründet. Das direkt auf den Mitmenschen gerichtete medizinische Handeln hat seine Grundlagen in einem bestimmten Denken über den Menschen bzw. über das Mensch-Sein und die Welt generell. Medizinische Theorie kann deshalb auch als Theorie über das Mensch-Sein selbst begriffen werden.

Ein Blick in die Medizingeschichte oder in benachbarte Kulturen zeigt, daß Medizin immer mit Philosophie und Spekulation über das Wesen und die Natur des Menschen in Verbindung steht. Die gegenwärtige in allen Lebensbereichen spürbare Krise wird oft charakterisiert als Krise der gemeinsamen Werte, als Sinnkrise, als Krise des Denkens und Planens, als Krise des Mitgefühls, des friedlichen Umgangs miteinander, als Krise der Wahrnehmung oder als Krise des menschlichen Bewußtseins. Für das Typische in der Medizin gilt wohl die Aussage Jaspers, daß jede Krise als Vertrauensmangel wirklich wird. Fortschritt heißt auch hier: zurückblicken, wo der Vertrauensbruch beginnen konnte, und bedeutet Neubeginn im Vertrauensaufbau, in täglicher medizinischer Praxis. – Die Krise äußert sich aber auch im Fehlen einer einheitlichen Medizintheorie. Lüth sagt, die Medizin als System sei unfertig – sie wird es wohl bleiben, wie unsere Erkenntnisse über den Menschen immer bloß Annäherung bleiben werden. Es gibt allenfalls begrenzte Theorien von Krankheit; solche von Gesundheit gibt es schon wieder nicht. Erst eine Medizin im Selbstverständnis einer Gesundheitslehre wird auch den gesundheitspolitischen Anforderungen der Zukunft gerecht werden können, wird Visionen entwickeln können und nicht in Reparaturdiensten hängenbleiben.

Und doch ist Medizin eigentlich primär die Wissenschaft von der Gesundheit – von deren Erhaltung bzw. deren Wiederherstellung. Aber auch da stellen sich wieder Schwierigkeiten rein begrifflicher Art ein: Die innige Verbindung von Denken und Handeln wird auch hier wieder deutlich. Erhaltung und Wiederherstellung haben einen statischen Hintergrund – bei Gesundheit steht aber die ständige Entwicklung, das Dynamisch-Prozeßhafte im Vordergrund.

Es sind nicht zuletzt also die sprachlichen Probleme, welche theoretische Inhalte und damit die Praxis mitkonstituieren.

Die wissenschaftliche Sprache wird von Kuhn mit einem Schubladensystem verglichen, und die Wissenschaft selbst stellt den Versuch dar, die Natur in dieses starre und vorgeformte System zu zwängen. Dabei sei „... in keiner Weise das Ziel der normalen Wissenschaft, neue Phänomene zu finden; und tatsächlich werden die nicht in die Schublade hineinpassenden überhaupt nicht gesehen" (Kuhn 1973).

Derselben Argumentation begegnen wir bei Whorf:

> Die Aufgliederung der Natur ist ein Aspekt der Grammatik – ein Aspekt, den die Grammatiker bisher wenig erforscht haben. Wir gliedern die mit- und nacheinander auftretenden Ereignisse vornehmlich deshalb gerade so, wie wir es tun, weil wir durch unsere Muttersprache an einem Abkommen darüber beteiligt sind, nicht aber, weil die Natur selbst etwa in genau dieser Weise und für jedermann gegeliedert ist. Sprachen unterscheiden sich nicht nur darin, wie sie ihre Sätze aufbauen, sondern auch darin, wie sie die Natur zerschneiden, um jene Elemente zu bekommen, aus denen sie die Sätze aufbauen (Whorf 1963).

Das Struktursystem der Wissenschaftssprache bestimmt nicht nur im voraus, welche Erscheinungen und Zusammenhänge gesehen werden, sondern ebenso, welche übersehen werden.

Dieses Faktum wird sehr deutlich, wenn 2 Vertreter aus verschiedenen medizinischen Kulturen einen bestimmten Sachverhalt beschreiben sollen: Der eine nimmt wahrscheinlich spezifische Organfunktionsveränderungen wahr, während beim anderen (nehmen wir z. B. einen Vertreter der chinesischen Medizinphilosophie) Verschiebungen im Energiehaushalt im Vordergrund stehen. Hier der Körper als biophysikalisch-chemische funktionierendes Organsystem, dort der Körper als Energiekörper. Die chinesische Medizinphilosophie hat ja eine jahrtausendelange Tradition; Medizin war immer zugleich Philosophie und war geschmückt mit veränderbarem, spekulativem Beiwerk. Möglicherweise haben wir in der Blendung einseitiger naturwissenschaftlicher Entwicklungssprünge vergessen, Fragen zu stellen, Vermutungen anzustellen. Zu Vermutungen gehört Mut.

Durch Krise und Spannung frei werdende Kraft darf nicht im Prozeß steckenbleiben, sondern muß in eine Provokation zur Philosophie einmünden, muß ein dringlicher Appell an die Liebe zur Weisheit werden und die ständige Aufforderung enthalten, Zusammenhänge zu finden. Zusammenhänge, die sich nicht in den Details verlieren und wieder den Blick auf das Wesentliche erschweren, sondern es sind jene Zusammenhänge gemeint, welche die Ganzheit des Menschen thematisieren: die Interaktion von Körper, Geist und Umwelt; die Einheit von personaler Existenz mit einer historisch einmaligen leiblichen Subjektivität.

Jenseits aller Krankheitslehren (auch jener der Psychosomatik) trifft innerhalb der Medizin die Aussagen über den Menschen die philosophische Anthropologie. Sie ist mehr als begleitende Reflexion über das Wesen des Menschen; es geht, wie Gehlen es formuliert, um ein „Bild vom Menschen", um eine Gesamtschau, geformt aus einem positiven Bezug zu den Wissenschaften vom Menschen. Große medizinische Entwürfe (fernöstliche wie abendländische) gestalten mit solchen Aussagen aus der Gesamtschau sog. Lebensordnungslehren. Die Aufgabe der Medizin bzw. des ärztlichen Handelns besteht darin, Menschen, welche aus einem Lebensordnungsgefüge gefallen sind, in diese lebensgesetzmäßigen Ordnungsmuster wieder zurückzuführen. Krankheit besteht in einer Störung des harmonischen Gleichgewichts, und gesund-„werden" bedeutet die Neuschaffung dieser Harmonie. Psychobiologische Ansätze, moderne biophysikalische Forschungsergebnisse und uns wohlklingend im Ohr liegende Sprüche östlicher Mystiker rücken immer näher zusammen; die Weisheiten des Lao-Tse finden heute in nuklearphysikalischen Erkenntnissen ihre Bestätigung, und auch in der Medizin werden wir mit neuen Raum-Zeit-Konzepten vertraut. (Dossey 1984, Bakal 1987).

Bei dieser Neuschaffung einer menschlichen Lebenssituation kommt dem ärztlichen Handeln eine entscheidende Rolle zu: 1) Die Grundlage dieses Handelns ist die Kenntnis der Gesetzmäßigkeiten der Lebensordungslehre; 2) dieses Handeln ist als „Hervorbringen" zu verstehen, also ganz im aristotelischen Sinn als ärztliche „Kunst".

Das Entstehen einer beobachtbaren Ordnung in Natur und Gesellschaft steht im Mittelpunkt einiger natur- und sozialwissenschaftlicher Spezialdisziplinen (Kybernetik, Systemtheorie), die mit Konzepten von „Selbstorganisation" und „Autopoiesis" sich um ein Verständnis dieser Entstehungsmechanismen bemühen. Nur Systeme, welche die wichtigsten Voraussetzungen ihrer Stabilität und Dynamik, ihrer Strukturen und Prozesse in Eigenregie besorgen können – also zur Selbstorganisation fähig sind –, sind in der Lage zu bestehen.

Aus der relativistischen Physik wissen wir, daß der Beobachtungsprozeß selbst dem beobachteten Gegenstandsbereich Energien zuführt, die oft zu überraschenden Selbstveränderungen benutzt werden. Damit heißt aber, einen Gegenstandsbereich zu erforschen, gleichzeitig auch, diesen zu verändern. Denken wir dabei an die vieldiskutierten und eigentlich recht gut erforschten Fragen der Plazebomedizin auf allen Ebenen: die materiell wirksamen Plazebos wie die nichtmateriellen Wirkfaktoren (z. B. personales Umfeld, Kommunikationsverhältnisse oder gesamtatmosphärischen Bedingungen), so zeigen sich für den theoretischen wie praktischen Umgang mit Gesundheit und Krankheit fruchtbare Spuren eines neuen wissenschaftlichen Paradigmas.

Der Gegenstand der medizinischen Wissenschaft ist das Subjekt. Ziel des ärztlichen Handeln, des direkt am Mitmenschen orientierten Tuns, ist die Bewährung in einer subjektiven Einmaligkeit. Krank-Sein und Gesund-Sein sind jeweilige Ausdrucksformen einer menschlichen Existenz. Träger dieser Information über eine ganz bestimmte Lebenssituation ist die Leiblichkeit des Menschen. Der Körper des Menschen ist Instrument seiner Verwirklichung; am Körper des Menschen wird aber auch Medizin in ihrer praktischen Anwendung Wirklichkeit.

Logik des Leibes

> Habe ich meinen Körper verloren,
> so habe ich mich selbst verloren.
> Finde ich meinen Körper, so finde ich mich selbst.
> Bewege ich mich, so lebe ich und bewege die Welt.
> Ohne diesen Leib bin ich nicht, und als mein Leib bin ich.
> Nur in der Bewegung aber erfahre ich mich als mein Leib,
> erfährt sich mein Leib, erfahre ich mich.
> Mein Leib ist die Koinzidenz von Sein und Erkenntnis,
> von Subjekt und Objekt. Er ist der Ausganspunkt
> und das Ende meiner Existenz.
>
> *V. Iljine*

Grundlegende Begriffe und ihre Bedeutungen eines Wissenssystems haben im Rahmen vorgegebener paradigmatischer Strukturen jeweils eigene Voraussetzungen und Bedingungen des Entstehens. Verändern sich Weltbilder und wissenstheoretische Konzepte, wandeln sich auch die Grundbegriffe. Die naturwissenschaftliche Medizin abstrahierte von der Person: Die Vergegenständlichung des menschlichen Körpers im Seinszustand der Krankheit führte zu einer unmenschlichen Abstraktion dieser Krankheit. Ziel dieser Entsubjektivierung war ganz sicher auch die damit verbundene technisch-instrumentelle Beherrschbarkeit der Krankheit – und mit den damit wiederum verbundenen hochentwickelten diagnostischen Fähigkeiten im engen Zusammenhang ist das berufliche Selbstverständnis der in medizinischen Handlungsfeldern tätigen Menschen zu begreifen. Nicht selten wurden stellvertretend für Patienten die Diagnosen zum medizinischen Interaktionspartner.

„Den beiden Hernien ging es gut; die Magenresektion fing wieder an zu essen; den Varizen ging es auch gut, sie standen schon auf, keine von den Hämorrhoiden hatte Stuhlgang gehabt ..." (Cook 1972).

Im Geiste des kartesianischen Dualismus war eine klare Trennlinie gezogen zwischen Körper und Seele, und beiden Bereichen wurde ein eigengesetzliches Funktionieren zugeschrieben. Diskrete oder offene Leugnung eines Zusammenhangs war die gängigste Lösung der Leib-Seele-Problematik. Der hohe Grad der Wissenschaftsspezialisierung und die Komplexität aller Wissensbereiche führten dazu, daß jedes Spezialgebiet seine eigene Methoden hat, um bestimmte Wirklichkeitsbereiche zu erfassen, und eine eigene Sprache, diese zu beschreiben. Das Problem der Spezialisierung ist die Rückbindung ausgewählter Teilbereiche in die Sicht des Gesamtphänomens. Ein Gemälde betrachtend, ist es mir möglich, all meine Aufmerksamkeit auf einen bestimmten kleinen Farbausschnitt zu richten, mich diesem ganz zu nähern, ja ihn sogar herauszunehmen und ihn zu vergrößern – um seinen Stellenwert im Gesamtzusammenhang nicht zu verlieren, ist es aber notwendig, zwischendurch zurückzuweichen und das ganze Bild zu betrachten.

Es gibt also medizinische Beschreibungen des Körpers und Versuche, die psychosozialen Komponenten des Krankheitsgeschehens in den Mittelpunkt der Betrachtung zu stellen. Nicht selten werden in jüngster Zeit psychosomatische Verursachungszusammenhänge von Krankheiten als wesentliche Charakteristika eines neuen medizinischen Paradigmas diskutiert und das Spannungsverhältnis zwischen dem naturwissenschaftlichen und dem psychosomatischen Paradigma ausführlich beschrieben. Man hat also zu tun und übersieht dabei das Wesentliche: Der Beschreibung eines medizinisch-biologischen Phänomens auf begrifflicher Ebene fehlt die Entsprechung auf der Realitätsebene; d. h. es gibt die Krankheit in der Form, wie die Medizin sie beschreibt, eigentlich nicht in der Lebensrealität des davon betroffenen Menschen. Der Terminus Krankheit (z. B. Magengeschwür) ist eine Etikette ohne Entsprechung in der Wirklichkeit (Harlem 1977). Erst wenn dieses Axiom zur Grundlage medizinischen Denkens und Handelns gemacht wird, ist eine ehrliche patientenzentrierte Medizin möglich. Immer, wenn leichtfertig mit Zitaten von Krehl, Groddeck oder v. Weizsäcker umgegegangen wird – „es gibt keine Krankheiten, es gibt nur den kranken Menschen" – sollten wir uns offen fragen, ob letzten Endes nicht doch das Bemühen dahintersteht, wieder einen Krankheitsbegriff zu entwickeln, der uns den Umgang mit dem Krank-Sein des Menschen außerhalb seiner Lebenswelt erleichtert und damit im wesentlichen ohne therapeutische Konsequenz bleibt!

Das Thema Körper erlebt zur Zeit Hochkonjunktur – in den verschiedensten Bereichen und aus sehr unterschiedlichen Gründen. Nach Gruppendynamik, Psychoboom und den verschiedensten Körpertherapiemethoden wird es wichtig sein, in umfassender Weise alle neuen Erkenntnisse miteinzubeziehen in ein verändertes, „umsichtiges" Verständnis der Körperlichkeit des Menschen. Von Uexküll spricht das ungelöste psychophysische Problem der dualistischen Medizin sehr deutlich an, wenn er eine Medizin für die Körper ohne Seelen und eine andere für die Seelen ohne Körper feststellt (Uexküll 1961). Elemente des neuen Paradigmas sind nun schon fast ein Jahrhundert präsent (beispielhaft in Schriften von Alexander, V. v. Weizsäcker, Gebsattel); dieses Paradigma stellt das Verhältnis Individuum – Gesellschaft, die Beziehungsaspekte innerhalb eines Systems wie auch die Diskussion um das Geist-Körper-Verhältnis auf neue Grundlagen (Habermas 1985). Wie immer diese neue Grundlage sich entwickeln mag, eine patientenorientierte Medizin, die das Subjektive betont, kommt um eine Reflexion der Körperlichkeit nicht umhin.

Es ist eine ganz besondere Situation für den kranken Menschen, sich im Krank-Sein seiner Körperlichkeit in einer (möglicherweise völlig) neuen Dimension bewußt zu werden. Und es ist eine ganz besondere Situation für den Arzt (oder jeden helfenden Menschen), diesem Menschen bei der Bewältigung von neu auftretenden *Seins*fragen Hilfe zu geben, geben zu können, geben zu müssen.

Krank-Sein findet meist auf der körperlichen Ebene statt. Die Einheit des Menschen von Körper, Seele und Geist bzw. die Interaktion Individuum und Umwelt in einer ganz bestimmten Lebenssituation gibt viele Anhaltspunkte für die Deutung und Interpretation eines körperlichen Prozesses: Krankheit als Anpassung, Krankheit als Metapher, Botschaft der Krankheit.[1] Krankheit ist *eine* Möglichkeit des Menschen, sich auszudrücken, sich seiner Mitwelt auf eine bestimmte Art mitzuteilen – und dabei sich selbst zugleich neu zu erfahren. Krankheit ist Ausdruck; im Kranksein drückt sich möglicherweise ein Mensch aus, der wenig andere Chancen hat, sich mit anderen Mitteln auszudrücken, oder er wählt aus den ihm zur Verfügung stehenden Mitteln aus freien Stücken diesen Weg – auch diese Möglichkeit müssen wir offenhalten. In diesem Sinn charakterisiere ich die Psychosomatik als Befreiungsmedizin: zum einen geht es darum, die Information vom Informationsträger zu befreien, sie im Prozeß dieser

---

[1] Diese Schlagworte sind z. T. identisch mit Buchtiteln: Overbeck (1984) *Krankheit als Anpassung*; Sontag (1981) *Krankheit als Methapher*; Dethlefsen u. Dahlke (1983) *Krankheit als Weg*.

„Befreiung" verstehen zu lernen, und in der Folge mit dem Menschen Ausdrucks- und Handlungsalternativen zu entwickeln, die den betroffenen Menschen aus alten Ausdrucks- und Handlungsmustern herausführen können (Wagner 1987).

Welche Möglichkeiten hat der Arzt, diese Informationen zu verstehen, sie zu deuten – der „Krankheit" damit als Ausdruck einer Lebenssituation personale „Bedeutung" zu geben? Welchen Schwierigkeiten begegnet er, wenn er solche Botschaften als Ausdruck gesellschaftlicher Verhältnisse erkennen soll? Verzichten wir in diesem Rahmen auf die politischen Implikationen medizinischen Handelns (Lüth 1976) und streifen wir für unsere Perspektive bedeutsame Aspekte der Körperlichkeit.

Der Körper ist elementare Ausdrucksform menschlichen Lebens. Im menschlichen Körper (als Leib-Seele-Einheit) sind unsichtbare Gestaltprinzipien mit materiell-wahrnehmbaren Erscheinungen verbunden. Das Leben, sagt schon Hippokrates, ist zugleich Sein und Werden. Ärztliche Qualifikation als menschliche Qualifikation heißt demnach, Kenntnis zu haben von den Gesetzmäßigkeiten des Lebens im allgemeinen und des körperlichen Ausdrucks des Lebens im speziellen. In der Medizingeschichte treffen wir immer wieder auf diese Doppelqualifikation der Ärzte: einmal beherrschen sie das Wissen, wie der Mensch auf „die rechte Weise" sein Leben führen soll, und verfügen damit über die „sapientia saecularis"; zum anderen verstehen sie sich auch auf die Arzneiwissenschaften und die damit verbundene Kunst des Heilens. Sie führten vor wenigen Jahrhunderten auch noch den Titel „Doktor der Weltweisheit und Arznei-kunst".

In den hippokratischen Schriften – immer noch eine Säule der abendländischen Medizin – lesen wir: Ein Arzt, der zugleich Philosoph ist, kommt einem Gotte gleich …

Die bewußte Begegnung und offene, interdisziplinäre Auseinandersetzung mit der Körperlichkeit des Menschen könnte eine Verbindung schaffen zwischen dem, was vor der Erscheinung und Erkenntnis liegt bzw. diese erst ermöglicht und dem systemati-schen Zugang zu Erkenntnissen. In der Medizin könnte eine Verbindung von Metaphysik und Wissenschaft im Sinne eines neuen Paradigmas Wirklichkeit werden.

Die Biologie des Körpers reduziert sich eigentlich auf eine biologische Mechanik, und viele Modetrends im Gesundheitsverhalten (z. B. Jogging, Aerobic) drücken das auch demonstrativ aus. Der lebende Organismus als ideegebundenes Symbol; der Mensch als Ausdrucksform der Idee des Lebens – sind das nicht ebenso Grundfragen einer Biologie, einer Wissenschaft vom Leben?

Das menschliche Leben, in seiner körperlichen Ausdrucksform Gegenstand der Medizin, verlangt nach Verwirklichung. Der Mensch „wirkt" mit Hilfe seiner Körperlichkeit in die Welt, und er schafft damit auch seine Wirklichkeiten. Der Körper ist damit immer auch Spiegel eines individuellen Lebensschicksals; er ist eine Art Speicher, aus dem die gesamte Biographie abrufbar ist. Die Muskulatur des Menschen spiegelt auch seine Ängste wider; Ängstlichkeit, Depression oder Gleichmut sind als Muster auch im sensomotorischen System erkennbar. Der Kybernetiker Weiner meinte, daß wir nicht aus beständiger Materie bestünden, sondern aus Mustern, welche sich selbst laufend verändern würden.

Das gesamte Körpergeschehen ist ein unaufhörlicher Prozeß des Werdens und Vergehens; pro Sekunde hören einige Millionen roter Blutkörperchen auf zu existieren und werden durch neue ersetzt – selbst unsere Knochen erneuern sich in etwa 7 Jahren. Körper, Gesundheit, Krankheit – alles ist prozeßhaft zu verstehen. In diesem Prozeß des Werdens hat der Arzt mit seiner Therapie sich der Realisierung des Möglichen zuzuwenden – deshalb ärztliche „Kunst" ...

Ärztliches Handeln, schreibt Weizsäcker (v. Weizsäcker u. Wyss 1957) beteiligt sich am Krankheitsvorgang, ist sogar mit ihm vermischt und wirkt mit am Krankheitsverlauf. Dieser Kontakt zwischen Arzt und Patient, dieses „Einmischen", geschieht auch über den Körper. Erst dieser Kontakt ermöglicht beiden in der Therapie, einen „anderen" Körper, der gelernt hat, der sich (und damit auch den ganzen Menschen) verändert hat, zu erschaffen. Um diese gemeinsame Aufgabe zu meistern, müssen Arzt und Patient sich zuerst darüber verständigen, was ihre gemeinsame Basis sein könnte; sie müssen sich auf eine gemeinsame Sprache einigen und deutlich machen, wie jeder diesen Krankheitsvorgang aus seiner Warte sieht.

Aus der phänomenologisch verstandenen Intersubjektivität ist das unmittelbare Verstehen des anderen eine Unmöglichkeit. Der „andere" (der Patient) ist also nie in seiner eigenen Subjektivität erreichbar.

Die Sinnhaftigkeit einer subjektiven Äußerung teilt sich in einem bestimmten Verhalten mit; über die Wahrnehmung dieses Verhaltens durch den anderen wird auch Sinnhaftigkeit verliehen. Die subjektive Sinnhaftigkeit, ein vor dem Verhalten geschaffener Sinn und das für den anderen wahrnehmbare Verhalten, widerspiegelt im Prinzip die kartesianische Trennung von Innen und Außen, also von Seele und Leib. Arzt und Patient haben diese Trennung zu überwinden, nachdem der Körper (= Ausdruck) weniger Zugang als vielmehr Barriere zur Sinnhaftigkeit (des Krankheitsverhaltens) darstellt.

Das eigentliche Subjektive wird sozusagen durch den Körper verdeckt; die Botschaft ist nicht unmittelbar zu verstehen – es bleibt nicht anderen übrig, als den subjektiven „Körpercode" zu entschlüsseln. Da ergibt sich dann allerdings ein weiteres Problem: Oft wird die Forderung erhoben, auch „symbolisch-magisches Deuten von Krankheiten" (Büchner 1985) müßte wissenschaftlich untersucht werden, und daran Kritik geübt, daß die Kriterien der symbolischen Interpretation nie zufriedenstellend ausgearbeitet worden seien (Glover 1952). Kann aber mit herkömmlichem wissenschaftlich-methodischem Instrumentarium subjektive Sinnhaftigkeit auch nur annähernd gemessen werden? Psychosomatische Statistiken gibt es ja zahlreich; die Zusammenhänge sind irgendwie evident und die Menschen bei der Schaffung neuer Muster überaus kreativ ... Weder erklärend kausale noch verstehend finale Erkenntnismethoden führen zu einer im wissenschaftlichen Sinn befriedigenden Antwort auf die Fragen nach dem „Wie" und „Wozu" von Krankheit.

Der Mensch in seiner Ganzheit wird nie Gegenstand der Erkenntnis; alle Erkenntnis vom Menschen geschieht schrittweise, und wir sehen damit eine bestimmte Wirklichkeit, aber nie *die* Wirklichkeit, sagt Jaspers sinngemäß. Synthetisches und systemisches Denken wird uns bei dieser Annäherung eine Hilfe sein.

Der Körper des Menschen ist lebendig, unvollkommen, voller Widersprüche. Der Lehrbuchkörper des ausgebildeten Schulmediziners ist leblos, glatt und durchschaubar – und einfach beherrschbar. Der Körper ist Vermittlungsstelle des Allgemeinen und Besonderen, der Gesellschaftlichkeit und des Individuellen. Der Körper liefert beides: objektiven Befund und subjektive Befindlichkeit. Das „Objektive" ist in naturwissenschaftlicher Erkenntnis in festen Händen; das „Subjektive" ist Träger der Erfahrung der Körperlichkeit. Personale Medizin, welche die „Wiedereinführung des Subjekts" auf ihre Fahnen heftet, wird sich dieser subjektiv erfahrenen und erlebten und damit wirklichen (= wirkenden) Körperlichkeit zuwenden.

Es kann dann nicht bei einer Medizin enden, die bloß in sprachlich-kommunikativer Hinsicht das Arzt-Patient-Verhältnis revolutioniert hat, sondern in gleichem Maße körperlich-therapeutische Interaktion ermöglicht. Ganzheitlicher Zugang zum körperlichen Ausdruck des Menschen ist mit dem Medium der Sprache und einigen Untersuchungsinstrumenten wohl kaum zu leisten – in der einen oder anderen Form muß der Patient wohl wirklich von der Behandlung „berührt" werden.

Die psychosomatische Identitätsentwicklung beginnt im vorgeburtlichen Bereich und wird wesentlich geprägt von der körperlichen Interaktion; lange bevor wir das erste Wort symbolisch aussprechen, um unsere Wirklichkeit oder Beziehungssituation zu beschreiben, haben wir ein großes Stück Realitätssinn und Beziehungsfähigkeit schon erworben.

Das Verhältnis zur Körperlichkeit ist wie die Medizin selbst einem raschen Wandel unterworfen. Die objektive Distanz zum Körper kann in einer personalen, patientenzentrierten Medizin bzw. viele ihrer Therapieformen, werden eine weitverbreitete gesellschaftliche „Entkörperung" (z. B. durch die sich ändernden Arbeitsverhältnisse) auszugleichen haben.

Um den Übergang von der Subjektivität der Krankheit zur Intersubjektivität des Krank-Seins in der Medizin zu schaffen, bedarf es der Fähigkeit der Empathie, die nicht im verständnisvollen Nachvollzug des Verallgemeinerten liegt, sondern im verstehenden Mitvollzug des Einmaligen. Wie kann diese Annäherung an die Körperlichkeit methodisch geschehen? „Woraus soll der Arzt reden, als aus der Natur, wie sie ihn lehrt? ... Nicht allein, was im Buche stehet, sondern die Kranken sollen sein Buch sein" (Paracelsus).

Am kranken Menschen ist auch Krankheit lebendig erfahrbar, wird sie auch zur persönlichen Sache des Arztes. Wo „ungelebtes Leben" (v. Weizsäcker) in Form von körperlichen Veränderungen für den Arzt sichtbar wird, ist seine Aufgabe in diesem Verständnis, Befreiungsarbeit zu leisten und damit „neues" Leben zu ermöglichen.

Der Körper des Menschen im Verständnis eines Vermittlers neuer Wirklichkeiten wird damit auch zugleich „Instrument" zur Erkenntnis dieser Wirklichkeiten.

Literatur

Bakal DA (1987) Psychologie und Medizin. Psychobiologie und ganzheitliche Heilkunde. Junfermann, Paderborn

Büchner F (1985) Der Mensch in der Sicht moderner Medizin. Herder, Freiburg, S 32

Cook R (1972) The year of the intern. New American Library, New York, S 146

Dethlefsen T, Dahlke R (1983) Krankheit als Weg. Bertelsmann, München

Dossey L (1984) Die Medizin von Raum und Zeit. Sphinx, Basel

Glover E (1952) Statistik in der Psychosomatik. Psyche 6:481

Habermas J (1985) Der philosophische Diskurs der Moderne. Suhrkamp, Frankfurt

Harlem OK (1977) Communication in medicine: A challenge to the profession. S Karger, New York/NY

Kuhn TS (1973) Die Struktur wissenschaftlicher Revolutionen. Suhrkamp, Frankfurt, S 45

Lüth P (1976) Medizin als Politik. Luchterhand, Darmstadt

Overbeck G (1984) Krankheit als Anpassung, Suhrkamp, Frankfurt

Sontag S (1981) Krankheit als Metapher. Fischer, Frankfurt

Thürkauf M (1979) Wissenschaft und moralische Verantwortung. Novalis, Schaffhausen, S 15f.

Uexküll T von (1961) Der Körper als Problem der psychosomatischen Medizin. Psyche 15:76–87
Wagner F (1987) (Hrsg) Medizinisches Denken und Handeln – Eine sozialwissenschaftliche Visite. Trauner, Linz
Weizsäcker V von, Wyss D (1957) Zwischen Medizin und Philosophie. Vandenhoeck & Ruprecht, Göttingen
Whorf BL (1963) Sprache, Denken, Wirklichkeit, Rowohlt, Hamburg

Ärztliches Rollenverständnis in Vergangenheit und Gegenwart

W. Wesiack

Im Gegensatz zum Tier weiß der Mensch von seiner existentiellen Gefährdung durch Krankheit und Tod. Krankheitsanfälligkeit und das Wissen von der Unausweichlichkeit des eigenen Todes gehören zum Wesen des Menschen, und die Auseinandersetzung damit ist fester Bestandteil der jahrtausendealten Geschichte der Menschheit. Deshalb gehören auf einer frühen Entwicklungsstufe der Medizinmann und später der Arzt zu den ältesten Berufen und die Beziehung des Menschen zu seinen Heilern und Helfern wie die des Kindes zur Mutter und die des Schülers zum Lehrer zu den elementarsten menschlichen Beziehungen. Die Beziehungen zwischen Arzt und Patient sind natürlich einem geschichtlichen Wandel unterworfen, zeigen aber gewisse Konstanten, die man in allen Epochen in mehr oder weniger deutlicher Ausprägung nachweisen kann.

Ernsteres Kranksein beinhaltet immer dreierlei: 1. die Beeinträchtigung des Wohlbefindens und der Leistungsfähigkeit, 2. die dadurch hervorgerufene soziale Isolierung und die mehr oder minder starke Veränderung des sozialen Status und 3. eine existentielle Not und Bedrohung. Diese Merkmale des Krankseins gelten keineswegs nur für die sog. moderne industrielle Leistungsgesellschaft, in der das Leistungsprinzip oft in unangemessener Form strapaziert wird, sondern grundsätzlich für alle Entwicklungsstadien und Epochen der Menschheit. Schon der Naturmensch ist – in mancher Hinsicht sogar in viel stärkerem Maße als der Kulturmensch, weil er nicht über die Ersatzmittel der Technik verfügt, auf die Fähigkeit angewiesen, Leistungen zu vollbringen, um überleben zu können.

Der verletzte oder erkrankte Großwildjäger der Urzeit mußte entweder von der Horde zurückgelassen und damit dem sicheren Tode überantwortet werden oder wurde, auf einer höheren Kulturentwicklungsstufe, von seiner Gruppe mitgenommen und gepflegt. In beiden Fällen änderte sich seine Stellung in der Gemeinschaft, sein sozialer Status, wobei es fast unvermeidlich war, daß er in eine gewisse mehr oder weniger stark ausgeprägte Isolierung geriet. Dies ist die Regel, von der es allerdings Ausnahmen gibt. Bei einigen Naturvölkern und in einigen sog. primitiven Kulturen genießen manche Kranke, insbesondere psychisch Kranke, besonderes Ansehen. Im Schamanismus wird ihnen sogar besondere Heilkraft zugesprochen. Die moderne Industriegesellschft dagegen verhält sich dem Kranken gegenüber sehr unterschiedlich und zwiespältig: einerseits isoliert sie ihn, um ihm andererseits wieder – wohl aus Schuldgefühlen heraus – besondere Privilegien einzuräumen. Beschwerden, verminderte Leistungsfähigkeit und die Bedrohung durch den individuellen wie auch durch den sozialen Tod (den Statusverlust und die Isolierung) führen aber in jedem Fall zu einer existentiellen Bedrohung des kranken Menschen.

Wagner (Hrsg.), Medizin – Momente der Veränderung
© Springer-Verlag Berlin Heidelberg 1989

Der kranke Mensch braucht also zu allen Zeiten einen *Experten* der ihm behilflich ist, seine Beschwerden und seine eingeschränkte Leistungsfähigkeit zu überwinden, sowie einen *Partner*, der ihm hilft, aus der *sozialen Isolierung* herauszugelangen und seine *existentiellen Ängste* zu ertragen. Diese 3 Forderungen werden seit jeher an die Heiler und Helfer gestellt, ob es sich nun um Medizinmänner, Schamanen, Ärzte, Schwestern, Pfleger oder andere Angehörige der Heilberufe handelt.

Nachfolgend wollen wir nun in gedrängter Form darstellen, welchen typischen Arztrollen sich in der mehrtausendjährigen Geschichte der Heilkunde, abhängig von der jeweiligen kulturellen und gesellschaftlichen Entwicklungsstufe und vom jeweiligen Wissensstand, herausgebildet haben.

Es sind dies:

1) die Rolle des Magiers,
2) die Rolle des Priesterarztes,
3) die Rolle des Erziehers,
4) die Rolle des Freundes,
5) die Rolle des Steuermanns und Gärtners,
6) die Rolle des Samariters,
7) die Rolle des naturwissenschaftlichen Experten (des Homo faber),
8) die Rolle des (kenntnisreichen) Partners.

Der Arzt als Magier

Zwei Gründe sind es, die es zweckmäßig erscheinen lassen, die magische Beziehung zwischen Arzt und Patient an den Anfang zu stellen. Zunächst ist es die historisch gesehen älteste. Vorläufer des Schamanentums, der medizinischen Zauberer bzw. der Medizinmänner, lassen sich bis in das Jungpaläolithikum (40000–10000 v. Chr.) nachweisen, „in jene Zeit also, in der in Mitteleuropa eine neue Menschenrasse, der homo sapiens diluvialis, auftaucht" (Langen 1963, S. 14).

Ein weiterer Grund, uns eingehender mit der magischen Entwicklungsstufe zu beschäftigen, ist der, daß wir dieses magische Denken nicht nur am Anfang der Stammesgeschichte, der *Phylogenese* der Menschheit, sondern auch in der frühen Kindheit, also am Beginn der seelischen Entwicklung jedes einzelnen, der *Ontogenese*, finden; es wirkt, wenn auch vom logisch-rationalen Denken überlagert, ein Leben lang fort. Psychoanalytische, aber auch allgemein-psychologische Forschungen über die frühe Entwicklung des Kindes haben gezeigt, daß das frühkindliche Erleben ausgesprochen magisch-animistisch ist.

In der Stammesgeschichte hat man auch, in Anlehnung an das christliche Weltbild, vom präadamitischen Menschen gesprochen, der noch nicht vom Baume der Erkenntnis gegessen hat. Die Ethnologie bzw. die Kulturanthropologie versucht, durch Erforschung von noch auf der Kulturstufe der Steinzeit stehenden Völker den Zustand des sog. präadamitischen Menschen zu rekonstruieren.

Wie sieht nun das Weltbild und damit die Heilkunde dieser sog. primitiven bzw. vorgeschichtlichen oder präadamitischen Menschen aus? Grundsätzlich anders als das unsrige. Während wir uns als selbstbewußte und entscheidende Individuen erleben, die einer fremden Welt von Objekten gegenüberstehen, welche wir durch forschendes Erkennen und zielbewußtes Handeln zu ordnen und beherrschen suchen, fühlt sich der vorgeschichtliche Mensch unbewußt in den großen Zusammenhang der Natur und des Lebensstroms eingebettet. Natur und Mensch bilden gleichsam eine Einheit wie Mutter und Kind vor der Durchtrennung der Nabelschnur. Der sog. primitive Mensch hat noch nicht vom Baum der Erkenntnis gegessen. Sein Denken ist prälogisch, der „Satz des Widerspruchs" ist ihm noch unbekannt. Dementsprechend vermag er auch noch nicht, zwischen Gleichem und Ähnlichem zu unterscheiden. Die Subjekt-Objekt-Spannung und -Spaltung existiert für ihn noch nicht, und Emotionen, Ängste und Bedürfnisse werden noch nicht als subjektive seelische Erlebnisse im eigenen Innern empfunden, sondern nach außen projiziert, denn Innen und Außen sind noch völlig ungeschieden. Umgekehrt identifiziert er sich auch mühelos mit Lebewesen und Gegenständen seiner Umgebung, etwa mit seinem Totemtier. Dementsprechend erlebt der „primitive" Mensch die gesamte, auch die von uns als tot bezeichnete Natur als beseelt. Stein und Regen etwa sind genauso belebt wie Mensch und Tier, und je nachdem, ob sich der sog. Primitive an einem Stein stößt und verletzt oder aber mit ihm das Wild erlegt, ist es ein böser. oder guter Stein. Da sich der archaische Mensch auf unbewußt-mystische Art mit der umgebenden Natur vereint fühlt, prägte Lévy-Bruhl (1926) für diese spezifische Erlebnisweise den Ausdruck „participation mystique".

Für den sog. Primitiven ist also der Medizinmann oder der Schamane einerseits der Experte, der ihm hilft, sein Leiden mit einer bestimmten Technik (Zauberei) zu überwinden, und andererseits der Exponent der Transzendenz, der es ihm erleichtert, seine existentielle Not und Angst zu ertragen. Schließlich durchbricht der Medizinmann durch Einbeziehung der Familien- und anderer Stammesmitglieder z. B. in rituellen Tänzen auch die soziale Isolierung des Kranken.

Die Heiltechnik der Medizinmänner und Schamanen aber besteht – aus unserer heutigen Sicht – in einer intensiven Suggestionstherapie. Die Kranken werden durch Zauberriten, manchmal auch noch unterstützt durch Zaubertränke und Zauberdüfte, in einen hypnoiden Trancezustand versetzt, in dem sie Suggestionen besonders zugänglich sind.

Dieses suggestive Element finden wir in allen Epochen der Heilkunde bis in die Gegenwart hinein mehr oder minder stark ausgeprägt wieder. Wie wirkungsvoll diese suggestiven Heilmaßnahmen sind, geht etwa aus dem von Cannon (1953) beschriebenen Tod bei primitiven Polynesiern durch Autosuggestion, dem sog. „Voodoo death" hervor, bei dem junge, organisch völlig gesunde Männer infolge der Vorstellung – also „Ein-Bildung" – tödlich verhext zu sein, innerhalb weniger Tage ohne ersichtlichen äußeren Grund sterben.

Auch bei der kritischen Betrachtung unserer modernen Heilkunde fällt es nicht schwer, überall magische Phänomene zu entdecken. Man denke etwa, abgesehen von der absichtlich herbeigeführten Suggestionstherapie, an die Unzahl der von der pharmazeutischen Industrie mit großer propagandistischer Lautstärke angepriesenen Präparate, an die plötzlich sich größter Beliebtheit erfreuenden, dann aber wieder rasch dem wohlverdienten Vergessen anheimfallenden sog. Heilmittel und Therapien, etwa „Gelee royal", „Ginseng" usw., oder die mit dem attraktiven Namen „Frischzellentherapie" versehene Behandlungsmethode (die allerdings, wie es schein, den Kulminationspunkt bereits überschritten haben dürfte) und an ähnliches mehr.

Noch älter und elementarer als der suggestive Heilzauber ist jedoch die primäre, auch symbiotisch genannte Mutter-Kind-Beziehung. Sie ist das Urbild jeder Arzt-Patient-Beziehung. Die Mutter, die das Kind durch beruhigende Worte und Streicheln tröstet, die ihm Sicherheit gibt und hilft, Not und Schmerzen zu ertragen, ist der Archetyp des auf der magischen Ebene heilenden Medizinmannes oder Arztes.

Der Priesterarzt

Im 3. und 2. Jahrtausend v. Chr. bildete sich v. a. im Vorderen Orient eine Reihe von frühen Hochkulturen, die u. a. zu einer ersten Blüte der Heilkunde geführt haben. Diese hatte in erster Linie magisches, aber auch therapeutisches Gepräge. Außerdem wurde die Erfahrungsheilkunde weiterentwickelt. Unter theurgischer Medizin versteht man eine Heilkunde, die Tod und Krankheit als Fügung der Götter ansieht und dementsprechend durch Gebet und Opfer zu heilen sucht.

Das anthropologische Charakteristikum dieser Geschichtsepoche liegt m. E. darin, daß der Mensch, der früher in einer „participation mystique" (Lévy-Bruhl) als Teil der allbeseelten Natur lebte, sich nun erstmals seiner Individualität bewußt wurde. Es ist die Epoche, in der die Idee der einmaligen menschlichen Persönlichkeit (zunächst allerdings nur in bezug auf den Herrscher) geboren wurde. Den literarischen und politischen Niederschlag dieser Geburt der menschlichen Persönlichkeit stellen die großen Heldenepen und die mächtigen Königreiche dar, die in dieser Epoche entstehen.

Zwei weitere wichtige Eigenschaften sind es, die auf das engste mit dem Werden der menschlichen Persönlichkeit verbunden sind: die Selbstverantwortung des Menschen, der sich sittlichen Normen verpflichtet weiß und beim Übertreten dieser Normen das Bewußtsein der Schuld entwickelt, sowie die Entdeckung des Logos, der Kraft des Gedankens.

Auf dieser Entwicklungsstufe waren die Ärzte bzw. Heilkundigen auf das engste mit dem Priestertum verbunden, so daß man meist von Priesterärzten spricht.

Die körperliche und psychische Nähe und Intimität zwischen Arzt und Patient, die auf der magisch-symbiotischen Stufe noch kein Gegenstand des Nachdenkens war, wird jetzt erstmals zum schwerwiegenden Problem. In Mesopotamien, Ägypten, China, Indien und Griechenland werden auf dieser Entwicklungsstufe Sitten- und Pflichtenlehren (Deontologien) für den Arzt entworfen und dokumentiert, die v. a. in der im *Corpus Hippocraticum* kodifizierten Form Ethos und Etikette des Arztes im Umgang mit seinen Kranken bis in die Gegenwart hinein regeln (vgl. den Beitrag von Hartmann, in Schipperges et al. 1978). All diesen Sitten- und Pflichtenlehren für den Arzt, aus welchen Quellen sie auch stammen mögen, ist eines gemeinsam: Sie verlangen vom Arzt Triebbeherrschung, indem sie fordern, daß er dem Kranken wohlwollendes Interesse und Hilfsbereitschaft entgegenbringen müsse und ihn nicht zum Objekt seines Geltungs-, Macht- und Bereicherungsstrebens oder seiner sexuellen Bedürfnisse machen dürfe. Die Bedeutung des später für die Neurosentherapie so wichtigen „Abstinenzprinzips", das Freud formuliert hat, wird hier erstmals für den Arzt entdeckt; es ist für die Arzt-Patient-Beziehung über die Jahrtausende hinweg bis in die Gegenwart gültig geblieben.

Der Priesterarzt ist die unbestrittene Autorität, gleichsam ein Stellvertreter des Heilgottes auf Erden, dem sich der Patient ohne Wenn und Aber unterwirft.

Der Arzt als Pädagoge

Die Sophisten und Sokrates brachten nicht nur ein aufklärerisches und pädagogisches Element in die abendländische Geistes- und Kulturgeschichte, sondern gaben auch den Anstoß zur Entwicklung einer neuen Arztrolle, nämlich der des Lehrers. Der Arzt, der Gelehrte, der „Doktor", weiß, was für den Patienten gut und schlecht ist. Er übernimmt damit gleichsam die Rolle des Lehrers und Erziehers. Diese bereits in der Antike geprägte Arztrolle wurde in der Neuzeit besonders in der Epoche der Aufklärung wiederbelebt.

Der Antike verdanken wir nicht nur die Prägung der Arztrolle des Erziehers, sondern 2 weitere Arztrollen: den Arzt als Freund des Patienten und den Arzt als Steuermann und Gärtner.

Der Arzt als Freund des Patienten

Die hippokratischen Ärzte entwickelten aber nicht nur die „techne hiatrike", die ärztliche Kunst, Wissenschaft und Technik zu einer bis dahin nicht gekannten Höhe, sondern stellten auch richtungsweisende Überlegungen zur ärztlichen Ethik und zur Arzt-Patient-Beziehung an. Ein bleibendes Dokument der ärztlichen Ethik ist das als Eid des Hippokrates in die Literatur eingegangene Dokument, von dem wir heute wissen, daß es sicher nicht von Hippokrates stammt, sondern wahrscheinlich pythagoräischen Ursprungs ist. Hier interessieren uns v. a. die Überlegungen und Erfahrungen der griechischen Ärzte in bezug auf die Arzt-Patient-Beziehung.

Lain Entralgo (1969), dem ich hier folge, schreibt:

„Das Verhältnis Arzt und Patient ist vor allem Freundschaft, ‚philia'; erst danach kommt die kunstgerechte Hilfe, kommen Diagnose und Therapie – zumindest soll es so sein. Für die alten Griechen bildete die ‚philia' die Grundlage dieses Verhältnisses."

Der Begriff der Freundschaft, der „philia", dessen leidenschaftliche Steigerung der des „eros" ist, ist ein griechischer Zentralbegriff. „Die Freundschaft besteht bei Aristoteles wie bei Plato darin, das Wohl des Freundes zu wünschen und zu fördern, wobei der Freund als individuelle Verwirklichung der menschlichen Natur verstanden wird". Die „philanthropia" (Liebe zum Menschen um des Menschen willen) des Arztes war also die Voraussetzung seiner „philotechnia" (Liebe zur Heilkunst). Für den hippokratischen Arzt war die „philanthropia" immer mit der „philotechnia", aber auch mit der „physiophilia" (der Liebe zur gesamten Natur) und mit der „philosophia" (der Liebe zur Weisheit) auf das engste verbunden. Diese enge Verbindung von „philanthropia" und „philotechnia" bewirkte auch, daß der hippokratische Arzt seine ärztlichen Bemühungen einstellte, wenn er der Überzeugung war, daß es sich um eine unheilbare, um eine zwangsläufig (kat'ananken) tödliche Erkrankung handelte, gegen die ärztliche Kunst vergebens war.

Die konkrete Arzt-Patient-Beziehung aber war, worauf besonders Lain Entralgo (1969) hinweist, sehr von den äußeren, d. h. den sozialen Bedingungen des Kranken abhängig. Hier sind 3 verschiedene Behandlungsstile nachzuweisen, je nachdem, ob es sich bei den Kranken um Sklaven, um reiche Freie oder aber auch um arme Freie handelte.

Die Sklaven wurden meist gar nicht vom Arzt selbst, sondern von seinem Sklaven behandelt. Zwischen Arzt und Patient wurde kaum oder nur das Allernotwendigste gesprochen, in der Behandlung wurde wenig differenziert und einfach nach „Tyrannenart" angeordnet. Es wurde hier, wie Lain Entralgo (1969) schreibt, eine Art „Veterinärmedizin für Menschen" praktiziert.

Ganz anders verlief, nach Lain Entralgo, die Behandlung des reichen Freien. Hier wurde der Patient über seine Erkrankung und über die Art der Behandlung sorgfältig aufgeklärt, es wurde ihm gut und eindringlich zugeredet, und schließlich wurde die Behandlung möglichst individuell den Besonderheiten des Einzelfalls angepaßt. Plato beschreibt in den *Gesetzen*, wie eine solche Therapie mit Hilfe „schöner Reden" abläuft. Im *Staat* weist er später jedoch darauf hin, daß eine solche pädagogische Medizin viel Muße (scholé) verlange, so daß sich nur Reiche eine solche Behandlung, die übrigens auch oft zur Verweichlichung führe, leisten könnten.

Neben der „tyrannischen" Medizin, die bei den Sklaven angewandt wurde, und der „pädagogischen" Medizin für die Reichen beschreibt Platon noch eine 3. Art der Krankenbehandlung, die seine besondere Sympathie findet und die ihm v. a. für die armen freien Bürger, wie z. B. die Handwerker, besonders geeignet erscheint. Es ist eine Art „Radikalkur", die entweder im günstigsten Falle zur Wiederherstellung der Gesundheit (und Arbeitsfähigkeit) und im ungünstigsten Falle zum Tode führt. Bei Platon heißt es: „So stirbt er eben und ist aller Händel ledig."

Abschließend muß hier noch betont werden, daß wir diese Dreiteilung des ärztlichen Behandlungsstils nur beim „Politologen" und „Sozialphilosophen" Plato finden. Die hippokratischen Schriften sprechen nur von der „philantropia", der „philotechnia" und der „physiophilia", unabhängig vom sozialen Status der Patienten. Man kann darin einen frühen Hinweis darauf sehen, daß ärztliche und politischsoziologische Betrachtungen des Gesundheitswesens nur schwer zur Deckung zu bringen sind und einander oft widersprechen. Oder anders ausgedrückt: wie überall im Bereich menschlichen Handelns finden wir auch in der Heilkunde eine Kluft zwischen den geforderten Idealnormen und der alltäglichen praktizierten Realität.

Der Arzt als Steuermann und Gärtner

Mit der hippokratischen Schule erreicht die Medizin der Griechen einen so hohen Entwicklungsstand, daß sie über 2 Jahrtausende hinweg maßgebend und normbildend bleibt. Der Arzt als Gesundheitsexperte erreicht hier erstmals ein sehr hohes wissenschaftliches Niveau. Zwar waren auch die Vorgänger der hippokratischen Ärzte, die Medizinmänner und die Priesterärzte, schon Gesundheitsexperten, ihre „Technik" beschränkte sich aber bei den ersteren v. a. auf die Zauberei und bei den letzteren auf das religiöse Ritual; darüber hinaus verfügten sie über einen wohl recht umfangreichen, volksmedizinischen Erfahrungsschatz, sie waren „Empiriker" (empeiros), die nur aufgrund wiederholt gemachter Erfahrungen etwas zu verrichten wußten. Die neu entstehende ärztliche Kunst, Wissenschaft und Technik, die „techne hiatrike", die die allgemeine Naturlehre („physiologia"), die Heilmittelkunde („pharmakologia"), die Krankheitslehre („pathologia") und die Lehre von der wissenschaftlichen Behandlung („techne therapeutike") umfaßte, war eine Schöpfung der griechischen Ärzte. Ihr

Gesundheitsbegriff war alkmaionisch. Der Pythagoräer Alkmaion von Kroton, der im letzten Drittel des 6. Jahrhunderts v. Chr. lebte, lehrte, daß die Gesundheit durch das Gleichgewicht der Kräfte (isonomia ton dynameon), die Krankheit aber durch die Alleinherrschaft (monarchia) einer Kraft hervorgerufen würde. In der Krankheitslehre herrschte die Humoralpathologie, d. h. die Säftelehre, derzufolge Krankheit durch eine Fehlmischung der 4 Körpersäfte Blut, Schleim, gelbe und schwarze Galle hervorgerufen wird. Außerdem beherrschte der Begriff der Physis die Heilkunst, der nicht nur Körper und Seele, sondern v. a. auch das dem beseelten Leib innewohnende Lebens- und Gestaltungsprinzip umfaßte, die medizinische Theorie der hippokratischen Ärzte.

Durch diese Theorie und den Physisbegriff, der die menschliche Natur als Teil der allumfassenden Natur ja des Kosmos begreift, wird die Rolle des Arztes zu der eines Steuermanns und Gärtners. Demnach kann der Arzt selbst nichts Originäres erschaffen, sondern vermag nur die Naturkräfte zu erkennen und zu steuern. Wie ein guter Gärtner pflegt und beschützt er seine Patienten, damit sich ihre „Physis" voll entfalten kann.

Der Arzt als Samariter

Für die abendländische Kultur und natürlich auch für die Heilkunde war das Christentum über ein Jahrtausend, also zumindest über jenen Zeitabschnitt hinweg, den wir das Mittelalter nennen, die beherrschende geistige Kraft.

Das Christentum, entstanden auf dem Boden der jüdisch-alttestamentarischen Tradition, mußte sich in dem vom griechischen Geist geprägten römischen Imperium durchsetzen. Es war also von seinem geschichtlichen Ausgangspunkt her gezwungen, semitische und griechische Kulturtradition zu vereinen. Die altsemitische Anthropologie des Homo noumenon, die den Menschen als sündige Kreatur eines strafenden Gottes auffaßt, und die altgriechische Anthropologie des Homo phainomenon, die den Menschen als sinnlich erlebbares und daher erforschbares Naturwesen sieht, gelangten in der christlichen Anthropologie zu einer wenn auch nicht immer harmonischen und ausgeglichenen Synthese. Lain Entralgo drückt das treffend folgendermaßen aus:

> „Offenkundig wird die feinsinnige und zugleich machtvolle Leistung des Urchristentums. In theoretischer und geschichtlicher Wirkung vermochte es den Gegensatz zu meistern, der zwischen dem krassen griechischen Naturalismus und dem zum Mißbrauch entarteten semitischen Personalismus bestand. Hinausschreitend über die These des Semiten, der in dem Kranken einen Sünder, wie auch über die These des Griechen, der im Sünder einen Kranken sah, machte es eine Mittelweg zwischen den beiden ausfindig, es bezog den Daseins-Sinn der einen wie der anderen These in eine höhere Einheit ein und brachte es, ohne sich dergleichen zum Vorsatz gemacht zu haben, zustande, eine wahre psychosomatische Pathologie zu ermöglichen. Allerdings: nur zu ermöglichen! Denn zur Verwirklichung dieser Möglichkeit wurde die systematische Einführung einer erkundenden, therapeutisch wirksamen Methode, die von der sinnlichen Forschungsart der Griechen wie auch von der auf Messung beruhenden Forschung der Modernen verschieden war, zur Notwendigkeit: diese Methode war der Dialog. Doch nicht vor dem 20. Jahrhundert ist dieser erschienen. Obwohl es somit immer eine mehr oder minder psychosomatische Heilkunde gegeben hat, vermochte doch erst in unseren Tagen eine Heilkunde ins Leben zu treten, die eine solche Benennung wirklich verdient."

Das Novum der christlichen Anthropologie, das auch für die Heilkunde von außerordentlich weittragender Bedeutung war, ist die zentrale Stellung der christlichen

Liebe, der „agape" bzw. „caritas" und der „misericordia". Ausgehend von dem Gedanken der Gotteskindschaft, bildet sich nun erstmals das Bewußtsein, daß alle Menschen Brüder und einander daher zu Hilfe und Trost verpflichtet sind. Diese uns heute ganz selbstverständlich dünkenden Imperative ärztlichen Handelns sind christlichen Ursprungs und waren der antiken Medizin fremd. Lain Entralgo schreibt: „Es gibt Heilmethoden, die den Imperativ ‚Tröste den Kranken' nicht kennen, und eine solche Heilmethode ist die griechische". Für den auf einer so hohen wissenschaftlichen und berufsethischen Stufe stehenden hippokratischen Arzt war es ganz selbstverständlich, die Behandlung unheilbar Kranker abzulehnen. So finden wir z. B. in der hippokratischen Schrift über die ärztliche Kunst im 3. Kapitel folgende Ausführungen:

> „Zuerst werde ich abgrenzen, wofür ich die ärztliche Kunst halte, nämlich (für die Kunst), die Kranken von ihren Leiden gänzlich zu heilen, die Heftigkeit der Krankheit zu mildern und sich von der Behandlung derjenigen (Kranken) fernzuhalten, die schon von den Krankheiten überwältigt sind, in der Erkenntnis, daß die ärztliche Kunst nicht dieses alles (zu heilen) vermag" (Kapferer 1943).

Auch zur Behandlung der Mittellosen fühlte sich der hippokratische Arzt im Gegensatz zum christlichen Arzt nicht verpflichtet, worauf Lain Entralgo (1969) eindrücklich hinweist.

Für den hippokratischen Arzt war die Liebe zu den Menschen von der Liebe zur ärztlichen Kunst nicht zu trennen.

> Die „Freundschaft", die der hippokratische Arzt gegenüber dem Kranken empfand, das Ergebnis der Verbindung seiner „philanthropia" mit seiner „philotechnia" war letztlich ein Streben nach der Vervollkommnung der menschlichen Natur, individuell bezogen auf den Körper des Patienten; eine freudig verehrende Liebe zu allem in der Natur, was schön ist (die natürliche Heilkraft des Organismus), und eine ergeben verehrende Liebe gegenüber der düsteren, schrecklichen Notwendigkeit, mit der die Natur diese oder jene Krankheit tödlich oder unheilbar macht.

Der griechische Begriff der „philia" bekam nun durch das Christentum eine ganz andere Bedeutung. Aus Liebe wurde „Nächstenliebe", und die aufopfernde Pflege und Tröstung auch und gerade des unheilbar Kranken wurde ebenso wie die Behandlung der Armen zu einem christlichen Gebot.

Der Gesichtspunkt der Partnerschaft zwischen Arzt und Patient wurde durch die christliche Nächstenliebe ganz besonders betont. In der Gemeinschaft der Gläubigen und im Bewußtsein der Gotteskindschaft findet der Kranke des weiteren ein wirksames Gegengewicht gegen die durch die Krankheit hervorgerufene soziale Isolierung und im Glauben eine Hilfe gegen existentielle Not und Angst.

Das Niveau des Arztes als wissenschaftlicher Gesundheitsexperte war jedoch im Vergleich zur antiken Medizin v. a. im frühen Mittelalter stark abgesunken, nachdem durch den Germaneneinbruch zunächst die Verbindung mit der antiken ärztlichen Tradition abgebrochen und der Wissensschatz der hippokratischen Medizin verlorengegangen war. Im frühen Mittelalter gab es kaum einen selbständigen und systematisch ausgebildeten Ärztestand, sondern entweder volksmedizinische Heilkünstler, die wiederauferstandenen und nie ausgestorbenen Medizinmänner, und andererseits Priester und Mönche, die sich besonders der Krankenpflege widmeten. Dieser Zeitabschnitt war also wie die vorhippokratische Ära einerseits durch den volksmedizinischen Schatz der Erfahrungsheilkunde und durch die Magie geprägt, andererseits aber durch den christlichen Glauben.

Die unterschiedliche Behandlung von Reichen und Armen, die wir schon in der Antike festgestellt hatten, konnte aber auch das christliche Mittelalter nicht beseitigen. Nach Entralgo müssen wir auch im Spätmittelalter entsprechend der sozialen Struktur der mittelalterlichen Gesellschaft 3 Ebenen der Krankenbehandlung unterscheiden:

a) die Ebene der „Ärmsten der Armen", also der Leibeigenen und des städtischen Proletariats, die in den Klöstern und Gemeindespitälern behandelt wurden;
b) die Ebene der Handwerker und des entstehenden Bürgertums; die Behandlung dieser Patienten fand in den Wohnungen derselben durch den sich allmählich bildenden Stand der „Hausärzte" statt;
c) die Ebene der Mächtigen dieser Erde, der Fürsten, Feudalherren und hohen kirchlichen Würdenträger, die sich besonders berühmte Ärzte als „Leibärzte" in ihren Hofstaat holten.

Die Überwindung der Kluft zwischen einer Medizin für die Armen und einer für die Reichen war also auch dem Christentum nicht gelungen.

Der Arzt als Techniker, als Homo faber

Die Neuzeit unterscheidet sich von den früheren Epochen m. E. durch 2 neue Entwicklungen, die eng miteinander verbunden sind, sich gegenseitig bedingen und verstärken und zu einer revolutionären Änderung der Lebensbedingungen des Menschen auf nahezu allen Gebieten geführt haben. Ich meine einerseits die Entwicklung von Naturwissenschaft und Technik, die zur industriellen Massengesellschaft und einer sich in immer rascherem Tempo vollziehenden Änderung unserer Lebensbedingungen geführt haben, und andererseits die seit Beginn der Neuzeit einsetzende Aufklärung und Säkularisierung unseres Lebens, die nach Kant den „Ausgang des Menschen aus seiner selbstverschuldeten Unmündigkeit" zum Ziel hat. Kants Ausruf: „Sapere aude! Habe Mut, dich deines eigenen Verstandes zu bedienen!" wird zum Wahlspruch einer ganzen Epoche. Rationale Vorurteilslosigkeit und Wissenschaftlichkeit werden ebenso wie Selbstverantwortung, Liberalität und Toleranz sowie soziale Verpflichtung zu Leitbildern einer neuen Tugendhaftigkeit.

Die von der Aufklärung ausgehenden Impulse führen zu einer bisher noch nie dagewesenen Blüte der Wissenschaften und zu relativ liberalen Gesellschaftsordnungen, hatten aber andererseits durch Zurückdrängen und teilweise Auflösung von Mythos und Religion eine metaphysische Entwurzelung des modernen Menschen zur Folge, die zu der noch keineswegs überwundenen „Sinnkrise" unserer Epoche geführt hat. Im Bereich der Arzt-Patient-Beziehung sind ebenfalls bemerkenswerte Veränderungen festzustellen. Der Appell an die Vernunft hatte zur Folge, daß man im Arzt immer mehr einen Experten sah, der über vernünftige Lebensweise zu belehren und vor gesundheitlichen Gefahren gewarnt hatte. In dieser Epoche gewann die Arzt-Patient-Beziehung immer mehr Aspekte eines Lehrer-Schüler-Verhältnisses. Die bereits in der Antike geprägte Rolle des Arztes als Lehrer erwachte in dieser Epoche zu neuem Leben. Da der Arzt aber nun nicht mehr dem Wohl des einzelnen, sondern ebenso dem Gemeinwohl und der „allgemeinen Wohlfahrt" verpflichtet war, geriet er in das Spannungsfeld zwischen Individuum und Gemeinschaft, in das er bis heute tief verstrickt ist. Ideen einer Sozialisierung der Medizin haben, worauf Schipperges (1970) hinweist, ebenso ihren Ursprung im Gedankengut der Aufklärung wie der heute so oft zu hörende Ruf nach dem „mündigen Patienten" und einer neuen Partnerschaft zwischen Arzt und Patient. Mit diesen skizzenhaften Anmerkungen zum unmittelbaren Einfluß der Aufklärung auf die Medizin wollen wir uns nun ihrem mehr mittelbaren Einfluß auf das Arzt-Patient-Verhältnis zuwenden, der auf die sich rasch entwickelnde Naturwissenschaft und Technik zurückgeht, die unser ganzes modernes Leben umgestaltet haben.

Bis zum Beginn der Neuzeit bildeten die hippokratische Lehre, v. a. in der durch Galen systematisierten Form, einerseits und die christliche Lehre und Anthropologie andererseits gemeinsam mit stark magischen Elementen die Grundlagen der Heilkunde. Durch die Naturwissenschaften wurden völlig neue Fundamente gelegt. Natürlich war auf sorgfältiger Beobachtung aufgebaute Erfahrung zu allen Zeiten, also auch in der vornaturwissenschaftlichen Medizin, die Grundlage begründeten ärztlichen Handelns gewesen. Dieses präzise Beobachten und Beschreiben wurde nun aber ganz besonders verfeinert und in den Mittelpunkt des wissenschaftlichen Interesses gerückt, was zur Folge hatte, daß im Gegensatz zu den philosophisch-scholastischen Spekulationen des Mittelalters in den Wissenschaften der Neuzeit die Empirie den unbestrittenen Vorrang vor jeder Theorie einzunehmen begann. Die neuen Forschungsmethoden, die die Naturwissenschaften kennzeichnen, sind das Experiment und das quantifizierende Messen. Diesen Methoden verdanken Physik und Chemie ihren enormen Aufschwung. Sie haben sich auch in der Medizin außerordentlich bewährt, und in rascher Folge wurde dadurch die Ätiologie und Pathogenese vieler bisher unbehandelbarer organischer Erkrankungen aufgeklärt und damit ihre wirkungsvolle Behandlung ermöglicht. Es zeigt sich also, daß die neue naturwissenschaftliche Methode nicht zur Erweiterung des Wissens führte, sondern partiell sogar eine Rekonstruktion und Beherrschung der Natur ermöglichte. Die Entwicklung unserer modernen Technik ist letztlich erst durch die naturwissenschaftliche Methode des Forschens ermöglicht worden und wird durch sie stets weitergetrieben. Ein Ende dieses Erkenntnis- und Beherrschungsprozesses der Natur ist, trotz vieler Ungereimtheiten, Spannungen und Schwierigkeiten, die daraus entstehen, noch nirgends abzusehen, sofern er nicht, wie zu befürchten ist, zur Zerstörung von Natur und Umwelt führt und sich dadurch selbst aufhebt.

Auch in der Medizin schien es so, als sei die naturwissenschaftliche Methode schlechthin und die Medizin nichts als angewandte Naturwissenschaft. Dadurch hat sich auch zwangsläufig das Selbstverständnis des Arztes gewandelt. Er ist in erster Linie naturwissenschaftlicher Experte, und der Patient ist Objekt seiner diagnostischen und therapeutischen Bemühungen. An die Stelle des leibseelischen Physisbegriffs der Hippokratiker ist das Maschinenmodell des Organismus getreten. Die alten Begriffe der „philanthropia", der „philotechnia" und der „physiophilia", aber auch der „caritas" haben in den nüchternen Modellen der objektivierenden naturwissenschaftlichen Medizin keinen Platz mehr.

Die neue Rolle des Arztes als naturwissenschaftlicher Experte, als perfektionierter Techniker, der beinahe Wunder – wie z. B. Organtransplantationen – vollbringt und durch komplizierte Apparaturen das Sterben, wenn nicht verhindern, so doch entscheidend hinauszögern kann, nährt aber eine gefährliche Wunschvorstellung, die bereits einem Wahn ähnelt; dem Wahn nämlich, fast alles sei machbar, und es sei nur eine Frage der Zeit, bis wir Krankheit und Tod endgültig besiegt haben.

In dieser Situation besteht die Gefahr, daß sich die Patienten mit ihren unbefriedigten magischen und metaphysischen Bedürfnissen, oft sehr zum Schaden ihrer Gesundheit, in zunehmendem Maß paramedizinischen Heilpraktikern oder heilversprechenden Sekten zuwenden. Wo sie andererseits im Rahmen der wissenschaftlich-technischen Medizin bleiben, werden die Ansprüche an diese technische „Wundermedizin" und an die „Halbgötter in Weiß" ins Unerfüllbare gesteigert, was dann über kurz oder lang zu um so tieferen Enttäuschungsreaktionen führen muß.

Der Arzt als Partner. Auf der Suche nach einer neuen Arztrolle

Im gerafften und damit natürlich auch unvollständigen historischen Überblick konnten wir, abhängig von der jeweiligen geschichtlichen Situation, recht unterschiedliche Arztrollen und sehr verschiedene Formen der Arzt-Patient-Beziehung herausarbeiten, die natürlich keineswegs streng voneinander zu trennen sind, sondern sich ständig vermischen und überlagern. Ihre Aufgabe, Experten und Partner zu sein, haben die Ärzte zu verschiedenen Zeiten in unterschiedlicher Weise erfüllt:

Auf der prähistorischen Stufe des magischen Animismus ist der Arzt selbst Magier, Medizinmann, Schamane. Auf der theurgischen Stufe wird er zum Priesterarzt, der mit religiösen Ritualen die Arzt-Patient-Beziehung gestaltet. Auf dem Boden der großartigen hippokratischen Medizin wird die bis dahin magische und mythische Beziehung zwischen dem Arzt und dem Kranken zur „philia", zur Freundschaft, und später im christlichen Mittelalter zur „caritas" (Nächstenliebe) und zur „misericordia" (Mitleid, Barmherzigkeit) sublimiert. Unter dem Einfluß der Aufklärung wird die Arzt-Patient-Beziehung dann mehr zu einem Lehrer-Schüler-Verhältnis.

Der enorme Aufschwung der naturwissenschaftlich-technischen Medizin hat zu einem Bruch dieser jahrtausendealten Entwicklung geführt und dadurch die Arzt-Patient-Beziehung in eine Krise gebracht; denn für die großen, erst durch die naturwissenschaftliche Methode ermöglichten Fortschritte der Heilkunde mußte ein hoher Preis gezahlt werden: Der naturwissenschaftliche Arzt wurde ein zwar sehr perfektionierter, aber *einseitiger Experte* für alle sog. organischen Erkrankungen, verlor aber zwangsläufig alle subjektiven Aspekte des Krankheitsgeschehens, wie das weite Feld der neurotischen und psychosomatischen Erkrankungen, völlig aus den Augen, da diese mit der naturwissenschaftlichen Methode nicht oder nur unzureichend erfaßt werden können. Die naturwissenschaftliche Methode hat den Arzt jedoch nicht nur zu einem einseitig auf die Organe spezialisierten Experten gemacht, sondern ihn darüber hinaus auch seiner Partnerfunktion gegenüber dem Patienten beraubt, die er seit Jahrtausenden innehatte, denn Partnerschaft zur Überwindung sozialer Isolierung und zur Bewältigung existentieller Not und Angst läßt sich nur schwer mit der naturwissenschaftlichen Methode der sachlichen Objektivität vereinen.

Alle bisher erwähnten Arztrollen, die jeweils in verschiedenen Epochen vorherrschend waren, beanspruchen aber nicht nur historisches Interesse. Auch der Arzt der Gegenwart kann seine vielfältigen Aufgaben nur optimal bewältigen, wenn er – je nach Erfordernis der Situation – in der Lage ist, allen erwähnten Rollen voll gerecht zu werden. Dies ist nicht leicht und fällt ihm i. allg. um so schwerer, als die Medizinerausbildung gegenwärtig weltweit ganz einseitig auf die Rolle des naturwissenschaftlichen Experten ausgerichtet und auf diese eingeengt ist.

Um die Defizite in der gegenwärtigen Medizinerausbildung zu verringern, scheint mir daher notwendig zu sein, dem Arzt von morgen nicht nur neue Wissensgebiete zu erschließen, sondern ihm v. a. ein neues Rollenverständnis zu vermitteln, das ihm ermöglicht, von Fall zu Fall verschiedene typische Arztrollen einzunehmen und nicht ausschließlich auf die des naturwissenschaftlichen Experten fixiert zu sein.

Von der Psychoanalyse und der Kommunikationstheorie haben wir gelernt, daß nicht zuletzt die Art und Qualität der Arzt-Patient-Beziehung darüber entscheidet, was erkannt und wie gehandelt wird. Art und Qualität der Arzt-Patient-Beziehung hängen aber ganz wesentlich vom Rollenverständnis des Arztes ab.

Der Arzt von morgen sollte daher, nach meiner Auffassung, in seinem Selbstverständnis der *Partner seiner Patienten* sein, der mit ihnen *gemeinsam Erkenntnisse erarbeitet und gemeinsam Konsequenzen aus diesen Erkenntnissen zieht.* Das schließt natürlich nicht aus, daß bei akuten und insbesondere bei chirurgischen Erkrankungen der aktive Teil der Partnerschaft vorwiegend beim Arzt anzutreffen sein wird. Bei chronischen und vorwiegend psychosomatischen Erkrankungen jedoch sollte der aktive Anteil der Partnerschaft stärker auf den Patienten übergehen.

Literatur

Ackerknecht E (1957) Kurze Geschichte der Psychiatrie. Enke, Stuttgart
Alexander FG, Selesnick ST (1969) Geschichte der Psychiatrie. Diana, Zürich
Argelander H (1970) Das Erstinterview in der Psychotherapie. Wissenschaftliche Buchgesellschaft, Darmstadt
Balint M (1957) Der Arzt, sein Patient und die Krankheit. Klett-Cotta, Stuttgart
Balint M, Balint E (1980) Psychotherapeutische Techniken in der Medizin. Huber, Bern
Braun RN (1970) Lehrbuch der ärztlichen Allgemeinpraxis. Urban & Schwarzenberg, München
Cannon WB (1953) Bodily changes in pain, hunger, fear and hope. Branforal, Boston
Diepgen P (1949) Geschichte der Medizin (3 Bde). De Gruyter, Berlin
Engel G (1970) Psychisches Verhalten in Gesundheit und Krankheit. Huber, Bern Stuttgart Wien
Kapferer R (1943) Hippokrates-Fibel. Hippokrates, Stuttgart
Lain Entralgo P (1969) Arzt und Patient. Kindler, München
Lain Entralgo P (1969) Heilkunde in geschichtlicher Entscheidung. Müller, Salzburg
Langen D (1963) Archaische Ekstase und asiatische Meditation. Hippokrates, Stuttgart
Leibbrand W (1953) Heilkunde. Eine Problemgeschichte der Medizin. Alber, Freiburg München
Levy-Bruhl L (^{2}1926) Das Denken der Naturvölker. Braumüller, Wien Leipzig
Levy-Bruhl L (^{2}1956) Die Seele der Primitiven. Diederichs, Düsseldorf
Levy-Bruhl L (^{2}1959) Die geistige Welt der Primitiven. Diederichs, Düsseldorf
Schipperges H (1968) Utopien der Medizin. Geschichte und Kritik der ärztlichen Ideologie des 19. Jahrhunderts. Müller, Salzburg
Schipperges H (1970) Moderne Medizin im Spiegel der Geschichte. Thieme, Stuttgart
Schipperges H (Hrsg) (1978) Krankheit, Heilkunst, Heilung. Historische Anthropologie (Bd 1). Alber, Freiburg München
Schumacher J (1963) Die Anfänge der abendländischen Medizin in der griechischen Antike. Kohlhammer, Stuttgart
Schumacher J (^{2}1963) Antike Medizin. De Gruyter, Berlin
Uexküll T von, et al. (1979) Lehrbuch der psychosomatischen Medizin. Urban & Schwarzenberg, Berlin München Wien

Wesiack W (1980) Psychoanalyse und praktische Medizin. Klett-Cotta, Stuttgart
Wesiack W (1984) Psychosomatische Medizin in der ärztlichen Praxis. Urban & Schwarzenberg, Baltimore München Wien
Wesiack W (1984) Grundzüge der psychosomatischen Medizin. Springer, Berlin Heidelberg New York Tokyo
Wyss D (1961) Die tiefenpsychologischen Schulen von den Anfängen bis zur Gegenwart. Vandenhoeck & Ruprecht, Göttingen Zürich
Zilborg G (1941) A History of Medical Psychology. Norton, New York

Unbewußtes in der Arzt-Patient-Beziehung

O. Frischenschlager, E. Ringel

Einführung

Im folgenden Beitrag wird versucht, einige Erklärungsansätze für das in mancher Hinsicht an seine Grenzen geratene Handlungsparadigma der heutigen Medizin zu liefern. Tatsächlich gerät sie in zunehmend laut vorgetragene, aber auch stumm ausgetragene Kritik. Mit ersterer hat sich jüngst etwa Schäfer (1986) beschäftigt, das Ausmaß letzterer läßt sich an der Complianceproblematik abschätzen: 30–60% der Patienten (je nach Art der Erkrankung) befolgen ärztliche Anordnungen nicht (Heim 1986). Wir müssen nach unserem derzeitigen Wissen davon ausgehen, daß hierfür in den meisten Fällen eine mißlungene Arzt-Patient-Beziehung verantwortlich ist. Ebenfalls als Ausdruck stummer Kritik an der heutigen Medizin ist die zunehmende Hinwendung zu paramedizinischen Behandlungsmethoden anzusehen. Die Gründe für diese Entwicklung sind mannigfach. So sind es zum einen zweifellos magische Heilserwartungen, die Patienten in die Hände von „Heilern" bzw. (oftmals mit einem gewissen Charisma ausgestatteten) paramedizinischen Therapeuten führen, deren Behandlungsmethoden (Magnetisieren, Aurabehandlungen, Blütentherapie etc.) im Hinblick auf ihre Effizienz nicht genügend untersucht sind, zum anderen mag daran auch Angst vor eingreifenden oder verstümmelnden Behandlungen seitens der Schulmedizin beteiligt sein, die im paramedizinischen Bereich kaum zur Anwendung kommen.

Andererseits existieren eine Reihe von – seitens der Schulmedizin nicht anerkannten – Therapien, die, mit Erfahrung und Kenntnis angewandt, ausgezeichnete Ergebnisse bringen.

Ihnen gegenüber werden manchmal irrationale Barrieren errichtet (Bachmann 1983), die es dem Patienten schwer machen, da sie ihn in ein Entweder–Oder drängen, wo sie einander fruchtbar ergänzen könnten.

Im folgenden wird versucht, einen Beitrag zum Verständnis der hier skizzierten Entwicklung zu leisten.

Regressiver Krankheitsbegriff und therapeutisches Handeln

Schäfer (1986) nennt 2 Gründe für die Kritik an der Medizin. Der eine bezieht sich auf die Ausklammerung des Psychischen, was im Extrem so weit geht, daß selbst psychische Erkrankungen auf organische Defekte zurückgeführt werden. Zweitens

Wagner (Hrsg.), Medizin – Momente der Veränderung
© Springer-Verlag Berlin Heidelberg 1989

führt Schäfer an, daß es der Schulmedizin an einem durchgängigen ätiologischen Konzept mangele. Sie beschränke sich auf die Erforschung der pathophysiologischen Mechanismen, verschwende jedoch „kaum einen Gedanken an die Frage, weshalb denn diese Defekte aufgetreten sind" (S. 267).

Diese beiden Punkte hängen unseres Erachtens eng zusammen. Um dies zu veranschaulichen, bedarf es einer grundlegenden Erörterung des Selbstverständnisses der hier kritisierten Medizin, das in ihrem Krankheitsbegriff, aus dem therapeutische Handlungen abgeleitet werden, verankert ist.

Leriche (zit. nach Canguilhem 1979) meinte etwa in der Mitte des vorigen Jahrhunderts, „Gesundheit [liege] im Schweigen der Organe".

In diesem Verständnis von Gesundheit/Krankheit ist die Subjektivität des Betroffenen zwar noch nicht ausdrücklich angesprochen, aber doch schon angelegt. Wenn die Organe nicht schweigen, machen sie sich unangenehm bemerkbar, und damit wäre der Tatbestand von Krankheit, abgelesen am Leiden der betroffenen Person, gegeben.

Ihre Fortsetzung findet diese Auffassung in der heutigen WHO-Definition, der es als fortschrittlich anzurechnen ist, daß sie die Subjektivität des Leidenden (Patienten) einbezieht: Gesundheit sei der Zustand „völligen körperlichen, seelischen und sozialen Wohlbefindens" (zit. nach Eder 1984).

Dieser Krankheits- (bzw. Gesundheits)begriff wird hier deshalb als fortschrittlich bezeichnet, da es in der Medizin, die einer mittlerweile überholten Methodologie der Naturwissenschaft des 19. Jahrhunderts anhängt, lange Zeit selbstverständlich war, die Subjektivität als Störvariable auszuklammern (Frischenschlager 1986a).

Es muß jedoch eingewendet werden, daß in dieser WHO-Definition eine Vorstellung von Gesundheit zum Ausdruck kommt, in der einerseits eine regressive, konsumatorische Haltung angelegt ist, denn die meisten Tätigkeiten, die uns zu persönlicher oder kultureller Entwicklung verhelfen, gehen nicht mit Wohlbefinden einher, sondern in der Regel mit Mühe und Verzicht.

Andererseits wird hiermit inhaltlich ein Zustand bestimmt, der den Umgang mit seinem Negativ präformiert, da ja alles, was nicht diesem Verständnis von Gesundheit entspricht, als krank zu bezeichnen ist. Krankheit, somit reduziert auf Beschwerden, lästige Symptome, wird dann nurmehr als etwas gesehen, was es zu beseitigen gilt. Ebenso verkürzt ist in der Folge das schulmedizinische Verständnis von Therapie und Heilung. Letztere begnügt sich mit dem Verschwinden von Symptomen.

Aus den hier angedeuteten Konsequenzen dieses Verständnisses von Gesundheit/Krankheit wird verständlich, weshalb sich diese Medizin auf die Erforschung pathophysiologischer Mechanismen beschränkt und eine über die Beseitigung von Symptomen hinausgehende Beschäftigung mit dem Kranken als überflüssig empfindet.

Eine Medizin, die auf diesen Prämissen ihr Denken und ihre Pragmatik entwickelt, wird sich daher notwendigerweise kurzsichtig gegen eine psychosomatische Perspektive wehren bzw. einem biopsychosozialen Krankheitsbegriff (Engel 1977) verständnislos gegenüberstehen. Mehr noch, die Abwehr der emotionalen Beziehung zum Patienten und einige andere Charakteristika der Schulmedizin (s. auch Schäfer) entsprechen exakt den Eigenschaften, die für psychosomatisch kranke Patienten als charakteristisch erachtet werden. Der starre Rückgriff auf das naturwissenschaftlich-technische Selbstverständnis der Medizin erweist sich als Rationalisierung dieser Abwehr.

Das Konzept einer spezifischen Persönlichkeitsstruktur des psychosomatisch Kranken wurde unter dem Namen „Alexithymie" (Nemiah u. Sifneos 1970) im englischen Sprachraum, als „psychosomatisches Phänomen" (Stephanos 1979) in Deutschland und v. a. in Frankreich theoretisch ausgearbeitet. Die französischen Vertreter Marty u. De M'uzan (1978) nannten 3 Charakteristika des psychosomatisch kranken Patienten, die im wesentlichen auch in den anderen beiden genannten Arbeiten enthalten sind:

Sie stellten zum ersten ein operationales Denken („pensée opératoire") fest, der gekennzeichnet ist durch ein Festhalten am unmittelbar Faktischen, das nur logisch-kausal strukturiert ist. Es bleibt von der Phantasie, also der inneren Welt, abgekoppelt, was sich dann zum zweiten auch in der Sprache („langage dévitalisé") ausdrückt. Die drittens festgestellte Vermeidung emotionaler Bezogenheit seitens des psychosomatisch kranken Patienten (auf die Kritik von Zepf u. Gattig 1982 wird hier nicht eingegangen, da sie nicht unseren Diskussionspunkt trifft), die er in die Beziehung zum Arzt hineinträgt, wirkt sich besonders problematisch aus, wenn ihr seitens des Arztes entsprochen wird. Das Emotionale, das nun von beiden vermieden wird, ist nun im beidseits Unbewußten, was weitreichendste Folgen hat, die von Beteiligten daher auch nicht verstanden werden können. Ein Großteil der Beziehungsunfälle zwischen Arzt und Patient geht auf dieses Konto und kann an der eingangs erwähnten, enorm hohen Noncompliancerate abgelesen werden.

Die Folgen sind im einzelnen: Schwierigkeiten des Arztes mit dem aktiven Patienten (Ringel 1986a, b); des weiteren ist die grundlegende Schwierigkeit des Arztes zu nennen, sich empathisch auf die Ebene des Patienten einzustellen (Wodak 1986, Wimmer et al. 1981).

Es scheint, als ob dies wiederum für die Krebserkrankungen, die in vieler Hinsicht ein Extrem darstellen, im besonderen Maße gilt. Die Vermutung liegt nahe, daß die hier beschriebene Abwehr gegenüber Krebskranken besonders hoch errichtet wird, um schmerzhafte Erlebnisse, wie z. B. die eigene therapeutische Hilflosigkeit, zu vermeiden. Daraus resultieren dann auch oftmals besonders aggressive, an geringster Einfühlung mangelnde Umgangsformen.

Ganz im Gegensatz dazu kommt Canguilhem (1977) – getreu der alten medizinischen Vorgehensweise, wonach von der Pathologie die Physiologie erschlossen wird – zu dem Ergebnis, daß nicht Gesundheit, wie oben beschrieben, positiv bestimmbar wäre, sondern im Gegenteil, nur Krankheit uns im positiven Sinne zugänglich ist, wobei auch dabei Schwierigkeiten auftreten. Wichtiger sei es, Gesundheit und Krankheit in ihrer Beziehung zueinander zu sehen. Die Folgen für das Begriffspaar Gesundheit/Krankheit sind, wenn die statische Perspektive zugunsten einer dynamischen verlassen wird, außerordentlich groß. Aus einer scheinbaren Polarität wird eine funktionale Beziehung. Schwankungen des Gleichgewichts dienen seiner Wiederherstellung und können darüber hinaus mit tiefenpsychologischer Hilfe auch verstanden werden. Das Erkranken steht also im Dienste der Krisenbewältigung, ist Ausdruck einer in der spezifischen Phase der Entwicklung des Organismus für ihn notwendigen Regression und führt in der Regel nach der Bewältigung der Krise zu einer Ebene höheren Differenzierungsgrades.

Es ist daher Canguilhem zuzustimmen, wenn er die Fähigkeit, ab und zu krank zu werden, als wichtigen Aspekt von Gesundheit bezeichnet. Der Organismus befindet sich in stetem Bemühen um ein Gleichgewicht, das er nie erreicht. Somit wird Gesundheit zu einem Zustand, der nur in Negation gefaßt werden kann: Sie besteht in dem Ausmaß, in dem die Entwicklung des Organismus nicht blockiert ist. Der Stillstand, die Verhinderung von Weiterentwicklung, wie immer sie sich auch manifestiert, würde demnach als Krankheit bezeichnet werden. Das subjektive Leiden ist somit auch nicht notwendiges Kennzeichen von Krankheit, sein Fehlen aber auch kein Indiz für Gesundheit. Um es plakativ zu sagen: Dieser hier kurz ausgeführte (negative) Gesundheitsbegriff liegt Freuds „normalem Unglück" näher als dem Paradies, das sich hinter dem infantil zu nennenden Ziel „umfassender Beschwerdefreiheit" (WHO) bzw. der „vollständigen Anpassung des Organismus" (Eder 1984) verbirgt.

Folgen der gemeinsamen Abwehr – eine „folie à deux"?

Nach diesen Vorbemerkungen können wir uns den mannigfachen konkreten Auswirkungen in der medizinischen Praxis, in der Arzt-Patient-Beziehung zuwenden.

Wenn man unterstellt – und das kann bei einer zunehmenden Anzahl von Erkrankungen getan werden –, daß psychosozialen Faktoren ein bestimmtes ätiologisches Gewicht zukommt, daß also Krankheit aus der Psychodynamik des Patienten heraus verstanden werden kann, dann heißt es doch, im Dienste des Widerstands des Patienten (gegen Aufklärung, gegen Bewußtwerdung) handeln, wenn der Arzt es sich zur Aufgabe macht und es dabei bewenden läßt, dem Wunsch des Patienten zu entsprechen, von körperlicher Symptomatik (und was dahinter sich verbergen mag) nicht mehr belästigt zu werden. Der Anspruch der Schulmedizin an Heilung, nämlich den Status qou ante wieder herbeizuführen (s. Re-paratur), verweist auf die Geschichtslosigkeit und Mechanik ihres Denkens.

Gerade dadurch werden Menschen, wie schon oftmals angemerkt wurde, wie tote, physikalischen Gesetzen gehorchende Objekte behandelt, anstatt sie in ihrer Historizität und Dynamik zu verstehen (Horn et al. 1985, v. Uexküll u. Wesiack 1986, Mitscherlich 1984).

Dem Patienten wiederum gelingt es unter solchen Umständen meist glatt, aber nicht schmerzlos und auch nicht, ohne einen bestimmten, teilweise hohen Preis dafür zu bezahlen (Frischenschlager 1986b), das beunruhigende Symptom zu vergessen und damit die ihm möglicherweise zugrundeliegende Problematik zu verdrängen.

Der ontologische Krankheitsbegriff

Wir müssen uns nun einem weiteren Problem zuwenden, das sich aus tiefer unbewußten Schichten des medizinischen Krankheitsbegriffs ergibt.

In den Erwartungen des Patienten an den Arzt ist sehr oft eine archaische Beziehung zur Krankheit enthalten, die als ontologischer Krankheitsbegriff (Magin 1981) bezeichnet wird. Das Beziehungsangebot des Patienten lautet ja, wie schon gesagt, meist: „Sieh, hier hab' ich etwas, das tut mir weh, das beunruhigt mich! Schaff mir das weg!" Es wird dabei das Symptom als etwas Böses empfunden, das der Patient nicht als zu sich zugehörig, sondern als etwas ihm Fremdes betrachtet.

Diese Spaltung in einen guten und einen bösen Teil, die v. a. bei Tumorerkrankungen besonders deutlich ist, kann den Arzt dazu verführen, die Krankheit mit dem

Symptom zu identifizieren und unbewußt zu personalisieren (Frischenschlager 1986b). Es wird dabei dem mit der Krankheit gleichgesetzten Symptom unbewußt eine eigene Existenz zugeschrieben.

Diese Vorstellung von Krankheit hat ihre Wurzeln in der Antike, sie entspricht einer animistischen Weltauffassung (Topitsch 1979). Ihre Ausläufer lassen sich jedoch durch die gesamte Geschichte bis zur Gegenwart verfolgen und spielen natürlich v. a. in der kindlichen Welt, die im Erwachsenen fortlebt, eine wichtige Rolle. Es zeigt sich, daß auch die Wissenschaft, so sehr sie sich auch um Rationalität bemüht, keineswegs gegen archaisches Denken gefeit ist.

Beispiele hierfür gibt es zahlreiche: z. B. wird immer wieder vom „Tumorträger" oder „Krebsträger" gesprochen, oder kürzlich wurde für die Polioimpfung geworben: „Die Kinderlähmung kennt nur zwei Sorten von Menschen, die Geimpften und die nicht Geimpften." Auch in der „Besessenheit", sei es von einer Idee oder von einem Wahn, drückten sich bildliche Vorstellungen aus, wonach die Krankheit auf den Menschen herabkomme, sich auf ihm festsetze, von ihm Besitz ergreife.

Wo diese in der Regel unbewußte Vorstellung herrscht, wird Therapie zum Exorzismus, zur Austreibung des Bösen (= Symptoms), oder gerät in bedenkliche Nähe desselben. Viele medizinische Ausdrücke machen deutlich, daß Krieg gegen das Böse geführt wird. Auch diese Erscheinung ist vorrangig bei „bösartigen Tumoren" anzutreffen.

Das Fatale an diesem meist unbewußten Krankheitsbegriff ist, daß die Aufspaltung in einen guten und einen zu bekämpfenden Teil des Patienten so weit gehen kann, daß vergessen wird, daß an dem bekämpften Symptom ein leidender Mensch hängt.

Es wird ja erst seit einigen Jahren, seit der technizistischen Medizin mit mehr Skepsis begegnet wird, der Frage der Lebensqualität mehr Raum gegeben und gesehen, wie sehr die Spirale der iatrogenen Belastungen (insbesondere wieder bei Krebserkrankungen) zu den Belastungen der Erkrankung selbst hinzukommt (Bahnson 1986).

Eine weitere Folge dieser Beziehungs- und Bedeutungskonstellation im Rahmen des Dreiecks Arzt–Patient–Symptom ist, daß der Patient, der sich von der ihm fremden, im eigentlichen Sinne entfremdeten Entität „Krankheit" losgelöst fühlt, sich nun beim Arzt abliefert, mit dem Anspruch der „Re-paratur", also der Herstellung des Status quo ante (den es nicht gibt). Dazu gehört in der Regel auch, daß er sich ent-mündigt, was wiederum einer vorrangig technischen, im Arzt repräsentierten Medizin entgegen-kommt; ist doch die Technik, die Be-handlung, das Eingreifen in den Organismus ohne das Subjekt der Erkrankung, das dabei eher als störend empfunden wird, leichter zu vollziehen. Auch die Verführung des Arztes, das Beziehungsangebot des Patienten, das ihn mit Allmacht ausstattet, allzu gern anzunehmen, darf nicht unerwähnt bleiben.

Wenn also dann die eingeschränkte Perspektive des technisch-naturwissenschaftli-chen Handlungsparadigmas und die regressiven Wünsche des Patienten, der den Arzt in seinen Fähigkeiten idealisiert, indem er erwartet, daß dieser ihn von dem „bösen" Symptom befreit, zusammentreffen und in der eingangs zitierten regressiven sowie der ontologischen Krankheitsauffassung ihre theoretische Entsprechung finden, ist der Kreis geschlossen und der Grundstein für diese Medizin, die „Schulmedizin" gelegt. Es sind also psychische Faktoren an dem Verharren der Medizin auf dem längst überholten Stand der Naturwissenschaft des 19. Jahrhunderts, auf Galileis Forderun-gen nach Meßbarkeit und Wiederholbarkeit der Beobachtung und auf der damit verbundenen Objektivitätsforderung beteiligt. Die Weiterentwicklung dieser veralteten

Methodologie besteht darin, die Subjektivität des Betrachters und, insbesondere in den Humanwissenschaften, die des Objekts nicht wie bisher zu eliminieren, sondern reflektierend für den Erkenntnisprozeß fruchtbar zu machen.

Was erst gegen großen Widerstand (wieder psychologisch verstehbar) Zugang zur medizinischen Handlungsreflexion findet, ist, daß jeder Eingriff in ein komplexes System, nicht erst der operative, Folgen nach sich zieht; jedes Gespräch, jede Geste, jeder Blick (s. Balints Beitrag für die Medizin aus dem Jahr 1980).

Mit Hilfe des „Johari-Fensters" (Luft 1977; benannt nach den Autoren Joseph Luft und Harry Ingham) läßt sich das kommunikative Geschehen zwischen Arzt und Patient auf einfache Weise bildhaft darstellen.

I: Der Bereich der freien Aktivität. Sowohl Arzt als auch Patient wissen, was sie tun. Es ist der Bereich der Kommunikation, der beiden bekannt und bewußt ist.
II: Der Bereich des blinden Flecks. Damit ist der Bereich des Arztes gemeint, der ihm nicht bekannt/ bewußt ist, wohl aber dem Patienten. Aus der Sicht des Arztes wäre dies sein blinder Fleck.
III: Der Bereich des Vermeidens und Verbergens. Hier ist das angesprochen, was dem Arzt wohl bekannt ist, was er jedoch seinem Gegenüber verbirgt. In den Bereichen II und III gilt dasselbe natürlich für den Patienten.
IV: Der Bereich der unbekannten/unbewußten Aktivitäten. Beide Beteiligten wissen nicht, was sie tun bzw. was mit ihnen getan wird.

Gerade eine eingeschränkte Perspektive wie die naturwissenschaftlich-technische ist hinsichtlich des 4. Bereichs besonders anfällig. So können unbewußt[1] stattfindende Versuche, bestimmte Bereiche des Körpers auszugrenzen, die konfliktbeladen sind (Kutter 1981), in amputativen Eingriffen mit therapeutischer Intention ihre Entsprechung finden. Der Patient hätte demnach den Arzt erfolgreich, ohne daß es beiden je zu Bewußtsein kommt, dazu verführt, der verlängerte Arm der eigenen autoaggressiven Tendenz zu sein.

Die enorme Aggressivität der Schulmedizin wird in der täglichen Routine zumeist gänzlich ausgeblendet. Sie trifft ja nur den „bösen" Teil des Patienten. Die dabei

---

[1] Diese autoaggressiven Tendenzen können selbstverständlich auch bewußtseinsnah sein. So sind uns einige Patientinnen bekannt, die sich in jüngerem Alter wegen Menstruationsbeschwerden hysterektomieren ließen und in der Folge meinten, sie seien froh, von dem ohnedies nur Probleme bereitendem Organ befreit zu sein. Es wurde auch beobachtet, daß mit der Amputation einer Brust immer wiederkehrende, quälende Verfolgungsträume der Patientin abrupt ausblieben.

vollzogene Spaltung, in einen guten Teil und einen bösen, wird vom Arzt in der Regel nicht bemerkt und daher übernommen. Er selbst „tut ja auch nur das Beste" für den Patienten. Je nachdem, wieviel dabei zum Bewußtsein gelangt, sind diese Prozesse zwischen Bereich 2 und 4 des Johari-Fensters anzusiedeln. Es wurde bereits auf das Ausblenden der „Nebenwirkungen", die oft weitreichende Verstümmelungen sind, hingewiesen.

Wir können zusammenfassend über die Entwicklung der Schulmedizin die Vermutung aussprechen, daß psychologische, soziale und Faktoren, die im Bereich der Wissenschaftsentwicklung anzusiedeln sind, sich wechselseitig in einer Weise ergänzen, daß von einem spiralförmigen Prozeß gesprochen werden kann.

Das Beziehungsangebot des zumeist regressiven Patienten trifft beim Arzt auf einen regressiven Krankheitsbegriff, der ihn unmerklich in seinem Wunsch nach Wieder-gutmachung bestätigt. Seine Aufspaltung in einen erhaltenswerten und einen zu bekämpfenden Teil wird von der Schulmedizin direkt übernommen. Die Dynamik von Konflikten und Abwehrvorgängen wird vom Patient wie auch vom Arzt ausgeblendet, solange, bis die naturwissenschaftlich-technische Medizin, der die ihr zukommenden Meriten keineswegs abgesprochen werden sollen, das getreue Abbild des alexithymen, psychosomatisch kranken Patienten darstellt.

Literatur

Bachmann C (1983) Die Krebsmafia. Fischer, Frankfurt
Bahnson CB (³1986) Das Krebsproblem in psychosomatischer Dimension. In: Uexküll T von (Hrsg) Psychosomatische Medizin. Urban & Schwarzenberg, München Wien
Balint M (1980) Der Arzt, sein Patient und die Krankheit. Klett, Stuttgart
Canguilhem G (1977) Das Normale und das Pathologische. Ullstein, Frankfurt Berlin Wien
Eder M (1984) Einleitung. In: Eder M, Gedigk P (Hrsg) Lehrbuch der allgemeinen Pathologie und der pathologischen Anatomie. Springer, Berlin Heidelberg New York Tokyo
Engel GL (1977) The need for a new medical model: a challenge for biomedical medicine. Science 196:129–136
Frischenschlager O (1986a) Einführung. In: Ringel E, Frischenschlager O (Hrsg) Vom Überleben zum Leben. Psychische und soziale Aspekte der Krebserkrankung. Maudrich, Wien
Frischenschlager O (1986b) Kommunikative Probleme zwischen Arzt und Patient aus der Sicht einiger Krankheitsbegriffe. In: Ringel E, Frischenschlager O (Hrsg) Vom Überleben zum Leben. Maudrich, Wien
Heim E (1986) Medizinsoziologische Aspekte der Krankheit. In: Heim E, Willi J (Hrsg) Psychosoziale Medizin. Springer, Berlin Heidelberg New York Tokyo
Horn K, Kraft-Krumm D, Porsche E (1985) Psychosoziales Krankheitsverständnis und medizinische Versorgung am Beispiel einer Kinderarztpraxis. Psychonal 6,1:3–12
Kutter P (1981) Der Basiskonflikt der Psychosomatose und seine therapeutischen Implikationen. In: Jahrbuch der Psychoanalyse, 13. Frommann-Holzboog, Stuttgart-Bad Cannstatt
Luban-Plozza B, Knaak L (1985) Der Arzt als Arznei. Deutscher Ärzte Verlag, Köln
Luft J (1977) Einführung in die Gruppendynamik. Klett, Stuttgart
Magin MN (1981) Ethos und Logos in der Medizin. Alber, Freiburg München
Marty M, M'Uzan M de (1978) Das operative Denken. Psyche 32:974–984 (deutsche Übersetzung des französischen Originals von 1963)
Mitscherlich A (1984) Der Kampf um die Erinnerung. Suhrkamp, München
Nemiah JC, Sifneos PE (1970) Affect and phantasy in patients with psychosomatic disorders. In: Hill OE (ed) Modern trends in psychosomatic medicine 2. Butterworths, London

Ringel E (1986a) Vorwort zu Ringel E, Frischenschlager O (Hrsg) Vom Überleben zum Leben. Maudrich, Wien
Ringel E (1986b) Krebs als psychosoziales Problem. In: Frischenschlager O (Hrsg) Beiträge zur Psychoonkologie. Facultas, Wien
Schaefer H (1986) Gründe und Hintergründe der Kritik an der Medizin. Med Mensch Gesell 11:265–273
Stephanos S (1979) Das Konzept der „Pensée opératoire" und das psychosomatische Phänomen. In: Uexküll T von (Hrsg) Lehrbuch der psychosomatischen Medizin. Urban & Schwarzenberg, Wien München
Topitsch E (1979) Erkenntnis und Illusion. Grundformen menschlicher Weltauffassung. Hoffmann & Campe, Hamburg
Uexküll T von, Wesiack W (^{3}1986) Wissenschaftstheorie und psychosomatische Medizin, ein bio-psycho-soziales Modell. In: Uexküll T von (Hrsg) Psychosomatische Medizin. Urban & Schwarzenberg, München Wien
Wimmer H, Pelikan J, Strotzka H (1981) Arzt-Patient-Kommunikation am Beispiel des Anamnesegesprächs. Facultas, Wien
Wodak R (1986) Patientenkarriere anstelle von Leidensgeschichte: Einige sozio- und psycholinguistische Bemerkungen zum Arzt-Patient-Gespräch. In: Strotzka H, Wimmer H (Hrsg) Arzt-Patient-Kommunikation im Krankenhaus. Facultas, Wien
Zepf S, Gattig E (1982) „Pensée opératoire" und die Todestriebhypothese. Kritische Anmerkungen zum theoretischen Konzept der französischen psychosomatischen Schule. Psyche 36:123–138

Vom Monolog zum Dialog in der Medizin

F. J. Illhardt

Wenn man US-amerikanische Arbeiten zum Thema „Ethikkommissionen" liest, bekommt man den Eindruck, als beginne die Geschichte der Ethikkommissionen erst in den 60er und 70er Jahren dieses Jahrhunderts.[1] Wer, wann, was erstmals getan, z. B. eine Ethikkommission gegründet hat, ist eine Frage, die kaum zum Verständnis der Sache beiträgt. Viel wichtiger wäre zu wissen, warum, mit welcher Einschätzung und für welche Probleme so etwas wie eine Ethikkommission geschaffen wurde, bzw. mit welcher sozialen Kompetenz sie ausgestattet ist.

Ethikkommissionen bestehen seit einigen Jahren unter mehr oder weniger großer Aufmerksamkeit der Öffentlichkeit. Allein die Tatsache ihrer Existenz ist insofern bedeutsam, weil sie darauf schließen läßt, daß man

1) Ethik als verhandlungswürdigen und sachdienlichen Aspekt von Handlungsproblemen ansieht (oder wenigstens so tut, als ob es so wäre, aber das hieße, daß man zumindest an die Möglichkeit einer praxisrelevanten Ethik glaubt) und
2) Ethik nicht mehr für etwas hält, das man hinter den Kulissen, also privat, mit seinen eigenen Wertvorstellungen oder seinem eigenen Gewissen, ausmacht.

Wenn man diesen Befund mit dem Phänomen „Ethikkommission" konfrontiert, spürt man eine gewandelte Einstellung gegenüber der Bedeutung von Handlungen. Erst wenn man diese neue Einstellung versteht, versteht man das Phänomen „Ethikkommission".

Das mißverstandene Problem der Ethikkommission

Gegen Ende des letzten Jahrhunderts resümierte Wilde die Einstellung des pragmatisch-politischen Menschen gegenüber der Ethik so (Wilde 1982, [1]1895):

> ... in England ist ein Mann, der nicht zweimal die Woche vor einem großen, gewöhnlichen, unmoralischen Publikum Moral predigen kann, als ernsthafter Politiker nicht denkbar. Es würde ihm kein Beruf mehr übrigbleiben, außer in der Botanik oder der Kirche.

---

[1] Vgl. die Artikel von May (1975), Levine (1977), Veatch (1977); diese historische Linie übernimmt Bork (1984). Breiter, jedoch immer auf das übliche historische Schema festgelegt, erscheint die Arbeit von Levine (1981). Im Kontrast dazu vgl. etwa den eher ideengeschichtlichen Ansatz bei Toellner (1981).

Wagner (Hrsg.), Medizin – Momente der Veränderung
© Springer-Verlag Berlin Heidelberg 1989

„Klappern gehört zum Handwerk", moralisch Klappern zum politischen Handwerk. Die auf den ersten Blick politikfreien Räume der Botanik und der Kirche brauchen dieses professionell wirkende ethische Getue nicht. Moral ist etwas, das man den anderen verschreibt, aber nicht, weil sie wichtig ist, sondern weil die Menschen das so wollen. Eigentlich ist Moral, dann wohl auch die Philosophie der Moral, so läßt sich Wilde verstehen, trivial, etwas für Gärtner und Pfarrer.

Zu Beginn der 60er Jahre skizzierte der Schweizer Schriftsteller Friedrich Dürrenmatt, die Szene öffentlichkeitsrelevanten Handelns weniger zynisch und ohne Moral oder Ethik mit Namen zu nennen so (Dürrenmatt 1962):

> Was alle angeht, können nur alle lösen ... Jeder Versuch eines Einzelnen, für sich zu lösen, was alle angeht, muß scheitern.

Dürrenmatt geht es paradigmatisch um die verantwortliche Haltung eines Physikers, der die Atombome erfindet, aber seine Erfindung nicht mit privaten (ethischen) Problemlösungen rechtfertigen darf, sondern als Sache aller Menschen zu betrachten hat.[2] Die Entscheidung über die Zulässigkeit seiner Erfindung ist somit das Problem aller Menschen. Im Zitat aus Wildes Theaterstück müßte man nach heutigem Verständnis auch die Kirche zu einer Sache aller machen – man denke an die Befreiungstheologie in Südamerika – und dürfte die Botanik als etwa durch genetisch veränderte Lebewesen effizienter gewordene Disziplin keineswegs mehr den Botanikern und Gärtnern überlassen.

Die Einschätzung ethischer Reflexion ist radikal anders geworden. Wilde galt sie als etwas, das nichts bewirkt, also das unmoralische Publikum nicht moralisch machen kann, für Dürrenmatt, etwa 60 Jahre später, ist sie eher die kommunikativ durchgeführte Bewußtwerdung einer alle treffenden Bedrohung. Genau diese extreme Situation ist sicher nicht typisch für die gesamte Medizin und ihre alltäglichen, oft banalen oder wenigstens undramatischen Aufgaben oder eher emphatischen als invasiven Konzepte. Doch sie ist in dieser Radikalität gleichsam eine „Heuristik der Furcht", d. h. es muß „die Moralphilosophie unser Fürchten vor unserm Wünschen konsultieren, um zu ermitteln, was wir wirklich schätzen" (Jonas 1979). Die extreme Situation wird damit „eine ideal rigorose Bedingung" für ein ethisches Gedankenexperiment in der Medizin[3], weil die biotechnische Medizin in ihrer äußersten Verfremdung des Alltagslebens den Reflex des Wesentlichen im Alltäglichen geradezu ultimativ fordert. Ethik ist mitten in diesem Szenenwechsel von Legitimation und Verantwortung neu zu plazieren, und zu diesem Zweck präsentiert der amerikanische Philosoph Jonas unter dem Eindruck einer weltweiten Bedrohung durch Biotechnik bzw. durch biotechnische Medizin, die wir hier als „ideal rigorose" Schablone für die Beurteilung alltäglicher Probleme benutzen, 3 Argumente für eine neue Verantwortung des Menschen in und gegenüber der technischen Zivilisation (Jonas 1984):

1) Das Verhältnis erwünschter zu unerwünschten Wirkungen ist grundlegend ambivalent. Schon bei der üblichen Medikation hat sich der Arzt zu fragen, ob die

---

[2] Vgl. die Überlegungen der beiden Physiker Werner Heisenberg und Max Planck über das Verhalten zur NS-Diktatur; Heisenberg 1979.
[3] Vgl. zu diesem Zitat von Jonas (1984) die speziell medizin-ethische Anwendung des Gedankens. Benda (1985).

beabsichtigte Wirkung des Medikaments angesichts der zu befürchtenden Nebenwirkungen zu rechtfertigen ist oder nicht. Das abzuwägen ist Sache seiner Verantwortung. Moderne Biotechnik produziert Nebenwirkungen, die man nicht mehr gegen die Wirkungen aufrechnen kann, weil das Ausmaß der unerwünschten Wirkungen nicht bekannt ist. Biotechnik und die durch sie bereicherten Disziplinen müssen sich damit abfinden, daß sie unsere Welt mit unabwägbaren Hypotheken belegen.

2) Anwendung ist zwangsläufig geworden. Harveys Entdeckung des großen und kleinen Blutkreislaufs im 17. Jahrhundert hatte zu seiner Zeit keine Chance, etwa kardiologisch ausgenützt zu werden, aber Forschung war auch nicht, bzw. noch nicht, anwendungsbezogen. Heute ist das anders. Forschung intendiert Anwendung, sie versteht sich nicht mehr als unmittelbare Anschauung der Wirklichkeit.[4] Was einmal erforscht wurde, steht damit der Anwendung zur Verfügung, ohne daß eine weitere Entscheidung dazu getroffen werden müßte.

3) Die Ausmaße der Konsequenzen sind global und zukunftsbestimmend. Die medizinisch-technische Kultur der Gegenwart ist auf Anwendung im großen Stil angelegt, ihre Folgen betreffen darum nicht mehr nur einzelne, sondern überziehen bald den ganzen Globus. Ihre Ausdehnung betrifft nicht nur die jetzt lebenden Menschen, sondern auch künftige Generationen.

Die sog. „konsequentialistische Ethik", eine Variante der utilitaristischen Ethik (vgl. Höffe 1985), wird genau durch die oben vorgenommene Analyse diskreditiert. Konsequenzen abwägen kann man nur, wenn man die abzuwägenden Gewichte kennt, aber was man nicht kennt, wie z. B. die Konsequenzen der biotechnischen Medizin, kann man nicht abwägen. Moderne Biotechnik hat die konsequentialistische Ethik ad absurdum geführt und ihre Unzulänglichkeit entlarvt. Aber wozu sind dann Ethikkommissionen da?

Man muß das Phänomen Ethikkommission genau vor diesem Hintergrund sehen: vor der logischen Unmöglichkeit, durch Abwägung der Konsequenzen eine ethisch abgedeckte Entscheidung herbeizuführen. Das Nachdenken über die Zulässigkeit von Forschungsprojekten in Ethikkommissionen sollte eigentlich genau das nicht sein, was ebensogut der einzelne Forscher am Schreibtisch erledigen könnte: ein ethisches Kalkül durchführen, das sich immer auch auf die simple Formel zurückführen läßt, ob die „guten" Konsequenzen einer Handlung die „schlechten" überwiegen oder (im Fall eines Handlungskonflikts:) welche Handlung für wieviel Menschen wieviel Glück produziert.[5] Diese Art von ethischer Abwägung geht am Problem der modernen Zivilisation vorbei.[6] Als Testfrage katexochen einer glücksorientierten Ethik sah schon einer ihrer

---

[4] Zum Wandel des Problems vg. Blumenberg (1973).

[5] Höffe (1975) formuliert dort die allgemeine utilitaristische Maxime: „Handle so, daß die Folgen deiner Handlung bzw. Handlungsregel für das Wohlergehen aller Betroffenen optimal sind." Vgl. dazu auch die Entwicklung dieses Prinzips im klassischen Utilitarismus, S. 11–20.

[6] Das sei ausdrücklich betont gegen die medizinethische Theorie der cost-benefit-analysis, die in alle einschlägigen öffentlichen Stellungnahmen eingeflossen ist. Ihre Schwäche besteht gerade darin, daß sie im strengen Sinn keine Analyse der Handlung in quantifizierbare Einheiten ist, sondern die ideologieträchtige Durchmusterung der Vor- und Nachteile. Wie sehr eine Cost-benefit-Theorie in der Nähe jener Arroganz steht, die (Mit-)Menschen als lebenswerte oder lebensunwerte Existenzen einstuft, zeigen die Artikel von Seidler (1982) und Cohen (1983).

Väter, Mill, die Frage an, ob der einzelne, der vor der ethischen Frage steht, lieber ein „zufriedengestelltes Schwein" oder lieber ein „unzufriedener Mensch" (Mill 1976, [1]1871)[7] sein möchte, d. h. hinter der einzelnen, an den nützlichen Konsequenzen orientierten moralischen Entscheidung steht die Letztzielproblematik des „nützlich ja, aber woraufhin". Analog zur Testfrage Mills wäre für unsere technische Zivilisation zu fragen, ob sie lieber glücklich oder lieber fair sein will bzw. soll. Diese Frage läßt sich sicher nicht durch konkrete (handlungsutilitaristische) Abwägung, sondern nur durch prinzipielle Stellungnahme beantworten.

Der logische Ansatz von Ethikkommissionen steht im Horizont dieses die ganze Gesellschaft, letztlich alle Menschen angehenden Problems: Sie sind nicht eine Art „brain-trust" von Leuten, die berufen sind, Konsequenzen abzuwägen, also nach dem Alltagsmotto funktionieren, daß vier Augen mehr sehen als zwei. Sie funktionieren insofern, als sie wissen, daß eine ethische Lösung anstehender Probleme nur dialogisch gefunden werden kann, also im Gespräch von Menschen, die gemeinsam von Problemen betroffen sind und sie darum gemeinsam lösen wollen.[8] Ethik in der Art der Konsequenzenabwägung ist möglich ohne das Moment von Betroffenheit, weil es ihr um die möglichst komplette Berechnung von Glücks- oder Unglücksmengen geht, was immer das auch sei. Ethikkommissionen dagegen stehen und fallen mit diesem Moment der Betroffenheit, nur ihre Fehlform ist das befürchtete Komplott, das in säkularisierter Liturgie[9] nach unergründlichen Maßstäben Forschungsprojekten den ethischen Segen erteilt oder verweigert. Wenn Ethik wirklich dialogisch ist, braucht sie keine unergründlichen Maßstäbe, und ihre Diskursivität ist alles andere als eine verschleierte Liturgie.

Das erste Mißverständnis derer, die immer noch nicht begriffen haben, welche Rolle Ethik in der modernen technischen Zivilisation spielt, besteht darin, daß sie Ethik mit einem Check-up[10] von Werten und Normen verwechseln: Ethik sei ein Reservoir von Werten und Normen, das „normalen" Menschen nicht so ohne weiteres zugänglich ist. Indem man diesen Maßstab, ähnlich den Laborwerten bei der Untersuchung, an die tatsächlichen Ziele von Forschung und Therapie in der Medizin anlege, ergäben sich negative oder positive Abweichungen zwischen Ideal und Wirklichkeit. Aber so funktionieren weder Medizin noch Ethik – warum nicht, muß später gezeigt werden.

Ein anderes Mißverständnis besteht in der Einschätzung von Ethik nach dem Kaufhausmodell (vgl. Zimmerli 1983): man schaut sich nach den Werten und Normen um wie nach den Waren in den Regalen eines Kaufhauses und sucht sich heraus, was man braucht. Ethische Reflexion einer Ethikkommission jedoch setzt voraus, daß sich ihre Mitglieder nicht als Konsumenten von Werten und Normen verstehen, sondern als deren Entdecker und Konstrukteure. Sie sind also Instanz und Raum, in der/dem erarbeitet wird, was uns allen – etwa im Bereich medizinischen Handelns – wertvoll und

---

[7] Mill setzt dort auch den „unzufriedenen Sokrates" gegen den „zufriedenen Narr".

[8] Aspekte dieses Ansatzes werden ausführlicher diskutiert bei Illhardt 1988 (I comitati di etica ...).

[9] Medizinische Entscheidungen werden als quasi-litiurgische Vorgänge apostrophiert bei Szasz (1977).

[10] Genausowenig wie sich die medizinische Untersuchung mit dem Check-up der Laborwerte gleichsetzen läßt (wo blieben dann die sozialen, psychischen und personalen Anteile des Körpergeschehens?), so läßt sich auch das Problem der Ethik in der Medizin nicht auf eine Art Wertscreening beschränken, wobei dann dem Arzt gleich sein müßte, woher diese Werte bezogen werden; genau diesen Verdacht erarbeitet Neumann (1988).

verbindlich sein soll. Oder aber Ethikkommissionen haben nur eine Alibifunktion, weil die, die handeln müssen, längst nicht mehr wissen, was verbindlich und wertvoll ist.

Medizinkritik hängt dem Arzt gerne dieses Etikett an. Doch wie bei jeder Beurteilung von Handlungen muß man 2 Seiten des Handelns unterscheiden: die sichtbare Seite, also ein Verhalten von Ärzten, das gemäß dem Motto „Ethik ist Privatsache"[11] eine objektive Medizin betreibt und folglich Befund von Befinden des Patienten trennt, und eine verborgene, aber deswegen nicht nichtvorhandene Seite, also eine vielleicht abtrainierte – oder psychoanalytisch gesagt: vorbewußte – „Klugheit"[12] des Arztes. Aufgrund dieser „praktischen Klugheit" weiß er sehr wohl, daß medizinische Indikationen Urteile über Sachverhalte sowie über Werte sind, die aus gemeinsamgegenseitigen Erfahrungen der Menschen stammen und darum nicht privat sein können.

Das Konsil wie auch die Ethikkommission, in der im Gegensatz zum traditionellen Modell des Konsils auch Vertreter anderer, d. h. nichtmedizinischer Disziplinen mitarbeiten, sind Arten der kollegialen Beratung. Sie setzt Ärzte in die Lage, die ethischen Implikationen von medizinischen Entscheidungen herauszuarbeiten, also das, was wertvoll und verbindlich sein kann, dem medizinischen Urteil zugänglich zu machen. Beispiele für diese Art kollegialer Beratung sind Balint-Gruppen, Stationskonferenzen, interdisziplinäre Gremien zur Erarbeitung von Richtlinien (z. B. in Fragen des Behandlungsabbruchs, der Todeszeitbestimmung, der Embryonenforschung, der Wehrmedizin usw.). Das kollegiale Erkenntnismodell ist der medizinischen Praxis mithin so vertraut, daß man Ethikkommissionen nur paradoxerweise als „neue alte" Institution in der Medizin bezeichnen kann.

Monologische und dialogische Strukturen in der Medizin

Zwei kurze Blitzlichter in die Geschichte der Medizin sollen das Vorhandensein monologischer und dialogischer Denkstrukturen in der Medizin und damit einen uralten Konflikt belegen.

Beispiel 1:
Der Chemiker und Arzt Barner schrieb 1698 in der Regel XXII seiner Schrift *Medicus Machiavellus:*

> Gib acht, daß du für andere als Mitberater fungierst, und nicht andere für dich![13]

Barner zielt mit dieser Regel auf die problematischen Situationen im Alltag des Arztes, eine gute und hilfreiche Behandlung des Kranken zu gestalten. Das ist zunächst ein sachliches Problem von – wie man heute sagt – Prognose und Diagnose, dann aber das

---

[11] Gemeint ist die popularisierte Reaktion auf die Analyse der Vermengung von Ethik und Sozialwissenschaft, die Weber (1917) vorgenommen hat.

[12] Diesen Begriff verwendet Feinstein (1967).

[13] Eckhart (1982). Barner ist aller Wahrscheinlichkeit nach der Autor dieser unter dem Pseudonym Philiater erschienen Schrift. Der Wortlaut dieser Stelle ist „Vide, ut tu aliis, non alii tibi adjunguntur, h.e. ultimo vocentur."

Problem, was für diesen Patienten, seinen Arzt und seine Gesellschaft gut, nützlich, angemessen und zumutbar ist. Also die zu beratenden Fragen sind eine Mixtur aus medizinischen und ethischen Aspekten. Nach Barner ist Beratung im Konsil mehrerer Ärzte ein Unsinn, schädigt höchstens seine Reputation, stellt ihn hin, als sei er nicht entscheidungsfreudig oder entscheidungsfähig. Der Arzt müsse sich also vor dem Konsil hüten. Mit anderen Worten: Ein Konsil als die ältere Form von Ethikkommission wäre nur ein Alibi für die, die nicht sicher sind. Barner meint, wenn er das Konsil ablehnt, der Arzt solle wenigstens Sicherheit vortäuschen, wenn er sie schon nicht habe; der Patient wolle eben betrogen werden.

Beispiel 2:
100 Jahre später, genau 1803, schreibt der berühmte englische Arzt Percival, dessen *Medical Ethics* Vorbild für die medizinethischen Deklarationen vieler angelsächsischer Ärztekammern wurde, in den Regeln XVII und XVIII (Leake 1957):

Regel XVII
Die Einrichtung einer Kommission der Herren aus der Fakultät, die monatlich zusammentreten soll, könnte dazu dienen, ... die wichtigsten Punkte der interessanten medizinischen Forschungen und Planungen durchzusetzen. Durch den freien Austausch von Meinungen werden verschiedene Verbesserungsvorschläge gemacht; durch die regelmäßige Diskussion werden diese verschiedenen Meinungen in eine klare und widerspruchsfreie Form gebracht, und durch die Autorität der geeinten Stimmabgabe bekommen diese Kommissionen vollen Einfluß auf das Direktorium des Krankenhauses ...

Regel XVIII
Der harmonische Austausch, der den Herren der Fakultät empfohlen ist, verlangt natürlich häufige Konsultationen, nämlich der Ärzte über medizinische Fälle, der Chirurgen über chirurgische und der zwei miteinander[14] über Fälle, die in die Spezialität beider fallen und Klärung brauchen durch die gegenseitige Unterstützung beider Berufsgruppen.

In Percivals Perspektive sind Ethikkommissionen bzw. kollegiale Beratungsgremien kein Alibi, sondern wichtiges Instrument zur Erarbeitung dessen, was bei Handlungskonflikten des einzelnen Arztes wertvoll und verbindlich ist. Ihm kommt es darauf an, daß in der Gemeinsamkeit einer beratenden Gruppe die wichtigen Themen erarbeitet werden, freie Kommunikation und gegenseitige Unterstützung möglich ist, Vorschläge gemacht werden, die Probleme dadurch in eine definite und konsistente Form gebracht werden und so durch konsensuales Abstimmungsverhalten Einfluß auf die nur ökonomischen Perspektiven der Administration genommen wird.

Der Weg hin zur Ethikkommission kann nur als Weg vom monologischen und hin zum dialogischen Denken beschrieben werden. Zur Debatte steht hier der Schlußpunkt dieser Entwicklung: die Etablierung von Ethikkommissionen. Für ihre Beurteilung wird man von der zahlenmäßigen Repräsentation weltweit ausgehen können, zum anderen auch von der Umschreibung ihrer Aufgaben. Die Deklaration von Helsinki in

---

14 Die Trennung von Medizin als akademischer Disziplin und Chirurgie als handwerklichem Lernberuf geht auf mittelalterliche Berufsorganisation zurück und wurde erst in den letzten beiden Jahrhunderten regional in unterschiedlichem Tempo aufgehoben. Percival geht von einem gemeinsamen Behandlungsauftrag und von der Notwendigkeit sowie Fähigkeit beider Berufsgruppen zur Kooperation aus. Auch wenn zu seiner Zeit in England die Trennung bereits nicht mehr galt, sind seine ethischen Erklärungen mehr wert als die formale Zurücknahme einer uralten Trennung.

ihrer revidierten Fassung von Tokio 1975 nennt als Aufgaben der Ethikkommissionen (Illhardt 1985, S. 162ff.): „consideration, comment, and guidance" bei medizinischen Forschungsprojekten und bei der Planung medizinischer Heilversuche. Die verantwortlichen Fachleute sollen ihre Handlungskonflikte nicht im Alleingang lösen, sondern im Gespräch (vgl. Mach 1980), das auf verschiedenen Ebenen stattfinden soll:[15]

a) auf der *zentralen Ebene* d. h. einer Ebene, die gleichsam multiplikatorisch zeittypische Fragen (wie etwa z. Z. In-vitro-Fertilisation, Embryonenforschung oder Gentechnik) behandelt. Zu denken ist etwa an eine Gruppe der SAMW (Schweizerische Akademie der Medizinischen Wissenschaften) oder an den „Arbeitskreis medizinischer Ethik-Kommissionen (in der Bundesrepublik Deutschland einschließlich West-Berlin)"[16];

b) auf der *Ebene forschender Institutionen,* auf der z. B. in der Bundesrepublik Deutschland nach einer Untersuchung von 1984/85 (Czwalinna 1986)[17] 30 medizinische Fakultäten und Sonderforschungsbereiche über eine Ethikkommission verfügen. Die Ethikkommissionen auf dieser Ebene werden auch als „Institutional ..." oder „Investigational Review Board" bzw. abgekürzt IRB bezeichnet;

c) auf der *Ebene von Krankenhäusern,* für die insbesondere Probleme von Neulandmedizin und Behandlungsdilemmata anstehen; ca. 10% der größeren Krankenhäuser haben eine Ethikkommission installiert (wieder für die BRD[18]);

d) auf der *Ebene der Ärztekammern,* von denen in Westdeutschland nach der bereits erwähnten Untersuchung (Czwalinna 1986) 6 regionale Kammern eine Ethikkommission unterhalten, die für Probleme der Forschung und Behandlung zuständig sind, insofern sie die Ärzteschaft als organisierten und professionalisierten Berufsstand betreffen;

e) auf der *Ebene der pharmazeutischen Industrie,* die entweder betriebseigene oder externe Ethikkommissionen für die Begutachtung von Arzneimittelprüfungen beschäftigen. Ihre Zahl ist zumindest gegenwärtig nicht erfaßbar.

Im Zuge der verschiedenen an sie herangetragenen Problembearbeitungen haben die Ethikkommissionen innerhalb und außerhalb juristischer Regelungen (vgl. Eser u. Koch 1982) folgende Aufgabenbereiche erkannt und übernommen: in Forschungs- und Behandlungsfragen helfen sie den verantwortlichen Forschern und/oder Ärzten sowie ihren Teams durch

– Beratung über den Werthintergrund konkreter Entscheidungen und Evaluierung der Erfahrungen einzelner Patienten- und Probandenkollektive,

---

[15] Eine genaue Beschreibung dieser Ebenen gibt Illhart 1988a.

[16] Die Gründungsversammlung des Arbeitskreises der Ethikkommissionen fand am 7. 5. 1983 in Münster statt.

[17] Die hier vorgelegten Daten stellt Czwalinna (1987) in einen größeren rechtsphilosophischen und rechtstechnischen Rahmen.

[18] Die Umfage wurde vom Präsidenten der Landesärztekammer Baden-Württemberg am 9. Februar 1982 an die Universitäten und Krankenhäuser in Baden-Württemberg verschickt, um die Voraussetzungen für eine Koordination der verschiedensten Einrichtungen im Lande zu eruieren. Einblick in die nur intern gesammelten Daten verdanke ich dem Geschäftsführer der Landesärztekammer Baden-Württemberg, Herrn Egstein.

- Klärung der juristischen Implikationen einer bestimmten Entscheidung und
- Integration der ethischen sowie juristischen Probleme in die administrativen und „politischen" Entscheidungen der jeweiligen Institutionen und des sie tragenden Gemeinwesens.

Die Existenz von Ethikkommissionen und die Tatsache, daß sie seit einigen Jahren tätig und, wie es scheint, auf den verschiedensten Ebenen etabliert sind, ist zunächst ein äußerlicher Befund. Ob sie weiterhin bestehen und für sinnvoll gehalten werden, hängt davon ab, ob ein diskursiver Entscheidungsstil als unabdingbar angesehen werden kann oder ob Gesellschaft und Medizin wieder zum monologischen Entscheidungsstil zurückkehren, weil er einfacher, schneller und – jedenfalls kurzfristig gesehen – billiger und effizienter ist. Mit anderen Worten: Letztes Kriterium für den Bestand von Ethikkommissionen ist die Einsicht in die inneren Konstruktionsgesetze des moralischen Disputs.

Medizin in einer „demokratischen" Gesellschaft

Die Erfahrung mit der Arbeit von Ethikkommissionen und das Studium entsprechender auswertender Literatur (z. B. Malchow 1982, Kersting 1986), zeigen die gesellschaftliche Ambivalenz gegenüber dem ethischen Argument, dessen Überzeugungskraft eher der korrekten behördlichen Anweisung als dem diskursiven Verfahren zugetraut wird. Die Angst, daß Kontrolleure nicht mehr kontrolliert werden, also Ethikkommissionen ohne Aufsicht irgendwie verbindliche Empfehlungen oder Ablehnungen aussprechen können, ist typisch bürokratisch. Die Angst der Bürokratie (vgl. Stammer 1969) und „Bürokratie" heißt ja „Herrschaft durch Verwaltung" – besteht darin, daß etwas oder jemand Herrschaft ausübt durch etwas anderes als Verwaltung, z. B. durch vernünftige Argumente, Begründungen, Überzeugungen usw., die alle keine Verfahren der Verwaltung sind, sich also gegen Bürokratie sperren. Gutachten durch eine Ethikkommission zwingen weder Forscher noch Behörde, ihrem Gutachten zu folgen, sie stellen nur ihre Bedenken und Einwände zur Diskussion, bilden Meinungen und Überzeugungen. Letztlich zählt das bessere Argument, nicht die größere Autorität.
    Wenn man das Problem auf eine griffige Formel bringt, lassen sich 2 Arbeitsweisen von Ethikkommissionen unterscheiden: einmal arbeiten sie nach dem Modell des *Deputy Sheriff* (Levine 1981) also als ausführendes Organ des Gesetzgebers, zum anderen „by their own institution" (Levine 1981), also autonom und nicht als Funktionär von Rechts- und Moralsystemen. Das eine verträgt sich nicht mit dem anderen Modell, es muß eine Entscheidung getroffen werden, ob Ethikkommissionen das eine oder das andere sein sollen bzw. können.
    Wenn Ethikkommissionen sich gelegentlich als Institution der freien Selbstkontrolle verstehen wollen, umgehen sie zwar das mißverständliche Wort Ethik, aber sie kaschieren leicht, im Namen welcher Recht- und Moralsysteme sie in Wirklichkeit tätig sind. Verschiedenste Interessen könnten diesen Hintergrund abgeben: Interessen der Patientenvertretung, der Forschung, der Wirtschaft, der Kostenträger, des Berufsstands usw. Eine wirklich aufgeklärte Betrachtung muß davon ausgehen, daß jede Priorität eines der Interessen über andere willkürlich ist, solange sie nicht aus echter

Reziprozität aller Menschen stammt, d. h. aus einer Gemeinsamkeit und Gegenseitig-
keiten von Menschen, die über ihre Ziele frei entscheiden, und insofern (und nur
insofern!) eine „moralische Gemeinschaft"[19] sind. Das Prinzip einer in dieser Weise
gebildeten Zielsetzung ist der Kategorische Imperativ I. Kants; jede seiner Lesearten
läßt sich wie diese (Kant 1968, [1]1785), heranziehen:

> Handle nur nach derjenigen Maxime, durch die du zugleich wollen kannst, daß sie ein allgemeines
> Gesetz werden.

Wichtig an einem allgemeinen Prinzip ist der Anspruch, daß keine Normkonstruktion
oder -findung bzw. Beratung zulässig sein kann, die ein partikulares Interesse vertritt,
sich mit der Wahrheit von Normen, Werten und Prinzipien abgibt anstatt mit ihrer
Gültigkeit für – in letzter Hinsicht – alle Menschen.[20] Ethikkommissionen stehen dieser
Forderung nahe, ihr Prinzip ist Repräsentanz verschiedener Interessen durch Multidis-
ziplinarität, ihr Verfahren: unverzerrte Kommunikation, ihre Bedingung: daß nichts
gilt, solange die Diskussion noch offen ist, und ihre Erfahrung: daß ihre Entscheidungen nur für diejenigen zwingend sind, die sie verstehen und sich durch sie bestimmen
lassen wollen.

Hier liegt der Punkt, wo der erfahrene Sitzungsteilnehmer die Wichtigkeit der
Ethikkommissionen sehr in Frage stellt.[21] Gemessen an der üblichen Sitzungsmentali-
tät hat er recht; unrecht hat er gemessen an der Idealität der Forderung, daß nicht ein
bißchen mehr Ethik im Alltag, sondern ein neues Verhalten gegenüber der universalen
Bedrohung der Zivilisation not tut.[22] Es geht wahrscheinlich nicht um das Ende einer
Zivilisation, aber um das Ende einer Haltung, die so tut, als ob die Ressourcen der
Zivilisation unendlich wären. Für die Medizin heißt das: dem Fortschritt seinen Lauf
lassen oder aber selber das Ziel des Fortschritts bestimmen, dann aber mit der
bewußten Option, daß niemand von den Vorteilen ausgespart wird und seien diese
Vorteile noch so gering, und wenn es doch Nachteile für Menschen gibt, dann nur
solche, die sie bei nächster Gelegenheit aufholen können.[23]

---

[19] Der Begriff lehnt sich an die philosophischen Überlegungen an, die Neville zu einem Problem
vorträgt, das ebenso wie das der biogenetischen Kunst, den Testfall der Humanität bedeutet: Neville
(1981).

[20] Im Gegensatz zur Betroffenheit in der utilitaristischen Ethik braucht und kann hier nicht gefragt
werden, wer wodurch betroffen sei. Wenn alle Menschen Betroffene sind, also Betroffenheit ein
qualitatives, nicht ein quantitatives Phänomen ist, dann müssen auch alle Menschen in die ethischen
Überlegungen miteinbezogen werden. Das ist sicher nicht konkret in einer Art mathematisch-
hedonistischer Rechenaufgabe möglich, wohl aber in einer Art Universalisierungstest; vgl. dazu
Mackie (1977).

[21] Idealität läßt sich nicht mit Hinweis auf praktische Undurchführbarkeit entkräften. Solche Versuche
treffen dann auch meist nur das Sitzungsverfahren, obwohl sie eigentlich die Institution kritisieren
wollen. Pragmatisch, aber ohne die Diskursivität außer Kraft zu setzen, spricht Lübbe (1980) dieses
Problem an.

[22] Es geht nicht um ein Mehr oder Weniger an Ethik in der Medizin, sondern darum, ob Menschen
bereit sind, die Verantwortung für das, was sie mit den Ressourcen ihrer Welt tun, zu übernehmen,
d. h. sich von dieser Verantwortung auch bestimmen zu lassen und nicht am Ende doch wieder
Interessen unterzuordnen, also für kurzfristige Interessen langfristige Hypotheken aufzunehmen,
welche die Gestalt der Welt auf Jahre und Generationen hinaus festlegen; vgl. zu diesem Bild Jonas
(1984).

[23] Damit ist das Fairneßprinzip angesprochen; vgl. Rawls (1979).

Daß die Probleme einer Ethikkommission in guten Verfahrensordnungen und Sitzungsstrategien vermindert werden können, ist klar, aber das Problem hier ist grundsätzlicher: kann die technische Zivilisation monologisch, d. h. ohne ein diskursiv-ethisches Instrument ihre Entscheidungen treffen? Theoretisch ist diese Frage natürlich zu verneinen. Aber ungelöst bleibt, ob die Gesellschaft genügend Plastizität besitzt, demokratisch-diskursive Entscheidungen zuzulassen und zu forcieren? Hier müssen Zweifel angemeldet werden, deren Klärung zu hoffen ist, die aber praktisch Reformarbeit nötig macht.

Erste Versuche, wenigstens auf europäischer Ebene das neue Phänomen der Ethikkommissionen zu analysieren[24], haben ein Gefälle von Ländern an den Tag gebracht, die ein sehr subtiles System von Ethikkommissionen ausgearbeitet haben (wie z. B. Dänemark und Holland – angelsächsische Länder sind unserem Standard zu weit voraus, als daß man sie vergleichen sollte), und Ländern, die in dieser Hinsicht profillos sind (wie z. B. Griechenland und Spanien). Es wäre lohnend, darüber nachzudenken, ob es tatsächlich der biomedizinische Standard ist, der bei den einen Ländern hoch ist und folglich das Entstehen von Forschungskontrolle durch Ethikkommissionen begünstigt und bei anderen eben niedrig ist und folglich keine Ethikkommissionen braucht. Möglicherweise wichtiger als dieser biomedizinische Index sind Status und Bereitschaft einer Gesellschaft, die sie angehenden Fragen der Medizin und ihrer Forschung demokratisch zu lösen und nicht „dezisionistisch" oder gar „technokratisch" (Habermas 1968). Wenn der Kerngedanke einer Demokratie wirklich der ist, daß niemand aufgrund irgendwelcher natürlicher oder erworbener Attribute grundsätzlich Macht über anderen Menschen besitzt, dürfte das Problem von Ethikkommissionen genau darin liegen, ob ihre Mitglieder sowie die Menschen ihrer Gesellschaften bereit sind, auf ihre Macht zu verzichten, wo diese Macht mit der Ohnmacht anderer Menschen bezahlt oder gar zur Gewalt, zum Abbruch jeder Kommunikation[25] wird.

Wer überzeugt ist, daß er nicht mit Gewalt – d. h. Verhandlungstricks wie Druck, Stimmungsmache, Charme, Blöffen usw. – offene Fragen entscheiden darf, dem bleibt nichts anderes übrig, als offene Fragen auszuhalten und den in ihnen steckenden Konflikt auszutragen, insofern er nur Lösungen zuläßt, die in der „Herstellung des Gleichgewichts von Interessen deren Legitimität" (Vossenkuhl 1977) anerkennen. Solche moralischen Lösungen sind provisorisch[26] und undogmatisch, und v. a. bestehen sie nicht in der erfolgreichen Verdrängung weitergehender Wahrheitsansprüche. Das heißt für den ethischen Diskurs im medizinischen Handlungskonflikt: Es werden nicht von vornherein Interessen und Ansprüche als irrelevant eliminiert, nur um eine gemeinsame Handlungsbasis zu haben; vielmehr werden aller Interessen als relevant anerkannt und berücksichtigt, soweit es in einer vorläufigen Verhandlungsphase möglich ist. Auch im Fall des erreichten Kompromisses fallen sie nicht unter den berühmten Tisch, sondern bleiben präsent und behalten ihren Anspruch.

---

[24] Am 26./27. Febr. 1987 fand dazu in London eine Tagung statt, die von der European Association of Centers for Biomedical Ethics veranstaltet wurde. In zusammengefaßter Form sind die Beiträge aus den einzelnen Nationen in der Schriftenreihe IME (Institute of Medical, Ethics, London) erschienen (vgl. Illhardt 1988a, S. 17–23).

[25] Vgl. Spaemann (1972): „Gewalt ist der Abbruch der Kommunikation, welche das Medium jeder möglichen Rechtfertigung ist."

[26] Der Begriff einer provisorischen Moral stammt von Descartes (1637).

Nichtautoritäre oder -paternalistische Ethiken setzen eine demokratische Einstellung voraus, weil eine diskursive Ethik auf Kompromiß, Vorläufigkeit, Dialogbereitschaft, Mut zu Revision und Toleranz angewiesen ist, die auch die Kennzeichen einer demokratischen Kultur sind. Insofern sind medizinische Ethikkommissionen weder Dekoration noch Alibi einer biotechnischen Kultur, sondern eher Symptom eines neuartigen Problems: Die gegenwärtige Zivilisation kann nicht durch monologische Verantwortungsprozesse verantwortet werden, sondern nur im Dialog aller Betroffenen miteinander. Das Problem einer kollektiven moralischen Entwicklung[27] ist demnach, ob die Menschen aus der „vom Kind erlernten Moralität" des „Darf ich? / Darf ich nicht?" zu „einer Ethik, die der Erwachsene entwickeln muß" (Erikson 1963) und die in der Erarbeitung einer gemeinsamen und darum gegenseitig gültigen Lebensordnung besteht, fortschreiten können. Eine solche gemeinsame und gegenseitig gültige Ethik braucht den Dialog.

Literatur

Benda E (1985) Erprobung der Menschenwürde am Beispiel der Humangenetik. Aus Politik und Zeitgeschichte 19:18–36 (Antrittsvorlesung vom 15. Nov. 1984 an der Universität Freiburg, Juristische Fakultät)

Blumenberg H (1973) Der Prozeß der theoretischen Neugierde. Suhrkamp, Frankfurt am Main, S 23–48

Bork R (1984) Das Verfahren vor den Ethik-Kommissionen der medizinischen Fachbereiche. Duncker & Humblot, Berlin, S 25–34 (Münsterische Beiträge zur Rechtswissenschaft Bd 5)

Cohen CB (1983) „Quality of life" and the analogy with the nazis. J Med Phil 8:113–135

Czwalinna J (1986) Ethik-Kommissionen für medizinische Forschung am Menschen: Bestand, Struktur und Vorgehensweise. Medizinrecht 4:310

Czwalinna J (1987) Ethik-Kommisionen – Forschungslegitimation durch Verfahren. Lang, Frankfurt am Main

Descartes R (1960, ¹1637) Von der Methode des richtigen Vernunftgebrauchs und der wissenschaftlichen Forschung. Meiner, Hamburg, S 19 (Philosophische Bibliothek Bd 26a)

Dürrenmatt F (1962) Die Physiker (21 Punkte zu den Physikern). Arche, Zürich, S 79

Eckhardt W (1982) Macchiavellus Medicus: Eine satirische-kritische Schrift zur medizinischen „Politik" des ausgehenden 17. Jahrhunderts. Nouvelles de la republique des lettres 1:117

Erikson EH (1965) Kindheit und Gesellschaft. Klett, Stuttgart, S 257

Eser A, Koch H-G (1982) Zum rechtlichen Wert von Ethik-Kommissionen. Dtsch Med Wochenschr 107:443–447

Feinstein AR (1967) Clinical judgement. Huntington, New York, p 15

Habermas (⁵1971, 1968) Verwissenschaftlichte Politik und öffentliche Meinung. In: Technik und Wissenschaft als „Ideologie". Suhrkamp, Frankfurt am Main, S 122–126

Habermas J (1983) Moralbewußtsein und kommunikatives Handeln. Suhrkamp, Frankfurt am Main, S 130–143

Heisenberg W (1979) Der Teil und das Ganze. Gespräch im Umkreis der Atomphysik. Piper, München, S 178f

Höffe O (1975) (Hrsg) Einführung in die utilitaristische Ethik. Klassische und zeitgenössische Texte. Beck, München, S 10

Illhardt FJ (1985) Medizinische Ethik. Ein Arbeitsbuch. Springer, Berlin Heidelberg New York Tokyo, S 204–207

---

[27] Zum Problem der moralischen Entwicklung vgl. Habermas (1983).

Illhardt FJ (1986) Vernünftigkeit als Beziehung. Hintergründe der klinischen Entscheidung. Arzt und Christ 32:73f

Illhardt FJ (1988a) Teil „West Germany" in Review: Ethics committes flourish in Europe. IME Bull 3:19–20

Illhardt FJ (1988b) I commitati di etica in ospedale: la situazione Aedesca. In: Spinsanti S (ed) I commitati di etica in ospedall. Pholine, Milano, pp 112–118

Jonas H (1979) Das Prinzip Verantwortung. Versuch einer Ethik für die technologische Zivilisation. Insel, Frankfurt am Main, S 64

Jonas H (1984) Technik, Ethik und die biogenetische Kunst. Betrachtung zur neuen Schöpferrolle des Menschen. Pharm Indus 46:658f

Kant I (1968, [1]1785) Grundlegung der Metaphysik der Sitten. Bd 4. Gruyter, Berlin, S 421

Kersting F, Seybarth HW (1986) Eine internationale Ethik-Kommission. Neun Jahre Erfahrung in der Beurteilung von Protokollen zur Arzneimittelprüfung. Med Klin 81/11:405–408

Leake CD (1975) (ed) Thomas Percival's medical ethics. Huntington, New York, pp 79ff

Levine C (1977) Hospital ethics committees. A guarded prognosis. Hastings Center Report 7:25–27

Levine RJ (1981) Ethics and regulation of clinical research. Urban & Schwarzenberg, Baltimore München, pp 208–210

Mach R-S, Gsell O (1980) Die Bildung von medizinisch-ethischen Kommissionen. Schweiz Ärztez 61:254f

Mackie JL (1977) Auf der Suche nach dem Richtigen und Falschen. Reclam, Stuttgart, S 104–123

Malchow H et al. (1982) Aufgabe und Arbeitsweise einer Ethikkommission. Internist 23:232

May WW (1975) The composition and function of ethical committees. J Med Eth 1:23–29

Mill JS (1976, [1]1871) (Utilitarianism) Der Utilitarismus. Reclam, Stuttgart, S 18

Neumann J (1988) Hauptströmungen der Wissenschaftstheorie in Deutschland. Sudhoffs Archiv 72:149–153

Neville R (1981) Sterilizing the mildly mentally retarded without their consent. The philosophical Arguments. In: Macklin R, Willard G (eds) Mental retardation and sterilisation. A problem of competency and paternalism. Plenum, New York London, pp 185–189

Rawls J (1979) Eine Theorie der Gerechtigkeit. Suhrkamp, Frankfurt am Main, S 81, 336

Reich WT (1978) (ed) Encyclopedia of Bioethics. The world medical association: Declaration of Helsinki. Revised Version. Tokyo 1975. Basic Principles 1.1 and 1.12. Macmillan, New York London, pp 1771–1773 (dtsch Fassung vgl Illhardt FJ (1985))

Seidler E (1982) Historische Elemente des Indikationenproblems. In: Boland P, Krone HA, Pfeiffer RA (Hrsg) Kindliche Indikationen zum Schwangerschaftsabbruch. Wiss Inf 7:71f (Bamberger Symposium 12.–14. Juni 1981)

Spaemann R (1972) Moral und Gewalt. In: Riedel M (Hrsg) Rehabilitation der praktischen Philosophie Bd 1: Geschichte, Probleme, Aufgaben. Rombach, Freiburg, S 221

Stammer O (1969) Bürokratie. In: Bernsdorf W (Hrsg) Wörterbuch der Soziologie. Enke, Stuttgart, S 148–153

Szasz TS (1977) Theologie der Medizin. Europaverlag, Wien, S 22–38

Toellner R (1981) The historical preconditions for the origin of medical ethics committees in West Germany. Metamedicine 2:275–282

Veatch RM (1977) Hospital ethics committees: Is there a role? Hastings Center Report 7:22–25

Vossenkuhl W (1977) Konflikt: In: Höffe O (Hrsg) Lexikon der Ethik. Beck, München, S 127

Weber M (1917) Der Sinn der ‚Wertfreiheit' der soziologischen und ökonomischen Wissenschaften. In: Winckelmann J (Hrsg) Gesammelte Aufsätze zur Wissenschaftstheorie von Max Weber. Mohr, Tübingen, S 504–508

Wilde O (1982, [1]1895) Ein idealer Gatte. Reclam, Stuttgart, S 36

Zimmerli WC (1983) Alternative Werte – Ethische Faktoren in der Welt von morgen. In: Deutsche UNESCO-Kommission (Hrsg) Wandlungen von Verantwortung und Werten in unserer Zeit. Saur, München New York London Paris, S 76f

Homo hygienicus: soziale Konstruktion von Gesundheit*

A. Labisch

Zur Einführung in Problemstellung, Konzeption und bisherige Ergebnisse: die wissenschaftliche Konstruktion des *Homo hygienicus*

Die Verflechtung von Medizin und Gesellschaft offenbart sich besonders in den Teilbereichen, in denen einerseits Gruppen innerhalb einer Gesellschaft oder ganze Gesellschaften beginnen, ihr Leben nach gesundheitlichen Gesichtpunkten zu gestalten und/oder andererseits die Medizin auf gesellschaftliche Verhältnisse reagiert und auf diese einzuwirken sucht. Annäherungen an die wechselseitige Verflechtung von Medizin und Gesellschaft bedürfen theoretischer Konzeption, die zwar den Zugriff auf den gültigen Teil des abundanten empirischen Materials erlauben, aber das Material nicht erkenntnishemmend strukturieren. Für den Problembereich der Rolle der Medizin bei der Gestaltung von Lebensverhältnissen und von Verhaltensweisen bieten sich einige Theorien als heuristische und analytische Hilfe an.

Elias hat in seiner „Theorie der Zivilisation" gezeigt, daß der Prozeß der Zivilisation sich soziogenetisch als ständig neue Differenzierungs- und Integrationsschübe abspielt, die die Menschen in immer längere Handlungsketten zwingen; die Handlungsketten sind nur dadurch aufrecht zu erhalten, daß die Menschen psychogenetisch die immer differenzierteren Handlungserfordernisse als Verhaltenszwänge internalisieren (Elias 1969; v. Ferber 1981).

Nach Weber sind die westlichen Industriegesellschaften aus einem Prozeß der Rationalisierung und Entzauberung der Welt hervorgegangen: der okzidentale Rationalisierungprozeß ist dadurch gekennzeichnet, daß der Rekurs auf in der natürlichen wie in der politisch-gesellschaftlichen Welt scheinbar vorgegebene ethische Normen restlos aufgegeben wird, indem einerseits ethische Reflexion und Praxis radikal individualisiert und personalisiert werden, andererseits das Weltverhalten in Form radikaler „Versachlichung" und „Verunpersönlichung" aller Tatbestände und Bezüge rationalisiert wird (Weber 1924 I, S. 1–16, 203f., 237–275, 536–573; Schluchter 1979; Kalberg 1981; Weiss 1981). Berger u.Luckmann (1977) schließlich haben gezeigt, daß die Bedeutung, die ungleichartigen Institutionen anhaftet, in einem Prozeß „‚sekundärer' Objektivation von Sinn" zu neuer Sinnhaftigkeit integriert werden: Institutionen und Rollen werden durch ihren Ort in einer umfassenden Sinnwelt

---

* Dieser Beitrag wurde erstmal veröffentlicht in der ÖZS (1985), Heft 3/4.

Wagner (Hrsg.), Medizin – Momente der Veränderung
© Springer-Verlag Berlin Heidelberg 1989

legitimiert. „Weltspezialisten" schaffen als offizielle Weltexperten neue Stützkonzeptionen und setzen sie für und mit Hilfe der bereits bestehenden Institutionen – und Machtpositionen – durch: über Therapie und Nihilierung, d. h. der theoretischen Liquidation all dessen, was außerhalb der Sinnwelt besteht.

Nimmt man diese zwar unterschiedlichen, aber einander ergänzenden Theorien als heuristisches Gerüst und untersucht die gesellschaftliche Konstruktion und Funktion von „Gesundheit", ergibt sich für die Zeit vom ausgehenden Mittelalter bis zum Beginn der Hochindustrialisierung Deutschlands (Labisch 1984, 1985a; Labisch u. Tennstedt 1985): „Gesundheit" wird seit der spätmittelalterlichen Städtekultur als Argumentationsfigur benutzt, um auf die Gestaltung eines Gemeinwesens einzuwirken. Individuell wird Gesundheit über die Stufen „Glaube und Gesundheit", „Moral und Gesundheit" und schließlich „Sittlichkeit, Sauberkeit und Gesundheit" zunächst noch anderen, höherrangigen Werten nach- und deren Begründungszusammenhang zugeordnet. Gleichzeitig steigt Gesundheit in der Rangskala möglicher Werte immer höher. Im aufgeklärten Bürgertum wird langes Leben und Gesundheit zu einem philosophisch-rational deduzierten Wert an sich, der zugleich im Zentrum der Legitimation der bürgerlichen Lebenswelt gegenüber der adligen Lebenswelt steht (Foucault 1977, S. 149f.; Rüegg 1967). In der experimentellen Hygiene wird dieser Wert medizinisch-naturwissenschaftlich erklärt und in der Bakteriologie schließlich stichhaltig bewiesen.

Die Medizin allgemein und die Gesundheitswissenschaften im besonderen rücken in diesem Rationalisierungsprozeß von akzidentellen über nachrangigen zu erstrangigen legitimatorischen Stützkonzeption auf: dies ist der Weg der Gesundheitswissenschaften zum Rang „offizieller Weltexperten". Der *Homo hygienicus* als Mensch, der Gesundheit als oberstes Lebensziel ansieht und seine Lebensführung völlig gesundheitlichen, aus der Medizin abgeleiteten Prinzipien unterwirft, wird zunächst als wissenschaftlich konzipierte Sinnwelt des im Zivilisations- und Rationalisierungsprozeß fortgeschrittenen Bürgertums geschaffen.

Während dieser Prozeß auf der Ebene der Eliten ethischer Virtuosität jeweils eine neue Stufe der Rationalisierung individuellen Verhaltens prägte, wurde beginnend mit dem Konsolidierungsprozeß der neuzeitlichen Territorialstaaten „Gesundheit" in der jeweils früheren, gewissermaßen einfacheren, geläufigeren und damit lebensweltadäquaten Argumentationsfigur dazu benutzt, in peripheren, in neue Handlungszusammenhänge zu kolonisierenden Unterschichten neue Verhaltensanforderung durchzusetzen: „Gläubigkeit und Gesundheit" für den bäuerlichen Untertan des aufgeklärten Absolutismus, „Moral und Gesundheit" für den Pauper in der ersten Phase der Industrialisierung. Aus soziogenetischen Notwendigkeiten heraus wird folglich eine lebensweltbezogene Deutung von „Gesundheit" einer anderen Lebenswelt oktroyiert: „Gesundheit" legitimierte – und legitimiert – folglich sowohl den Versuch, öffentliche Verhältnisse, als auch den Versuch, privates Verhalten zu steuern, zu gestalten und dauernd zu strukturieren.

Derartige Versuche der Verhaltensregulierung waren allerdings bis in die säkularisierte Missionsbewegung der experimentellen Hygiene hinein – in der das nunmehr allseits verfügbare Wasser und die allseits gültige Säuberungsmaßregel zum sozialen und moralischen Allheilmittel gerieten – paternalistisch gestaltet und damit augenscheinlich von durchsichtigen gesellschaftlichen Ordnungsvorstellungen, Werten und Machtverhältnissen getragen. Diese schiefe Kommunikationsebene zwischen den integrierten und den zu kolonisierenden Schichten war in dem mit der zweiten Phase der Industrialisierung vehement voranschreitenden gesellschaftlichen Differenzierungs- und Integrationsprozeß ein Hindernis.

Der Übergang Deutschlands von der Agrar- zur Industriegesellschaft (ca. 1870–
1914) ging mit dem Wandel von der extensiven zur intensiven Ausnutzung der
Arbeitskraft einher: statt des kurzfristigen Verbrauchs des Proletariats durch Arbeit
(„Manchestertum") stellte sich nun die Aufgabe, ein zahlenmäßig ausreichendes und
qualitativ genügendes Arbeitskräftepotential dauernd zu sichern – dieses Ziel ist
gleichermaßen ein Ursprung der staatlichen Sozialpolitik (vgl. u. a. Sachsse u.
Tennstedt 1980) wie der – gesundheitlichen – Fürsorge in Industriewerken und
Industriestädten (z. B Piechocki 1968; Redeker 1923; ausführlich Labisch u. Tennstedt
1985).

Während der Industrialisierung wuchsen die Städte und die Betriebe rasch an. Die
Industriestädte und -regionen wurden von ungeahnten sozialen Problemen überrollt
und mußten sich ihnen stellen: neben Problemen der städtischen Infrastruktur, wie z. B.
Kanalisation, Wasserversorgung, etc., imponierten die massenhaften Probleme der
Wohnungsnot, unzureichender Ernährung und Kleidung, Infektions- und Mangelkrankheiten – insbesondere unter Müttern und Kindern – und schließlich auch das den
neuen Lebensstrukturen inadäquate, „indolente" Verhalten der Arbeiter.

Für die „entfesselte" und „entfremdete" Arbeitsbevölkerung bedeutet der Prozeß
der Industrialisierung und Urbanisierung einen kaum noch vorstellbaren Wandel
tradierter Lebensgewohnheiten. Das neue Leben in den Industriestädten barg neue
Chancen und neue Freiheiten, aber auch neue Gefahren (Ditt 1982; Frevert 1984). So
gingen die Arbeiter und ihre Familien sowohl der quasi „natürlichen" Verhaltensregulierungen ihrer ländlichen Herkunft als auch der „natürlichen" Kenntnis des Umgangs
mit Krankheit, Invalidität, Alter und Tod und schließlich auch verwandtschaftlicher,
herrschaftlicher, genossenschaftlicher oder ortschaftlicher Einbindungen und Hilfssysteme verlustig. Größere Lebensgemeinschaften wurden auf die industrielle Kleinfamilie als zugleich ideologisch besetzten Hort der Reproduktion reduziert. Gleichzeitig
wurden die Arbeiter auf ihre Arbeitskraft als einziges Subsistenzmittel zurückgewiesen:
Gesundheit und Leistungskraft erhielten damit für immer mehr Menschen eine immer
größere Bedeutung. Demgegenüber waren die Gesundheitsgefahren in den Industrieregionen groß (Spree 1981a, b): so galt schließlich die in den Städten grassierenden
Tuberkulose als „Proletarierkrankheit" schlechthin.

Den bürgerlichen Beobachtern stellt sich das angesichts der neuen Lebensstrukturen inadäquate Verhalten der Arbeiter als „Trunksucht, Liederlichkeit und Ausschweifung" dar – dieses Unvermögen zu Triebaufschub und Affektregulierung ist das äußere
Zeichen, daß die Arbeiter ihr Leben noch nicht – wie das zivilisierte Bürgertum – auf
lange Handlungsketten und ferne Lebensziele einrichteten. Tradierte Hilfssysteme,
tradierte Gemeinschaftsformen und tradiertes Verhalten mußten folglich durch
künstliche und institutionelle Äquivalente ergänzt und ersetzt werden; es galt, neue
Normalitätsprofile und Normalitätsstandards durchzusetzen: das Normalitätsprofil
„Erwerbsleben" ordnete dem Arbeiter die Standards „Erwerbsarbeit und Arbeitsbereitschaft" zu, das Normalitätsprofil „Familienleben" der Arbeiterfrau die Standards
„Haushaltsführung und Mutterschaft" (Pankoke 1981).

In diesem Prozeß der Zivilisierung, Rationalisierung und sozialen Disziplinierung
wurde „Gesundheit" zu einem vielfältig besetzten Wert höchster immanenter politischer Potenz – angefangen von seiner Bedeutung als Lebens- und Verhaltensrichtlinie

über seine Bedeutung als Grundlage der Existenz lohnabhängiger Bevölkerungsschichten bis hin zu ihrer sozialpolitischen Bedeutung.

Hier wirkte die Bakteriologie insofern befreiend, als sie einerseits zwar den ökologischen Begründungszusammenhang der experimentellen Hygiene und deren bürgerlich-liberalen gesellschaftspolitischen Umfelds zerstörte, daß dafür andererseits aber die politische Konnotation von Gesundheit in der wissenschaftlichen Begründung scheinbar aufgegeben werden konnte: Wissenschaften, insbesondere die Naturwissenschaften, als Stützkonzeptionen symbolischer Sinnwelten, entlassen das Wissen um die Stützfunktionen der Sinnwelt vollends aus der Alltagswelt der Laien und stellen es den Experten der offiziellen Welterklärung und Sozialtechnologen/Gesellschaftsingenieuren anheim (Berger u. Luckmann 1969, [5]1977, S. 120). Für die Kolonisation/Assimilation peripherer Schichten – und dies war der zum Industriearbeiter zu veredelnde Prolet – stand mit „Gesundheit" und dem *Homo hygienicus* nun eine wissenschaftlich wertfreie Stützkonzeption zur Verfügung, die sowohl die Entpolitisierung, Individualisierung und Therapeutisierung des Problems „Gesundheit/Krankheit" als auch die Nihilierung tradierter Hilfsformen und deren Sinnwelt erlaubte und damit gleichermaßen den Ansatzpunkt für eine wertneutrale Verhaltensregulierung wie eine sozial befriedende Behandlung gesellschaftlicher Problemlagen bot (v. Ferber 1971).

Über welche soziogenetischen und psychogenetischen Prozesse wuchs nun die Industriearbeiterschaft in dieses Konstrukt hinein; wie also wurde das scheinbar „medizinische" Konstrukt „Gesundheit" zu einem offenbaren, allgemein verbindlichen und allgemein akzeptierten „sozialen" Konstrukt?

Dieser vielgestaltige Prozeß soll auf 3 verschiedenen Ebenen verfolgt werden: 1) in der Institutionalisierung der staatlichen Sozialversicherung als Instrument zur langfristigen Implementation von Normalitätsstandards (s. S. 118) und der daraus resultierenden Zwangssozialisation durch das Hilfs- und Definitionsmonopol Medizin (s. S. 120); 2) in der „Verwissenschaftlichung des sozialen Moments in der Medizin" durch die Sozialhygiene als sekundäre Objektivation einer der Alltagserfahrung der Industriearbeiter adäquaten Sinnwelt (s. S. 122) und der entsprechenden Wirkung der kommunalen Gesundheitsfürsorge im reproduktiven Leben der Arbeiterfamilie (s. S. 124); quasi aus der Gegenperspektive soll untersucht werden, wie die Arbeiterschaft aus ihrem Assimilationsbedürfnis heraus sich in die Sinnwelt des *Homo hygienicus* hineinentwickelte (s. S. 126); 3) schließlich wird an einer fiktiven Arbeiterfamilie exemplarisch geprüft, welcher reale Zwang bestand, die Sinnhaftigkeit des *Homo hygienicus* im Alltagsleben zu übernehmen (s. S. 128). Die Ergebnisse werden abschließend zusammengefaßt (s. S. 133).

Staatliche Zwangsversicherung als sozialpolitische Absicherung eines individualisierten Risikos „Krankheit": zur Grundlegung langfristiger Sekundäreffekte der gesetzlichen Krankenversicherung

Das 1883 im Reichstag gegen die Stimmen der Sozialdemokratie verabschiedete „Gesetz betr. die Krankenversicherung der Arbeit" schloß an das bereits bestehende Prinzip der Zwangsversicherung an. Die gesetzliche Krankenversicherung erfaßte zunächst ausschließlich die in Gewerbebetrieben beschäftigten Arbeiter sowie die Gehilfen der Rechtsberufe und Versicherungseinrichtungen: dies war faktisch genau diejenige Bevölkerungsgruppe, aus der sich die Sozialdemokratie und die Gewerkschaften rekrutierten (Tennstedt 1981, 1983; Leibfried u. Tennstedt 1985).

Eine erste sozialhygienische Kritik der gesetzlichen Krankenversicherung zeigte, daß diese Einrichtungen unter hygienischen Gesichtspunkten nur begrenzt sinnvoll waren (Zadek 1895): obschon ohne Aufnahmeuntersuchung, erfaßte sie vornehmlich die guten Risiken – nicht aber die älteren, bereits aufgezehrten Arbeiter, die aufgrund schwindender Arbeitskraft in die Invalidität abdrifteten; sie erfaßte ebenfalls nicht oder nur als freiwillige Leistung die Familienangehörigen, also die Frauen, die durch Geburt und Wochenbett besonders gefährdet waren, und die Säuglinge und Kleinkinder.

Zwischen den bereits bestehenden, von den Arbeitern weitgehend selbstverwalteten Hilfskassen und den staatlichen Kassen gab es allerdings kaum Unterschiede hinsichtlich der inneren sozialen Kontrolle: die nichtstaatlichen Zwangskassen waren eher noch rigider. In die Kassen wurden nur Facharbeiter aufgenommen, die eine strenge ärztliche Eingangsuntersuchung überstanden hatten. Die Kassen waren aber nicht nur sozial und gesundheitlich exklusiv, sondern schlossen bestimmte – sozial stigmatisierte – Risiken, wie etwa die Folgen von Schlägereien und Alkoholismus, von den Kassenleistungen aus und übten gegen diejenigen, die Krankengeld beanspruchten, eine strenge Kontrolle aus. Auch in den Hilfskassen fungierten Ärzte bei den Aufnahmeuntersuchungen und Krankschreibungen mit regelmäßigen Nachuntersuchungen als professionelle Kontrolle (Stollberg 1983; Frevert 1981, 1984).

Die Einführung der staatlichen Zwangskassen war daher für soziale Konstruktion von „Gesundheit" zunächst kein qualitatives, sondern ein quantitatives Problem: auf lange Sicht sollten die staatlichen Kassen einen immer größeren Teil der produktiven und politisch aktiven Arbeiterbevölkerung versichern. Trotzdem liegt auch hier ein qualitativer Sprung verborgen: die personale Kontrolle über Hilfsansprüche in kleinen sozialen Aggregaten war in den Hilfskassen einer genossenschaftlich organisierten Kontrolle unter Zuhilfenahme von Experten gewichen: durch die staatlichen Zwangskassen wurden diese immer noch überschaubaren Kontrollnetze nun zu einer öffentlichen Angelegenheit „sozialer Normalisierung" (Pankoke 1981). Mit der Institutionalisierung der sozialpolitischen Absicherung des Risikos „Krankheit" wurde folglich die Durchsetzung von Normalitätsstandards in diesem Bereich ebenfalls als parastaatliche Leistung institutionalisiert.

Die kontinuierliche sozial- und versicherungsrechtliche Überführung der Krankenversicherung in die staatliche Zwangsversicherung eröffnete der Sozialdemokratie, die zunächst auf die Hilfskassen gesetzt hatten, nach einer Gesetzesnovelle von 1892 den Weg in die Kassenverwaltungen. Dieser sozialintegrative Aufstiegsmechanismus war von Bismarck und Theodor Lohmann seinerzeit bereits bewußt angelegt worden: die Kassenverwaltungen wurden zu „Unteroffiziersschulen der Sozialdemokratie" – um die Jahrhundertwende war jedes fünfte Gewerkschaftsmitglied Vorstandsmitglied einer Krankenkasse; die Ortskrankenkassen beschäftigten 4000–5000 Angestellte (Tennstedt 1981, S. 172; 1983, S. 430f.). Über das offizielle sozialpolitische Ziel, die ärmere Arbeiterbevölkerung vor der Verarmung durch das Risiko Krankheit zu schützen, wurde als langfristiger Sekundäreffekt also auch erreicht, die politisch aktive Arbeiterschaft über die Kassenverwaltungen an den klassischen bürgerlichen Bildungssystemen und den entsprechenden Endpositionen in Verwaltung, Wissenschaft und

Heer vorbei sozusagen parastaatlich zu sozialisieren; gleichzeitig übernahm diese neue Arbeiterelite parastaatliche Kontroll- und Disziplinierungsfunktionen gegenüber ihren eigenen Klassengenossen.

Als weiteren langfristigen Nebeneffekt schuf die gesetzliche Krankenversicherung die „sukzessive ökonomische Garantie der ‚Medikalisierung der Gesellschaft' (I. Illich) und damit zur liberalkapitalistischen Expansion des ‚Gesundheitssektors'" (Tennstedt 1981, S. 173). Die Ärzte und Ärzteverbände waren zunächst von der Kassengesetzgebung völlig überrascht worden: denn ihnen wurde auf einmal zwangsweise eine Klientel zugeführt, der sie vorher überwiegend in der Funktion des Armenarztes begegnet war.

> Der weitaus größte Teil der jetzt in ärztliche Behandlung tretenden Mitglieder der Kranken- und Unfall-Versicherungskassen hat früher kaum jemals einen Arzt in Anspruch genommen, ohne daß ihm dadurch eine dauernde Gesundheitsschädigung erwachsen wäre,

schrieb noch 1899 die preußische Ärztekammer (nach Tennstedt 1976, S. 388). Die Kassenärzte wurden nicht nur als ärztliche Therapeuten, sondern auch als medizinisch-fachkundige Kontrolleure über die Berechtigung sozialer Leistungen tätig:

> Der Arzt wurde zunächst nur als Gutachter herangezogen, um Eintritt und Dauer der Erwerbsunfähigkeit, den Einfluß des Unfalls auf die Arbeitsfähigkeit und den Eintritt der Invalidität zu bescheinigen,

schrieb 1920 der Sozialhygieniker Adolf Gottstein (Gottstein 1920, S. 24). Damit liegt einer der Mechanismen, der die Professionalisierung der Medizin in Deutschland entscheidend vorantrieb, offen (Huerkamp 1980, 1985; Huerkamp u. Spree 1982).

Medizin als Dienstleistungs- und Definitionsmonopol: das soziale Konstrukt „Gesundheit" und die Professionalisierung der Medizin

Der Prozeß der Zivilisation geht mit der Ausdifferenzierung und Monopolisierung von Lebens- und Handlungschancen einher: diese Monopole sind einerseits figurative Verdichtungsstellen gesellschaftlicher Verflechtungen, andererseits wirken sie auf psychogenetische Prozesse zurück, indem sie auf die individuelle Verhaltens- und Affektregulierung einwirken. Dieser Prozeß vollzog sich nun um die Jahrhunderwende auch in der Bewältigung der vormals individuell, nun aber massenhaft und sozialpolitisch relevant imponierenden Probleme Krankheit, Invalidität und Alter: diese wurden in Form sozialer Sicherungssysteme und kommunaler Gesundheitsfürsorge monopolisiert. Als gesellschaftlich organisierte Lebenschancen wurde ein genereller Anspruch an Hilfe in definierten Lebenslagen geschaffen, über den Ärzte als gesellschaftlich bestallte Experten verfügten.

Unabdingbar verbunden damit ist jedoch nicht nur das Problem der Sachwalter der Lebenschancen, sondern auch der Kontrolle des Zugangs zu den bedürfnisweckenden Angeboten. Der Hilfsanspruch, der in kleinen sozialen Einheiten im Akt persönlich dargebotener Hilfe auf seine Berechtigung hin kontrolliert, der auch in kollektiv organisierten Hilfsformen – wie etwa in den Arbeiterkrankenkassen – in genossenschaftlicher Kontrolle organisiert wird, unterlag nun einer ebenfalls monopolisierten und institutionalisierten Kontrolle. Diese Kontrolle richtet sich im Prozeß der

Institutionalisierung des Monopols nicht nach persönlich oder gemeinschaftlich bestimmten Kriterien, sondern nach objektivierbaren Denk- und Legitimationssystemen aus und wird dem Urteil entsprechender Experten überlassen: ähnlich wie der Richter, vermittelt über die Rechtswissenschaften, objektives Recht setzt, entscheidet nun der Arzt, vermittelt über die Medizin, über die objektive „Gesundheit/Krankheit" und damit über die Berechtigung eines Hilfsanspruchs.

Gesellschaftlich organisierte Monopole von Lebenschancen sind aber nicht allein zwangsläufig mit Expertentum sowie Definitions- und Kontrollmonopolen verbunden. Vielmehr haben sie psychogenetische Nebeneffekte, die im Akt der Inanspruchnahme erscheinen. Mit der Inanspruchnahme medizinischer Hilfe ist gleichzeitig eine mittelbare oder unmittelbare Verhaltenssteuerung gegeben: mittelbar durch positive und negative Anreize, unmittelbar durch Ge- und Verbote. Nichtbefolgen der Anweisungen kann Sanktionen und Ausgliederungsmechanismen in Gang setzen. Der Ausstieg aus dem Arbeitsleben ist für die zwangsversicherte Bevölkerung nur noch durch das Nadelöhr der Definition „gesund/krank" möglich: hier beginnt das Problem des „Simulanten", des „Vertrauensarztes" und des sozialrechtlichen medizinischen Gutachtenwesens (dazu systematisch Leithoff 1979). Die zwangsversicherte Erwerbsbevölkerung wird damit der „Zwangssozialisation" (v. Ferber 1975, S. 9–48; Spree 1981a, S. 156–162) durch die staatliche Krankenversicherung zugeführt, die reproduktive Leistungsfähigkeit der Arbeiterfrau der Zwangssozialisation durch die kommunale Gesundheitsfürsorge.

Die sozialpolitischen Ziele der Krankenversicherung waren damit gleichermaßen auf die Befriedigung der Arbeiterschaft über das neu bewertete Ziel „Gesundheit" gerichtet, wie sie andererseits gerade diesen produktiv entscheidenden Teil der Bevölkerung der Zwangssozialisation unterwarf. Angebot und Bedarf an Verhaltensregulierung über das soziale Konstrukt „Gesundheit" wurden über das medizinische Dienstleistungs- und Definitionsmonopol gewissermaßen dingfest gemacht – die Bestimmung der Wirklichkeit des *Homo hygienicus* wurde folglich durch den Arzt erhärtet (abgewandelt nach Berger u. Luckmann 1969, [5]1977, S. 128).

Der Bedarf nach gesundheitssichernden Maßnahmen und der Hilfe im Krankheitsfall steigt mit der Komplexität gesellschaftlicher Handlungsgeflechte einerseits und dem Funktionswandel primärer Gemeinschaften andererseits an. Das Monopol weckt seinerseits durch die Generalisierung des Anspruchs Bedürfnisse, die in kleinen sozialen Einheiten entweder nicht entstehen oder von vornherein unerfüllbar sind. Potenzierend auf den Bedarf wirkt sich auch die zunehmende, von den Professionen als Agenten des Monopols schließlich induzierte Abhängigkeit von Hilfsmonopolen aus. Heftige Kämpfe gegen Volksmedizin, Laienheiler („Kurpfuscher") und traditionelle Deutungen von Gesundheit als alternierende, nicht mehr angemessene Sinnwelten sind die Folge. Es war folglich gleichermaßen aus sozialpolitischen wie professionellen Gesichtspunkten erforderlich, kollektive und individuelle Hilfsformen entweder zu vereinnahmen oder in einem Prozeß der Nihilierung zu marginalisieren oder schließlich auch zu zerstören (Göckenjan 1985a).

Die Ärzte gelangten über ihre neue Funktion sowohl als offizielle Weltexperten wie als Praktiker der Sozialtechnologie in eine Stellung, die ihnen eine bislang unbekannte, anderen Institutionen vergleichbare Macht einräumt.

Bereits 1877 sagte Julius Petersen voraus:

> Der fanatische Mystizismus der Theologie und der apathische Formalismus der Jurisprudenz werden nach und nach einer dritten Autorität, der human-naturwissenschaftlichen Anthropologie Platz machen. Die Zeit wird kommen, da die Vertreter der praktischen Medizin ebenso unentbehrliche Funktionäre für Staat und Gesellschaft sein werden wie jetzt Prediger und Richter (Petersen 1877, S. 395).

Die Verwissenschaftlichung des sozialen Begründungszusammenhangs von „Gesundheit" durch die Sozialhygiene: „Gesundheit" als Kultur der Industriegesellschaft

Die Bakteriologie sprach lange Zeit der umgebungs- und gruppenbezogenen Medizin die wissenschaftliche Berechtigung ab: die Absicht von einem spezifischen, gleichmäßig wirksamen Keim erlaubte keinen anderen Schluß. Erst allmählich sollten sich aus den jeweiligen Erklärungsdefiziten der Gesundheitswissenschaften des 19. Jahrhunderts, der experimentellen Hygiene und der Bakteriologie, die Gesundheitswissenschaften des 20. Jahrhunderts entwickeln: die Konstitutionshygiene als Lehre der Dynamik von Exposition und Disposition, die Sozialhygiene als Lehre von den sozialen Ursachen von Krankheiten, bzw. der sozialen Gefährdung durch Krankheiten und schließlich die Rassenhygiene, die die Probleme der Gesundheitssicherung von den lebenden Menschen auf das Erbgut und damit auf die zukünftigen Menschen verlegte.

Das Reich versuchte zwar, durch die Sozialversicherung die Risiken Krankheit, Invalidität und Alter zu entpolitisieren, fing sie aber quantitativ nur zu einem Teil auf und konnte sie auch mit dem individualtherapeutischen Ansatz nicht in den Griff bekommen. Daher konnten sich die Industrieländer dem massenhaft imponierenden Phänomen Gesundheitsgefährdung und Krankheit nicht entziehen. Zusätzlich hatten sich die Hoffnungen, die sich auf die Bakteriologie gestützt hatten, als überzogen erwiesen. Besonders treffende Beispiele hierfür waren die Tuberkulose und die Cholera. Die Choleraepidemie brach 1892 in Hamburg aus, obwohl der Erreger seit 1883 bekannt war. Breit angelegte Untersuchungen zur Tuberkulose brachten zutage, daß faktisch alle Menschen infiziert waren: nur ein kleiner Teil dieser Menschen erkrankte aber wirklich – und dieser kleine Teil war durch identifizierbare schlechte Lebensbedingungen ausgezeichnet.

Die Sozialhygiene entwickelte sich aus verschiedenen Quellen: Adolf Gottstein, ursprünglich überzeugter Bakteriologe, lernte – wie er selbst berichtet (Gottstein 1897, S. V; Gottstein 1925) – am Krankenbett, daß Seuchen erst an letzter Stelle durch Ansteckungsstoffe entstehen: die eigentlichen Ursachen lägen auf dem Feld der Massenentwicklung und der sozialen Zustände. Alfred Grotjahn ist als ein Vertreter einer vorwiegend theoretischen Sozialhygiene zu verstehen, die sich aus der Verbindung von Medizin und den neu entstehenden Sozialwissenschaften ergab: Grotjahn war insbesondere durch den Nationalökonomen Gustav Schmoller geprägt (Grotjahn 1912, 1. Aufl.; 1915, 2. Aufl.; 1923, 3. Aufl.; 1931; Tutzke 1979). Alfons Fischer hingegen trieb die Sozialhygiene gleichermaßen theoretisch wie praktisch voran: so setzte er sich beispielsweise für die Mutterschaftshilfe „auf Gegenseitigkeit" ein (Fischer 1913, 1. Aufl.; 1925, 2. Aufl.; Thomann 1980).

So heterogen die Sozialhygiene durch die Personen, die sie prägten, wie durch die ihr zugrundeliegenden wissenschaftlichen Theorien gewesen sein mag, stellt sie dennoch eine konsequente Weiterentwicklung des ökologischen Ansatzes der experimentellen Hygiene auf der Grundlage vorhandener wissenschaftlicher Ansätze und vorhandener sozialer Probleme dar. Das Trümmerfeld, das die Mikrobiologie und Bakteriologie auf dem Gebiet der umgebungsbezogenen Betrachtungsweise und verhältnis- und gruppenbezogenen Intervention hinterlassen hatten, wurde nun durch die Sozialhygiene beseitigt: in der Sozialhygiene wurde das soziale Moment in der Medizin verwissenschaftlicht (Grotjahn 1932, S. 136); die gesundheitlichen Massenprobleme der Industriestädte konnten nun wissenschaftlich aufgearbeitet und zu neuen, auf die Industriearbeiterschaft gemünzten Interventionsformen ausgeformt werden.

Auch der tradierte ethisch-sittliche Appell des Bürgers gegenüber dem Proletarier, der in der Begriffsverbindung „Sauberkeit ist Sittlichkeit" immer noch gegeben war – und den die experimentelle Hygiene legitimiert hatte – wurde durch die Verbindung von Medizin und Sozialwissenschaften nun problemadäquat verwissenschaftlicht und im Begriff der „hygienischen Kultur" auf eine neue Art verbindlich. Durch die Sozialhygiene wurde folglich nicht nur den Kommunalpolitikern und Kommunal- und Armenärzten eine wissenschaftlich begründete Handlungsanleitung gegeben, wie mit gesundheitlichen Problemen generell und vor allem prophylaktisch zu verfahren sei, vielmehr ergab sich eine neue – und notwendige – Dimension des Zugriffs auf das Verhalten der Unterschichten über die Medizin: auf jede Art von religiös-sittlich-moralischem Appell konnte nunmehr endgültig verzichtet werden. Damit wurde „Gesundheit" nicht mehr nur in seiner individuellen Bedeutung verwissenschaftlicht, wie dies durch die erste Generation von Hygienikern begonnen und durch die Bakteriologie gesichert worden war; vielmehr taucht auch der soziale Begründungszusammenhang von „Gesundheit" durch die Sozialhygiene auf einmal im wissenschaftlich-wertneutralen Gewande auf. So wie Gesundheit eine Generation zuvor zu einem wissenschaftlich begründeten Lebensstil des Bürgertums wurde, wird Gesundheit nun endgültig zu einem nicht nur für die ethischen Virtuosen, sondern für alle verbindlichen und nicht anzweifelbaren, weil wissenschaftlich bewiesenen Lebensstil der industriellen Welt: die Soziale Hygiene richtete ihren Blick auf die sozialen Verhältnisse und legitimierte die Strukturierung sozialen Verhaltens.

Der „hygienische Mensch", die „hygienische Familie", die „hygienische Siedelung" – so die Kapitalüberschriften in Grotjahns, „hygienischer Forderung" – sind durch die „Verallgemeinerung der hygienischen Kultur" (Grotjahn 1923, 3. Aufl., S. 446) dem totalen Zugriff wissenschaftlich fundierter Lebensführung ausgeliefert: Hygiene ist die Moral des Bürgers, Sozialhygiene ist die Moral der Industriearbeiter, der Massengesellschaft. Der *Homo hygienicus* soll in der *societas hygienica* leben.

> Die soziale Hygiene allein kann uns lehren, hygienische Kultur zu vertiefen, zu vereinfachen und zu verallgemeinern. In ihrem Zeichen wird die Gesundheitslehre des zwanzigsten Jahrhunderts stehen (Grotjahn 1921, S. 179)

Es gilt, „hygienisches Wissen selbst in die ärmsten Arbeiterwohnungen zu tragen" (Fischer 1913, S. 12).

Kommunale Gesundheitsfürsorge als Praxis der Sozialhygiene: die gruppenspezifische Verbreitung gesundheitsgerechten Verhaltens

Die Bakteriologie setzte auf die Technisierung der Seuchenpolizei und Desinfektion sowie auf spezifische Isolierung und individuelle Therapie. Ihre schulmäßigen Vertreter entwickelten in der Volkshygiene ein eigenes Programm, das auf die Änderung von Verhalten durch rationale Einsicht innerhalb des als gegeben hingenommenen Lebensniveaus setzte. Diese ebenfalls individuelle Aufklärung wurde über allerorts entstehende Vereine organisiert, die sich mit speziellen Aufgaben befaßten, so etwa mit Müttern, Säuglingen und Kleinkindern, mit Alkoholikern etc. Diese konservativ orientierten und oft durch Ärzte organisierten Vereine arbeiteten mit Politikern, Verwaltungsbeamten, Angehörigen des Adels und der Industrie zusammen (s. hierzu auch Weindling 1984): der Deutsche Verein für Volkshygiene als reichsweite Organisation der aufklärerischen hygienisch-bakteriologischen Beratung erreichte die Arbeiterschaft aber nur begrenzt (Tennstedt 1983, S. 462).

Die „gesundheitserzieherische" Wirkung der experimentellen Hygiene und der Bakteriologie war gleichwohl beträchtlich. Die neuen Stadtviertel, neue Häuser und Wohnungen, die Wasserversorgung, öffentliche Bäder, sanitäre und gesundheitliche Organisation der Nahrungsmittelversorgung und -zubereitung, Kleidung etc. wirkten *mittelbar* gewissermaßen durch die normative Kraft des Faktischen (Heller 1979; Imhof 1983). Da individuelle Verhaltensänderungen überdies im Zivilisationsprozeß nicht rational, sondern in einer sozialen Nachahmung des Verhaltens integrierter Schichten verlaufen, wurde hynienisch richtiges Verhalten auch als zivilisiert-modisches Verhalten verbreitet (Goudsblom 1979).

Über diese Bestrebungen und Entwicklungen hinaus waren die Industriestädte gezwungen, sich den neuen gesundheitlichen Massenproblemen auf neue Art zu stellen. In den Städten entwickelte sich nach der Jahrhundertwende mit der kommunalen Gesundheitsfürsorge eine neue Art öffentlichen Gesundheitswesens, in der Ärzte, Gesundheitsfürsorgerinnen, Nationalökonomen, Verwaltungsbeamte, Kommunalpolitiker und Sozialreformer zusammenarbeiten (ausführlich Labisch u. Tennstedt 1985). Dabei gab das wissenschaftliche Konzept der Sozialhygiene die Richtung an – es wurden zwei unterschiedliche Gruppen von Gefährdeten bestimmt: diejenigen, die durch Alter, soziale Lage und Berufstätigkeit einer besonderen Gefährdung ausgesetzt waren – also etwa Mütter, Säuglinge und Kleinkinder –, und diejenigen, die durch eine Volkskrankheit sich und ihre Umwelt gefährdeten – also etwa Tuberkulöse, Geschlechtskranke, Alkoholiker, Geisteskranke etc. Die Sozialhygiene konnte sich mit ihrem Konzept auf bereits bestehende soziale Bewegungen aufpfropfen: städtische Führungsschichten und zahlreiche humanitäre und karitative Vereine arbeiteten daran, die gesundheitlichen Verhältnisse zu verbessern; die bürgerliche Frauenbewegung suchte neue Tätigkeitsfelder für die aus den Familien freigesetzten Frauen; schließlich organisierte sich die politische Arbeiterbewegung auch in den Städten – und zwischen der Sozialdemokratie und der Sozialhygiene gab es zahlreiche Überschneidungen sowohl in der Sicht als auch in der angestrebten Lösung von gesundheitlichen Problemen.

Zusammen mit den nun nicht mehr umgebungsbezogenen oder individuellen, sondern gruppenbezogenen Interventionen wurden umfassende Programme der Gesundheitserziehung ausgearbeitet. Deren Ziel war es, den Menschen Gelegenheiten zur fruchtbaren Selbstbetätigung zu bieten (Vogel 1925). Nicht mit Verboten und offenkundigen Verhaltensregulierungen einer „defensiven" Hygiene sollte gearbeitet werden, sondern mit anregenden, neue Möglichkeiten eröffnenden Lebensanreizen, mit einer „positiven" Hygiene also: so war die saubere, helle Wohnung nicht nur gesund, sondern modern und schön. Die neue Art der Verbreitung gesundheitsgerechten Verhaltens, die an die Stelle der Belehrung die Erziehung setzte, wurde kampagnenartig in neuen Formen der Massenkommunikation verbreitet: die „Hygiene-Ausstellung" 1911 in Dresden, die „Große Ausstellung für Gesundheitspflege, soziale Fürsorge und Leibesübungen" 1926 in Düsseldorf oder die Reichsgesundheitswoche 1926 ragen heraus (Vogel 1925; Schlossmann 1927; Nadav 1976).

Die Gesundheitsfürsorge als Praxis der Sozialhygiene war durch 3 Gesichtspunkte gekennzeichnet: dauernde ärztliche Beobachtung der gesundheitlich gefährdeten Gruppen; Feststellung von Krankheitsanlagen/-anfängen und Vermittlung und Behandlung sowie schließlich hygienischer Beratung, Aufklärung und Erziehung (Kaup 1929). In der ärztlichen Praxis bedeutete dies beispielsweise, daß sich die Schulgesundheitspflege auf Reihenuntersuchungen und die Überwachung der herausgefilterten gesundheitlich gefährdeten Kinder beschränkte; exakte Diagnose und Therapie blieben Sache der Armen-, bzw. später Kassenärzte. Gleichzeitig verstand sich der schulärztliche Dienst „als Instrument der Erziehung der Eltern zu gesundheitsbewußten Pflege- und Aufzuchtverhalten durch Aufklärung und Verhaltenskontrolle" (Castell-Rüdenhausen 1982, S. 205). In der kommenden Gesundheitspflege entstand folglich ein neuer Arzttyp, der sich weder an den klassischen Berufsbildern des praktischen Arztes noch des staatlichen Verwaltungsarztes orientierte, sondern nach den Prinzipien einer gruppenbezogenen Gesundheitsvorsorge handelte. Neben den Kommunalärzten entstand die neue Berufsgruppe der Gesundheitsfürsorgerinnen: sie verkörperten das primär auf die Gesundheitsfürsorge ausgerichtete und ausgebildete weibliche Engagement in der Wohlfahrtspflege. In der „Professionalisierung der Mütterlichkeit" fanden Frauen aus den bürgerlichen Mittelschichten eine Lebensarbeit, die ihrer sozialen Herkunft angemessen schien (Sachsse 1982, 1985). Nach dem 1. Weltkrieg entstand aus der gesundheitsfürsorgerisch bestimmten Versachlichung „geistige Mütterlichkeit" ein typischer Frauenberuf.

Die Gesundheitsfürsorgerinnen übten gleichzeitig die Wirtschafts- und die Gesundheitsfürsorge aus: ebenso wie beim sozialhygienischen Konzept der Gesundheitserziehung der Sozialhygiene allgemein, handelte es sich also nicht um ein spezifisches Konzept; vielmehr waren wirtschaftliche Hilfe unter gesundheitlichen Gesichtspunkten, Gesundheitsfürsorge und Gesundheitserziehung in einer Person, und einer positiven Intention vereinigt. Die Gesundheitsfürsorgerin vermittelte also nicht etwa nur zusätzliche Nahrung und Kleidung für Säuglinge und Kleinkinder, sondern sie suchte die hilfsbedürftige Mutter von sich aus in deren Wohnung auf und überwachte dabei gleichzeitig, ob die Wohnung tatsächlich sauber, die Windeln rein und die Babyflasche ausgekocht waren. Hier vereinten sich folglich die Hilfe in unspezifisch auf die Lebensumstände gerichtete Gesundheitsvorsorge sowie Belehrung und Kontrolle in unmittelbar einsichtiger und für jeden nachvollziehbarer Evidenz, und zwar im unmittelbaren Lebenskreis der Unterschichtvölkerung, nämlich in Familie und Wohnung. Das Arbeitsfeld der kommunalen Gesundheitsfürsorge erweist sich also in der Person der Fürsorgerin als wesentlich auf das Normalitätsprofil „Familienleben" und damit die Arbeiterfrau und deren Leistung in Haushaltsführung und Mutterschaft ausgerichtet.

Die aktive Assimilation der Industriearbeiterschaft:
die soziale Akzeptanz des *Homo hygienicus*

Bei der Integration der Arbeiterschaft in die industrielle Lebenwelt waren „Gesundheit" und „gesundheitsgerechtes Verhalten" nur ein Aspekt unter vielen: der ausschlaggebende regulierende Effekt lag für die Arbeiter zweifellos im Zwang zur Lohnarbeit an sich sowie in der industriellen Arbeitsform und der wissenschaftlich-technischen Organisation – die Maschine wurde zum bestimmenden Element der Arbeit, und nicht der Arbeiter. Differenzierte Entlohnungssysteme, betriebliche Sonderleistungen, Arbeits- und Fabrikordnungen, Gruppenzwang und kollektives Bewußtsein taten ein übriges (Flohr 1981). Auch andere offene oder verdeckte Sozialisationsagenturen des Staates dürfen nicht vergessen werden: hier ist an erster Stelle an das Militär zu denken, diese „ausgezeichnete Erziehungsanstalt des Volkes" (so der Hygieniker Hueppe 1923, S. 81), die gleichermaßen allgemein subordinierte Verhaltensformen wie auch – durch Zwangsimpfung und anderen Zwangsmedikalisation, Kleidung, Ernährung – hygienische Verhaltensweisen prägte. Die im Kaiserreich obligatorische Frage „Ham'Se jedient?" signalisierte folglich den Anspruch an einen berechenbaren Komment. Schule, Kirche, Vereine u. a. sind hinzuzuzählen.

Allerdings darf die Bedeutung von „Gesundheit" insbesondere für die Gestaltung des reproduktiven Lebens der Arbeiterfamilie auch nicht unterschätzt werden. Vielmehr bestand „gerade ein Hunger (...) in den unteren Klassen, Kenntnisse zu erwerben auf dem Gebiete der Hygiene" (zit. nach Tennstedt 1983, S. 462), und zwar sowohl danach, wie man sich unter den geänderten Lebensbedingungen im Fall von Gesundheitsgefährdungen, Unfällen und Krankheiten verhalten und wie man Leben, Wohnung, Kleidung, Nahrung etc. nach gesundheitlichen Gesichtspunkten ausrichten sollte (ausführlich s. Tennstedt 1983, S. 448–470; Labisch 1978). Insbesondere die politische Arbeiterbewegung verstand sich als die Avantgarde der wissenschaftlich organisierten Massengesellschaft. Auf diese Weise spielten Gesundheit und Gesundheitssicherung nicht nur unter den Arbeitern, sondern auch in der Programmatik und Politik der sozialdemokratischen Arbeiterbewegung eine im Vergleich zu anderen Patienten herausragende Rolle (Labisch 1976).

Das Angebot einer wertneutralen „Gesundheit" als wissenschaftlich begründete Lebensführung wurde daher von den sich assimilierenden Arbeitern aktiv aufgegriffen. Die Profession Medizin konnte, obwohl ihr ideologischer Charakter von der naturheilkundlich orientierten Arbeiterschaft durchaus gesehen wurde (Wolf 1893; Stollberg 1985), daher letztlich auch dadurch ihre Akzeptanz verbreitern, weil Hilfe und Rat nachgefragt und angenommen wurden – ein Umstand, der in der Professionalisierungsdiskussion bislang nicht hinreichend beachtet wurde. Die Arbeiterschaft wuchs in die industrielle Lebenswelt hinein, weil der wissenschaftlichen Konstruktion des produktiven Bereichs die wissenschaftliche Konstruktion des reproduktiven Bereichs entsprach.

Bewußt vorangetrieben, ja ebenfalls mit missionarischem Eifer gefördert wurde dieser durchaus nicht selbsttätige und ohne Konflikte verlaufende Prozeß durch die Arbeiterärzte und die Kassenangestellten bzw. deren Selbstverwaltungsorgane (Tennstedt 1983; Göckenjan 1985b). So hatte etwa die große Ortskrankenkasse für Leipzig und Umgebung, die 1896 bereits 103492 Mitglieder zählte, in diesem Jahr 184 freiwillige Krankenbesucher mit 79332 Besuchen und 13 berufliche Krankenbesucher, die 149 899 Besuche durchführten (Tennstedt 1983, S. 451). Aufgabe der Krankenbesucher war u. a. zu kontrollieren, ob die Anordnungen der Ärzte befolgt sowie Arznei- und Heilmittel vorschriftsmäßig eingenommen wurden: denn dazu waren die Kassenmitglieder per Kassenstatut verpflichtet, Die endgültige Evidenz des sozialen Konstrukts „Gesundheit" wurde also nicht nur durch Experten, sondern im unmittelbaren Lebenskreis der Patienten durch Menschen derselben Herkunft, Klasse und Sprache bestätigt: die kommunale Gesundheitsfürsorge als vorbeugende Verhaltensregulierung und die Kontrolle der medizinischen Therapie spielten sich also beide im unmittelbaren reproduktiven Lebenskreis der Arbeitschaft, in Wohnung und Familie, ab – und sie waren unentrinnbar, weil sie von sich aus ins Haus kamen.

Die Krankenbesucher personalisierten gewissermaßen die Übergangsprobleme von der externen Kontrolle zur interalisierten Kontrolle. Nach der Jahrhundertwende wurden innerhalb der Kassenführungen im Rahmen einer „Krankenkassenbewegung" (Tennstedt 1983) wesentliche subtilere Modelle der Kontrolle und Verhaltensbeeinflussung entwickelt. Paul Kampffmeyer sprach 1903 von der „Mission der deutschen Krankenkasse auf dem Gebiete der öffentlichen Gesundheitspflege": der Arbeiterversicherung sollte ein weitgestecktes sozialhygienisches Programm gegeben werden (Kampffmeyer 1903, S. 4). Denn die Sozialhygiene, obwohl keinesweg sozialistischer, sondern bürgerlicher Herkunft, und die Sozialdemokratie verfolgten in Teilbereichen gleiche Ziele – die „Verallgemeinerung der hygienischen Kultur" als Ziel der Sozialhygiene und ein immer stärker hervortretender sozialdemokratischer Praktizismus und Reformismus entwickelten sich aufeinander zu. Wenn Hugo Lindemann, der führende sozialdemokratische Kommunalwissenschaftler der Zeit, das Wort prägte: „Wo keine Sonne hinkommt, gehört ein Arzt hin", ist dies die offenbare Ablösung des vormals revolutionären politischen Modells, nämlich der restlosen Beseitigung der miserablen Wohnverhältnisse, durch das sozialhygienisch-medizinische Modell (Lindemann 1906: Labisch 1976, S. 357–359, 368–370).

Die Krankenversicherung und die kommunale Gesundheitsfürsorge wurden auf diese Weise zu „Einfallstoren" medizinisch-hygienischer Vorstellungen bei den Arbeitern und ihren politischen Vertretern. Als Experten in diesem Assimilierungsprozeß fungierten die Arbeiterärzte. Sie verfaßten Gesundheitsbücher, Broschüren, Flugblätter, hielten öffentliche Kurse ab und berieten Politiker, Kassenverwaltungen und Vereine – ja saßen teilweise – wie etwa Ignaz Zadek – selbst in den Parlamenten (Tennstedt 1982). Auch die Arbeiterärzte stießen in den unmittelbaren Lebenskreis der Arbeiter, in Wohnung und Familie vor: beispielhaft ist die unter der Führung Zadeks initiierte Wohnungsenquête der Ortskrankenkasse der Kaufleute nach 1901 in Berlin (Asmus 1982); ähnlich operierte bereits nach der Choleraepidemie 1892 in Hamburg die Arbeiter-Sanitäts-Kommission in Berlin ebenfalls unter der Führung Zadeks, die sogar einen Boykott der königlichen Charité organisierte (Labisch 1983). Es wurden nicht nur nach außen hin hygienische und gesundheitliche Mißstände dokumentiert und politisiert; nach innen hin brachten die Wohnungskontrolleure, wiederum unter Beratung sozialistischer Ärzte, den Arbeiterfrauen praktisch bei, wie die Wohnungen zu lüften und zu reinigen seien, was schmutzige Gardinen und Staub für die Übertragung der Tuberkulose bedeuteten, wie Nahrungsmittel (Sommerdiarrhö der Säuglinge!) aufzubewahren seien etc. Utopische Pläne reiften auch hier (Zadek, zit. nach Tennstedt 1983, S. 459):

Alle Sonnabend müßte ein Arbeiterviertel von ihren Krankenkontrolleuren überschwemmt werden, müßten die Frauen bei der Treppen-, Zimmer-, Hausreinigung beobachtet und belehrt werden über die Gefahren, denen sie sich dabei in erster Reihe aussetzten, und müßte darüber an die Zentrale, an die Kasse berichtet werden; da, wo man auf Widerstand stößt, müßte immer wieder kontrolliert und gemeldet werden, und so im Laufe eines Jahres ganz Berlin abgesucht und zur hygienischen Kultur erzogen werden.

Die Arbeiterärzte und die Krankenkassen, einerseits dem wissenschaftlichen Konzept der Sozialhygiene, andererseits dem politischen Konzept der Sozialdemokratie verpflichtet, bildeten auf diese Weise das personale bzw. institutionelle Bindeglied der wissenschaftlichen Stützkonzeption „Gesundheit" und der Lebenswelt der Arbeiter: mit enthusiastischem Eifer entwickelte sich die Arbeiterschaft in diese neue Lebenswelt hinein (vgl. z. B. Kampffmeyer 1903, S. 29f.).

Der Arbeiter Z. und seine Familie: eine idealtypische Reifikation der Sinnwelt des *Homo hygienicus*

Was bedeutete nun „Gesundheit" in der Alltagswelt eines Arbeiters und seiner Familie? Was bedeutete ihr das sich herausbildende Hilfs- und Definitionsmonopol Medizin? Was die staatliche Sozialversicherung und was die kommunalen Leistungen in der Gesundheitsfürsorge? Welche Ereignisse der alltäglichen Erfahrungswelt einer Arbeiterfamilie veranlaßten diese, in die Sinnwelt des *Homo hygienicus* hineinzuwachsen? Dies sei an einer statistisch und epidemiologisch durchschnittlichen, fiktiven Arbeiterfamilie zumindest annäherungsweise aufgezeigt, indem epidemiologische Häufungen und Spitzenwerte im Rückschluß reifiziert werden (Angaben nach Ewald I 1911, II 1914; Fischer 1913, 1. Aufl.; 1925, 2. Aufl.; ferner Spree 1981a; allgemein Mosse u. Tugendreich 1911): die Anzahl der Tage, an denen sich für ein Mitglied der Familie Kontakt mit dem Hilfsmonopol Medizin ergab, sei dabei als Gradmesser der (Zwangs-) Sozialisation in die neue Sinnwelt „Gesundheit" genommen.

In der Zeit zwischen 1910 und 1914 lebte Familie Z., Vater, Mutter und 4 Kinder, in einer großen Industriestadt in einem hygienisch assanierten Bezirk. Dieser Bezirk war wegen eines fortschrittlichen Stadtarztes mit allen bekannten Formen der Gesundheitsfürsorge gesegnet: Fürsorgestellen für Mütter und Säuglinge, für Kleinkinder, für Tuberkulosekranke, für Alkoholiker etc. Die Schulgesundheitspflege war in Zusammenarbeit mit dem staatlichen Kreisarzt gut ausgebaut. Josef Z. war als Zimmermann in einer Innungskrankenkasse zwangsversichert; die Krankenkasse bot über einen geringen Zusatzbetrag eine Familienversicherung für die nichtversicherungspflichtigen Familienmitglieder an, die Herr Z. abgeschlossen hatte.

Josef Z. verdiente als gelernter Arbeiter wegen des Baubooms gut; mit sonstigen Einkünften verfügte die Familie über ein jährliches Einkommen von 2018 RM: damit gehörte die Familie zu den bessergestellten Arbeiterfamilien (Dowe 1981, S. 44–57; allgemein Saul 1982). Vom Einkommen wurden (abgerundet) 51 v. H. für Nahrung, 12 v. H. für Kleidung, 18 v. H. für Wohnung und 4 v. H. für Heizung und Beleuchtung ausgegeben – mithin 85 v. H. des Einkommens allein für den rein restitutiven Bedarf. Für Gesundheits- und Körperpflege gab die Familie 1,4 v. H. aus, für Vor- und Fürsorge (Versicherungen, einschließlich Krankenversicherung) 3 v. H., also 89 RM im

Jahr oder 7,40 RM im Monat. Die Familie bewohnte im 4. Stock eines Vorderhauses 2 Zimmer und Küche (Gransche u. Wiegand 1982). Wasser und Klosett waren auf dem Flur.

Josef Z., 35 Jahre alt, gesund und leistungsfähig, hatte als Bauarbeiter ein erhöhtes Erkrankungs- und Unfallrisiko: Während die Mitglieder der gesetzlichen Krankenkassen im Durchschnitt 42 v. H. während eines Jahres arbeitsunfähig krank waren (Tennstedt 1976, S. 403), erkrankten Zimmerleute mit einer Wahrscheinlichkeit von 56 v. H. pro Jahr arbeitsunfähig bzw. 37 v. H. pro Jahr ohne Arbeitsunfähigkeit; durchschnittlich dauerte die Arbeitsunfähigkeit 26 Tage (Ewald II 1914, S. 153, 172f., 183, 235). Herr Z. suchte also jedes zweite Jahr – und wahrscheinlich wegen einer Erkrankung der Atemwege oder des Verdauungstrakts – den Arzt auf; wegen der langen Arbeitsunfähigkeit kam der Krankenbesucher der Krankenkasse jede Woche. Jedes dritte Jahr ging Herr Z. zum Arzt, ohne arbeitsunfähig geschrieben zu werden.

Maria Z. war 33 Jahre alt und hatte 5 Kinder geboren (Spree 1981a, S. 180). Ein Kind war als Frühgeburt gestorben (Ewald II 1914, S. 200). Jedes zweite Jahr hatte sie eine Niederkunft, die sie zu Hause unter dem Beistand einer staatlich geprüften Hebamme, bei auftretenden Komplikationen unter Hinzuziehung des Kassenarztes als Geburtshelfer, überstand. Da eine Hauspflege für Wöchnerinnen noch nicht organisiert war, halfen ihr in dieser Zeit Nachbarinnen, so gut es eben ging. Während der letzten 2 Monate der Schwangerschaft suchte sie zur „Wochenhilfe" die Mütterfürsorgestelle auf. Hier erhielt sie Zusatznahrung; bei größerer Bedürftigkeit hätte sie die sog. Vorernährung sogar täglich bekommen können (Fischer 1925, 2. Aufl., S. 229). Insbesondere wegen Schwangerschafts-, Geburts- und Wochenbettanomalien war Frau Z. öfter krank als ihr Mann (Ewald II 1914, S. 150); einmal im Jahr suchte sie den Arzt auf.

Das 1. Kind von Frau Z. war als Frühgeburt gestorben; ihre 4 weiteren Kinder hatte sie nicht zuletzt aus Kostengründen selbst gestillt. Daher waren sie erheblich gesünder als ihre Altersgenossen, die mit Kuhmilch und Surrogaten großgezogen worden waren (Ewald I 1911, S. 463; allgemein Spree 1981a). Frau Z. stillte ihre Kinder durchschnittlich 6 Monate (Spree 1981a, S. 177). In dieser Zeit suchte sie wöchentlich die Säuglingsfürsorgestelle auf; neben Untersuchung und Beratung erhielt sie im Rahmen der Stillpopaganda Zusatznahrungsmittel (Ewald I 1911, S. 465–478) – und zwar in Trockenform, damit sie nicht vorzeitig abstillte. Regelmäßig kam die Säuglingsschwester in die Wohnung um hier nach dem Rechten zu sehen.

Die beiden Kleinkinder – 2 und 4 Jahre alt – waren zwar etwas unterernährt, blutarm und skrophulös, ansonsten aber gesund. Allerdings machten sie die üblichen Kinderkrankheiten durch: Masern, Keuchhusten, Scharlach und Diphtherie. Den Eltern war es aus Abneigung gegen das Krankenhaus (Gesundheitswesen 1915, S. 28f.) im Fall des Scharlach gelungen, die Kinder zu Hause zu behalten; der Kassenarzt hatte die Erkrankung nicht den staatlichen Medizinalbehörden gemeldet (Gesundheitswesen 1915, S. 20f.) Die Diphterieerkrankungen waren aber so schwer, daß die Kinder gefährdet waren und überdies eine Isolation in der Wohnung nicht möglich war. Die beiden Kinder wurden jeweils 14 Tage im Städtischen Krankenhaus isoliert. Außerdem wurde über die nun fällige Anzeige der Erkrankungen das staatliche Medizinalwesen in Gang gesetzt: die Wohnung wurde von einem Desinfektor inspiziert und desinfiziert. Ansonsten suchte die Mutter alle 2 Monate die Kleinkinderfürsorgestelle des Bezirks auf; auf 6 Beratungen in der Fürsorgestelle kamen jeweils 6 Hausbesuche der

Fürsorgerin. Das Schulkind war vom Schularzt als skrophulös und leicht rachitisch beurteilt worden (Fischer 1925, 2. Aufl., S. 278). Es wurde daher vom Schularzt 2mal jährlich nachuntersucht, und die Schulschwester klärte jedesmal auch die Mutter auf und unterrichtete sie über nützliche Hilfen. Außerdem nahm das Kind an der kostenlosen Schulspeisung teil.

Ferner suchte die Mutter 2mal pro Jahr mit den Kindern den Kassenarzt auf. Hinzu kam die gesetzlich vorgeschriebene Pockenschutzimpfung für das zweitjüngste und das jüngste Kind. Die häufigsten Kontakte mit dem professionellen medizinischen Dienstleistungssystem hatten folglich Mutter und Kinder: während bei der Normalisierung des Erwerbslebens „Gesundheit" zweitrangig war, war sie bei der Normalisierung des Familienlebens ein hervorragendes Instrument der Gesellschaftstechnologie.

Selbst unter diesen günstigen Annahmen ergaben sich damit in einen Zeitraum von 2 Jahren für Mitglieder der Familie Z. an 132 (134) Tagen Kontakte mit dem professionellen System ärztlicher und gesundheitsfürsorgerischer Dienste (vgl. Tabelle 1). Auf ein Jahr gesehen, waren damit – und zwar mit steigender Tendenz – die Kontakte mit der medizinischen Profession und deren Hilfskräften häufiger als mit dem Priester beim sonntäglichen Kirchgang.

Bei 132 (134) Tagen, an denen Familie Z. Kontakt mit dem professionellen Dienstleistungssystem Medizin hatte, ergibt sich, daß eine sechsköpfige durchschnittliche Arbeiterfamilie zwischen 1910 und 1914 ca. an 65 Tagen pro Jahr Kontakt mit dem medizinischen Dienstleistungssystem hatte.

Zu diesen geburts- krankheits- oder fürsorgebedingten Interaktionen mit dem professionellen System kamen die gesundheitsrelevanten Eigenaktivitäten hinzu (vgl. S. 118 und S. 126): Herr Z. konnte im Arbeiter-Samariterbund in Abendkursen bei Arbeiterärzten die Erste Hilfe bei Unfällen erlernen und selbst auf einer freiwilligen Rettungswache oder bei Arbeiterversammlungen als Sanitäter Dienst tun – aus der Notlage bei Unfällen am Arbeitsplatz war der Arbeiter-Samariterbund entstanden. Falls Josef Z. „Gesundheit" auch als Politikum begriff, konnte er sich an gesundheitspolitischen Aktionen der Partei beteiligen: der Boykott der Charité und die Arbeiter-Sanitätskommission waren den älteren Genossen und Arbeiterärzten noch in lebhafter Erinnerung. Nun wurden regelmäßig Wohnungsenqueten durchgeführt. Schließlich konnte sich Josef Z. auch im Arbeiter-Abstinentenbund engagieren, im Arbeiter-Sportbund, im Arbeiter-Radfahrerbund und zahllosen anderen Vereinen, in denen die Arbeiterschaft eine eigene Kultur gegen das Bürgertum aufzubauen versuchte (Ritter 1979). Ferner gab es auf den Parteiabenden, angeregt durch Genossen oder Arbeiterärzte, Schulungsabende über Gesundheit, Wohnung, Kleidung, Ernährung etc. Hier stand inzwischen eine eigene „Arbeiter-Gesundheitsbibliothek" von Arbeiterärzten und anderen wohlmeinenden Ärzten verfaßt, zur Verfügung. Schließlich konnte Josef Z. auch im Vorstand seiner Krankenkasse aktiv werden und damit Einfluß auf die medizinische Versorgung seiner Genossen nehmen; als Krankenkontrolleur konnte er nach Feierabend prüfen, ob die Genossen wirklich krank waren und sich an die Anordnungen des Arztes hielten.

Zu diesen aus der Arbeiterbewegung gespeisten Aktivitäten kamen die öffentlich dargebotenen Möglichkeiten hinzu: Vorträge, Ausstellungen, Belehrungen in der Schule etc. – zwar noch recht unsystematisch (die hygienische Volksbelehrung sollte erst nach 1919 ausgebaut werden), aber beispielsweise mit dem „gläsernen Menschen", in den man „richtig hineinsehen" konnte, sehr attraktiv. Im Bezirk waren jüngst

Tabelle 1. Tage, an denen innerhalb eines Zeitraums von 2 Jahren ein Mitglied der Familie Z. Kontakt mit dem professionellen Dienstleistungssystem „Medizin" hat

Art der Dienstleistung	Eltern		Kinder			Gesamt
	Josef Z. (Zimmermann, 35 Jahre)	Maria Z. (Hausfrau, 5 Geburten, 33 Jahre)	1 Säugling (2 Monate)	2 Kleinkinder (2 und 4 Jahre)	1 Schulkind (6 Jahre)	
Kassenarzt[a]	5/2[b]	4	8	16	8	41/43
Krankenbesucher	3					3
Hebamme/Geburtshelfer		2				2
Mutterfürsorge		8 (2 Monate lang wöchentlich)				8
Säuglingsfürsorge			26 (6 Monate lang wöchentlich)[c]			26
Kleinkinderfürsorge				12[c]		12
Schulgesundheitspflege					8	8
Krankenhaus				28[d]		28
Desinfektion				2		2
Impfung			1	1		2
Gesamt	8/10	14	35	59	16	132/134

[a] Jeweils Eingangs- und Schlußuntersuchung, jedoch mindestens einmal pro Woche Kontrolle der Arbeitsfähigkeit

[b] Innerhalb von 2 Jahren ein Arztbesuch mit Arbeitsunfähigkeit; jedes 3. Jahr zusätzlich ein Arztbesuch ohne Arbeitsunfähigkeit

[c] Davon die Hälfte Hausbesuche

[d] Zweimal je 14 Tage wegen Diphterie

öffentliche Badeanstalten, Licht- und Luftbäder und eine Schwimmhalle errichtet worden. Auch Spielplätze, Turn- und Sportplätze wurden eingerichtet. Darüber schwebte gewissermaßen die allgemeine Anpassung über die bewußte und unbewußte Nachahmung der Kleidung und des Verhaltens der „tonangebenden" bürgerlichen Schichten.

Die Härte des realen Zwangs, der hinter der gesundheitlichen Anpassungsleistung der Arbeiterschaft stand, wird deutlich, wenn man sich durchaus übliche Gefährdungen in der Alltagswelt der Familie Z. vorstellt: Josef Z. arbeitete im unfallträchtigen Baugewerbe – auf 100 Arbeiter kam pro Jahr ein von der staatlichen Unfallversicherung anerkannter Betriebsunfall, der in 64 v. H. der Fälle eine vorübergehende Erwerbsunfähigkeit nach sich zog, in 28 v. H. der Fälle eine dauernde Erwerbsunfähigkeit und in 8 v. H. mit dem Tode endete (Ewald II 1914, S. 235).

Falls Josef Z. vom Gerüst stürzte und sich beide Beine brach (Ewald II 1914, S. 220), setzte er eine Lawine von Interaktionen mit parastaatlichem Versicherungssystem und dem medizinischen Hilfsmonopol in Gang: Erste Hilfe und Krankentransport waren seinerzeit wahrscheinlich noch selbst organisiert; es folgte ein längerer Krankenhausaufenthalt. Nach 13 Wochen Krankengeld wurde eine vorübergehende Berentung durch die Unfallversicherung, ergänzt durch die Invalidenversicherung, durchgeführt: Heilverfahren und Begutachtungsverfahren des gesamten parastaatlichen Versicherungsapparates und des professionellen medizinischen Systems waren aktiviert. Aber auch die Familie war – abgesehen von persönlichem Leid – betroffen: das Krankengeld, gezahlt vom 4. Krankheitstag an bis zur 13. Woche, betrug nur 50 v. H. des Grundlohns; selbst wenn die Krankenkasse mehr leistete – was oft vorkam – durfte das Krankengeld maximal 75 v. H. des Grundlohns betragen (Ewald II 1914, S. 90–121). Damit konnte Frau Z. nicht einmal mehr die unmittelbaren Bedürfnisse der Familie befriedigen: Frau und Kinder dürften in diesem Falle noch wesentlich öfter als vorher die Fürsorgestellen besucht haben, um zusätzliche Nahrungsmittel, Kleidung oder sogar eine Landverschickung für die Kinder zu bekommen.

Noch deutlicher zeigte sich die Labilität der „Gesundheit" einer Arbeiterfamilie, wenn die Mutter schwer erkrankte: so hatten über 30 Jahre alte Frauen im Zusammenhang mit Schwangerschaft und Wochenbett ein hohes Risiko, an Tuberkulose zu erkranken – und zu sterben (Ewald I 1911, S. 531, 544). In diesem Falle wurde das gesamte sozial und medizinisch relevante Hilfssystem alarmiert: über die – wenngleich noch nicht zwingende – Meldung beim staatlichen Gesundheitswesen kam der staatliche Apparat in Gang; die Isolation im Krankenhaus und die spätere Heilbehandlung übernahm die Krankenkasse; Ehemann, Kinder und weitere Kontaktpersonen wurden auf eine mögliche Weiterinfektion überwacht; die Wohnung wurde inspiziert und gründlich desinfiziert; die Kinder mußten, da der Vater arbeitete, in einem Kinderheim untergebracht werden. Familie und Wohnung wurden nach festgelegten gesundheitlichen Prinzipien (Ewald I 1911, S.556f.) durchleuchtet, begutachtet, saniert, desinfiziert und verschiedenen Versorgungssystemen zugeführt. Familie Z. war in ihrer Reproduktionsleistung gescheitert und wurde nun aufgelöst, um den spezialisierten Instituten zugeführt zu werden – während ein Tuberkulosefall in einer ostelbischen Landarbeiterfamilie wahrscheinlich nicht einmal aufgefallen wäre.

Das soziale Konstrukt des *Homo hygienicus* hatte also in der Alltagswelt des Arbeiters und seiner Familie eine nochmals andere Qualität von „Realität": Unfall, Krankheit oder Leistungsminderung waren eine alltägliche Bedrohung, die das labile

Gleichgewicht der „gesunden" Arbeiterfamilie von einer Stunde auf die andere zusammenbrechen lassen konnten. Der notwendigen Nachfrage nach medizinischer und sozialer Hilfe entsprach daher der Zwang, die Binnverhältnisse der Familie als Ort der Reproduktion zu verfestigen und zu verstetigen – und damit aus eigenem Interesse heraus auch hier Normalitätsstandards durchzusetzen. Die Zwangssozialisation durch medizinische und soziale Dienstleistungsmonopole wurde durch eine notwendige Nachfrage nach gesundheitsrelevantem Verhalten ergänzt – hier beginnt der aktive Assimilationsprozeß der Arbeiterschaft in die industrielle Lebenswelt. Da Hilfe, Verhaltensanleitung und -kontrolle unmittelbar verbunden und – wie etwa in der Säuglingspflege – unmittelbar einsichtig und nachvollziehbar waren und sich schließlich im unmittelbaren Lebenskreis der Arbeiterfamilie abspielten, war der Sozialisationseffekt notwendigerweise groß. Das wissenschaftliche Konstrukt des *Homo hygienicus* wurde folglich auch in der Lebenwelt der Arbeiterfamilie eine „vernünftige" Sinnwelt und damit auf neue Weise real.

Zusammenfassung

In einer exemplarischen, keineswegs vollständigen Analyse anhand von Quellen und Literatur zum Deutschen Kaiserreich haben wir die soziale Konstruktion und Funktion von „Gesundheit" und ihrer Personifikation, dem *Homo hygienicus*, verfolgt. In der Hochphase der Industrialisierung wurde „Gesundheit" zu einem vielfältig besetzten Wert höchster politischer Relevanz – angefangen von ihrer Bedeutung als allgemein verbindlicher Lebens- und Verhaltensrichtlinie über ihre Bedeutung als alleiniger Existenzgrundlage lohnabhängiger Schichten bis hin zu ihrer Bedeutung als scheinbar entpolitisierter, weil naturwissenschaftlich-wertneutraler Stützkonzeption staatlicher, kommunaler und industrieller Sozialpolitik. Das wert- und klassenneutrale wissenschaftliche Konstrukt „Gesundheit", personalisiert in der impliziten Figur des *Homo hygienicus*, erlaubte gleichermaßen die sozialpolitische Kanalisierung des Risikos Krankheit und deren sozialer Bedingungen und Folgen wie die langfristige Verhaltenregulierung der im aktiven Assimilationsprozeß begriffenen Arbeiterschaft, die für die wissenschafltich-technische Konstruktion des produktiven Bereichs im *Homo hygienicus* eine vergleichbare wissenschaftlich-medizinische Konstruktion im reproduktiven Bereich vorfand: das wissenschaftliche Konstrukt „Gesundheit" wurde zu einem sozialen Konstrukt, weil sich in ihm völlig divergierende Interessen und Bezugssysteme in einer neuen Sinnwelt, umstritten waren lediglich Wege und Organisationsformen. „Gesundheit" wurde zu einem allgemein akzeptierten sozialen Gut und sozialen Wert, der gleichermaßen individuelle wie kollektive Bedürfnisse befriedigte und individuellen wie kollektiven Nutzen stiftete; als solche wurde Gesundheit der zwar alternierenden, aber rationalen und zielgerichteten Steuerung des Sozialstaats zugänglich. Über das soziale Konstrukt „Gesundheit" wurden die Proleten folglich in die wissenschaftlich organisierte industrielle Lebenswelt eingeführt und zum Industriearbeiter veredelt.

Dieser psychogenetische Prozeß der Kolonisation und Assimilation der Industriearbeiterschaft wurde durch das nun ebenfalls ausdifferenzierte Hilfs- und Definitionsmonopol „Medizin" sozusagen dingfest gemacht. Die Gesundheitswissenschaftler waren als offizielle Weltexperten die Theoretiker der neuen Sinnwelt, die Ärzte die Praktiker der entsprechenden Sozial-/Gesellschaftstechnologie; nachgeordnete Funktionäre wie Gesundheitsfürsorgerinnen, Krankenbesucher etc. kamen hinzu.

Während der Ausbildung eines Dienstleistungsmonopols der Hilfe im Krankheitsfall konnten sich die Ärzte professionalisieren. Gleichzeitig fiel ihnen die mit dem Hilfsmonopol untrennbar verbundene Aufgabe der Kontrolle sowohl des Hilfsbegehrens als auch der angebotsadäquaten Verhaltensweisen zu: der Generalisierung von Hilfsansprüchen und der Monopolisierung generller Hilfsangebote folgt unweigerlich die Generalisierung von Kontrolle und Verhaltenserwartung. „Schutz durch Kontrolle, Kontrolle durch Schutz" lautet der allgemeine Mechanismus, und im besonderen: je mehr die Gesellschaft an medizinischen Hilfsangeboten bereithält, um so unausweichlicher und zwingender wird der Anspruch nach „gesundheitsgerechtem" Verhalten; zum „Recht auf Gesundheit" korreliert die „Pflicht zur Gesundheit". Individuelle, lebensweltspezifische Deutungen und Wertschätzungen von Gesundheit wurden in diesem Prozeß als nicht mehr angemessene Sinnprovinzen überrollt und schließlich nihiliert: der *Homo hygienicus* wird vom lebensweltbezogenen Verhaltensangebot an den Bürger zur zwingenden Verhaltensverpflichtung für alle. Dabei wird die Bestimmung der Wirklichkeit des *Homo hygienicus* in der monopolisierten medizinischen Beratung und Hilfe evident – die Bestimmung der neuen Wirklichkeit wird folglich durch den Arzt vermittelt und erhärtet.

Die neue soziale Realität der Sinnwelt des *Homo hygienicus* wurde über verschiedene Teilprozesse verbreitet. Die Sozialhygiene verwissenschaftlichte den durch die Bakteriologie zerstörten sozialen Begründungszusammenhang der Medizin; die gruppenbezogene Gesundheitsfürsorge als Praxis der Sozialhygiene wurde von Kommunalärzten und Gesundheitsfürsorgerinnen in den Industriestädten umgesetzt. Die Gesundheitsfürsorge war insbesondere auf die Familien als neuer Reproduktionsgrundlage der Arbeiterschaft ausgerichtet. In der gesetzlichen Krankenversicherung wurde hingegen das individuelle Risiko „Krankheit" der politisierten Industriearbeiterschaft abgesichert – der externe Nutzen der Krankenversicherung und sozialpolitisches Ziel war also nicht ärztliche Hilfe sondern soziale Integration. Der Kassenarzt war damit auf den produktiven Teil der Bevölkerung ausgerichtet. Gleichwohl wurde über die parastaatlichen Institutionen der Krankenkassen und deren Krankenbesucher die Evidenz der Sinnwelt „Gesundheit" bis zum Übergang von der externen zur internalisierten Kontrolle bis in die Arbeiterwohnungen getragen.

Hinter diesen Teilprozessen setzte der allgemeine Zivilisations- und Rationalisierungsprozeß den Handlungszwang: die Kolonisierung neuer peripherer Unterschichten war erforderlich, um ein ausreichendes und dauerhaft verwertbares Potential von Arbeitskräften zu sichern – von hierher resultierte also die Macht, die den Prozeß vorantrieb. „Gesundheit" als soziales Gut verdeckte die wirklichen Institutionen und Machtpositionen. Die Teilprozesse konnten aber nur deshalb so rasch, umfassend und erfolgreich vonstatten gehen, weil die Unterschichten sich schließlich in einem aktiven Assimilationsprozeß befanden; es bestand also nicht nur eine Nachfrage nach Hilfe, sondern auch nach einer neuen Sinnwelt, die den Bedarf nach neuen, angepaßten Verhaltensweisen befriedigte – soziale Nachahmung, soziales Lernen und Zwangssozialisation wirkten also in dieselbe Richtung. Die zweite Phase der Industrialisierung einschließlich der Weimarer Zeit war in Deutschland deshalb eine „goldene Ära der Gesundheitserziehung", weil die neu sich bildende Industriearbeiterschaft das Konstrukt „Gesundheit" als Bestandteil ihrer allgemeinen sozialen Bewegung aufgreifen konnte.

„Gesundheit" erweist sich damit als Konstruktion einer adäquaten Sinnwelt industrieller Gesellschaften: hier liefert sie die Legitimation sozialtechnologischer Gestaltung von Verhältnissen *und* Verhalten.

Ausblick

Mit unerbittlicher Konsequenz zu Ende geführt wurde die soziale Konstruktion der Gesundheit im nationalsozialistischen Deutschland. In dem auf rassenhygienischem und rassekundlichem Gedankengut aufbauenden Gesellschaftsmodell des Nationalsozialismus wurde Gesundheit von dem sozialen Gut eines inkludierenden Rechts- und Sozialstaates zur sozialen Kategorie einer auf permanenter Selektion und Exklusion aufbauenden völkisch-rassischen Gemeinschaft: Gesundheit entschied nicht allein über das *So*sein, sondern über das *Da*sein von Menschen schlechthin.

Rassenhygiene und Rassenkunde lieferten als offizielle Gesundheitswissenschaften die Legitimation für die Biologisierung und damit schließlich politische und soziale Technisierung der inneren und äußeren Problemlagen Deutschlands: im Rassengedanken gründeten der Kampf um Lebensraum nach außen und die permanente rassische Auslese als gesellschaftsgestaltendes Prinzip nach innen. Rassische Entmischung, abgestufter Ausschluß nicht fortpflanzungswürdiger und gemeinschaftsunfähiger Menschen aus der Volksgemeinschaft – beides mit der notwendigen und absehbaren fabrikmäßigen, also technischen Ermordung von Millionen von Menschen – sowie schließlich die rassische Höherzüchtung bildeten das Programm der nationalsozialistischen Erbgesundheits- und Rassenpflege. Nur aus dieser inneren Rationalität ist die Flut sozial- und gesundheitspolitischer Aktivitäten unmittelbar nach der Machtübernahme durch die Nationalsozialisten zu erklären. Und wiederum walteten Ärzte als Sozialtechnologen an den Pforten der gesellschaftlichen Exklusion und Selektion – bis hin zu dem Streit, ob die Selektion in den Vernichtungslagern von Lagerführern und Ärzten durchzuführen sei (vgl. vorerst Labisch u. Tennstedt 1985; Labisch 1985b).

Literatur

Asmus G (Hrsg) (1982) Hinterhof, Keller und Mansarde. Einblicke in Berliner Wohnungselend 1901–1920. Rowohlt, Reinbek

Berger PL, Luckmann T ([5]1977, [1]1969) Die gesellschaftliche Konstruktion der Wirklichkeit. Eine Theorie der Wissenssoziologie. Fischer, Frankfurt am Main

Castell-Rüdenhausen A (1982) Die Überwindung der Armenschule. Schülerhygiene an den Hamburger öffentlichen Volksschulen im zweiten Kaiserreich. Archiv für Sozialgeschichte 22:201–226

Ditt K (1982) Industrialisierung, Arbeiterschaft und Arbeiterbewegung in Bielefeld 1850–1914. Gesellsch f. Westf. Wirtsch. Geschichte, e. V. Dortmund (Reihe: Untersuchungen zur Wirtschaft-, Sozial- und Technikgeschichte, Bd 4)

Dowe D (Hrsg) (1981) Erhebung von Wirtschaftsrechnungen minderbemittelter Familien im Deutschen Reiche. Dietz, Berlin Bonn (bearb. v. Kaiserl. Statist. Amte, Berlin 1909)

Elias N (1969) Über den Prozeß der Zivilisation. Soziogenetische und psychogenetische Untersuchungen, 2 Bde. Francke, Bern

Ewald W (1911, 1914) Soziale Medizin, Bde 1 und 2. Springer, Berlin

Ferber C von (1971) Gibt es ein sozialstaatliches Recht auf Gesundheit? Archiv Wissenschaft und Praxis der Sozialen Arbeit 2:104–119

Ferber C von (1975) Soziologie für Mediziner. Springer, Berlin

Ferber C von (1981) Zur Zivilisationstheorie von Norbert Elias – heute in: Lebenswelt und soziale Probleme. Verhandlungen des 20. Deutschen Soziologentages. Campus, Frankfurt am Main, S 355–368

Fischer A ([1]1913, [2]1925) Grundriß der sozialen Hygiene. Springer, Berlin Karlsruhe

Flohr B (1981) Arbeiter nach Maß. Die Disziplinierung der Fabrikarbeiterschaft während der Industrialisierung Deutschlands im Spiegel von Arbeitsordnungen. Campus, Frankfurt am Main

Foucault M (1977) Sexualität und Wahrheit, Bd 1: Der Wille zum Wissen. Campus, Frankfurt am Main

Frevert U (1981) Arbeiterkrankheit und Arbeiterkrankenkassen im Industrialisierungsprozeß Preußens (1840–1870). In: Conze W, Engelhardt U (Hrsg) Arbeiterexistenz im 19. Jahrhundert: Lebensstandard und Lebensgestaltung deutscher Arbeiter und Handwerker. Klett-Cotta, Stuttgart, S 293–319

Frevert U (1984) Krankheit als politisches Problem. 1770–1880. Soziale Unterschichten in Preußen zwischen medizinischer Polizei und staatlicher Sozialversicherung. Vandenhoeck-Ruprecht, Göttingen (Kritische Studien zur Geschichtswissenschaft, Bd 62)

Das Gesundheitswesen des preußischen Staates im Jahr 1913 (1915). Berlin

Göckenjan G (1985a) Kurieren und Staat machen. Gesundheit und Medizin in der bürgerlichen Welt. Suhrkamp, Frankfurt am Main

Göckenjan G (1985b) Medizin und Ärzte als Faktor der Disziplinierung der Unterschichten: Der Kassenarzt. In: Sachsse C, Tennstedt F (Hrsg) Soziale Sicherheit, S 286–303

Gottstein A (1897) Allgemeine Epidemiologie. Leipzig

Gottstein A (1920) Die neue Gesundheitspflege. Berlin

Gottstein A (1925) Adolf Gottstein. In: Grote LR (Hrsg) Die Medizin der Gegenwart in Selbstdarstellungen. Leibzig, S 53–91

Goudsblom J (1979) Zivilisation, Ansteckungsangst und Hygiene. Betrachtungen über einen Aspekt des europäischen Zivilisationsprozesses. In: Gleichmann P, Goudsblom J, Korte H (Hrsg) Materialien zu Norbert Elias' Zivilisationstheorie. Suhrkamp, Frankfurt am Main, S 215–225

Gransche E, Wiegand E (1982) Zur Wohnsituation von Arbeiterhaushalten zu Beginn des zwanzigsten Jahrhunderts. In: Wiegand E, Zapf W (Hrsg) Wandel der Lebensbedingungen in Deutschland. Campus, Frankfurt am Main, S 425–469

Grotjahn A ([1]1912, [2]1915, [3]1923) Soziale Pathologie. Versuch einer Lehre von den sozialen Beziehungen der Krankheiten als Grundlage der Sozialen Hygiene. Springer, Berlin

Grotjahn A (1921) Die hygienische Forderung. Königstein/Ts

Grotjahn A (1931) Erlebtes und Erstrebtes. Erinnerungen eines sozialistischen Arztes. Berlin

Heller G (1979) „Propre en ordre". Habitation et vie domestique 1850–1930: l'exemple vaudois. Lausanne

Hueppe F (1923) Ferdinand Hueppe. In: Grote LR (Hrsg) Die Medizin der Gegenwart in Selbstdarstellungen, Bd 2. Leipzig, S 77–138

Huerkamp C (1980) Ärzte und Professionalisierung in Deutschland, Überlegungen zum Wandel des Arztberufes im 19. Jahrhundert. Geschichte und Gesellschaft 6:349–382

Huerkamp C (1983) Vom gelehrten Stand zum professionellen Experten: Untersuchungen zur Sozialgeschichte der Ärzte in Preußen im 19. und frühen 20. Jahrhundert (phil. Dissertation, Bielefeld; Druck: Göttingen 1985; Reihe: Kritische Studien zur Geschichtswissenschaft, Bd 68)

Huerkamp C, Spree R (1985) Arbeitsmarktstrategien der deutschen Ärzteschaft im späten 19. und 20. Jahrhundert. Zur Entwicklung des Marktes für professionelle ärztliche Dienstleistungen. In: Pierenkemper T, Tilly R (Hrsg) Historische Arbeitsmarktforschung. Vandenhoeck & Ruprecht, Göttingen, S 77–120

Imhof AE (Hrsg) (1983) Leib und Leben in der Geschichte der Neuzeit. Duncker & Humblot, Berlin (Berliner historische Studien, Bd 9)

Kalberg S (1981) Max Webers Typen der Rationalität. Grundsteine für die Analyse von Rationalisierungs-Prozessen in der Geschichte. In: Sprondel WM, Seyfarth C (Hrsg) Max Weber und die Rationalisierung sozialen Handelns. Enke, Stuttgart, S 9–38

Kampffmeyer P (1903) Die Mission der deutschen Krankenkassen auf dem Gebiete der öffentlichen Gesundheitspflege. Programmatische Gedanken zur Reform des Krankenversicherungsgesetzes. Frankfurt am Main

Kaup I (1929) Abgrenzung der Sozialhygiene von der übrigen Medizin. Z. Schulgesundheitsfragen 42:248–251

Labisch A (1976) Die gesundheitspolitischen Vorstellungen der deutschen Sozialdemokratie von ihrer Gründung bis zur Parteispaltung (1863–1917). Archiv Sozialgeschichte 16:325–370

Labisch A (1978) The Workingmen's Samaritan Federation (Arbeiter-Samariter-Bund) 1888–1933. J Contemp Hist 13:297–322

Labisch A (1981) Das Krankenhaus in der Gesundheitspolitik der deutschen Sozialdemokratie vor dem Ersten Weltkrieg. Medizinische Soziologie 1:126–151

Labisch A (1983) Selbsthilfe zwischen Auflehnung und Anpassung: Arbeiter-Sanitätskommission und Arbeiter-Samariterbund. Argument 77:11–26 (Sonderband)

Labisch A (1984) Die Wiederaneignung der Gesundheit. Zur sozialen Funktion des Gesundheitsbegriffs. Argument 113:11–32 (Sonderband)

Labisch A (1985a) „Hygiene ist Moral – Moral ist Hygiene" – soziale Disziplinierung durch Ärzte und Medizin. In: Sachsse, C, Tennstedt F (Hrsg) Soziale Sicherheit und soziale Disziplinierung, S 265–285

Labisch A (1985b) Medizin im Zivilisationsprozeß (Arbeitspapier für die Arbeitsgemeinschaft „Medizin und sozialer Wandel", Zentrum für interdisziplinäre Forschung, Bielefeld 22./24. Mai 1985)

Labisch A, Tennstedt F (1985) Der Weg zum „Gesetz über die Vereinheitlichung des Gesundheitswesens". Entwicklungslinien und -momente des staatlichen und des kommunalen Gesundheitswesens in Deutschland. Düsseldorf (Schriftenreihe der Akademie für Öffentliches Gesundheitswesen 13, 2 Bde)

Leibfried S, Tennstedt F (1985) Armenpolitik und Arbeiterpolitik. In: Leibfried S, Tennstedt F (Hrsg) Politik der Armut und die Spaltung des Sozialstaats. Suhrkamp, Frankfurt am Main, S 64–93

Leithoff H (1979) Die Duldungspflicht ärztlicher Behandlung als Möglichkeit medizinischer und sozialer Disziplinierung. Z Rechtsmed 83:27–38

Lindemann H ([2]1906, [1]1901) Die deutsche Städteverwaltung. Ihre Aufgaben auf den Gebieten der Volkshygiene, des Städtebaus und des Wohnungswesens. Stuttgart (die 1. Aufl. erschien unter dem Pseudonym C. Hugo)

Mosse M, Tugendreich G (1913) Krankheit und soziale Lage. Lehmanns, München

Nadav DS (1976) Zur Einberufung der Ersten Reichsgesundheitswoche im Jahr 1926. Med Welt 27:1069–1072

Pankoke E (1981) Gesellschaftlicher Wandel und soziale Dienste. Voraussetzungen und Entwicklungsperspektiven. In: Kerkhoff E (Hrsg) Handbuch Praxis der Sozialarbeit und Sozialpädagogik, Bd 1. Pädagog. Verlag Schwann, Düsseldorf, S 3–30

Petersen J (1877) Hauptmomente in der geschichtlichen Entwicklung der medizinischen Therapie, Kopenhagen

Piechocki W (1968) Das hallesche Stadtphysikat im Industrialisierungsprozeß des 19. Jahrhundert. Wiss Z Humboldt-Univ. Berlin (M.-N.R.) 17/5:773–781

Redeker F (1923) Ideologie und Formen der industriellen Wohlfahrtspflege. Schulgesundheitspflege 36:300–307

Ritter GA (Hrsg) (1979) Arbeiterkultur. Hain, Königstein/Ts (Neue Wissenschaftliche Bibliothek, Geschichte 104)

Rüegg W (1967) Der Kranke in der Sicht der bürgerlichen Gesellschaft an der Schwelle des 19. Jahrhundert. In: Artelt W, Rüegg W (Hrsg) Der Arzt und der Kranke in der Gesellschaft des 19. Jahrhunderts. Enke, Stuttgart, S 35–49 (Studien zur Medizingeschichte des 19. Jahrhunderts, Bd 1)

Sachsse C (1982) Zur Entstehung sozialer Arbeit in Deutschland. Z Sozialreform 28:267–296

Sachsse C (1985) Mütterlichkeit als Beruf. Suhrkamp, Frankfurt am Main

Sachsse C, Tennstedt F (1980) Geschichte der Armenfürsorge in Deutschland. Vom Spätmittelalter bis zum 1. Weltkrieg. Kohlhammer, Stuttgart

Sachsse C, Tennstedt F (1985) Soziale Sicherheit und soziale Disziplinierung. Suhrkamp, Frankfurt am Main

Saul K (Hrsg) (1982) Arbeiterfamilien im Kaiserreich. Materialien zur Sozialgeschichte in Deutschland 1871–1914. Droste, Düsseldorf

Schlossmann A (Hrsg) (1927) GE-SO-LEI. Große Ausstellung Düsseldorf 1926 für Gesundheitspflege, soziale Fürsorge und Leibesübungen, 2 Bde. Düsseldorf

Schluchter W (1979) Die Entwicklung des okzidentalen Rationalismus. Eine Analyse von Max Webers Gesellschaftsgeschichte. Mohr, Tübingen

Spree R (1981 a) Soziale Ungleichheit vor Krankheit und Tod. Zur Sozialgeschichte des Gesundheitsbereichs im Deutschen Kaiserreich. Vandenhoeck & Ruprecht, Göttingen

Spree R (1981 b) Zu den Veränderungen der Volksgesundheit zwischen 1870 und 1913 und ihren Determinanten in Deutschland (vor allem in Preußen). In: Conze W, Engelhardt U (Hrsg) Arbeiterexistenz im 19. Jahrhundert. Lebensstandard und Lebensgestaltung deutscher Arbeiter und Handwerker. Klett-Cotta, Stuttgart, S 235–292

Stollberg G (1983) Die gewerkschaftsnahen zentralisierten Hilfskassen im Deutschen Kaiserreich. Z Sozialref 29:339–369

Stollberg G (1985) Die Naturheilvereine im Deutschen Kaiserreich. Zur Geschichte einer sozialen Bewegung. Bielefeld (verv. Manuskript)

Tennstedt F (1976) Sozialgeschichte der Sozialversicherung. In: Blohmke M et al. (Hrsg) Handbuch der Sozialmedizin, Bd 3. Enke, Stuttgart, S 385–492

Tennstedt F (1981) Sozialgeschichte der Sozialpolitik in Deutschland. Vom 18. Jahrhundert bis zum Ersten Weltkrieg. Vandenhoeck & Ruprecht, Göttingen

Tennstedt F (1982) Arbeiterbewegung: Familiengeschichte bei Eduard Bernstein und Ignaz Zadek. In: IWK. Internationale wissenschaftliche Korrespondenz zur Geschichte der deutschen Arbeiterbewegung 18. Berlin, S 451–481

Tennstedt F (1983) Vom Proleten zum Industriearbeiter. Arbeiterbewegung und Sozialpolitik in Deutschland 1800 bis 1914. Bund, Köln

Thomann KD (1980) Alfons Fischer (1873–1936) und die Badische Gesellschaft für soziale Hygiene. Pahl-Rugenstein, Köln

Tutzke D (1979) Alfred Grotjahn. Teubner, Leipzig

Vogel M (1925) Hygienische Volksbildung. In: Gottstein A, Schlossmann A, Teleky L (Hrsg) Handbuch der Sozialen Hygiene und Gesundheitsfürsorge, Bd 1. Gottstein, Berlin, S 303–390

Weber M (1920) Gesammelte Aufsätze zur Religionssoziologie, Bd 1. Mohr, Tübingen

Weindling P (1984) Die Preußische Medizinalverwaltung und die „Rassenhygiene". Anmerkungen zur Gesundheitspolitik der Jahre 1905–1933. Z Sozialreform 30:675–687

Weiss J (1981) Rationalisierung und Interpretation. In: Schulte W (Hrsg) Soziologie in der Gesellschaft. Bremen, S 46–53

Wolf H (1893) Kapitalismus und Heilkunde oder Doktor und Apotheker. Dresden

Zadek I (1895) Die Arbeiterversicherung. Eine socialhygienische Kritik. Jena

Dialog als Therapie*

H. Huebschmann

Rolf und der Klempner

Ein 19jähriger Mann, nennen wir ihn Rolf, kommt in die Sprechstunde. Er teilt mit, daß er seit 2 Tagen Durchfall und Fieber hat. Ich untersuche seinen Körper, verordne ein Medikament und „schreibe ihn krank".

Am nächsten Tag kommt er wieder. Sein Durchfall ist unverändert. Ich frage nach seinem Beruf. Er ist seit 5 Wochen Angestellter in einer Firma für Strickartikel. Seine Aufgabe besteht darin, die Waren mit dem Auto an Verkaufsgeschäfte zu liefern. Er will seine Arbeit nicht länger unterbrechen, da er fürchtet, seinen soeben errungenen Arbeitsplatz zu verlieren.

Ich erfahre also nicht nur etwas über seinen Beruf, sondern auch etwas über seinen Seelenzustand. Dieser Seelenzustand ist typisch für unzählige erkrankte Arbeitnehmer heute, denn bei dem Millionenheer von Arbeitslosen ist jeder Arbeitnehmer leicht ersetzbar. „Für 5 Pfennige gibt es einen Neuen", sagte mir einmal ein 50jähriger Bautechniker mit einem Herzinfarkt. – Rolfs Auskunft genügt mir aber nicht. Bin ich doch weniger an den Folgen als an den Ursachen seiner Erkrankung interessiert. Seit langem sprechen wir von Krankheitserregern, und wir denken dabei an Bakterien. Die Entdeckungen am Ende des 19. Jahrhunderts wirken da immer noch nach. Heute, am Ende des 20. Jahrhunderts, werden wir aufmerksam darauf, daß auch *Menschen* Krankheitserreger sind. Um hier im Einzelfall einen Befund zu erheben, habe ich mir angewöhnt, jedem Kranken die mit Absicht etwas provozierende Frage zu stellen: „Gegen wen sind Sie krank geworden?"

Ich stelle Rolf diese Frage. Er versteht mich nicht. Ich werde deutlicher: „Auf wen scheißen Sie?" Er stutzt, sagt aber nichts. Ich erläutere: „Nun, die Krankheitsursache?" Jetzt kann er antworten: „Meine Freundin hat mich angesteckt." Die Freundin, 1 Jahr jünger als er, Paula, hat 14 Tage zuvor auch Durchfall gehabt. Er lebt seit 11 Wochen mit ihr zusammen. – Ich lasse Rolfs Erklärung gelten, frage nicht weiter und verordne Bettruhe.

Nach 3 Tagen ist er wieder da. Es geht ihm nicht gut. Der Durchfall hält weiter an, und nicht nur dies: er ist blutig geworden.

---

* Nach 2 Vorträgen in der Universität Strasbourg am 1. 6. 1984 und in der Academie Royale in Brüssel am 17. 5. 1985 auf dem 6. und 7. Internationalen Colloquium der Association internationale de defense du langage, Sitz Paris. Dieser Beitrag wurde erstmals veröffentlicht in der ÖZS (1985) Heft 3/4.

Wagner (Hrsg.), Medizin – Momente der Veränderung
© Springer-Verlag Berlin Heidelberg 1989

Ich erschrecke und schicke Rolf zu einem Kollegen zur Untersuchung mit einem Endoskop. Die Antwort des Kollegen lautet, ich zitiere auszugsweise aus seinem Bericht:

> Nach üblicher Vorbereitung ließ sich die Recto-Sigmoidoskopie gut durchführen. Hierbei ergab sich eine samtartige, an der Oberfläche leicht blutende hochgradig entzündliche, akut alterierte Rectumschleimhaut. Das Bild paßt zu einem akuten Schub einer Colitis ulcerosa. In jedem Fall, meine, ich, muß man kurzfristig eine hochdosierte Therapie mit Urbason, unterstützt mit Salofalk, einleiten.

Als Rolf am folgenden Tag wiederkommt, zögere ich, dem Rat des Kollegen zu folgen. Das Kortisonpräparat Urbason bedeutet einen schweren Eingriff in den Hormonhaushalt. Und Rolf hat eine Abneigung gegen chemische Mittel. Ich verordne strenge Bettruhe und Leibwickel.

Einen Tag später besuche ich ihn in seiner Wohnung. Ich setze mich an sein Bett und lasse ihn erzählen. Und ich erfahre: Sein Firmenchef ruft ihn immer wieder an und fragt ihn, ob er nicht wieder für ihn fahren wolle, wenigstens halbtags. Rolf schildert das mit deutlichem Unwillen. Er berichtet von einer früheren Arbeitsstelle, wo er sich ausgenutzt fühlte. Er macht eine Pause. Dann: „Hat meine Freundin Ihnen davon erzählt?" – Ja, sie hatte erzählt. Auch sie war wegen ihres Durchfalls bei mir gewesen. Sie hatte mitgeteilt, daß sie 11 Wochen zuvor aus ihrem Elternhaus ausgezogen sei, wegen Rolf. Nachdem die Eltern Rolf monatelang gern sahen, lehnten sie ihn plötzlich ab, weil er zu anspruchsvoll sei. Rolf gab folgende Schilderung:

Einige Tage nach dem Auszug Paulas fuhr er mit ihr im Auto bei den Eltern vor. Sie ging ins Haus, er blieb im Auto sitzen. Paula kam nicht wieder. An ihrer Stelle erschien ihr Vater. Er sagte barsch zu ihm: „Sie brauchen nicht mehr zu kommen." Er siezte ihn, nachdem er ihn monatelang geduzt hatte. Und er fuhr fort: „Die Tochter bleibt hier. Wir lassen sie nicht heraus." Nach diesen Worten kehrte er ins Haus zurück.

Rolf war empört. Er folgte aber dem Vater nicht, um ihn zur Rede zu stellen. Er fuhr zur nächsten Polizeistation, um die Geliebte gewaltsam herausholen zu lassen. Der Beamte wollte sich so nicht einmischen. Er rief den Vater an, um ihm mitzuteilen, er habe nicht das Recht, seine Tochter festzuhalten, da sie volljährig sei. Daraufhin gab der Vater sie frei. Weinend, verstört, kam Paula heraus. Der Vater habe ihr verboten wiederzukommen, wenn sie nicht von Rolf ablasse.

Rolf erfuhr von seinen Eltern, die im gleichen Ort wohnen, daß Paulas Eltern ihre Tochter „überall schlecht machen", weil sie das Elternhaus verlassen habe und mit einem Mann in wilder Ehe zusammenlebe. Sie grüßen Rolfs Eltern nicht mehr, wenn sie ihnen im Supermarkt begegnen.

Paula habe berichtet, sie werde an ihrem Arbeitsplatz kühler behandelt. Ihr Ausbildungsleiter habe ihr gedroht, ihren Ungehorsam gegenüber den Eltern in ihr Zeugnis zu schreiben. Rolf hat den Ausbildungsleiter aufgesucht, um ihn zu besänftigen. Dieser sei aber „stur" geblieben.

Am folgenden Tag rufe ich eine Kollegin an, um sie um Rat zu fragen, was ich tun solle. Sie rät dringend zur Verordnung von Kortison, weil sonst die Gefahr von Darmperforationen bestehe.

Ich mache einen 2. Besuch. Rolf fühlt sich besser. Er berichtet von seinem vorigen Arbeitsplatz bei einem Autohändler. Der Chef sei sehr „konservativ" gewesen. Er schrie, und man mußte gehorchen. Er verbot, während der Arbeit zu rauchen. Das

Arbeitsklima war denkbar schlecht. Rolf kündigte nach einigen Wochen. Dies war ein Hauptgrund für Paulas Vater gewesen, ihm sein Haus zu verbieten. Er hielt Rolf für einen Faulpelz. Rolf begriff nun, was ich im Sinn gehabt hatte, als ich ihn frage, gegen wen er krank geworden sei. Er hat mit seinem Bruder, der Physiker ist und den Doktortitel trägt, gesprochen. Dieser habe auch gemeint, seine Krankheit käme von dem, was Paulas Eltern ihm antun.

Paula, die zugegen ist, ergänzt das Bild. Sie war einige Tage zuvor im Elternhaus gewesen, um einige Gebrauchsgegenstände zu holen. Was die Eltern zur Sprache brachten, war der Plan ihrer Urlaubsreise nach Marokko in 14 Tagen. „Nach *mir,* der Tochter, nach meinem Befinden, haben sie mit keinem Wort gefragt." Sie, Paula selbst, hatte freilich auch geschwiegen. Sie hatte nichts von dem über die Lippen gebracht, was sie bewegte.

Was haben wir gehört?

Wir hörten von den Leiden eines jungen Mannes.

Wir hörten von Ereignissen, an denen er litt.

Wir hörten von Ereignissen in seinem *Körper.* Er blutet aus seinem Darm. Wir hörten von Ereignissen in seiner *Seele.* Er liebt ein junges Mädchen, er ist wütend auf ihren Vater, er ist unwillig auf seinen Arbeitgeber.

Und wir hörten von Ereignissen in seiner *Umgebung.* Die Eltern seiner Freundin wollen von ihm und von ihrer Tochter nichts mehr wissen. Sie boykottieren seine Eltern. Ich füge hinzu, daß sein Verhältnis zu *seinen* Eltern ungetrübt ist. Der Lehrer der Freundin – sie macht bei ihm eine Ausbildung als Bürogehilfin – übt moralischen Druck auf sie aus, und damit auch auf ihn. Sein Arbeitgeber stellt Anforderungen an ihn, die er als Erkrankter nicht erfüllen kann.

Handelt es sich aber wirklich um *Ereignisse,* von denen wir hörten? In Wirklichkeit hörten wir *Berichte* über Ereignisse als Ergebnis einer Reihe von *Dialogen* mit dem jungen Mann und seiner Geliebten. Es waren deren 6 innerhalb von 8 Tagen, nachdem einige Wochen zuvor schon einige Gespräche mit der Freundin stattgefunden hatten.

Der Inhalt der Dialoge? Ich spreche jetzt nur von denen mit Rolf. Wir stellen da eine Wandlung fest, einen Wechsel von einer Welt in eine andere. Die ersten Dialoge hatten den Körper des Kranken zum Thema. Der Arzt war hier Autorität als Fachmann. Es kam auch zu Dialogen mit Fachkollegen. Dabei fand eine Sprache Anwendung, die sog. Fachsprache. Sie ist für den Kranken unverständlich. Sie hat ihre eigene Logik. Der Kranke bleibt als Dialogpartner ausgeschlossen. Dann kam der Kranke selbst zu Wort. Während die ersten Dialoge durch Fragen des Arztes bestimmt waren, wurde der Arzt dann immer mehr zum Zuhörer, der kaum mehr Fragen stellte, sondern nur sein Interesse bekundete und den Kranken zum Weitererzählen ermutigte. Der Arzt vermied alles, was an Fachsprache erinnern konnte, der Kranke konnte *seine* Sprache verwenden. Zuweilen war erkennbar, daß auch er eine Fachsprache hatte mit eigener Logik: die des Kaufmanns. Hemmungen vor dem Arzt als Akademiker bestanden nicht. Rolf hatte durchaus Standesbewußtsein: sein Vater ist Bundesbahnoberinspektor. Verständlich stellte er daneben seinen Widersacher, Paulas Vater, der nur Fabrikarbeiter sei.

Fragen wir nach den *Bedingungen* dieser Wandlung.

Ich nenne deren drei.

Eine Bedinung dafür, daß Rolfs seine eigene Sprache fand, war, daß seine Freundin den Arzt, den Dialogpartner Rolfs, vorbereitet hatte. Sie hatte ihm, wie erwähnt, anläßlich ihrer Erkrankung einige Wochen zuvor erzählt, was ihr von ihren Eltern widerfahren war. Aber nicht nur das. Sie hatte auch ein Bild von ihren Eltern gezeichnet: Was das Denken der Eltern beherrscht, ist Sparsamkeit. „Aber der Vater kauft sich alle 3 Jahre ein neues Auto." Und auch ihr, der Tochter Paula, hat er zum Geburtstag ein neues Auto geschenkt. Die Mutter? „Sie schafft den ganzen Tag. Jeden Donnerstag wird die ganze Wohnung geputzt." Samstag? „Wird gewaschen." Sonntag? „Wird gebügelt." In der Woche? „Wird gekocht." Liebe? Dafür war in ihrem Elternhaus kein Platz. Eine Schwester, 5 Jahre älter, noch zu Hause, will deshalb ausziehen und auch mit ihrem Freund zusammenwohnen. Paula hat das ihrem Arzt erzählt. Sie hatte erfahren, daß dieser anteilnehmend zuhörte. Und sie hatte diesen Arzt Rolf empfohlen.

Ich nenne eine weitere Bedingung dafür, daß der Kranke vor dem Arzt das Wort ergriff. Die ersten 4 Dialoge wurden im Sprechzimmer des Arztes geführt. Für den Kranken war das eine fremde Welt, in der er „nichts zu sagen hatte". Zu den folgenden Gesprächen kam es in der Wohnung, die Rolf für sich und Paula gemietet hatte, nachdem diese aus ihrem Elternhaus vertrieben worden war. Hier war *sein* Reich, hier war *er* der Machthaber. Hier hatte *er* die Schlüsselgewalt. Als ich ihn zum ersten Mal besuchte, kam ich etwas später als erwartet. Ich mußte erst einmal vor der Wohnungstür stehenbleiben, bis ich eingelassen wurde.

Einlassen aber kann man nur jemanden, der kommt.

Ich war gekommen. Anders als der Arbeitgeber, der in Rolf nur die Arbeitskraft sah, und anders als Paulas Vater, der die Beziehungen zu ihm abbrach, hatte ich eine Beziehung zu ihm aufgenommen. Ich kam ihm entgegen. Ich bestellte ihn nicht mehr zu mir zur Audienz, sondern ging zu ihm hin. Ich wandte mich ihm aktiv zu. Auch dies war eine Bedingung dafür, daß der Kranke offener redete.

Es ist in der Medizin nicht üblich, Dialoge in der geschilderten Art mit dem Kranken zu führen. Physik und Chemie beherrschen immer mehr das Feld. Der Kranke hat nichts zu sagen, er wird zu einem Gegenstand. Gewiß, wir haben eine sog. psychosomatische Medizin bekommen. Aber insofern sie als Spezialfach gilt, hat sie dazu geführt, daß die somatische Medizin, und das ist die große Mehrheit, noch mehr verstummt. Der Nicht-Psychosomatiker fühlt sich für Gespräche mit dem Kranken nicht zuständig.

Wir hatten vor einiger Zeit in Heidelberg einen Fortbildungsabend für Ärzte. Ein Thema war die Kolitis. Der Vortragende, Gastroenterologe und Oberarzt an der Universitätsklinik, teilte mit, daß er eng mit der Abteilung für Psychosomatik zusammenarbeite. Er plädierte aber sehr für eine medikamentöse Therapie. Die Kolitis sei eine Erkrankung, die sehr zur Rückfällen neige. Es sei notwendig, gleich den ersten Schub mit wirksamen Medikamenten anzugehen. Er bestätigte also die beiden erstgenannten Kollegen.

Rolf hatte keine Medikamente erhalten. Da er sich besser zu fühlen begann, glaubte ich, weiter abwarten zu können. Überrascht aber war ich, als 2 Tage nach dem letzten Dialog die Darmentleerungen blutfrei und von normaler Konsistenz waren. Eine „Spontanheilung"?

Es waren inzwischen 6 Wochen vergangen. Rolf hatte mitgeteilt, daß sein Arbeitgeber ihm gekündigt habe, weil er nur gesunde Leute brauchen könne. Aber Rolf fühlte sich wohl, sein Darm arbeitete normal.

Ich berichtete darüber auf dem Fortbildungsabend. Ich fragte den Klinikkollegen, ob ich gleichwohl noch Medikamente verordnen solle. Der Kollege verneinte. Aber er fügte nachdrücklich hinzu: „Man soll mit der Psychotherapie nicht zu früh anfangen." Diese Warnung war mit unverständlich, gerade auch im Hinblick auf den Verlauf von Rolfs Erkrankung. Aber sie war mir nicht neu. Oft habe ich von Kollegen, v. a. von Klinikern, gehört, man dürfte sich bei, akut Kranken nicht auf tiefere Gespräche einlassen, weil diese den Kranken „aufregen" und zu Krankheitsverschlimmerungen führen könnten, z. B. bei Patienten mit einem Herzinfarkt. Meist wird dies von Kollegen geäußert, die seelische Krankheitsursachen bei körperlich Kranken nicht anerkennen. Der Psychotherapeut aber soll gesundheitsschädlich sein? Der Widerspruch zeigt, daß die Warnung vor dem Dialog mit dem Kranken andere Gründe hat.

Dazu eine eigene Erfahrung: Ich leide zuweilen an bronchialasthmatischen Beschwerden. Vor einigen Jahren waren diese sehr quälend, und ich suchte ein Krankenhaus auf zu einer stationären Kur von 10 Tagen. Ich wurde gut versorgt und behandelt. Aber die Ärzte sprachen kaum *zu* oder *mit* mir, sondern fast ausschließlich *über* mich, genauer: über meinen Körperzustand, über das radiologische Bild meiner Lunge, über die Beschaffenheit meines Auswurfs und meines Blutes, über meine Atemfunktion – Asthma ist sehr quälend, man hat Erstickungsangst, und man hungert nach einem menschlichen, angstmildernden,ermutigenden Wort. Abends bekam ich für die Nacht ein Medikament in die Vene gespritzt. Ich weiß, daß die Kollegen wenig Zeit haben, weil sie viele Stationen versorgen müssen. Aber die Injektion muß langsam geschehen. Diese Zeit reicht für ein paar Worte. Auch diese Gelegenheit wurde von den Kollegen nicht wahrgenommen. Fast alle schwiegen. Einer war gesprächig. Thema seines Dialogs war, daß man in nächster Zeit eine neue Injektionstechnik einführen werde. Mein Interesse dafür war nicht eben überwältigend groß. Die Schwestern waren freundlich. Aber Zeit für ein paar Worte fanden sie nicht. – Aber *einmal* war es anders. Eines Morgens war der Abfluß in der Toilette neben meinem Zimmer verstopft. Es wurde der Klempner geholt. Dieser sprach *zu* mir. Er erkundigte sich teilnehmend nach meinem Befinden. Er äußerte die Vermutung, daß ich wegen meines Leidens eine unruhige Nacht gehabt habe. Er sagte mir freundlich, er werde die Tür schließen, damit ich meinen Schlaf nachholen könne und durch seine Arbeit nicht gestört werde. Durch die geschlossene Tür vernahm ich weitere Worte von ihm. Er war allein. Ich hörte hin. Er sagte dem Sinn nach: Ja, wo kommt denn das her? Ja, was ist denn das? Und was machen wir da? – Er sprach mit seinem Behandlungsobjekt: Er nahm die Anamnese auf, er stellte die Diagnose, er entwarf den Behandlungsplan. Auch die Technik schließt die Sprache nicht aus, das zeigt diese Beobachtung.

Aber der Vergleich mit der ärztlichen Tätigkeit hinkt. Anders als beim Klempner kann das Behandlungsobjekt des Arztes, der Kranke, *antworten*. Der Kranke kann selber das Wort ergreifen, Er kann Dinge sagen, auf die der Arzt nicht vorbereitet ist. Es herrscht in der Medizin eine *Dialogophobie.*

Der Grund? Es liegt in dem Wissenschaftsbegriff der Medizin. Dieser fordert, daß wir uns an das halten, war wir beweisen können. Beweisen können wir das, was am Körper sichtbar ist. Was der Kranke sagt, ist nicht beweisbar. Wir können es nur glauben. So sind wir erzogen.

Aber diese Erziehung hat wiederum ihre Gründe. Unsere Wissenschaft beruht auf Kausalforschung. Friedrich Nietzsche schreibt in „Der Wille zur Macht": Das Kausalitätsbedürfnis „ist nur die Flucht vor dem Ungewohnten und der Versuch, in ihm etwas Bekanntes zu entdecken – ein Suchen nicht an Ursachen, sondern nach Bekanntem". Wir Ärzte haben Angst vor dem, was der Kranke uns sagen könnte. Wir fürchten vor Fragen gestellt zu werden, die wir nicht beantworten können. Wir fürchten unsere Ratlosigkeit, unsere Ohnmacht.

Ich hatte keine Dialogophobie. Ich wollte zur Heilung des Kranken beitragen, gewiß. Ich wollte aber zunächst einmal wissen. Ich wollte eine Diagnose stellen.

Es fand sich ein blutender Darm. Und es fand sich das Bild einer Welt, die der Kranke als ungerecht und entfremdend erlebte.

Jean Paul Sartre hat in seinem Werk *L'être et le néant* die Entfremdung des Menschen beschrieben, in dem Kapitel über den Blick. Das Werk ist 1943 erschienen. Offenkundig enthalten seine Beschreibungen Erfahrungen aus der französischen Widerstandsbewegung. Die Entfremdung ist dadurch gekennzeichnet, daß die Ich-Du-Beziehung fehlt. Es taucht ein Widersacher auf, der mir etwas von meinem Wesen nimmt. „Tout à coup un objet m'est apparu qui m'a volé le monde." Sartre beschreibt dies als ein Vom-anderen-gesehen-Werden, ein „être vu par autrui". Die Wirkung des anderen auf mich beschreibt er so: „L'autre est cet objet du monde qui détermine un écoulement interne de l'univers, une hémorrhagie interne; il se découvre à moi dans cette fuite de moi-même vers l'obiectivation." Der Mensch kann das geschehen lassen, ohne sich beeinträchtigt zu fühlen. „La saignée est rattrapée et localisée ... pas une goutte de sang n'est perdue." Der Mensch kann aber auch dem anderen Macht über seine Seele einräumen etwa dadurch, daß er sich schämt. „Ici, au contraire, la fuite est sans terme, elle se perd à l'extérieur, le monde s'écoule hors du monde et je m'écoule hors de moi" – „Une sorte d'hémorrhagie externe", kommentiert hier Emanuel Mounier (1947), der leider schon 45jährig 1950 gestorbene hervorragende Vertreter des sog. französischen Personalismus.

Die Worte „hémorrhagie, saignée, goutte de sang" sind metaphorisch gemeint. Aber die französischen Denker haben diese Worte sicher nicht zufällig gewählt. Sie haben sich an die Weisheit der Sprache gehalten.

Auch Rolf hatte diese Sprache gewählt, aber nicht nur metaphorisch. Er hatte wirklich nach innen und nach außen geblutet. Und dann hatte er mir seine Welt beschrieben, eine, nein, die Welt der Starken und der Schwachen mit ihrer Unversöhn-lichkeit und ihrer doppelten Moral, der Moral der Arbeit und der Moral der Liebe. Ich hatte dafür keine fertigen Rezepte oder Ratschläge. Aber ich hatte ihm zugehört. Ich hatte ihm Gehör verschafft. Ich hatte ihn als Dialogpartner bejaht. Ich hatte zu ihm gesprochen. Zu jemand sprechen hat etwas zu tun mit Zuspruch, mit Trost, mit Stärkung. Ich hatte mich zum Anwalt des Schwachen gegenüber den Starken gemacht. Ich behaupte, daß dies Heilfaktoren waren. Wenn dem aber so ist, dann hat der Dialog mit dem Kranken nicht nur diagnostische, sondern vor allem therapeutische Bedeu-tung.

Rolf kam nach 7 Wochen wieder zu mir. Er brauchte eine Gesundheitsbescheini-gung für eine Versicherungsgesellschaft, in der er als Lehrling eintreten wollte. Ich fragte ihn, wie er sich nach der Kündigung durch den Firmenchef fühle. Es kam die überraschende Antwort: „Seit ich von dem weg bin, geht es mir wunderbar."

Und Paula? „Ihr Vater hat sie enterbt." Rolf ist wütend. Ich sage ihm, daß Paula nicht nur seine Geliebte ist, sondern daß er auch Verantwortung für sie trägt. Damit spreche ich etwas aus, was wahrscheinlich auch das Verhalten von Paulas Vater mitbestimmt. Aber von mir kann er sich das jetzt sagen lassen, ohne daß seine Darmschleimhaut revoltiert. Er versteht. Er ist innerlich gewachsen. Zwei Jahre später. Rolf kommt wegen Kopfweh, Schwindel. Sein Darm ist in Ordnung.

In der Ent-Schlüsselung liegt der Schlüssel zur Heilung

Sprache gilt i. allg. als Medium der Seele und des Geistes. Die Sprachkunde wird nicht den Naturwissenschaften, sondern den Geisteswissenschaften zugerechnet. Geht man aber nicht von Ergebnis der Sprache, von den Worten und Sätzen aus, sondern von ihrem Ursprung, vom Sprechen, dann wird klar, daß der Leib beteiligt ist. Schon das Wort, das wir für Sprache verwenden, weist auf den Leib hin: im Französischen bezeichnet es ein Körperorgan: „la langue", die Zunge. Auch im Deutschen können wir statt Sprache Zunge sagen. Es ist aber nicht die Zunge allein, die Sprechen erzeugt. Sprechen ist eine Form von Ausatmung, die auf eine Einatmung erfolgt. Durch Muskelaktionen in Bauch und Brust entsteht ein Luftstrom. Dieser wird durch Muskelorgane an den Engpässen des Kehlkopfs, des Rachens, der Kiefer und Zähne, der Lippen, auch der Nase gesteuert. Lebhaftes Reden ist von Bewegungen der Gliedmaßen begleitet.

Eine jüdische Anekdote: im 1. Buch des Pentateuch heißt es am Beginn der Beschreibung des Sündenfalls: Die Schlange sprach zum Weibe. Zwei Rabbiner diskutieren die Frage, ob die Schlange überhaupt sprechen konnte. Sie kommen zu dem Ergebnis: Die Schlange konnte nicht sprechen, denn sie hatte keine Hände!

Kürzlich war ich Zeuge einer Unterhaltung zwischen Taubstummen. Ich hörte nicht, ich sah: Finger, Hände, Arme, Lippen, Gesichtsmuskel waren in lebhaftester Bewegung.

Der deutsche Dichterphilosoph Friedrich Schiller hat 1793 eine berühmte Abhandlung geschrieben: „Über Anmut und Würde". Es heißt da: „Indem eine Person spricht, sehen wir zugleich ihre Blicke, ihre Gesichtszüge, ihre Hände, ja oft den ganzen Körper mitsprechen, und der mimische Teil der Unterhaltung wird nicht selten für den beredtesten gehalten." (Schiller o. J.) Schiller hat hier nicht einen Taubstummen im Auge. An anderer Stelle heißt es: „Aus den Reden eines Menschen wird man zwar entnehmen können, für was er will gehalten sein. Aber das, was er wirklich ist, muß man aus dem mimischen Vortrag seiner Worte und aus seinen Gebärden, also aus *Bewegungen, die er nicht will,* zur erraten suchen." Mit anderen Worten: Schiller unterscheidet Körperbewegungen, die vom Willen – wir können auch sagen vom Bewußtsein – hervorgerufen werden, von solchen Bewegungen, die nicht „abgezweckt", d. h. auf einen bewußten Zweck hin, erfolgen, sondern „unwillkürlich" sind. Damit haben wir den geistigen Zugang zu dem Bereich gefunden, von dem im folgenden die Rede sein soll: Auch eine Erkrankung ist eine, wenn auch sehr komplexe, vielseitige und oft lange andauernde unwillkürliche Bewegung der Körpers.

Schiller selbst war ja in seiner Jugend Arzt gewesen, sogar, wie wir heute sagen würden, Psychosomatiker. Ein Artikel von ihm hat den Titel „Über den Zusammenhang der tierischen Natur des Menschen mit seiner geistigen" (geschrieben 1780). Ich zitiere daraus den fast materialistisch klingenden Satz:

> Da aber gewöhnlicherweise mehr darin gefehlt worden ist, daß man zu viel auf die Rechnung der Geisteskraft geschrieben hat, so wird sich gegenwärtiger Versuch mehr damit beschäftigen, den merkwürdigen Beitrag des Körpers zu den Aktionen der Seele in ein helleres Licht zu setzen.

Daß die Seele vom Körper abhängig ist, braucht heute nicht besonders betont zu werden, es ist allgemein bekannt. Im folgenden soll davon die Rede sein, daß umgekehrt der Körper beseelt ist. Die Körperfunktionen sind nicht nur kausal, sondern auch final bestimmt. Meine Lehrer waren die deutschen Ärzte Viktor v. Weizsäcker – Onkel des Präsidenten der Bundesrepublik Deutschland – und Wilhelm Kütemeyer. Beide lehrten und wirkten in Heidelberg (v. Weizsäcker 1935, 1947a, 1947b, 1951, 1954; Kütemeyer 1947, 1953, 1963). Wichtige Anregungen verdanke ich dem holländischen Psychologen Buytendijk aus Utrecht (1954, 1958a, 1958b, 1962) und dem französischen Biologen Raymond Ruyer (1952, 1958), der in Nancy wirkte. In philosophischer Hinsicht fühle ich mich dem französischen Existentialismus verpflichtet. Ich nenne Jean Paul Sartre. Sein Hauptwerk *Das Sein und Nichts* (1943) mit dem zentralen Kapitel „Der Körper" hat mich fasziniert. Ich nenne Maurice Merleau-Ponty und sein Buch *Phänomenologie der Wahrnehmung* (1945). Ich nenne Albert Camus und sein Werk *Der Mensch in der Revolte* (1949). Ich nenne Emanuel Mounier (1951) und ich nenne Georges Bernanos. In seinem Journal 1939–1940 *Les enfants humiliés* schrieb Bernanos (1947)[1] im Hinblick auf die ahnungslos Gesunden („imbéciles"):

> Wenn man das Unglück hat, ein Organ in sich zu tragen, das indiskret genug ist, bei jeder anfallenden Schurkerei einen Schrei auszustoßen, dann beschließt ein vernünftiger Mensch erst einmal, es zu beseitigen, da es zum Leben ebensowenig unentbehrlich ist wie der Blinddarm oder die Gallenblase.

Dieser Satz, obwohl in einem ganz anderen Zusammenhang formuliert, enthält den Entwurf einer ganz neuen, fundamentalen Pathologie.

Ich möchte Erfahrungen bringen. Sie sollen Beispiele für Körpervorgänge sein, die nicht nur als Folgen kausalmechanischer Naturgesetze gedeutet werden können, sondern auch als sinnvolles situationsbezogenes Verhalten erscheinen.

Ich wähle als erstes Beispiel eines, das uns allen aus dem Alltag bekannt ist: Ermüdung und Schlaf. Die Physiologie unterscheidet Leistungsmüdigkeit und Stimmungsmüdigkeit. Wenn ich während eines Vortrags, einer Vorlesung oder einer Predigt müde werde und einschlafe, dann kann das daran liegen, daß ich durch vorherige Arbeit erschöpft bin. Das ist die Leistungsmüdigkeit. Wahrscheinlicher aber ist ein anderer Grund: Der Redner langweilt mich. Was ich von ihm höre, interessiert mich nicht. Ich bin vielleicht auch anderer Meinung als er. Ich habe keine Lust mehr, ihm zu folgen. Ich nehme aber auf den Redner und die anderen Zuhörer Rücksicht. Ich gebe meiner Unlust keine Ausdruck, etwa durch einen Zwischenruf oder dadurch, daß ich aufstehe und den Raum verlasse. Und nun übermannt mich der Schlaf. Gewiß ist dieser Körpervorgang durch Stoffwechselveränderungen im Gehirn verursacht. Es ist aber auch durch die Situation motiviert. Das Bewußtsein paßt sich an, der Körper opponiert. Das unwillkürliche Körperverhalten tritt an die Stelle einer Willenshandlung. Die physiologische Funktion bekommt den gleichen Wert wie ein bewußter, geistiger Akt. Auf begriffliche Formeln gebracht, gelten für das Verhältnis von Körper zur Seele die Prinzipien Äquivalenz (Gleichwertigkeit) oder besser: Stellvertretung (Viktor v. Weizsäcker).

Daß ein Körpervorgang einen seelisch-geistigen Akt vertreten, „ersetzen" kann, ist uns allen geläufig. Nehmen wir jene Formen von veränderter Blutverteilung, beschleunigter Herzschlagfolge und abnormer Drüsensekretion, die wir Erröten, Erblassen,

---

[1] Zitat im Original: „Lorsqu'on a cette disgrace de loger dans sa personne un organe assez indiscret pour pousser un cri à chaque canaillerie qui passe, un homme sensè se rèsout d'abord à le supprimer, puisque ... cet organ n'est pa plus indispensable à la vie que l'appendice ou la vèsicule biliaire.

Herzklopfen, Weinen nennen. Wir sprechen von „Ausdruckserscheinungen". Wenn wir diese vor uns haben, *denken* wir an Gemütsbewegungen, an Scham, Schreck, Angst. Wir tun dies aufgrund unserer Erfahrungen im Umgang mit anderen Menschen. Streng genommen handelt es sich aber nur um einen Analogieschluß. Was wir *beobachten,* ist etwas anderes. Wir beobachten, daß der Errötende, Erblassende *schweigt.* Die Körperbewegungen offenbaren etwas und verbergen es zugleich. Sie bringen zum Ausdruck, was nicht verbalisiert wird. Um sie zu begreifen, muß ich wissen, worauf sich die vermuteten Gemütsbewegungen beziehen. Ich muß wissen, wovor sich der Errötende schämt, wovor der Erblassende Angst hat, worüber er erschrocken und worauf er wütend ist. Das trifft zu, wenn ich die Situation des anderen kenne. Ist sie mir unbekannt, dann muß ich sie zu erfahren suchen. Dazu brauche ich eine Methode, die nicht naturwissenschaftlich genannt werden kann, sondern – und nun nennen wir das in der Naturwissenschaft verpönte Wort – geistig. Es bedarf der Sprache.

Ein Fall aus der Eheberatungspraxis, ein typischer Fall, möge das illustrieren.

Eine Frau betritt das „Sprech"zimmer. Kurze Begrüßung. Die Frau nimmt auf dem Stuhl Platz. Der Berater erwartet, daß die Frau mit Klagen über ihre Ehe beginnt. Die Frau aber schweigt. Der Berater stellt einige Fragen. Die Frau bleibt stumm. Statt der erwarteten Klageäußerungen geschieht etwas anderes. Ihr Gesicht wird rot, ihr Mund zuckt, sie schluckt und beginnt zu weinen.

In der Terminologie der Physiologie heißt das: Kontraktionen von Gesichts- und Schlundmuskeln, Kontraktion und Dilatation von Arterien mit Veränderung der Blutverteilung, Drüsensekretionsprozesse. Die genauere Untersuchung würde Variationen an weiteren Organen ergeben; am Herzen erhöhte Schlagfrequenz, an anderen Gefäßen Blutdruckschwankung, Erregungen in Nerven und Gehirn – meßbare physikalische, chemische, elektrische Prozesse.

Die Frau sagt immer noch nichts. Sie ist ganz mit sich beschäftigt. Der Berater schweigt seinerseits, ein gewisses Unbehagen unterdrückend. Dann spricht er einige teilnehmende, ermutigende Worte. Und nun geschieht eine Veränderung bei der Frau. Die Tränen versiegen. Der Blick wird klar, das Schluchzen hört auf. Die Frau wendet sich dem Berater zu. Sie beginnt zu sprechen, Worte, Sätze, erst stockend, dann immer fließender. Ein Redestrom entsteht, der keiner Anregung mehr bedarf, sondern nach einer Stunde eines vom Berater gesetzten Stopps.

Das psychosoziale Geschehen ist klar. Die Frau kommt, unter einem „Leidensdruck" stehend, zur Beratungsstelle, um etwas zu offenbaren, was sie bis dahin verborgen hat. Vor dem fremden Berater setzt eine Hemmung ein. Motive sind Angst (wegen Übertretung der gesellschaftlichen Konvention, daß Ehesachen Privatsachen sind), Schuldgefühl („wenn mein Mann erführe, daß ich über ihn rede"), Scham („daß ich hierher kommen muß"), Fehlen eigener Maßstäbe („mir kann doch keiner helfen"). Dann läßt die Hemmung nach, verschwindet. Das Verborgene wird offenbar. Die Erinnerung wird ge-äußert, der Leidensdruck preßt sie heraus, bringt sie zum „Ausdruck". Das wochen-, monate-, jahrelang Bewahrte wird preisgegeben, wird mitgeteilt.

Die Körperbewegungen, so gewiß sie physikalisch-chemisch verursacht sind, sind durch Lebensgeschichte und Situation motiviert. Sie sind Äquivalent der zunächst unterbleibenden seelischen Äußerungen, sie treten auf anstelle bewußten Verhaltens, hier der sprachlichen Mitteilung. Sie sind nicht bloß Reaktion auf äußere Reize, sondern haben einen *Antwort*charakter. Im Englischen ist es wissenschaftlich legitim, „response" zu sagen. Sie sind selber eine Art Sprache.

Die Körpersprache bedarf freilich der Übersetzung, um verständlich zu sein. Mit Hilfe des Beraters, zu dem die Frau Vertrauen faßte, gelang die Übersetzung. Ich gebe die Übersetzung in einem Satz zusammengefaßt wieder: „Mein Mann geht fremd."

In diesem Fall lag keine Krankheit vor. Die Körpervorgänge waren leicht und dauerten nur kurze Zeit. Ich könnte über Fälle berichten, wo die Antwort auf eheliche Untreue ein Herzinfarkt war.

Ein 7 Jahre alter Junge fällt dadurch auf, daß er kaum spricht. Man meint, einen Taubstummen vor sich zu haben. Die wenigen Worte, die er herausbringt, sind ohne Gemütsbewegung. Er wirkt verschlossen, scheu, mürrisch, fast ein wenig verschlagen. Man erfährt, daß er nicht nur jetzt beim Arzt, sondern auch zu Hause und in der Schule so ist, wo er still und verschlossen das tut, was von ihm verlangt wird.

Die Beobachtung stammt aus der ersten Nachkriegszeit. Der Junge gehörte einer Familie an, die aus Ungarn nach Deutschland ausgewiesen wurde. Wie die Familie hatte auch er viel Schweres durchzumachen gehabt. Er war dort der Not des Lagerlebens und den Mißhandlungen der Wachmannschaft ausgesetzt gewesen. Ein hartherziger Bauer, bei dem er zu arbeiten hatte, schlug ihn täglich. Aber während Mutter und Schwestern allabendlich über ihr Schicksal in Tränen aufgelöst waren, stand er, so erzählt die Mutter, mit trockenem, scheinbar unbeteiligtem Gesicht daneben. Die Mutter meinte, er sei nicht nur verschlossen und gleichgültig, sondern auch hart und verstockt. Wenn er sich etwas habe zuschulden kommen lassen, zeige er keine Reue.

Aber dann erfährt man, daß dieser Junge jede Nacht in das Bett einnäßt.

Die Härte des Lebens hat ihn dazu gebracht, zu schweigen und Gemütsbewegungen zu verbergen. Er spricht nicht von dem, was ihn beschäftigt. Er läßt sich nicht zu Tränen erweichen. Der Vater lebt nicht mehr, er ist der einzige Mann in der Familie. Es ist wie wenn er sich bemühte, männlich zu sein. Aber was sein Mund, was seine Trändendrüsen unterlassen, das übernehmen Niere und Harnblase. Hier äußert er seinen Kummer und sein Verlangen nach liebevoller Umgebung. Hier bricht sein Unmut über das Unrecht und sein Protest gegen die Unterdrückung durch.

Ein 12jähriges Mädchen leidet unter den Eltern. Der Vater ist Eisenbahnbeamter, Vorsteher eines Bahnhofes. Für die Sicherheit des Betriebs hat die Bahn eine Fülle von Vorschriften mit Kontrollmaßnahmen erlassen. Der Vater sucht diese Vorschrift gewissenhaft zu erfüllen, weil er sich für das Wohl der Reisenden verantwortlich fühlt. Aber er leidet unter dem Dauerdruck, unter dem er lebt. Davon bekommt die Familie zu spüren. Dort ist *er* es, der regelt und kontrolliert. Er versucht Forderungen der Bahn, wie Schnelligkeit und Pünktlichkeit, auch zu Hause durchzusetzen. Er drangsaliert die Mutter, damit das Essen rechtzeitig auf dem Tisch steht. Er gibt seine Wünsche in barschem Befehlston kund. Er findet kaum eine ruhige Minute. Die Mutter kann sich ihm gegenüber nicht behaupten, sie muß in allem ihm zu Willen sein. Es gibt oft Streit zwischen den Eltern. Die Tochter, ein kluges, phantasiereiches Kind, kann in dieser Welt nur dadurch bestehen, daß sie sich fleißig am Haushalt beteiligt. Spielraum hat sie nicht. Erst abends im Bett kann sie tun, was ihr gefällt: sie liest Romane.

Auch dieses Kind konnte nicht weinen. Und auch dieses Kind litt an Bettnässen, seit seinem 3. Lebensjahr. Aber dabei blieb es nicht. Einige Tage nach einem abgebrochenen Streit mit dem Vater kam es zu einer fieberhaften Erkrankung, die sich als Beginn einer feuchten, tuberkulösen Rippenfellentzündung herausstellte. Das Bettnässerleiden, das jahrelang allen Behandlungsversuchen getrotzt hatte, verschwand für immer. Man muß sagen: das Exsudat in der Brust war an die Stelle der Harnentleerung getreten als nonverbaler Ausdruck des Protests gegen die Unterdrückung wie bei dem Flüchtlingsjungen.

Heilung brachte eine Kur von mehreren Monaten in einem Sanatorium, die eine Befreiung von den „Eisenbahn-Zwängen" des Vaters bedeutete. Nach Hause zurückgekehrt, konnte die Tochter dem Vater freier begegnen, sie hatte den Umweg über die Körpersprache nicht mehr nötig.

Nach den beiden Kinderleidensgeschichten sei als weiteres Beispiel die Krankheit einer alten Dame und deren Behandlung geschildert. Die Patientin leidet an Fettsucht, Zuckerkrankheit und Bluthochdruck. Sie ist inzwischen 70 Jahre alt geworden. Man rechnet mit ihrem baldigen Ende. Statistisch ist sie mit den 3 Risikofaktoren längst „überfällig". Auch sie selbst sieht ihren nahen Tod vor sich. Sie hat im Laufe der Jahre die verschiedensten Ärzte gehabt. Nun verlangt sie nach einem Arzt (W. Kütemeyer, der dann mich als Psycho-Kardiologen dazubat), der 20 Jahre zuvor in einer Ehekrise zu Rate gezogen worden war: Ihr Mann hat sie vor 20 Jahren verlassen und lebt mit einer anderen Frau in einer entfernten Stadt zusammen. Sie hat sich nicht scheiden lassen, weil sie katholisch ist und ihre Ehe für unauflöslich hält und weil sie die Vorteile einer Ehe wie Haus und Professorentitel des Mannes nicht aufgeben will. Sie hat nun neben ihrem Leibarzt auch noch einen Arzt für die Seele.

Wider Erwarten lebt sie weiter. Sie übersteht wiederholt auftretende Blutzuckerkrisen mit längerer Ohnmacht und einen Schlaganfall. Plötzlich droht ihr Herz stillzustehen. Es kommt zu einer Verlangsamung der Herzschlagfolge bis auf 28 Schläge/min, zu einem sog. Herzblock. Da die Medikamente wirkungslos sind, rät der Leibarzt zur Einpflanzung eines elektrischen Schrittmachers. Die Frau kann sich dazu nicht entschließen. Sie ist auch seelisch starr geworden und verschlossen. Zerebralsklerose heißt das im Jargon der Kliniker. Ihrem Seelenarzt gelingt es, sie zum Reden zu bringen. Der drohende Herzstillstand war bald nach ihrem 75. Geburtstag aufgetreten. An diesem Tag waren ihre Kinder zu Besuch gewesen. Sie hatte sich sehr darüber gefreut. Aber sie hatte sich Illusionen gemacht über die Motive der Kinder. Diese waren nicht aus Liebe zur Mutter gekommen, sondern weil sich das so gehört. Das wollte die Mutter nicht wahrhaben. Sie hat sich dann aber doch mit Hilfe ihres Seelenarztes zu dieser Erkenntnis durchgerungen. Sie hat diese Erkenntnis zu Papier gebracht und sogar drucken lassen, um sie an ihre Bekannten zu schicken. Ihrem Brief gab sie den Titel: „Anstelle nicht stattgefundener Gespräche in der Erwartung, sie nachholen zu können." Dies ist der Text: „In den letzten Wochen war ich wieder einmal recht sterberisch. Wieder einmal habe ich mich einigermaßen erholt. Vieles ist mir dabei durch Herz und Gemüt gegangen. Eines davon besonders Wichtige, wenn auch vielleicht nicht das Wichtigste, möchte ich festhalten und, wenn möglich, beherzigen. Mir ist das Unmögliche darin zum Bewußtsein gekommen, daß ich mit den Menschen, die mir nahestehen, nicht über das rede, was mich am meisten angeht und mich am meisten bewegt. Ich bin also in hohem Maße verschlossen gewesen. Natürlich weiß ich nicht, wie weit es mir gelungen ist, mich zu verbergen. Ich möchte dem aber ein Ende machen. Das soll der Sinn dieser Mitteilung sein. Kürzlich war mein 75. Geburtstag. Mir war klar, daß meine drei Kinder, die nicht in Heidelberg sind, an diesem Tag kommen würden, aber nicht spontan, sondern wissend, wieviel mir daran liegt. Viel daran gelegen hat mir nicht zuletzt" – das schreibt sie selbst! – „wegen der Optik, wegen des Bildes: Da sind die drei Kinder, die zum 75. Geburtstag ihrer Mutter herbeieilen. Mir ist sogar aufgegangen, dessen bedürftig zu sein, daß auch vor mir dieses Schauspiel aufgeführt würde."

Und es geht weiter: „Kurz vor dem Geburtstag kam ein nie bekanntes Jubilieren in mir auf bei der Vorstellung, ich könnte den ganzen Quark falscher Rücksicht auf meine

Kinder durchstoßen, bei dem von mir gespürten Impuls, die fruchtlose Sehnsucht einer echten Beziehung von ihnen zu mir nun endlich aufzugeben. Aber ich habe es, wenn auch nur dem Arzt gegenüber, ausgesprochen, daß ich lieber sterben würde als auf diese Weise jubilieren. Dann habe ich ein Gesicht gehabt. Das hat mich in die Gegend geführt, wo der alte Mose den Neuen Bund vorwegnehmend zu dem Ausspruch kommt: Wer von seinem Vater und seiner Mutter spricht, ich sehe sie nicht, – und von seinem Bruder, ich kenne ihn nicht, – und von seinem Sohn, ich weiß nicht, – die halten Deine Rede und bewahren Deinen Bund (5. Mose 33,9)."

In der Zeit nun, in der sie sich mit diesem Brief beschäftigte und ihn schließlich abschickte, begann das Herz wieder normal zu schlagen, bei gleicher Medikation, monatelang. Ein Herzschrittmacher erübrigte sich. Sie hatte in verständlicher Form mitgeteilt, was sie – wie die Sprache so treffend sagt – auf dem Herzen gehabt hatte. Es bedurfte der unverständlichen Mitteilung durch das Körperherz nicht mehr.

Es sei an die Herzkrise des früheren deutschen Bundeskanzlers Helmut Schmidt im Oktober 1981 erinnert. Die französische Zeitung „Le Monde" schrieb 1981: „Viele Leute fragen sich, in welchem Maße die zahlreichen Enttäuschungen und Aufregungen, die ihm das politische Leben zu diesen Zeiten brachte, am Ursprung des körperlichen Zusammenbruchs des Kanzlers stehen. Das Bündnis zwischen den Sozialdemokraten und den Liberalen wäre bei der Diskussion über den Haushaltsplan beinahe geplatzt. Außerdem ist die SPD selbst im Hinblick auf die Probleme der Kernenergie und der Friedenspolitik mehr und mehr gespalten. Ist es reiner Zufall, daß Herr Schmidt mit dem Notdienst ins Krankenhaus gebracht werden mußte – 48 Stunden nach der großen Friedensmanifestation in Bonn?"[2]

Hier ist der Mitteilungscharakter der Erkrankung offenkundig. Mehrfach hatte Schmidt mit seinem Rücktritt gedroht, wenn man nicht bereit sei, ihm zu folgen. Nun gab er – v. a. den Parteifreunden (sie entsprechen den Kindern der Professorenfrau) – durch den „Streik" seines Herzens (Huebschmann 1974) zu verstehen, wie ernst es ihm damit war. Die Umgebung hat das auch sogleich begriffen und nach einem Nachfolger gesucht. Ein Jahr später trat Schmidt dann wirklich von der Regierung zurück, und nach einneinhalb Jahren gab er den stellvertretenden Vorsitz in seiner Partei auf. Die Erkrankung, der Herzblock, war die Vorwegnahme dieses Rücktritts. Sie war nicht nur naturkausaler, schicksalhafter Prozeß, sondern bedeutete auch eine politische Entscheidung.

Man hat behauptet, bei Schmidt sei der Kopf für die Nachrüstung und das Herz für den Frieden. „Das Herz hat seine Gründe, die die Vernunft nicht kennt", sagt Blaise Pascal (Pensée Nr. 277). Er meint freilich nicht das körperliche Herz, sondern das Herz

---

[2] „Rentré du Caire où il avait assisté aux obsèques de Sadate, M. Schmidt s'est rendu le lundi 12 octobre á l'hopital militaire de Coblence, où il a subi une opération, au cours de laquelle un stimulateur cardiaque lui a été implanté." Mein Zitat im Original: „Bien des gens se demandent dans quelle mesure les nombreuses déceptions et irritations que la vie politique lui a imposées ces temps-ci ne sont pas à l'origine de la défaillance physique du chancelier. L'alliance entre les sociaux-démocrates et libéraux a failli éclater lors de la discussion du projet de budget pour 1982. Le S.P.D., en outre, est de plus en plus divisé sur le problème de l'énergie nucléaire et sur la politique de paix. Est-ce une simple coincidence si M. Schmidt a du être transporté d'urgence à l'hopital quarante-huit heures apres la grande manifestation pacifiste de Bonn?" (Jean Wetz, Vendredi 16 octobre. Le Monde, Sélection hebdomadaire du 15 au 21 octobre 1981).

als Organ der Wahrheit. Von Pascal stammt aber auch das Wort: „Man stelle sich einen Körper mit denkenden Gliedern vor" (Pensée Nr. 473)[3].

Erkrankung zeigt den Bruch einer psychosozialen Beziehung an, zugleich aber auch das Bedürfnis nach einem Wandel dieser Beziehung. Das gilt für die sog. Neurosen, aber auch für körperliche Leiden, wenn man sie psychisch behandelt. Das Mittel der Psychotherapie ist die Sprache. Sie kommt dem, was der Kranke durch seinen Körper mitzuteilen hat, entgegen und bemüht sich, ihm dabei zu helfen, seine Körpersprache (Alfred Adler sprach vom „Organdialekt") verständlich zu machen.

Heilung erscheint als Übersetzung.

Not-wendig: Befreiungsmedizin

Heilung ist das, was der Kranke erhofft. Und er hofft nicht umsonst. Die Medizin hat große Heilerfolge.

Aber es gibt Krankheiten, für die die Medizin auch heute noch kein Heilmittel kennt. Und es gibt Krankheiten, die nicht dauerhaft ausheilen. Ein Beispiel ist das Magengeschwür. Um Rückfälle zu verhüten, soll der Patient täglich über Monate hin ein Mittel einnehmen, einen Säureblocker. Die Chemie ist wirklich oft hilfreich. Aber die ununterbrochene Werbung für Medikamente in Zeitschriften und auf Ärztekongressen hat etwas von Propaganda für eine Heilslehre. „In der Welt habt ihr Angst. Aber seid getrost, wir haben Tabletten", so lautet das Evangelium nach Johannes 16, 33 heute.

Psycho-Somatik hat es da schwer. Wird ein körperlich Kranker durch „bloßes Reden" gesund, dann spricht die herkömmliche Medizin von Spontanheilung. „Spontan" heißt hier: ohne ärztliches Zutun. Aber hat der Arzt nichts getan? Um beim Magengeschwür zu bleiben: Psycho-Somatik fragt nicht: Worauf reagiert der Magen sauer? Sie fragt: Worauf reagiert der Mensch sauer? Ich frage wie Rolf jeden Kranken, nachdem ich ihn gründlich körperlich untersucht und ihm dadurch die Gewißheit gegeben habe, daß ich ihn nicht für eingebildet, sondern für wirklich krank halte: „Gegen wen sind Sie krank geworden?" Ich bin überrascht, wie oft ich Antworten erhalte, die einen Weg für psychotherapeutische Maßnahmen bahnen.

Daß der Patient diesen Weg dann auch geht, ist damit noch nicht gesagt. Skepsis und Angst sind oft das Hindernis. Worte von anderen Ärzten können dabei wirksam sein. Eine 34 Jahre alte Lehrersfrau kam nach einem Herzinfarkt zu mir. Sie war der Meinung, daß ihr kritisches Verhältnis zu ihrem Ehemann zu ihrem Infarkt beigetragen habe. Monatelang hatte sie gezögert, mich aufzusuchen. Der Arzt, der sie in der Klinik behandelt hatte und dem sie viel verdankte, habe gesagt: „An Psycho-Somatik sind schon viele gestorben." Psycho-Somatik hängt eben auch von uns Ärzten und unseren Heilungsvorstellungen ab.

Es hat den Anschein, daß die Zahl der Patienten, die sich nicht mit den üblichen somatischen Mitteln abspeisen lassen, zunimmt, sei es aus weltanschaulichen Gründen, oder sei es einfach deshalb, weil die Mittel nicht helfen. Und die Mittel helfen nicht, weil

---

[3] B. Pascal (1623–1662) Pensées. Zitate im Original: Nr. 277: „Le coeur a ses raisons que la raison ne connaît pint"; Nr. 473: „Qu'on s'imagine un corps plein de membres pensants".

sie einer Wiederherstellung des status quo ante dienen sollen. Der Kranke soll wieder gesund, wieder erwerbs-, wieder arbeitsfähig werden. Am deutlichsten ist das in der Chirurgie. Aber auch in der Psychiatrie heißt es, wenn man sagen will, der Kranke sei geheilt: Das Ausgangsniveau ist erreicht.

Das ärztliche Ziel ist konservativ.

In Wirklichkeit wird es im menschlichen Leben nie mehr so wie es war. Psycho-Somatik, recht verstanden, trägt der Tatsache Rechnung, daß es in der Lebensgeschichte trotz gegenteiligen Anscheins wie beim sog. Wiederholungszwang keine Wiederholung im strengen Sinn gibt. Oft sind sogar entscheidende Wandlungen notwendig. Wenn der Mensch davor Angst hat, kann er erkranken. „Illness – a helpless revolution, a hidden appeal", darüber sprach ich im August 1985 auf dem 7. Internationalen Forum für Psychoanalyse in Zürich und fand viel Zustimmung. Psycho-Somatik heißt, auf den verborgenen Hilferuf des Kranken hören und sein Ich stärken, so daß er sich von verinnerlichten Zwängen befreien und sein Verhältnis zu seiner Umgebung neu gestalten kann.

Psycho-somatische Medizin, recht verstanden, ist Befreiungsmedizin. Sie zielt nicht auf Erhaltung des Bestehenden, sondern auf dessen Veränderung. Im Zentrum der Befreiungsmedizin stehen die fundamentalen Rechte, die der Mensch anmeldet, indem er erkrankt.

Literatur

Bernanos G (1949) Les enfants humiliés – Journal 1939–1940. Gallimard, Paris

Buytendijk FJJ (1954) Avant-propos-Situation. Beiträge zur phänomenologischen Psychologie und Psychopathologie. Spectrum, Utrecht Antwerpen

Buytendijk FJJ (1958a) Das Menschliche. Wege zu seinem Verständnis. Koehler, Stuttgart

Buytendijk FJJ (1958b) Mensch und Tier. Ein Beitrag zur vergleichenden Psychologie. Rowohlt, Hamburg

Buytendijk FJJ (1962) Vers une physiologie anthropologique. Commentarii, vol 1, pp 1–10. Ex aedibus academicis in civitate vaticana, Rom (Pontificia Academia Scientarum)

Camus A (1951) L'homme révolté. Gallimard, Paris

Huebschmann H (1974) Krankheit – ein Körperstreik. Herder, Freiburg

Kütemeyer W (1947) Wandlungen medizinischer Anthropologie. In: Weizsäcker V von (Hrsg) Beiträge aus der Allgemeinen Medizin, Heft 1. Enke, Stuttgart, S 45ff

Kütemeyer W (1953) Körpergeschehen und Psychose. In: Weizsäcker V von (Hrsg) Beiträge aus der Allgemeinen Medizin, Heft 9. Enke, Stuttgart

Kütemeyer W (1963) Die Krankheit in ihrer Menschlichkeit. Vandenhoeck & Ruprecht, Göttingen

Merlau-Ponty M (1945) Phénoménologie de la perception. Gallimard, Paris

Mounier E (1947) Introduction aux existentialismes. Société des éditions Denoel, Paris

Pascal B (1966) Pensées et opuscules. Classique Hachette, Paris, S 458, 549

Ruyer R (1952) Néo-finalisme. Presses universitaires de France, Paris

Ruyer R (1958) La genèse des formes vivantes. Flammarion, Paris

Sartre JP (1943) L'etre et le néant. Gallimard, Paris

Schiller JCF (o. J.) Über den Zusammenhang der tierischen Natur des Menschen mit seiner geistigen. In: Schillers sämtliche Werke Bd 5. Insel, Leipzig, S 9

Schiller JCF (o. J.) Über Anmut und Würde. In: Schillers sämtliche Werke, Bd 5. Insel, Leipzig, S 241ff

Weizsäcker V von (1935) Studien zur Pathogenese. Thieme, Leipzig

Weizsäcker V von (1941) Klinische Vorstellungen. Hippokrates Marquardt, Stuttgart

Weizsäcker V von (1947a) Der Begriff der Allgemeinen Medizin. In: Weizsäcker V von (Hrsg) Beiträge aus der Allgemeinen Medizin, Heft 1. Enke, Stuttgart, S 1 ff

Weizsäcker V von (1947b) Fälle und Probleme. Anthropologische Vorlesungen in der medizinischen Klinik. In: Weizsäcker V von (Hrsg) Beiträge aus der Allgemeinen Medizin, Heft 3. Enke, Stuttgart

Weizsäcker V von (1951) Der kranke Mensch. Eine Einführung in die medizinische Anthropologie. Koehler, Stuttgart

Weizsäcker V von (1954) Natur und Geist. Erinnerungen eines Arztes. Vandenhoeck & Ruprecht, Göttingen

Diagnostische und therapeutische Kompetenz im Wandel

P. Gross, R. Hitzler, A. Honer

Doktors Dilemma heute

Um die Jahrhundertwende hat Bernhard Shaw in einer fulminanten Vorrede zur Komödie *Der Arzt am Scheideweg* der Schulmedizin und ihren geschäftigen Ausbeutern der menschlichen Gläubigkeit und Todesfurcht die Leviten gelesen (Shaw 1919). Der Erfolg der Gesundbeter mit ihren Kathedralen und Gemeinden, ihren Zeloten und Wundern und Kuren erscheint ihm, gegenüber der Pseudowissenschaft des naturwissenschaftlich orientierten Doktors, „obwohl töricht" noch sinnvoll und poetisch. Des Doktors Dilemma rührt aus der Scharlatanerie und Hochstapelei seines Standes, der die wundergläubige Gesellschaft durch eine objektiv betrachtet nutzlose und parasitäre Medizin bedroht und darum beseitigt werden soll. Des Doktors Dilemma heute resultiert nun nicht mehr aus der Scharlatanerie seines Standes, sondern fatalerweise aus dem Abschied von der Scharlatanerie. Was heißt das?

Die medizinische Kultur kann als eine Art Kokon betrachtet werden, die den einzelnen einspinnt, einbettet in ein Netz von Vorstellungen und Praxen, welche ihm helfen sollen, mit den drei intimsten und fundamentalsten Gefahren fertig zu werden: nämlich mit Krankheit, Schmerz und Tod. Diese fundamentalen Gefährdungen haben in jeder Gesellschaft Vorstellungen, Vorkehrungen und Experten erzeugt, um diese dunklen Seiten jedes Lebens zu bekämpfen. Heute scheint sich diese Kultur in einer zweifachen Weise geteilt zu haben: in eine Experten- und Laienkultur einerseits, in sich unterschiedlich und mit unterschiedlicher Geschwindigkeit entwickelnde Identifikations- und Bewältigungssysteme der Gefährdungen und Krankheiten andererseits. Der „Krieg" zwischen Experten und Laien scheint sich in Anbetracht der gegenseitigen Höflichkeiten und der politischen Unterstützung der Selbsthilfegruppen in ein friedliches und arbeitsteiliges Miteinander verwandelt zu haben. Arbeitsteilig in dem Sinne, daß die Expertenkultur hinsichtlich vieler Krankheiten die Identifikation bzw. Diagnose übernimmt, die Laienkultur bzw. die Selbsthilfegruppen hingegen die Therapie, die Rehabilitation und auch die Prävention. Diese Arbeitsteilung rührt aus der Schwierigkeit der Schulmedizin, der immer diffiziler und feiner werdenden Diagnostik therapeutisch zu folgen. Identifikations- und Bewältigungssysteme, diagnostische und therapeutische Kompetenz driften so auseinander, daß man von zwei Kulturen zu reden geneigt ist (vgl. Gross 1985a, 1985b). Sir Charles Snow, erfolgreicher Romancier, Wissenschaftler und hoher Staatsbeamter, der seit 1959 in Cambridge einen Vortrag mit dem Titel „The Two Cultures and the Scientific Revolution" gehalten hat, löste mit seiner Annahme eines Auseinanderdriftens von naturwissenschaftlicher

Wagner (Hrsg.), Medizin – Momente der Veränderung
© Springer-Verlag Berlin Heidelberg 1989

und literarischer Kultur, von Natur und Geist eine weltweite Resonanz aus (Snow 1969). In einem gewissen Sinne spiegelt die hier vertretene These seine Annahmen: Der interne und externe Anspruch an die medizinische Profession auf präzise und überprüfbare Diagnosen verwissenschaftlicht den Arztberuf immer mehr. Das ist auch durchaus beabsichtigt und von der Profession selber intendiert. Hinterrücks schlägt aber die „Ironie des Alltags" (Weber 1972) zu: Der Arzt, der immer genauer Krankheiten zu identifizieren weiß, weiß auch um die prinzipielle Unzulänglichkeit medikamentöser und chirurgischer Behandlung. Er weiß ganz genau, daß der Organismus grosso modo als Äquilibrium funktioniert und daß von daher die alternativen Medizinen, Naturheilkunde, Selbsthilfegruppen, ja schon das therapeutische Gespräch, Wunder wirken können. Er ist aber dazu verurteilt, auf diesen ganzen Hokuspokus zu verzichten, und zwar auf den Hokuspokus der Geistheilung wie der Chemie. Er verliert sein (Amts)charisma, jene Eigenschaft also, mit denen seine frühesten Kollegen, obwohl nach wissenschaftlichen Standards „lausige" Diagnostiker, doch erfolgreich therapiert haben: mit Geheimnis, Begeisterung, Furcht und Schrecken, Ekstase, Verrückung, Ausstreibung etc. Die Ursachen, Bedingungen und Konsequenzen dieses Auseinandertretens von diagnostischer und therapeutischer Kultur sind das Thema der nachfolgenden Überlegungen.

Unaufhaltsames Gesundheitswesen

Die zivilisatorische Entwicklung hin zur und in der modernen Gesellschaft nimmt sich aus wie ein riesiges Buch der Rekorde: Rekorde an erreichten Höhen und Tiefen, an gebauten Autobahnkilometern und vom Band gelaufenen Autos, an verkabelten Häusern und installierten Bädern, an Ernteerträgen und Spitzenergebnissen, wobei und wovon auch immer. Inzwischen jedoch ist die sportlich-schneidige Philosophie des „immer mehr" und „immer größer" obsolet, ja „welk" geworden: Die dröhnende (Pseudo)religion der „bigness", wie sie Röpke (1942) schon vor Jahrzehnten persifliert und wie sie die Meadows, Gruhl, Illich, Schuhmacher und Capra (dazu Lutz 1984) dann gescholten und verdammt haben, hält sich selbst in solchen dezidierten Hochleistungskulturen wie dem Sport nicht mehr unproblematisiert und unkritisiert. Ungebrochen, ja im Grunde noch kaum hinterfragt hingegen gilt diese szientistisch-technologische Fortschrittsattitüde nach wie vor zumindest im „mainstream" des medizinischen Sektors, in dem, was wir etwas euphemistisch unser Gesundheitswesen oder Gesundheitssystem nennen. Auf das noch umfassendere System der sozialen Sicherheit bezogen, hat Achinger (1958, S. 96) schon vor 3 Jahrzehnten glossiert, daß jeder finanziell aufweisbare Zuwachs und Ausbau in diesem Bereich stets und umgehend „positiv" verbucht werde: Wachstum und Gedeihen sozialpolitischer Einrichtungen und Rechtsverhältnisse ebenso wie eine in Jahresberichten als „wachsend" niedergelegte Geschäftstätigkeit würden ganz selbstverständlich als Erfolge und als Fortschritt ausgewiesen und verstanden. Umgekehrt würde jede Sozialreform, die nicht in dieses simple Ausbauschema hineinpaßt, als konservativ, als rückschrittlich, ja als Demontage des Sozialstaates abqualifiziert.

Aber mit einem solch schlichten ideologischen Häkelmuster läßt sich diese progressistische Blauäugigkeit, oder besser vielleicht doch gleich: Betriebsblindheit, selbst politisch nicht mehr „vermarkten". Zumindest die Frage nach der „Effektivität" (wie immer sie sich definieren ließe) wird heute auch im Zusammenhang mit sozialpolitischen Maßnahmen aufgeworfen und diskutiert. Ja, gelegentlich wird die Höhe der Sozialleistungsquote sogar zur Fortschrittsbilanz konträr interpretiert: nämlich nicht als Indikator für die *Sozialität und Solidarität* einer Gesellschaft, sondern als „Spiegel" defekter zwischenmenschlicher Beziehungen und Hilfestrukturen (vgl. Badura u. Gross 1976). Das Gesundheitswesen jedoch scheint gegenüber einem solchen Wechsel der Bewertungsperspektive resistent, ja nachgerade immun zu sein. Wer auch immer, von „innen" wie von „außen", die positive Funktion der technologisch-bürokratischen Expansion medizinischer „Versorgung" bezweifelt, zieht allzuleicht den Verdacht auf sich, provokant, radikal, ja umstürzlerisch zu sein. Nach wie vor werden in diesem institutionellen Sektor Entwicklung und Fortschritt synonym oder jedenfalls äquivalent gesetzt mit wachsenden Geschäftstätigkeiten, wachsenden Ausgaben, wachsenden Ärztedichten, wachsenden Konsultationen, wachsendem Geräteeinsatz, mit steigenden Zahlen von Krankenhausbetten und mit steigenden Zahlen verordneter und verkaufter Brillen, Schuheinlagen, Prothesen, Transplantationen und künstlichen Zähnen. Dem medizinischen Koloß scheint das ideologische Säurebad, das den Progressismus anderer leviathanischer Ausgeburten gerade zersetzt oder schon destruiert hat, nichts anhaben zu können. Zwar bündelt sich immer wieder, wie in einem Brennglas, jedwedes Unbehagen an der an immer neue finanzielle Grenzen stoßenden *Kostenlawine* des Gesundheitswesens auf solche Exponenten, die auch dem sog. „gesunden Menschenverstand" sichtbar und faßbar werden (entfacht v. a. durch kritische Medienreporte und spektakuläre Ärzteprozesse). Aber Anlaß zur „allgemeinen" Aufregung geben eben nicht die eigentlichen Quantitäten und Quantitätssteigerungen, sondern individuelle oder ständische Einkommenshöhen und Verdienstspannen, nicht die medizinische „Kolonialisierung" des öffentlichen und privaten Bereiches schlechthin, sondern singuläre Okkupationen des Privatlebens einzelner.

Diese antiprogressistische Mentalität nimmt sich hinsichtlich der medizinischen bzw. der „helfenden" Professionen überhaupt aus wie eine allenfalls diffuse Hintergrunds- und Begleitmusik zum differenziert expansiven Etablierungsprozeß von immer mehr und immer neuen Berufsfeldern und Zuständigkeitsbereichen. Nahezu ungehemmt entfalten, spalten, teilen und vermehren sich die Ableger medizinischer Dienste, rhizomartig durchwuchern die Netze des Gesundheitswesens die Gesellschaft und treiben oft ganz unvermutet verführerische Blüten an die Oberfläche. Eifrig drängt der Bildungsnachwuchs mit den besten Abiturnoten in die Hörsäle der medizinischen Fakultäten, und unverdrossen innovieren, propagieren und installieren Akademien, Hochschulen und Universitäten immer artifiziellere Techniken des „Helfens". Aber: Sind diese neuen „Helfer" denn Protagonisten, Vorläufer oder Träger einer neuen Solidarität? Realisieren sie tatsächlich die Wiederentdeckung solcher Werte wie Altruismus und Philanthropie, Verantwortungsbewußtsein und zwischenmenschliches Engagement? Oder untergraben sie als professionelle und paraprofessionelle Instanzen gerade die noch verbliebenen unzeitgemäßen, weil unwägbaren, informellen mitmenschlichen Vernetzungen? Komplettieren sie die zweckrationalen Überwachungsinteressen gegenüber dem „störenden" individuellen Faktor? Verwandeln sie „Helfen" in ein Verantwortungsrisiko, das durch erlernbare methodische Kompetenzen entschärft werden muß und dazu führt, „daß sich die professionelle Version als allein richtige Form des Helfens [durchsetzt], demgegenüber private Hilfeversuche immer in der

Gefahr stehen, dilettantisch, falsch oder gar gefährlich für den Hilfeempfänger zu sein"? (Wolff 1981, S. 213).

Die professionellen und paraprofessionellen Helfer beanspruchen typischerweise zumindest außergewöhnliche, durch Schulung und Ausbildung systematisch internalisierte zwischenmenschliche Kommunikationskompetenz. Sie handeln überdies typischerweise aus einer prinzipiellen Gewißheit über Therapienotwendigkeiten und Therapiewürdigkeiten, auch wenn sie gegenüber konkreten Hilfemöglichkeiten und Hilfepraktiken „kritisch" sind, auch wenn sie durch bestimmte Rahmenbedingungen und Begleiterscheinungen ihrer Tätigkeit „frustriert" sind, auch wenn sich resignative Reaktionen einstellen. Denn Helfen ist, jenseits allen altruistischen Selbstverständnisses, ein Handeln, das v. a. darauf abzielt, Devianzen zu korrigieren, die eine Irritation akzeptierter Normalitäten darstellen.

Ein essentielles Axiom dieses altruistischen Selbstverständnisses des professionellen und paraprofessionellen Helfers ist offenkundig: daß es – wie auch immer erkennbar – hilfsbedürftige Mitmenschen und Zeitgenossen gibt (vgl. exemplarisch Egan 1979). Als hilfsbedürftig und hilfewürdig wird der andere v. a. dann thematisch, interpretativ und motivational relevant, wenn er als faktischer oder potentieller Unruhe- und Konfliktherd wahrgenommen wird, wenn er geltende Wertordnungen und Normengefüge stört oder durchbricht. Solches „Helfen" ist demnach v. a. ein konfliktreaktives oder konfliktpräventives soziales Handeln, das konkret darauf abzielt, definierte Problem- oder Notsituationen zu verändern. Solche Situationsdefinitionen aber bedürfen offensichtlich der Berufung auf eine „objektive" Kompetenz zur Auslegung von wahrnehmbaren Anzeichen als Appräsentationen der subjektiven Lebenslage eines anderen, sie bedürfen der Berufung auf eben außeralltägliche Kenntnisse und Fähigkeiten von „legitimerweise" zuständigen Experten mit besonderen Wissenssystemen und Orientierungsrahmen (vgl. Honer 1987). Während Helfen prinzipiell zu den alltäglichen Selbstverständlichkeiten des menschlichen Lebens gehört, also eine „Urkategorie des Gemeinschaftshandelns" darstellt, wird es aktuell immer stärker professionalisiert, verrechtlicht und bürokratisiert, wird es auch immer unabhängiger von der subjektiven Situationsdefinition des anderen, der dem professionellen und paraprofessionellen Helfer eben zumindest potentiell grundsätzlich als „Klient" und damit als Objekt der „Hilfezumutung" gilt. Unübersehbar findet damit eine „Transformation des Helfens unter den Bedingungen moderner Sozialstaatlichkeit" statt, die den quasinatürlich hilfsbereiten Alltagsmenschen zum inkompetenten Laien macht (vgl. Gross 1984).

Machseligkeit als Mentalität

Wenn wir uns fragen, wo denn dieser „Imperialismus" und diese „Immunität" gerade des institutionellen Gesundheitswesens und der darin involvierten Professionen herrührt, dann stoßen wir auf eine Reihe von Erklärungsvarianten, die auffallend plastisch mit jener Metapher vom Heuschreckenflug korrespondieren, die Luhmann (1983) in die neuere sozialwissenschaftliche Diskussion implantiert hat. Danach gibt es ein sozusagen „autopoetisches" Prinzip des Schwärmens der Heuschrecke, das diese immer weiter vorantreibt, bis sie die Erschöpfung ihres Glukosevorrats zu Boden zwingt – oder, so können wir wohl hinzufügen, bis sie im blinden Flugrausch an einer Wand, einem Baum, einem Telefonmast oder woran auch immer zerbirst. – Im Gesundheitssektor stoßen wir auf eine (scheinbar ebenfalls „autopoetische") Eigendynamik der Technisierung, die immer größere Investitionen und teurere Leistungen erfordert. Wir stoßen auf den Quasiautomatismus einer – zumindest für den „Laien" – gänzlich undurchsichtigen Zwangsfinanzierung gesundheitlicher Leistungen, auf die weitgeöffnete Rationalitätenfalle, in die einerseits die Patienten geraten, wenn sie die ärgerlich hohen Beiträge wieder einzuziehen versuchen, und in der sich andererseits die Kassenärzte fangen, wenn sie ihren individuellen Anteil an der ausgehandelten Pauschalvergütung durch – vor allem apparative – Vermehrung ihrer Leistungen erhöhen (vgl. zusammenfassend Herder-Dorneich 1985). Wir stoßen auf das – zumindest offiziell – ungebrochene Prestige der medizinischen Professionen, in denen sich die Idee des Berufs als einer Berufung vor dem Hintergrund einer allgemein sich verbreitenden Jobmentalität noch einmal eigentümlich zugespitzt und ausgeprägt hat.

Das Charakteristikum der personenbezogenen Dienstleistungsberufe – Parsons (1968) hat das als erster deutlich aufgezeigt –, nämlich daß ihre Arbeit eben Arbeit mit und an Menschen ist, daß hier Arbeit (im weiten Verständnis von Schütz u. Luckmann 1984) im wesentlichen mit Interaktion verschmilzt, entkoppelt diese Professionen – jedenfalls nominell und aus der Sicht einer „gläubigen" Klientele – vom generellen Trend zum mehr oder minder beiläufigen Job und bewahrt ihnen – noch – einen nachgerade „unzeitgemäßen" Glanz. Wird deshalb der Dienstleistungsprofessionalismus so gerne mit „positiver Professionalität" identifiziert? Gilt er deshalb als idealer Prototyp einer postmaterialistischen Lebensweise? Nennt Gorz (1984) deshalb die helfenden Professionen die neue „classis ex machina"? Und konnten deshalb Fourastié (1969), Bell (1975), Gartner u. Riessman (1978) so „wunderbare" Versionen der nachindustriellen Gesellschaft träumen (vgl. Gross 1983)?

Wie immer diese Faktoren, einzeln oder gebündelt, das ungebremste, gegen alle politischen Steuerungsversuche und moralischen Appelle resistente Wachstum des Gesundheitswesens auch zu plausibilisieren scheinen, so scheint es doch vor allem, bislang noch geradezu verdeckt durch die Reden von Anspruchsdynamik, Rationalitätenfalle, Profitstreben, Technisierungsschüben usw., einen mehr oder minder stillschweigenden Konsens aller Beteiligten zu geben: den, daß so etwas wie ein linearer Konnex zwischen Modernität und Pathogenität, zwischen Pluralität und anomischer Maladie bestehe. Vereinfacht ausgedrückt: daß die Gegenwartsgesellschaft eine solche Vielzahl von Krankheiten produziere, daß man eigentlich, Finanzierungsprobleme hin oder her, gar nicht genug institutionalisierte und professionalisierte Medizin haben könne.

Wenn dies zutrifft, dann ist die Entwicklung im Gesundheitswesen allenfalls vordergründig ein Problem der Finanzierbarkeit, hintergründig erweist es sich dann als Problem unserer kollektiven Mentalität! Und dieser Mentalität kommt man durchaus auf die Spur, schon wenn man auch nur einige „zufällige" Beispiele alltäglicher Ereignisse in scheinbar ganz verschiedenen Bezugsrahmen betrachtet: Vor geraumer Zeit ist ein Fernsehfilm ausgestrahlt worden mit dem Titel „Männer, die Frauen waren" (ARD, 23. 9. 1984). Darin ist das Leiden am Mann-Sein als eine mittels operativer Technik zu behebende Krankheit dargestellt worden. Was, wenn eine Frau daran leidet, eine Frau zu sein? Oder ein Mann es bei dem Gedanken nicht mehr aushält, daß er nicht daran leidet, daß er ein Mann ist? In den Zeitungen wurde uns kürzlich der Fall eines Mörders nahegebracht, der auf gräßlichste Weise 3 Frauen gequält und getötet hat. Natürlich war er krank – denn in den höheren Etagen gerichtlicher Verhandlungen und mit den entsprechenden Anwälten und Gutachtern wird die für jede Gesellschaft unumgehbare Grenze zwischen Krankheit und Kriminalität mit Bewilligung der Gesellschaft *eingenebelt*. Im Vorwort zum eindrücklichen Buch von Fritz Mertens (1984, S. 10) *Ich wollte lieben und lernte hassen*, in dem ein Doppelmörder sein Schuldbekenntnis protokolliert, erklärt z. B. der Jugendpsychiater die Gesellschaft für schuldig und den Täter für krank. Er schrieb: „Eines ist mir deutlich geworden: es ist nicht unser Verdienst, wenn wir nicht straffällig werden, wenn wir in unserem Leben niemals durch unsere Schuld töten." Nichts ist unser Verdienst, und wir sind alle schuldig – aber nicht durch eigene Schuld; Kranksein hieß immer, daß einem etwas zugestoßen ist, das man nicht will und für das man nichts kann.

Sobald jedes Tun und jedes Lassen aus der Selbstverantwortung entlassen und einer neuen Macht des Schicksals, diesmal in Form gesellschaftlicher oder biographischer Umstände, ausgeliefert wird, läßt es sich immer ins Krankhafte und Kranke wenden: So ist es heute (vgl. Gross 1985c; vgl. auch die Kulturkritik in Hitzler 1985a). In immer neuen Formationen türmen sich Krankheiten auf und bündeln sich diese in immer neuen Ansprüchen an die Gesellschaft, weil der einzelne ja aus der Verantwortung für die Ursachen entlassen ist. Was für den kranken Wald gilt, soll auch für das Herz, die Zähne, die Depressionen, die Stimmungen gelten, in der Verursachung und in der Therapie. Es gibt gleichfalls nichts mehr, was nicht krank macht. Nach der ungesunden Lebensweise ist es nun die gesunde, die gefährdet. Schon gibt es Stimmen, welche die früher ungesunden Verhaltensweisen zu gesunden erklären. Triviale Beispiele sind Bauchroller und das Sonnenbad, aber schon sind Forschungen im Gange, die nachweisen, daß dauernd risikovermeidendes Verhalten (etwa Nichtrauchen) selber riskant ist.

Entsprechend der Dehnung des Krankheitsbegriffs hat sich der Gesundheitsbegriff gleichsam *zusammengezogen*. Er fungiert als ein abstrakter Wert, der alle anderen Ansprüche begrenzt. Er ist anonymisiert und entindividualisiert – die ganze Individualisierungsthematik ist spurlos an ihm vorbeigegangen. Man hat sein eigenes Urteilsvermögen, was Gesundheit und Krankheit betrifft, verloren, weil man weiß, daß diejenigen, die sich gesund fühlen und auch gesund *sind*, gegenüber denjenigen, die sich gesund fühlen und dennoch krank sind, eine hoffnungslose Minderheit darstellen. Der Gesundheitsbegriff ist android geworden: Idealbild ist der immerfort gesunde, resistente, zähe, ewig lebende Kunstmensch. Nachdem die menschliche Machseligkeit gegenüber der Natur ihre Lektion erhalten hat, hat sie sich mit voller Wucht auf den Menschen selber geworfen. Die Mischung von Faszination und Grausen, mit der wir heute die Maschinengeschöpfe der Romantik aus Eisen, Leder und Porzellan beargwöhnen und die in der Literatur beschriebenen, in Retorten ge- bzw. erzeugten Homunculi und die aus Lehm gekneteten Golems, ist von der Wirklichkeit eingeholt worden. Heute sind Retortenbabys und Menschen mit Kunstherzen und Kunstgliedern mitten unter uns. In Salt Lake City baut die Fa. Symbiom Incorporation einen Markt für elektrische Körperteile auf und hofft, 30% des „Ohrengeschäfts" in Europa abzuwickeln (Cleis 1985). Die Biotechnologie ersetzt ausfallende Funktionen bzw. auffallende „Fehl"funktionen, defekte und unschöne Organe durch biologische oder technische Substitute, die – wie etwa die Zahnprothesen – den Menschen um ein Vielfaches überdauern, gleichsam für die Ewigkeit gehärtet scheinen.

Es ist keine Härasie mehr, sich über das Collagieren, ja das Komponieren von Menschen Gedanken zu machen, die alles „Edle und Schöne" in sich vereinen und sich alles Unschönen und Unappetitlichen entledigt haben. Gesundheit ist ein Wert ohne Maß geworden, er fungiert außerhalb aller ideologischen Meinungen, er begrenzt in seiner Grenzlosigkeit alle anderen Ansprüche. Trifft dieser unbegrenzte Anspruch, diese hypertrophe Gesundheitsomnipotenz, auf das oben beschriebene Krankheitsverständnis, so gibt es sozusagen „kein Halten mehr". Wenn einer als Ehrenrettung des Laiensystem gedachten Studie zufolge mehr als 2/3 aller Krankheiten im Laiensystem verbleiben und dort mehr schlecht als recht kuriert werden, so kann man das auch als Manifestation einer Mentalität auffassen, für die die Welt zu einem großen Krankenhaus geworden ist, allerdings zu einem schlecht gerüsteten.

Hilflose Virtuosität

Diese hypertrophe medizinische Kultur, von Kritikern des Medizinbetriebs als Medikalisierung der Gesellschaft gegeißelt, gerät nun freilich angesichts epidemisch auftretender neuer Krankheitsbilder doch selber in Schwierigkeiten, ihren Bestand und ihr weiteres Wachstum zu legitimieren. Das naturwissenschaftlich-diagnostische Instrumentarium, die in großer Zahl entwickelten psychodiagnostischen Theorien und Nomenklaturen und ein immer weiter in die „Tiefen" des menschlichen Körpers und der menschlichen Seele vordringendes szientistisches Interesse haben sich – nun offenkundig – von der therapeutischen Kompetenz abgekoppelt und diese nachgerade prinzipiell zumindest zum „Nachhinken" verurteilt. Eine anscheinend unproblematische Verknüpfung von Diagnose und Therapie liegt zwar noch immer bei vielen Krankheiten vor: v. a. bei den bakteriellen Infektionskrankheiten. Aber diese einfachen Krankheitsbilder sind medizinsoziologisch relativ uninteressant, obwohl die spektakulärsten Erfolge der modernen Medizin wohl auch künftighin damit assoziiert werden.

An eine neue, unvermutete Grenze ist vor wenigen Jahren allerdings auch die medizinische *Infektions*forschung und -bekämpfung gestoßen: Gerade als es den Anschein hatte, als seien die Menschheitsgeißeln infektiöser Epidemien „unter Kontrolle" und damit gebrochen, begann sich eine bislang unbekannte, bis heute prinzipiell mit tödlichen Konsequenzen behaftete Krankheit zunächst diskret, inzwischen mit epidemieartigen Raten auszubreiten: eine virusbedingte Abwehrschwäche des menschlichen Immunsystems, bekannt als „Aids" („acquired immune deficiency syndrome"). Gegen diese, wie auch immer, ansteckende Schwächung des menschlichen Organismus, deren Erreger unterdessen ihrer Herkunft, ihrer genetischen Struktur und ihrer biochemischen Wirkungsweise nach als bekannt gelten, lernen wir derzeit zwar das Ansteckungsrisiko mindernde *praktische* Vorsichtsmaßnahmen, *medizinische* Vorbeugungsmittel allerdings sind noch kaum in Sicht. Mit einer zielgerichteten Behandlung oder gar einer Heilung von Aids-Kranken ist vorläufig noch weniger zu rechnen. Aids erweist sich aber nicht nur als vorderhand unlösbares Problem der medizinischen Experten, Aids dürfte, wenn nicht alsbald doch erfolgreiche Mittel dagegen bereitgestellt werden können, auch zu einem gravierenden *soziokulturellen* Problem werden: Die *Furcht* vor Aids mobilisiert bei immer mehr Menschen in unseren medizinisch anscheinend so perfekt versorgten modernen Gesellschaften hysterische

Ansteckungs- und archaische Todesängste, die sich gegenüber der realen Gefährdung zunehmend zu verselbständigen und unseren Alltag, unsere Gewohnheiten, unseren gesamten Lebensstil zu verändern drohen (vgl. Hitzler 1985b). Schon immer ist den Menschen als naheliegendste Reaktion auf Epidemien, wenn nicht die physische Vernichtung der Kranken, dann eben die *Flucht* erscheinen (vgl. Sigerist 1963). Vor dem utopischen Schreckensgemälde barbarischer Möglichkeiten (die mit unsinnigen Zwangsisolationen und Massendemonstrationen beginnen) könnte deshalb die Umkehrung des aktuellen freizeitkulturellen Trends zur Geselligkeit „Weg von den eigenen vier Wänden" (Opaschowski 1983) in den fluchtartigen Rückzug genau dorthin noch zu den harmloseren potentiellen Erscheinungen zählen.

Aber diese Lücke zwischen Diagnose und Therapie hat es natürlich auch schon in bezug auf andere Infektionskrankheiten gegeben: z. B. nahm die Entwicklung eines Impfstoffs gegen Hepatitis 17 Jahre in Anspruch. Somit könnte eine neue, zwar grausame, aber auch hoffnungsträchtige „Faustregel" Gültigkeit bekommen: Je differenzierter und komplexer die Krankheitsbilder werden, die die modernen diagnostischen Apparaturen immer frühzeitiger zu erfassen imstande sind, desto unabwendbarer und existenziell problematischer könnte sich das „time-lag", möglicherweise sogar die prinzipielle Unmöglichkeit einer adäquaten Therapie erweisen. Wenn ein Pharmaforscher zu bedenken gibt, daß „von den bekannten Krankheiten [...] erst ein Drittel medikamentös wirksam zu behandeln [ist], und nur knapp zehn Prozent [...] wirklich heilbar [sind]" (Deck 1982), so mag das als Ansporn für die Pharmaindustrie wirksam sein. Je wirksamer die Arbeit im diagnostischen Sektor aber wird, desto größer wird auch die „technologische Lücke" zwischen Diagnose und Therapie.

Das Morbiditäts- und Mortalitätsspektrum hat sich in modernen Gesellschaften in den letzten 100 Jahren erheblich verändert. Die Statistiken zeigen einen Rückgang der Infektionskrankheiten und eine Zunahme tödlich verlaufender Krebs-, Herz- und Kreislauferkrankungen. Das ist wohlvertraut. Ebenso, daß das eine Phänomen z. T. das andere bedingt: Personen, die in frühem Alter an Infektionen sterben, haben nicht mehr die „Chance", einem Karzinom oder einem Apoplex in ihren späteren Lebensjahren zu erliegen (vgl. Greiser 1981). Mit anderen Worten: Die Verlängerung der Lebenserwartung muß zwangsläufig zu einem veränderten Mortalitätsspektrum führen. In bezug auf Herz- und Kreislauferkrankungen wie in bezug auf Krebs und chronisch-degenerative Leiden klaffen aber diagnostisches und therapeutisches Wissen weit auseinander. Die Exaktheit der Diagnose hat, schreibt Peter Noll in seinem Tagebuch *Diktate über Sterben und Tod* (1984, S. 45), verglichen mit der Ungewißheit des therapeutischen Erfolgs, etwas Absurdes: „Wie ein Film im Zeitlupentempo einen Autounfall oder einen Flugzeugabsturz darstellt. Man sieht alles ganz genau, aber man kann nichts dagegen machen ..."

Auch hier ist die Lücke teilweise prinzipieller und nicht zu schließender Natur. Bei den chronisch degenerativen Leiden liegen häufig keine akuten Funktionsstörungen vor, sondern degenerative Prozesse, die höchstens zu verlangsamen, aber nicht umzukehren sind. Anders als bei den Infektionskrankheiten sind bezüglich der Herz- und Kreislauferkrankungen und auch für Krebs die Ursachen nicht genau bekannt, nicht auf einen Erreger beschränkbar. Ihre multifaktorielle Verursachung verhindert eine gezielte Therapie. Die Flut von therapeutischen Erkenntnissen und immer neuen Risikofaktoren führt zu einer Art Informationskollaps – besonders dann, wenn neue Erkenntnisse alten widersprechen. Es ist auch keineswegs erwiesen, daß die Früherkennung hilfreich für die Therapie ist. So zeigt sich ein deutlicher Mortalitätsanstieg auch bei jenen Krebsarten, deren Früherkennungsuntersuchung seit 1971 zu den Pflichtleistungen der gesetzlichen Krankenkassen gehören: Mammakarzinom, Zervixkarzinom und Prostatakarzinom. Zumindest an Mortalitätsraten läßt sich die Wirksamkeit präventiver Maßnahmen nicht nachweisen (vgl. Greiser 1981, S. 15). Die Frage ist, woran das liegt, ob an der Unfolgsamkeit der Patienten oder daran, daß eine feinere und umfassendere Diagnostik erst jene Krankheiten ans Licht bringt, deren Therapie entsprechend schwierig ist.

Erweist sich der medizinische Fortschritt also insgesamt als diagnostische Einbahnstraße? Werden die Identifikationssysteme von Krankheiten auf Kosten der Bewältigungssysteme entwickelt? Oder gibt es einen prinzipiellen Zusammenhang der Art, daß die Komplexität der *Identifikations*systeme zu einem immer eklatanteren, sozusagen „automatischen" Nachhinken der *Bewältigungs*system von Krankheiten führt? Wie steht es überdies mit der bürokratischen Einflußnahme auf diese Entwicklung? Ist nicht eine hohe diagnostische Sensibilität gefragt? Hat denn ein Arzt nicht grundsätzlich „bessere" (d. h. intersubjektiv befriedigendere) Entschuldigungen für diagnostische Fehler als für nicht gelungene Therapien? Welches ärztliche Tun – das diagnostische oder das therapeutische – ist denn leichter prüfbar? Welche Art von Fehler wird wohl der selbsterhaltungsbedachte Arzt folglich auf jeden Fall zu vermeiden versuchen? Was kann im Nachhinein klarer als Versäumnis ausgelegt werden: eine falsche oder unvollständige Diagnostik oder eine nicht gelingende Therapie? Gibt es für eine nichtgelingende Therapie nicht zahllose Entschuldigungen, für einen diagnostischen Fehler aber kaum eine? Gerät so das ärztliche Tun nicht in ein nachgerade paradoxes Dilemma?

Hilfreiche „Begeisterung"

Das noch immer insgesamt ungebrochen hohe Prestige der medizinischen Professionen, insbesondere das des Arztes, beruht auf der, oft als „magisch" erscheinenden Fähigkeit, zu helfen und zu heilen. Die Verfügungsmacht der „Helfer und Heiler" über ihre Klientel, die – von uneingeschränkten Herr-Sklaven-Verhältnissen abgesehen – allenfalls noch mit der von Priesterkasten bestimmter Kulturen und mit (in einem nichtpejorativen Sinne) tyrannischen Herrschaftsverhältnissen zu vergleichen ist, legitimiert sich und bezieht ihre „normative Würde" (vgl. Berger u. Luckmann 1969) für den Alltagsmenschen durch den *Glauben* – im Sinne Webers (1972) – daran, daß alle Eingriffe in die Intimzone des Leibes und in das Innere des Körpers, daß alle Schmerzzufügungen und Plagen dazu dienen, ein fiktives Äquilibrium des Körpers, des Geistes, von Körper und Geist, oder auch von Körper, Geist und Kosmos herbeizuführen' oder wiederherzustellen.

Diese religiös-magische Komponente des Heilens, die auf „Vertrauen" basiert, resultiert aus der Zuschreibung alltagstranszendenter Befähigung zum Umgang mit Leid und Leiden an den medizinischen Experten. Diese Zuschreibung, darauf haben wir eingangs bereits hingewiesen, erfolgt in unserer Kultur aufgrund scheinrationaler Prämissen hinsichtlich der Wissenschaftlichkeit ärztlicher Kunst. Das galileisch-kopernikanisch-newtonsche Paradigma ist so verbindlich, daß auch „alternative"

Helfer und Heiler ihr Tun quasi- oder pseudoszientistisch legitimieren bzw. legitimieren zu müssen glauben (vgl. im Überblick Löbsack 1980; für die Homöopathie z. B. Hochstetter 1973; für die Orgonomie Raknes 1973). In vormodernen Kulturen hingegen galten andere Paradigmen, die die Welt für den Einzelmenschen wie für die Gemeinschaft sinnhaft und glaubwürdig ordneten (vgl. Luckmann 1972 und 1980b; vgl. zur Archaik auch Durkheim u. Mauss 1987; zum Mittelalter Gurjewitsch 1980; zum Übergang in die Neuzeit Thomas 1973). In archaischen Kulturen etwa galt typischerweise, daß es so etwas wie eine *natürliche* Erkrankung und einen *natürlichen* Tod nicht gibt. Verursacht wurden individuelles Leiden und Sterben ebenso wie soziale Katastrophen durch außeralltägliche Kräfte, simplifiziert ausgedrückt: durch Geister und Dämonen. Vermittels besonderer Fähigkeiten und Techniken war es prinzipiell möglich, zu diesen Kräften auch *aktiv* in Beziehung zu treten, mit ihnen zu kommunizieren, ja sogar sie zu beeinflussen und auch vorübergehend und in beschränktem Umfang zu „beherrschen" (vgl. Mauss 1974). Mithin korrespondierte die *medizinische* Kompetenz eines archaischen Menschen hochgradig damit, wie glaubhaft seine *kommunikative* Kompetenz gegenüber diesen Kräften seinen Mitmenschen erschienen ist. Am plausibelsten wurden solche interaktiven „Jenseits"beziehungen natürlich dann, wenn die Kontaktperson selber „besessen" war, wenn also der menschliche Körper von einer transzendenten Kraft bewohnt oder mitbewohnt wurde. Solche „begeisterten" Körper werden in der einschlägigen Literatur normalerweise als *Schamanen* bezeichnet (vgl. Hitzler 1982).

Ein Schamane übt, fast ausschließlich in archaischen, gelegentlich auch in Enklaven traditionaler Gesellschaften religiös-medizinische Funktionen aus aufgrund seiner, aus seiner „Begeisterung" resultierenden, empathischen Kompetenz gegenüber all den Geistern, die sich in der Welt herumtreiben, die Menschen ängstigen, ihnen nachschleichen, auflauern, ihnen Besuche abstatten, sie heimsuchen und sie eben manchmal auch krank machen. Die „Begeisterung", die sich in Ekstase, Trance und Träumen manifestiert, reicht weit über das hinaus, was wir heute als „professionelles Sonderwissen" bezeichnen würden. Sie verweist sozial glaubhaft auf eine besondere *Qualität* der Erfahrung. Der Schamane „verkörpert" (im wörtlichen Sinne) das Außeralltägliche, während eben „normale" Experten, wie Medizinmänner, Zauberer und Priester, zum Transzendenten lediglich in einer rituellen Beziehung stehen. Der Schamane ist *inspiriert*, ein Körper im (Mit)besitz einer nichtmenschlichen Kraft. Sozial betätigt er sich beispielsweise als Mystiker, Magier, Mythologe, Dichter, Tänzer, Künstler, Politiker und – nicht zuletzt – als Mediziner, als Arzt (vgl. Eliade 1975; Halifax 1980). Er stellt, im Dienste der Gemeinschaft, die Verbindung mit dem Jenseits nicht nur her sondern *dar*.

Insbesondere Schadewaldt (1968) hat auf die Unterschiede zwischen den Heilmethoden des Schamanen und denen des gewöhnlichen Medizinmannes hingewiesen: Während letzterer, persönlich distanziert, mit einer Mischung aus Beschwörungstechniken und rational-empirischer Erfahrung arbeitet, also professionelles Sonderwissen anwendet, erfolgt beim Schamanen eine *Identifikation* mit dem krankheitsverursachenden Dämon. Der Schamane hat also ein anderes Selbst- und Wirklichkeitsbewußtsein als der Medizinmann. Zwar greift er in seiner medizinischen Praxis ebenso wie dieser auf naturkundliches Wissen zurück, das Wesentliche *seiner* therapeutischen Kompetenz besteht jedoch darin, daß sich in seinem außergewöhnlichen Zustand selber Katharsis und Heilung intersubjektiv wahrnehmbar „verkörpern". Anders ausgedrückt: Der Körper des Schamanen ist für seine Mitmenschen Ausdruck einer Umwandlung des „Inneren" in einem viel einschneidenderen Sinne als für uns moderne Menschen Körpermodifikationen Anzeichen für Stimmungsänderungen sein können. Gerade infolge der intersubjektiv wahrgenommenen körperlichen Repräsentanz des „Jenseitigen" wird das Phänomen des „begeisterten" Schamanen in einem sozial gültigen Klassifikationssystem als *heilkräftige* Institution legitimiert.

Schamanismus, so könnten wir das Phänomen vielleicht in unsere moderne (und damit eigentlich schon inadäquate) Denkweise übersetzen, repräsentiert eine Art und Weise der universalhistorischen Bemühungen des Menschen, durch Wissen die Beherrschung der dem Alltagsverstand unergründlich scheinenden Mächten in seinem Inneren zu erlangen (vgl. Kreitler u. Kreitler 1980, S. 320). Schamanismus ist, funktional betrachtet, eine komplexe, integrative Sozialkunst, die die Kompetenz zum Heilen, im medizinischen Sinne, einbettet in die Sorge um und in den Dienst am existenziellen „Heil" des Mitmenschen überhaupt. Im schieren Gegensatz zu einer solchen *empathischen* Heilkunst reduzieren die szientistisch legitimierten Reparaturdienstleistungen des rein naturwissenschaftlich orientierten Mediziners heute den maladen Klienten zum unpersönlichen Forschungs- und Behandlungsobjekt. Statt *wechselseitiger* Kommunikation und mitmenschlicher Fürsorge findet – idealtypisch – Exploration, Analyse, Diagnose statt. Polemisch formuliert: Der im Banne des galileisch-kopernikanisch-newtonschen Paradigmas agierende Arzt versteht nicht mehr viel von Gesundheit, aber dafür um so mehr von Krankheit. Seine „Kunst" zeitigt hypertrophe, ja kontraproduktive Konsequenzen: Galt bislang noch die Devise „keine Therapie *ohne* Diagnose", so gilt heute für viele Krankheiten sozusagen achselzuckendes „keine Therapie *trotz* Diagnose".

Apparate und Alternativen

Schipperges (1970, S. 1) kritisiert das verfehlte Schema, die Geschichte der Medizin als eine Geschichte des beständigen Fortschreitens zu begreifen. Nun spiegeln die Historien der Einzeldisziplinen ja die neuzeitliche Deutung der Weltgeschichte: Stolz posierten die westeuropäischen Wohlfahrtsstaaten noch bis vor wenigen Jahrzehnten auf dem Gipfel des Fortschritts, bis sich der Fortschritt gleichsam selber zu überschlagen begann und die Philosophie des „Immer mehr und immer größer" das Abendland an die Grenze des Abgrundes getrieben hat. Zweifellos schreitet die moderne Medizin in einiger Hinsicht immer noch fort: in der Diagnostik, in der chirurgischen Technik, in der Biotechnologie, in der Prothesenmedizin. Aber die gewaltige Umstrukturierung der Krankenlandschaft, nicht zuletzt durch die modernen diagnostischen Möglichkeiten selber, haben die therapeutischen Möglichkeiten gegenüber den modernen Zivilisationsseuchen nicht steigern können. Je differenzierter die Objektivierungsverfahren , von der Röntgenologie über die Computer- und Kernspintomographie bis zur Szintigraphie, und je detaillierter die Laborprodukte, je tiefer die diagnostischen Geräte in den Körper eindringen, also je exzessiver die apparative Diagnostik wird, desto armseliger erscheinen die therapeutischen Möglichkeiten. Jede Diagnose wird von dem Menschen gleichsam als ein Versprechen rezipiert, die entdeckte Krankheit auch zu heilen. Die moderne Medizin weckt durch ihre analytischen Triumphe immer neue unerfüllbare Ansprüche.

Die offenkundig *therapeutisch* erfolgreiche Medizin in vormodernen Gesellschaften hingegen, hat auf einer analytisch höchst unzureichenden, in szientistischer Perspektive typischerweise sogar gänzlich falschen Diagnostik beruht. Wenn eben in der magischen Heilkunst das Leid und das Leiden eines Menschen „übertragen" und damit die Krankheit – nach unserer Denkweise – einfach symbolisch überwunden wird, wenn sich der Ehemann im „kuwade", dem sympathetischen Männerkindbett, lautklagend vor Schmerzen krümmt, sobald sein Weib zu gebären beginnt, wenn der Schamane auf dem Höhepunkt seiner Zeremonie den Krankheitsdämon auf sich zieht und dabei zusammenbricht, so sprechen diese Therapien jeder naturwissenschaftlichen Krankheitslehre Hohn – und gelingen doch, sozusagen „auf wunderbare Weise" (dazu Lippross 1971). Wenn die alten Griechen glaubten, daß Krankheiten Strafen seien, die erzürnte Götter über die Menschen verhängt hätten, und daher durch Sühnemittel, Zaubergesänge und Opfer Heilung suchten, wenn so manche christliche Heilmethode sich auf den Sühneglauben stützt, d. h. die eigentlichen Krankheitsursachen in ungetilgter Schuld und in der Erbsünde sah (so galt vor noch nicht allzu langer Zeit die erbliche Fallsucht als Zeichen Gottes und wurde deshalb „morbus sacer" genannt), und wenn schließlich bis heute Menschen Hilfe vor Gnadenbildern und Altären suchen und ihre kranken Glieder und Organe in Votivgaben aus Wachs und Holz nachbauen und damit Gott darbringen, so zeigt dies, daß doch auch die „andere" Heilkunst, gleichsam im „Unterleben" zum offiziellen medizinischen System, bis in die Gegenwart hineinwirkt. Auch hier zeigt sich, daß das naturwissenschaftlich orientierte Krankheitsverständnis immer mit einem lebensweltlichen zu konkurrieren hatte und daß das letztere letztlich für den gewöhnlichen Menschen wohl doch nicht nur „dereinst" sondern *nach wie vor* bedeutsamer ist.

Üblicherweise versucht man, diese differierenden Bezugs- und Beurteilungssysteme einer Expertenkultur einerseits und einer Laienkultur andererseits zuzuweisen (vgl. dazu Badura u. v. Ferber 1981; Gross 1982). Die unbestreitbaren Erfolge der naturwissenschaftlichen Medizin (vergleichbar der Einführung des Schießpulvers!) in allen Kulturen und die anscheinend universelle Anwendbarkeit der entsprechenden Medikamente und Methoden mögen dazu geführt haben, daß das szientistische „Modell" des Heilens einerseits fast allgemein die legitimatorischen Standards setzt, andererseits aber nicht mehr und nirgends mehr als Oktroi aufgefaßt wird. Vor allem die wohlfahrtsstaatliche Einbindung des Gesundheitswesens mit der versicherungsrechtlich notwendigen Kalkulierbarkeit der Kosten einer Behandlung und der politischen und bürokratischen bzw. rechtlichen Kontrollierbarkeit der Verfahren erfordert eben „verständlicherweise" die Orientierung des Krankheitsbegriffs an Maß und Zahl, an der experimentellen Erarbeitung der Erkenntnisse und der darin liegenden Chance der Nachprüfbarkeit.

Nochmals also: Das Verhältnis von Diagnose und Therapie, das Verhältnis von Identifizierung und Bewältigung von Krankheiten ist historisch variabel; die unaufhaltsamen Fortschritte in der Diagnostik haben zu einem Nachhinken – vielleicht zu einem prinzipiellen, nie mehr einholbaren Nachhinken – der Therapeutik geführt. Die Professionen blühen gleichsam diagnostisch auf und glühen therapeutisch aus. Und die anschwellende Flut pharmazeutischer Erzeugnisse, einschließich der auf der Gesundheitswelle mitschwimmenden „Medikamentenführer", verstärkt die therapeutische

Not noch. Das hat nicht nur Kritiker des modernen Medizinbetriebs auf den Plan gerufen, sondern auch zu einer Renaissance „alternativer" Therapieangebote geführt. Die Selbstentzauberung des ärztlichen Tuns, die im Auseinanderdriften von diagnostischer und therapeutischer Kompetenz so sichtbar wird, wird neuerdings auch vom Arzt selber durch das freundliche und verständnisvolle Eintreten für Fern- und Geisterheiler, Handauflegen und „elektrische Felder" kompensiert.

Die Ärzteschaft taucht ihre, gegenüber dem diagnostischen Wissen abfallende und sich der einfachen Empirie des Alltags anschmiegende, therapeutische Vagheit in das sanfte Licht ganzheitlicher Orientierung. Die ganzheitliche Orientierung ist das schlechte Gewissen des naturwissenschaftlich orientierten Arztes, der selber lebensweltlich weiß, daß Kranksein und Heilung aus mehr besteht als aus berechenbaren Kausalzusammenhängen, dieses Wissen aber im Rahmen seines professionellen Bezugssystems nicht unterbringt. Hingegen deuten und behandeln die „ganzheitlichen Heiler", etwa Naturheilkundige, Psychotherapeuten, Homöopathen und andere medizinische Außenseiter immer den Gesamtzustand des Kranken. Diagnostik im Sinne der Schulmedizin wird gegenüber dem beinahe ausschließlichen Ziel einer – grundsätzlich – allgemeinen Gesundung fast nebensächlich. Die Grundübel werden in den Lehren der Naturheilkunde typischerweise mehr oder weniger hypothetischen Gewebeverschlackungen, Versäuerungen oder Vergiftungen zugeschrieben. Reinigung, Entschlackung, Ausscheidung und Ausleitung sind die entsprechenden therapeutisch bedeutsamen Vorgänge. Auch die – in ihrer Theorie und ihrem Heilerfolg ganz unterschiedlich beurteilte – Homöopathie versteht sich zuerst als Therapie, bzw. Therapie ist hier zugleich Diagnose. Werden die Krankheitssymptome durch ein Mittel nicht gedeckt, wird das nächste Mittel angewandt. Nicht zuletzt deshalb hat man die Homöopathie auch verächtlich als „Symptomdeckerei" bezeichnet (vgl. Lippross 1971, S. 112; aus der Fülle der neuen Literatur: Petersohn u. Petersohn 1981; Grossinger 1982; kritisch zum Verhältnis von Schulmedizin und alternativen Medizinen Schoene 1980; kritisch in historischer Betrachtung Wuttke-Groneberg 1983).

Wenn nun die Schulmedizin angepaßte Versionen von Akupunktur, Chiropraktik, Homöopathie, Makrobiotik usw. in ihre Praxis einfügt, wenn sich nun moderne Ärzte mit den Techniken, Verfahren und Wissenssystemen von indianischen Medizinmännern, von christlichen Gesundbetern, T'ai-chi-Meistern und Vegetariern, von Yoga- und Atemspezialisten und Spiritualisten aller Art befassen, und wenn nun New-age- und Ganzheitsphilosophien eine Literaturflut auch zu alternativen Medizinen bewirkt und provoziert haben, so fragt sich freilich, ob daraus mehr wird und überhaupt mehr werden kann als eine temporäre Reaktion auf das lebenspraktische Ungenügen unseres naturwissenschaftlich ausgerichteten offiziellen Gesundheitswesens. Denn das galileisch-kopernikanisch-newtonsche Weltbild und das ihm inhärente Krankheitsverständnis, das die Schulmedizin leitet, ist prinzipiell inkompatibel mit den Kosmologien alternativer Medizinen, die eben typischerweise fundamentale Fragen nach dem *Sinn* von Krankheiten stellen und auch Antworten darauf geben (vgl. Schoene 1980). Das gilt für Schamanismus, Vodoo und Geistheilung, aber auch für Akupunktur und Kräuterheilkunde.

Die Verwissenschaftlichung des Arztberufs ist in der westlichen neuzeitlichen Kultur *notwendig* einhergegangen mit kognitiver Distanzierung von konkreten Mitmenschen. Der moderne Arzt hat es – bei aller selbstverständlichen Freundlichkeit des Umganges mit dem Patienten –, soweit er eben naturwissenschaftlich orientierter Arzt ist, typischerweise *nicht* mit wirklichen Menschen zu tun, sondern mit einem Menschenmodell. Insofern treibt er auch keine Krankheiten mehr „aus", sondern spürt sie auf, teilt sie mit und verordnet ein Mittel, an das sich dann der Patient halten kann oder nicht. Nun ist diese Art der medizinischen Behandlung – objektiv betrachtet – zwar hochkompatibel mit dem Sinn- und Stilpluralismus einer offenen und freien Gesellschaft, aber das Bedürfnis des Patienten nach Entlastung und Entschuldigung, nach religiöser Erklärung, nach Sinndeutung der Krankheit, schlicht: das Verlangen nach Autorität und entsprechender Verantwortungsübernahme durch den Heiler, wird dabei evidentermaßen nicht gestillt. Pointiert ausgedrückt: Gerade, *weil* der Arzt nach szientistischen Kriterien kompetenter, gerade *weil* er pragmatisch distanzierter wird, gerade *deshalb* zweifelt der Patient, der Klient zunehmend auch und gerade *diese* Kompetenz an, fühlt sich unverstanden, unerkannt, schlecht „behandelt" – im doppelten Wortsinne: als Person und als Rollenträger. Der Arztberuf wird gewissermaßen „reeller" und produziert gerade dadurch eine Bedarfs- und Bedürfnislücke, in die nun die alternativen Medizinen, die Heilkundigen, Neoschamanen und Gesundbeter – aber auch die Selbsthilfegruppen – nachstoßen: in die Bedarfslücke von „Helfen und Heilen" im ganzheitlichen religiösen Sinne.

Die Akzeptanz der Selbsthilfegruppen im Gesundheitsbereich durch die große Politik, das Werben für diese durch prominente Sozialsenatoren, das unterdessen ganz selbstverständliche Funktionieren von Tausenden solcher Gruppen weist im übrigen darauf hin, daß sich die Schulmedizin zumindest mit therapeutischen Laiengruppen arbeitsteilig (und vorläufig?) eingerichtet hat. Die Professionellen nehmen eine Überweisung ihrer Problemfälle in die Selbsthilfegruppen vor, die Selbsthilfegruppen werden zu einer Art Ausfallbürge einer diagnostischen Profikultur. Der Aufbau solidarischer Handlungsfelder, jenseits von Markt und Staat, wie es so schön heißt, entlastet das professionelle Gesundheitswesen (vgl. Gross 1982). Insbesondere die „warme" Atmosphäre der Selbsthilfegruppe als helfend-heilende Instanz scheint ja auch das „unsichtbar" religiöse Bedürfnis des modernen Lebensbastlers nach *sicheren*, kleinen, überschaubaren Heimatwelten besonders adäquat zu befriedigen (vgl. Luckmann u. Berger 1964; Hitzler 1985a) – zumindest vorläufig (nämlich bis sich unweigerlich auch deren kosmologische Unzulänglichkeit erweisen wird).

Alles was in die vom Arzt hinterlassene Sinnlücke springt, ist grosso modo gekennzeichnet durch eine (im *naturwissenschaftlichen* Sinne) frappante diagnostische Unzulänglichkeit, um nicht zu sagen: durch eine horrende Inkompetenz, die sich beeindruckend ideologisch zu verschleiern versteht. Die Frage ist nur: Ist diese „Helferschaft" therapeutisch so erfolgreich, *obwohl* oder gerade *weil* sie diagnostisch dilettiert? Wird der Mediziner zum organischen Notdienstler, *obwohl* oder *weil* er sein Geschäft „reell" zu betreiben versucht? Des *Doktors Dilemma heute* also: Indem er die diagnostische Kompetenz ständig erweitert und immer stärker eine rein szientistische Einstellung annimmt, verliert er seine therapeutiscshe Kompetenz (die eben nicht aus objektivem Tatsachenwissen resultiert, sondern aus sozialer Approbation), weil die therapeutische Funktion der Scharlatanerie vernachlässigt wird, weil die Profession zwar Notdienstleistungen anbietet, aber eben immer weniger – man gestatte den Ausdruck – „Kuhstallwärme".

Vergessene Fundamente

Heilen ist essentiell ein Bündel heterogener prosozialer Aufgaben. Medizin ist vor allem Heil*kunst* und nur unter anderem auch Wissenschaft. Der abendländische Rationalismus korrespondiert als diffuse Gesamtentwicklung mit der Entwicklung der Medizin von einer Sozialkunst zu einer Naturwissenschaft. Diese Entwicklung kulminiert (vorläufig?) im offenkundigen Auseinanderklaffen von diagnostischer und therapeutischer Kompetenz bei der heutigen medizinischen Profession. Die Definition von „Kompetenz" (dieser wie jener Ausprägung) meint *nicht* eine Bewertung von Kompetenz aufgrund (wie auch immer gearteter) „objektiv" wissenschaftlicher Kriterien. Kompetenz ist hier vielmehr gemeint im Sinne von „intersubjektiv erfolgreich gelingend". Bewertet werden soll also nicht etwa die Kompetenz der (medizinischen) Profession in bezug auf ihre *eigenen* Kompetenzkriterien, sondern bezogen auf die sozialwissenschaftlich konstatierbaren (nicht etwa die von Sozialwissenschaftlern konstruierten) Kompetenzkriterien, und d. h. bezogen auf die Kompetenz*zuschreibungen* durch die faktische und potentielle Klientele selber, also sozusagen aufgrund der Rekonstruktion der „typischen" Alltagsperspektive.

In diesem Sinne verfügt die medizinische Profession heute über ein relatives Optimum an objektivierenden Techniken zur Diagnose von Krankheiten. Sie verfügt überdies über relativ detaillierte *„naturwissenschaftliche"* Thesen über den Ursache-Wirkungs-Zusammenhang psychischer, organischer und somatischer Phänomene. Schließlich verfügt sie über relativ trivial-szientistische Erklärungsmuster zum Ursachen-Wirkungs-Zusammenhang menschlicher Gesellschaftlichkeit, Geschichtlichkeit und Körperlichkeit. Vereinfacht ausgedrückt: Die medizinische Profession steht, nicht erst heute, aber heute *unübersehbar*, in dem Dilemma, die Sozialkunst des Heilens im kosmologischen Bezugsrahmen des galileisch-kopernikanisch-newtonschen Paradigmas (Luckmann 1980a) auszuüben. Die hieraus zwangsläufig resultierende „Krise", nämlich diagnostisch in einem *naturwissenschaftlichen* Verständnis immer perfekter und damit allen alltäglichen Erfahrungen immer entfernter (und vom Nichtmediziner unnachvollziehbarer) zu werden und *zugleich* den offensichtlich eben *nicht* auf szientistische Kausalerklärungen reduzierbaren therapeutischen Bedürfnissen ihrer Klientele immer weniger entsprechen zu können, läßt sich auch als Abkoppelung des medizinischen Wissens- und Handlungssystems von der Lebenswelt des Menschen (im Sinne Husserls, 1954) verstehen. Die neuerdings zu beobachtende „Krisenreaktion", daß Mediziner nunmehr (wieder) dazu übergehen, ihre – im szientistischen Sinne – virtuose Diagnostik therapeutisch damit zu koppeln, daß sie ihre gleißende technische Ausstattung ins Schummerlicht ganzheitlicher Vorstellungen tauchen, daß sie ihre Klientele an vernachlässigte und zum Teil vergessene „Rezepte" des Alltagswissens über eine sinnvolle, normale, gesunde Lebensführung erinnern, korrespondiert zwar mit der aktuellen ideologischen „Wende" zurück zum Mythos quasinatürlichen „Helfens", insbesondere der „Selbst"hilfe in Betroffenheitsgruppen und -gruppierungen, verfehlt aber in der jetzigen Form einen wesentlichen Gesichtspunkt der Heilkunst (vgl. dazu Wuttke-Groneberg 1983).

Heilkunst ist eine Sozialkunst. Das heißt, daß „Heilen" zumindest *auch*, vielleicht sogar *vor allem* eine religiöse Angelegenheit ist. Und „religiös" ist eine Angelegenheit dann, darauf hat schon Durkheim (1981, ursprünglich 1912) aufmerksam gemacht und dies hat Luckmann (z. B. 1967 und 1985) auch für die neuere Religionssoziologie wieder in Geltung gesetzt, wenn sie dazu beiträgt, das Einzeldasein in ein transzendierendes Sinngefüge einzubeziehen und einzubinden. Diese Ansiedelung individueller Erfahrungen in übergreifenden symbolischen Sinnsystemen ist eine prinzipiell prekäre gesellschaftliche Konstruktion, zu deren Stabilisierung es einschlägiger Experten bedarf (vgl. Berger u. Luckmann 1969). Diese Experten sind deshalb im allgemeinsten Verstande eben Sozialkünstler, Virtuosen der Sinnstiftung und v. a. der Sinnvermittlung. Und die Kunst des „Heilens" ist essentiell (d. h. ihrer existenziellen Funktion nach, die sie für das menschliche Dasein schlechthin hat) die Kunst, Irritationen und Deprivationen der sozialen Sicherheit und Selbstverständlichkeit, wie Anomie und Maladie, aufzufangen, auszubalancieren und zu entwirklichen.

Katastrophen im Leben des einzelnen wie in dem der Gesellschaft (nicht nur „große", sondern auch „kleine") erschüttern die alltäglichen Vertrautheiten und Gewißheiten. Sie verweisen auf alltagstranszendente Wirklichkeiten (Schütz u. Luckmann 1984), nicht etwa nur im Rahmen von so gern als „naiv" angesehenen vormodernen Weltbildern, sondern auch im Rahmen moderner Wirklichkeitsauffassungen. Vom Alltagsverständnis aus betrachtet (also *nicht* im Kontext szientistischer Sonderwissenssysteme, über die der moderne Normalmensch zweifellos *nicht* verfügt), verweist der Rekurs z. B. auf Viren, Bakterien und Mikroben zur Erklärung einer Maladie nicht weniger auf „mysteriöses", jenseitiges Wissen als der Rekurs z. B. auf den bösen Blick oder auf ein göttliches Strafgericht. Die Einsicht, daß dem so ist und daß sich dies auch nicht mit aufklärerischen Entzauberungsprogrammen beseitigen läßt (weil diese Entzauberung in der tatsächlichen Erfahrung des Alltagsmenschen nur die Aufforderung zum Glauben an den einen durch den anderen Zauber ersetzt), läßt sich im Rahmen des galileisch-kopernikanisch-newtonschen Paradigmas *nicht* gewinnen. Sie bedarf unumgänglich der Reflexion auf die vorwissenschaftliche Gegebenheit der Welt für das menschliche Bewußtsein, eben auf die alltägliche Lebenswelt. In diesem Sinne einer interpretativen Grundlegung (und nicht im Sinne eines normativ-szientistischen Imperialismus) muß sich die Medizin, will sie ihre therapeutische „Krise" überwinden, entweder in Richtung einer Sozialwissenschaft entwickeln oder alle pastoralen Funktionen abweisen und sich auf die „Knochenschlosserei" beschränken. Sie muß die sinnstiftende, also im Grunde die religiöse Bedeutung des „Zaubers" wiederentdecken oder ihren Anspruch zu „heilen" auf rein handwerklich-technische Reparaturdienstleistungen reduzieren und damit die ursprüngliche Domäne der hippokratischen Kunst zum größeren und existenziell entscheidenden Teil der massiv herandrängenden Konkurrenz neuer bzw. wiederbelebter Heilkünste überlassen.

Unter den gegebenen Umständen einer ungebremsten Kostenentwicklung im (bundesrepublikanischen) Gesundheitswesen, einer haltlosen und verantwortungsethisch problematischen Dehnung des Krankheitsbegriffs und der parallelen „androiden" Verengung der Vorstellung von Gesundheit und den daraus resultierenden Grenzüberschreitungen zwischen Eigen- und Fremdverantwortung und zwischen Krankheit und kriminellem Verhalten wäre eine Beschränkung auf die handwerklich-reelle Seite der medizinischen Tätigkeit möglicherweise wünschenswerter als die ganzheitliche Verzauberung oder Verbrämung einer naturwissenschaftlich-somatisch orientierten Medizin. Die Beschränkung auf handwerklich-technische Reparatur würde keinesfalls die ganzheitliche Wende überflüssig machen, diese hilft vielmehr die Grenzen einer erfahrungs- und naturwissenschaftlich orientierten Medizin sichtbar zu machen. Sie fördert auch die Besinnung darauf, daß die „Anfänge der Medizin" nicht nur von beiläufigem historischen, sondern im Sinne einer Rückführung auf die Lebenswelt vor allem von *systematischem* Interesse sein dürften (vgl. Sigerist 1963). Dieses systematische Interesse richtet sich darauf, unter selbstkritischer Bewahrung der akkumulierten naturwissenschaftlichen Erkenntnisse die medizinische Kultur nicht mehr nur als Technik, sondern als Leiden und Leid minderndes, begleitendes und manchmal auch beseitigendes *soziales Handeln*, als komplexer Zusammenhang von diagnostischen und therapeutischen, von helfenden und heilenden Vorkehrungen zu verstehen, deren arbeitsteilige Ausformung ein historisch variables und von den Heilern und ihren Patienten gleichermaßen mitzuformendes Produkt darstellen.

Literatur

Achinger H (1958) Sozialpolitik als Gesellschaftspolitik. Rowohlt, Hamburg

Badura B, Gross P (1976) Sozialpolitische Perspektiven. Piper, München

Badura B, Ferber C. v. (Hrsg) (1981) Selbsthilfe und Selbstorganisation im Gesundheitswesen. Oldenbourg, München

Bell D (1975) Die nachindustrielle Gesellschaft. Campus, Frankfurt am Main New York

Berger P, Luckmann T (1969) Die gesellschaftliche Konstruktion der Wirklichkeit. Fischer, Frankfurt am Main

Cleis A (1985) Symbion – die Herzfabrik in Salt Lake City. Ein Markt für elektronische Körperteile. In: Neue Zürcher Zeitung, 29. Mai 1985, S 37 (Fernausgabe)

Deck K (1982) Lücken im Therapiearsenal. Medikament Meinung 11:9f

Durkheim E (1981) Die elementaren Formen des religiösen Lebens. Suhrkamp, Frankfurt am Main

Durkheim E, Mauss M (1987) Über einige Formen von Klassifikation. In: Durkheim E (Hrsg) Schriften zur Soziologie der Erkenntnis. Suhrkamp, Frankfurt am Main, S 169–256

Egan G (1979) Der fähige Helfer. Laetare, Gelnhausen

Eliade M (1975) Schamanismus und archaische Ekstasetechnik. Suhrkamp, Frankfurt am Main

Fourastié J (1969) Die große Hoffnung des zwanzigsten Jahrhunderts. Deutz, Köln

Gartner A, Riessman F (1978) Der aktive Konsument in der Dienstleistungsgesellschaft. Zur politischen Ökonomie des tertiären Sektors. Suhrkamp, Frankfurt am Main

Gorz A (1984) Wege ins Paradies. Wagenbach, Berlin

Greiser E (1981) Epidemiologische Grundbegriffe und Methoden. In: Viefhues H (Hrsg) Lehrbuch der Sozialmedizin. Kohlhammer, Stuttgart Berlin Köln Mainz, S 9–42

Gross P (1982) Der Wohlfahrtsstaat und die Bedeutung der Selbsthilfebewegung. Soziale Welt 1:26–49

Gross P (1983) Die Verheißungen der Dienstleistungsgesellschaft. Soziale Befreiung oder Sozialherrschaft? Westdeutscher Verlag, Opaden

Gross P (1984) Transformationen des Helfens unter den Bedingungen moderner Sozialstaatlichkeit. In: Brennpunkte Sozialer Arbeit 1:31–46

Gross P (1985a) Das Überangebot an professionellen Dienstleistungen aus sozialökonomischer Sicht. In: Herder-Dorneich P, Schuller A (Hrsg) Die Ärzteschwemme. Nomos, Baden-Baden, S 101–115

Gross P (1985b) Liebe, Mühe, Arbeit. Abschied von den Professionen. Soziale Welt 1:60–83

Gross P (1985c) Vergebliche Liebesmüh. Professionalisierung, Entprofessionalisierung und die Grenzen der Erwerbsgesellschaft. In: Bellebaum A et al. (Hrsg) Helfen und Helfende Berufe als soziale Kontrolle. Westdeutscher Verlag, Opladen, S 265–292

Grossinger R (1982) Wege des Heilens. Vom Schamanismus der Steinzeit zur heutigen alternativen Medizin. Goldmann, München

Gurjewitsch A (1980) Das Weltbild des mittelalterlichen Menschen. Beck, München

Halifax J (1980) Shamanic Voices. Penguin, Harmondsworth

Herder-Dorneich P (1985) Die Ärzteschwemme als Steuerungsproblem. In: Herder-Dorneich P, Schuller A (Hrsg) Die Ärzteschwemme. Nomos, Baden-Baden, S 13–25

Hitzler R (1982) Der „begeisterte" Körper. Zur persönlichen Identität von Schamanen. In: Gehlen R, Wolf B (Hrsg) Unter dem Pflaster liegt der Strand, Bd 11. Kramer, Berlin, S 53–62

Hitzler R (1985a) Und Adam versteckte sich. Soz Welt: 4:14–32

Hitzler R (1985b) Lebensstile und Freizeiträume. Köln (Vortrag beim 6. Kontaktseminar des „Osnabrücker Praktikums")

Hochstetter K (1973) Einführung in die Homöopathie. Sonntag, Regensburg

Honer A (1987) Helfer im Betrieb. In: Lipp W (Hrsg) Kulturtypen, Kulturcharaktere. Reimer, Berlin, S 45–60

Husserl E (1954) Die Krisis der europäischen Wissenschaften und die Transzendentale Phänomenologie. Nijhoff, Den Haag

Kreitler H, Kreitler S (1980) Psychologie der Kunst. Kohlhammer, Stuttgart

Lippross O (1971) Medizin und Heilerfolg. Logik und Magie in der Medizin. Fischer, Frankfurt am Main

Löbsack T (1980) Magische Medizin – Methoden und Erfolge der Wunderheiler. Kindler, München

Luckmann T (1967) The Invisible Religion. MacMillan, New York London

Luckmann T (1972) Zwänge und Freiheiten im Wandel der Gesellschaftsstruktur. In: Gadamer HG, Vogeler P (Hrsg) Neue Anthropologie, Bd 3. DTV, Stuttgart München

Luckmann T (1980a) Philosophie, Sozialwissenschaft und Alltagsleben. In: Luckmann T (Hrsg) Lebenswelt und Gesellschaft. Schöningh, Paderborn, S 9–56

Luckmann T (1980b) Persönliche Identität als evolutionäres und historisches Problem. In: Luckmann T (Hrsg) Lebenswelt und Gesellschaft. Schöningh, Paderborn, S 123–142

Luckmann T (1985) Über die Funktion der Religion. In: Koslowski P (Hrsg) Die religiöse Dimension der Gesellschaft. Mohr, Tübingen, S 26–41

Luckmann T, Berger P (1964) Social Mobility and Personal Identity. Eur J Socio (vol V) 2:331–344

Luhmann N (1983) Anspruchsinflation im Krankheitssystem. Eine Stellungnahme aus gesellschaftstheoretischer Sicht. In: Herder-Dorneich P, Schuller A (Hrsg) Die Anspruchsspirale. Kohlhammer, Stuttgart Berlin Köln Mainz, S 28–50

Lutz R (1984) Die sanfte Wende. Aufbruch ins ökologische Zeitalter. Kösel, München

Mauss M (1974) Entwurf einer allgemeinen Theorie der Magie. In: Mauss M (Hrsg) Soziologie und Anthropologie, Bd I. Hanser, München, S 43–170

Mertens F (1984) Ich wollte lieben und lernte hassen. Diogenes, Zürich

Noll P (1984) Diktate über Sterben und Tod. Pendo, Zürich

Opaschowski HW (1983) Arbeit, Freizeit, Lebenssinn? Westdeutscher Verlag, Opladen

Parsons T (1968) Einige theoretische Betrachtungen zum Bereich der Medizinsoziologie. In: Parsons T (Hrsg) Sozialstruktur und Persönlichkeit. Europäische Verlagsanstalt, Frankfurt am Main

Pertersohn L, Petersohn H (1981) Für eine andere Medizin. Fischer, Frankfurt am Main

Raknes I (1973) Wilhelm Reich und die Orgonomie. Fischer, Frankfurt am Main

Röpke W (1942) Die Gesellschaftskrisis der Gegenwart. Eugen Reutsch, Erlenbach-Zürich

Schadewaldt H (1968) Der Medizinmann bei den Naturvölkern. Fink, Stuttgart

Schipperges H (1970) Moderne Medizin im Spiegel der Geschichte. Econ, Stuttgart

Schoene W (1980) Alternative Medizinen und die Medizin. Zum Kontrast ihrer sozialen Funktionsweisen. Medizin, Mensch, Gesellschaft 4:226–233

Schütz A, Luckmann T (1984) Strukturen der Lebenswelt, Bd 2. Suhrkamp, Frankfurt am Main

Shaw B (1919) Der Arzt am Scheideweg. Vorrede. In: Shaw B, Komödien des Glaubens, Werke Bd 5. Fischer, Berlin, S 193–299

Sigerist HE (1963) Anfänge der Medizin. Europa, Zürich

Snow CP (1969) Die zwei Kulturen. In: Kreuzer H (Hrsg) Literarische und naturwissenschaftliche Intelligenz. Dialog über „zwei Kulturen". Klett, Stuttgart, S 11–26

Thomas K (1973) Religion and the decline of magic. Penguin, Harmondsworth

Weber M (^{5}1972) Wirtschaft und Gesellschaft. Mohr, Tübingen

Wolff S (1981) Grenzen der helfenden Beziehung. In: Kardoff E von, Koenen E (Hrsg) Psyche in schlechter Gesellschaft. Urban & Schwarzenberg, München

Wuttke-Groneberg W (1983) Nationalsozialistische Medizin. Volks- und Nturheilkunde auf „neuen Wegen". Argument (Sonderband AS 77: Alternative Medizin, S 27–51)

Anthropologie der Beziehung Arzt–Kranker

F. Hartmann

Als Viktor v. Weizsäcker die „Einführung des Subjektes" in die Medizin als Kernpunkt einer anthropologischen Medizin forderte, hatte er – nach seinen biographischen Zeugnissen zu schließen – eine Reform oder zumindest Selbstbesinnung der inneren Medizin im Sinn. Ihr blieb er verbunden; ihr galt seine Sorge; die Erfahrungen in ihr und mit ihr leiteten sein Denken. Der Grund ist nicht nur in der Lebens- und Berufsgeschichte v. Weizsäckers zu suchen; er findet sich in der Sache selbst: in dem stationären und mehr noch dem ambulanten Krankengut medizinischer Kliniken und Polikliniken. Es ist nicht zufällig, daß es v. a. Polikliniker waren, die sich der psychosomatisch denkenden inneren Medizin zuwandten: Jores in Hamburg, Seitz in München, Oehme in Heidelberg, v. Uexküll in Gießen. Mir selbst widerfuhr das als Leiter der Medizinischen Poliklinik in Marburg (1957–1965), die mich praktisch vor jene Aufgaben stellte, für die mich v. Weizsäcker als Student in Breslau und später v. a. durch seine veröffentlichten Falldarstellungen aufgeschlossen hatte.

Eine in sich geschlossene Lehre aufgrund eines Systems hat v. Weizsäcker nicht hinterlassen, wohl aber – als einer, der öffnend und ins Offene dachte, – die Aufforderung weiterzudenken. Der Appell richtet sich überwiegend an die innere Medizin. Ich will nur 2 Richtungen des Weiterdenkens nennen. Die innere Medizin hatte es immer schon nicht nur mit rein somatischen Krankheiten zu tun, sondern auch mit psychosomatischen Leidensverläufen und somatopsychischen Folgeerscheinungen, Überlagerungen, pathoplastischen Gestaltungseinflüssen. Sie sieht sich zunehmend chronischem Kranksein gegenüber. Das gilt nicht nur für das Krankengut der internistischen Praxen und für die medizinischen Polikliniken. Es ist auch richtig für die klinisch Kranken: die meisten Pneumonien sind Komplikationen chronischer Bronchitiden, die Herzinfarkte der Arteriosklerose; auch ein von einer bösartigen Krankheit nach statistischen Merkmalen Geheilter bleibt ein nur bedingt Gesunder. Die meisten der von uns zu behandelnden – besser zu betreuenden – Kranken in der Gastroenterohepatologie oder der Nephrologie sind chronisch krank. Ich selbst habe es in meinem rheumatologischen Arbeitsfeld fast nur mit chronisch Kranken zu tun. All dies hat Rückwirkungen auf die Aufgabenstellung des Internisten und auf sein Selbstverständnis; er ist zum Helfer und Betreuer geworden; sein Leitbild kann nicht länger ausschließlich oder überwiegend das des Heilers und Behandlers sein.

An einer chronischen Krankheit zu leiden, heißt dauerndes Kranksein als neue Daseinsform, andauernde Bindung an einen Arzt und Angewiesensein auf die Hilfen anderer mit der ständigen Sorge, abhängig zu werden.

Wagner (Hrsg.), Medizin – Momente der Veränderung
© Springer-Verlag Berlin Heidelberg 1989

Rollenmerkmale = Erwartungen an:

Arzt	*Patient*
Sachbezogenes Handeln (Affektive Neutralität)	Wille, gesund zu werden und zu bleiben Selbsthilfe
Uneigennützigkeit (Kollektivitätsorientierung)	Annahme von Hilfe und Entlastung Aufsuchen eines Arztes
Bedingungslose Hilfeleistung	Einsichtiges Befolgungsverhalten (Compliance)
Eindeutige Verpflichtung an den Kranken (Einsame Zweisamkeit)	Zusammenarbeit mit den Helfern
Verschwiegenheit	Offenheit
Auskunftsbereitschaft	Einsichtige Zustimmung ("informed consent")

Ich möchte es zu einer moralischen Forderung erheben, daß alle Beteiligten beständig den Versuch unternehmen, chronisch Kranken wenigstens vorübergehend das Gefühl und den Status von bedingt Gesunden zu geben. Diese Lage öffnet uns den Blick für eine Situation des Arztes, die ihn zum Teilhaber chronischen Krankseins macht, gewissermaßen zum chronischen Arzt. Damit erweitert sich die Einführung des Subjekts zur Wahrnehmung der Subjekte in den Beziehungen zwischen Kranken und Ärzten. In v. Weizsäckers (v. Weizsäcker 1951) medizinischer Anthropologie bleibt der Arzt immer noch der sog. objektive Beobachter eines *Gegenstandes* auch wenn dieser nicht mehr eine Krankheit, sondern ein Kranker, eine Person, ein Kranksein als Lebensform ist. Der Schritt zu einer ärztlichen Anthropologie ist die Wahrnehmung, Untersuchung und praktische Berücksichtigung des Subjekts Arzt. Er wird vom objektiven Beobachter zum objektivierenden Subjekt in einer immer nur sich annähernden und entfernenden Bewegung der Erkenntnisgewinnung. Der Anlaß dieses Erkenntnisvorgangs, der Kranke, wird einmal mehr *Gegenstand*, dann wieder *Gegenüber*, außer dem Augenblick der ersten Begegnung, aber nie mehr ganz das eine oder das andere. Alles andere wäre ein extremer Reduktionismus, eine Zurechtstellung mit unverantwortlichen Verzichten und entsprechend unbefriedigenden Ergebnissen.

In einer ärztlichen Anthropologie ist als erstes die Frage nach den Bedingungen der Möglichkeit ärztlicher Erkenntnis zu beantworten. Erkenntnis wird hier als die Summe und deren Emergenz all dessen gebraucht, was Menschen voneinander erfahren und erleben, begreifen und verstehen können, das Was und das Wer und das Wie. Ihrer sind grundsätzlich aller Menschen fähig. Der Arzt übt sich nur mehr in Aufmerksamkeit und Reflexion über die Leistung der Sympathiegefühle. Er soll aus einem ungegliederten Mitleid genauere und entfaltetere Gefühle von Mitleidenschaft entwickeln und überdenken können (Abb. 1). Max Scheler (1922) hat sich mit diesen Möglichkeiten eingehend auseinandergesetzt. Für diesen Unterschied zur Sympathie hat man den Begriff Empathie gewählt. Die Anlage zur Wahrnehmung des Leidens anderer ist allen Menschen mitgegeben. Ich bezeichne Niedergeschlagenheit, Scham, Schmerz, Angst und das Wissen um Sterblichkeit als anthropologische Radikale. Nur aufgrund dieser Gemeinsamkeiten menschlicher Elementargefühle ist Gegenseitigkeit des Wahrnehmens und Miterlebens, von Erkenntnis und Verhalten, Ausdruck und Eindruck möglich. Im Bild eines technischen Vergleichs könnte man die Gegenseitigkeit von Sympathiegefühlen mit Resonanzerscheinungen vergleichen. Empathie wären dann

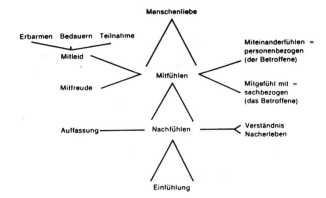

Abb. 1. Reaktion des Arztes auf verschiedenen Stufen der Sympathie. (Nach Scheler 1922)

programmgesteuerte Verstärker- und Filtervorgänge. Gegen die Ansprüche und Versprechen von Ganzheitsmedizinen, mit denen anthropologische Ansätze sich nicht gemein machen können, ist aber auch auf die Grenzen mitmenschlichen Übereinstimmungsvermögens hinzuweisen. Auch die allen Menschen gemeinsamen Merkmale des Menschseins zeigen eine genetisch bedingte Vielfalt und Stilbildung des Phänotypus (Abb. 2). Das gilt auch für die Ausdrucksgestalten des Leidens. Nicht zu übersehen und nicht einzuebnen sind die Unterschiede von Alter, Geschlecht, Sprache und Kultur, Erziehung und Bildung, sozialer Herkunft und Lage, schließlich auch nicht der Sachverhalt, daß sich ein Kranker und ein Gesunder begegnen.

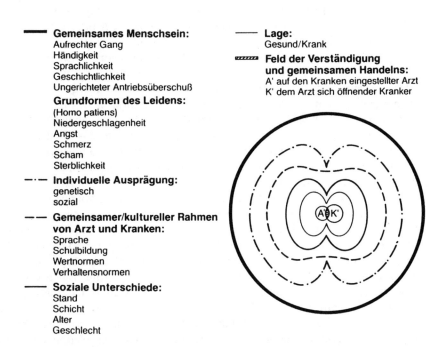

Abb. 2. Bedingungen der Möglichkeit diagnostischer und therapeutischer Beziehungen

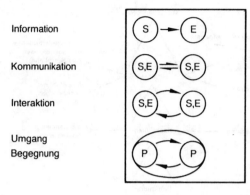

Information

Kommunikation

Interaktion

Umgang
Begegnung

S = Sender; E = Empfänger   **Abb. 3.** Formen der Verständigung.
P = Person   *S* Sender, *E* Empfänger, *P* Person

Die 2. Frage ist: Welches Modell beschreibt am besten die erkenntnisbildenden Vorgänge zwischen Kranken und Ärzten? Statt von einem Modell zu sprechen, erweist es sich als angemessener und zweckmäßiger die Formen von Mitteilung als mehr oder weniger komplexe Systeme zu verstehen, deren Grad von Komplexität in der Kranker-Arzt-Beziehung wechseln kann. Sicher gibt es die einseitige Nachrichtenübertragung von Sender zu Empfänger (Abb. 3): zu Beginn des ärztlichen Gesprächs vom Kranken zum Arzt, bei der erläuternden Mitteilung des diagnostischen oder therapeutischen Plans oder Ergebnisses vom Arzt zum Kranken. Auch bei vom Arzt vorgegebenen Fragen, die nur mit ja oder nein, mehr oder weniger, so oder so beantwortet werden, ist der Informationsfluß vom Kranken zum Arzt. Die Inhalte der Information sind vom 1. Satz – und in diesem sogar am meisten – sehr komplex und verschiedenartig. Die Botschaften des 1. Satzes sollten besonders aufmerksam gehört, ernstgenommen und durchdacht werden. Ich schreibe ihn in der Regel wörtlich nieder.

Je länger ein Gespräch und eine Kranker-Arzt-Beziehung dauert, um so mehr wird es kommunikativ mit Austausch gegenseitiger Informationen. Das gilt auch für die Interaktion, die durch ihr Spiel von Ausdruck-Eindruck-Ausdruck in Mimik, Gestik und Haltung, in Sprachfluß und Pausenverhalten gekennzeichnet ist. In der diagnostischen und therapeutischen Technik wird sie zu regelrechter Zusammenarbeit z. B. bei Belastungsprüfungen. Aber auch die Vorgänge von Übertragung und Gegenübertragung, Kundgabe von Gefühlsströmen gehören hierher. Schwieriger zu beschreiben ist die Form des erkenntnisträchtigen und gesundungswirksamen Miteinanderseins, das v. Weizsäcker den *Umgang*, Buber *Begegnung* genannt hat. Beide, Kranker und Arzt, erfahren, erleben, verhalten sich, handeln in einem gemeinsamen Rahmen: die Gegenseitigkeit des Leidens, Leid und Mitleid, Not und Hilfe, Homo patiens – Homo comapatiens; die Solidarität des Wissens um Endlichkeit, Sterblichkeit. Ich verkürzte diesen Rahmen einmal auf Kants transzendentales Subjekt und auf Jaspers Umgreifendes. Kant spricht von „von der Natur konstituierten Gebärdungen, durch welche sich Menschen aller Gattungen und Klimata einander auch ohne Abrede verstehen" (Kant 1907). Neuere vergleichende ethnologische Untersuchungen über das Verstehen mimischen Ausdrucks haben Kant bestätigt. Das geht über den Weltbildapparat von Konrad Lorenz, der diesen aus einem Ausbau der angeborenen Formen möglicher

Erfahrung, Raum und Zeit ableitet, hinaus auf einen Menschenbildapparat in einem personalen Sinn; er schließt die individuelle Leidensgestalt ein. Jaspers (1913) macht freilich auch die Grenzen deutlich: „Der Arzt ist weder Techniker noch Heiland, sondern Existenz für Existenz." Das deckt sich mit dem Bild des Umgangs, soweit 2 Subjekte miteinander umgehen. Jaspers fährt aber fort: „Ganz unmöglich aber ist es, mit allen seinen Kranken in existentielle Kommunikation zu treten." – Diese wäre überhaupt nur dann möglich und gegeben, wenn beide, Kranker und Arzt, sich in einer Grenzsituation befänden, nicht nur in Bedrohung körperlicher Integrität, sondern auch Krise von Identität, und daß diese Grenzlagen ihres Daseins die gleichen wären, zumindest vergleichbar und sich berührend. Durch den Schwung solcher Gedanken wird man leicht aus der tatsächlichen Lage der Kranker-Arzt-Beziehung herausgetragen. Im ärztlichen Alltag müssen wir das Pathos, mit dem v. Weizsäcker den „Gestaltkreis" eröffnet, abkühlen, das Gold der Sterntaler in kleine Münze umtauschen: „Um Leben zu erforschen, muß man sich am Leben beteiligen."

Bei Buber (1948) liest sich das noch poetischer und dramatischer:

> Die Ganzheit der Person und durch sie die Ganzheit des Menschen erkennen kann er [der philosophische Anthropologe], wenn er seine Subjektivität nicht draußen läßt und nicht unberührter Betrachter bleibt. Sondern er muß in den Akt der Selbstbesinnung in Wirklichkeit ganz eingehen, um der menschlichen Ganzheit inne werden zu können. Mit anderen Worten: er muß diesen Akt des Hineingehens in jene einzigartige Dimension als Lebensakt vollziehen, ohne vorbereitete philosophische Sicherung; er muß sich also alledem aussetzen, was einem widerfahren kann, wenn man wirklich lebt. Hier erkennt man nicht, wenn man am Strande bleibt und den schäumenden Wogen zusieht, man muß sich daran wagen, sich darein werfen, man muß schwimmen, wach und mit aller Kraft, und mag da sogar ein Augenblick kommen, wo man fast die Besinnung zu verlieren meint: so und nicht anders wird die philosophische Besinnung geboren. Solang man sich hat, sich als ein Objekt hat, erfährt man vom Menschen doch nur als von einem Ding unter anderen, die zu erfassende Ganzheit ist noch nicht da.

Wen begeisterten solche Gedanken nicht. Aber es ist gut, sich vor dem Blick auf den ärztlichen Alltag die Augen zu reiben und in der Vorbereitung auf das Arztsein alle die Sicherungen zu lernen und zu üben, die die Verbindungen zu notfalls rettenden Ufern gewährleisten. Man mag mit Buber glauben, es sei den Menschen möglich, sein und seines gesunden oder kranken Mitmenschen Ganzheit zu erfassen. Gerade dann aber gilt Jaspers Mahnung: „Eine Haltung der scheinbaren Unbetroffenheit braucht gerade der Arzt, der der ergriffenste ist." Inzwischen ist, wie wir allenthalben hören und lesen, Ergriffenheit zu Betroffensein verflacht. In solch seichtem Gewässer kommt niemand mehr um.

Medizinische und ärztliche Anthropologie liegen auf einer alltäglicheren Handlungsebene als religiöse und philosophische und auf einer reflexionsbedürftigeren als die einer zoologischen Anthropologie, deren Ergebnisse aus der Verhaltensforschung v. a. unterhalb dieser Ebene bleiben. Die Ebene, die Sjören Kierkegard mit der Bemerkung kennzeichnet: „Die Hilfe beginnt mit der Demütigung des Helfers", ist für den Arzt nicht erreichbar und erstrebbar, dennoch kommt sie vor und muß vom Arzt ertragen werden können.

Damit haben wir Gesichtspunkte gewonnen, um Antworten auf die 3. Frage zu finden: Welcher Art mitmenschlicher Beziehungsmöglichkeiten ist die von Kranken zu ihren Ärzten? Der Plural deutet bereits eine allgemeine Antwort an: es gibt nicht nur eine Beziehung im Kranker-Arzt-Verhältnis. Alle menschlichen Beziehungsformen kommen in ihr in unterschiedlichem Maß, in wechselnder Ordnung vor. Ihr Gefüge

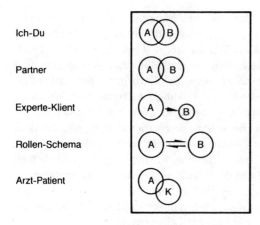

Ich-Du

Partner

Experte-Klient

Rollen-Schema

Arzt-Patient

Abb. 4. Modelle von Kranker-
Arzt-Beziehungen

hängt von den beteiligten Personen, vom Stadium ihrer Beziehungen zueinander, von den Gründen ihrer Begegnung sowie von den erkenntnis- und handlungsleitenden Zielen ab. Auch im Verhältnis eines Arztes und eines Kranken zueinander ist die Beziehung nicht immer die gleiche. Nicht nur bei chronischem Kranksein, bei diesem aber besonders ausgeprägt, erfahren und erleben Kranker und Arzt eine gemeinsame Geschichte ihrer Beziehungen, das Auf und Ab von Rückfall und Besserung, von Wirkung und Nebenwirkung, von Hoffnung und Enttäuschung, von Vertrauen und Mißtrauen, von Widerstand und Führung, von Protest und Resignation, von Selbstführung und Regression.

Der Diskurs über das Arzt-Patient-Verhältnis begann in unseren Tagen mit Freidsons *Dominanz der Experten* (Freidson 1975). Das Arzt-Patient-Verhältnis wurde auf den Vertrag eines Klienten mit einem Experten reduziert (Abb. 4). Es wurde damit vergleichbar dem Verhältnis eines Rechtsanwalts zu einem Klienten und eines Kaufmanns zu einem Kunden, eines Architekten zu einem Bauherrn. Das Modell hob besonders den Abstand von Sachkundigem und Laien hervor, aber des letzteren Angewiesenheit, Abhängigkeit, Ausgeliefertsein an den Fachmann. Diesem wurde dann unterstellt, er nutze sein Wissen und Können, seine Überlegenheit zu unangemessener Herrschaft. Psychologen und Telefonseelsorger haben den Begriff des Klienten übernommen. Die Ärzteschaft begehrte gegen diese Entmenschlichung des Kranker-Arzt-Verhältnisses auf und hielt ihm ein Ich-Du-Verhältnis entgegen, deutete die Beziehung als eine intime, vergleichbar mit Liebe, Freundschaft, Treue; dieses Selbstverständnis hatte mit dem Experten-Klient-Modell unbemerkt gemeinsam, daß die Dominanz des Arztes in ihm vorkam; es war das Vater- oder Mutter-Kind-Verhältnis, das aus dem Regressionsverhalten der meisten Kranken und der unbewußt wahrgenommenen Übertragung der Vater-/Mutterrolle abgeleitet wurde. Die Versuchungen, die in diesem Verständnis liegen sind bekannt: Unmündigkeit und Abhängigkeit des Patienten über das notwendige und hilfreiche Maß hinaus; die zeitliche Begrenztheit wird übersehen und die inhaltliche Einschränkung. Intimbeziehungen sind auf unbegrenzte Zeiten und Inhalte angelegt, Experten-Klient-Beziehungen auf kurze Zeiten und enge, genaue Inhalte. Der Grund des Unterschieds ist der, daß es bei der Gesundheit ums „Ganze" geht, wenigstens in dem Sinn, wie Schopenhauer es widersprüchlich gesagt hat: Gesundheit ist nicht alles; aber alles ist nichts ohne Gesundheit.

Intimbeziehungen sind auf Universalität angelegt; ihre Gefahr ist die totale gegenseitige Vereinnahmung. Hier liegt die Gefahr der Ganzheitsmedizinen. Ohne es zu bemerken, kopieren sie die Ich-Du-Beziehung oder überdehnen die Experten-Klient-Beziehung. Es liegt in der Natur der Sache, daß die Kranker-Arzt-Beziehung auf einer auch vom Kranken gewollten und bestimmten Unausgewogenheit beruht, dem Arzt also eine gewisse Führungsrolle zuerkannt wird. Von den Intimbeziehungen trennt das Verhältnis beider zueinander v. a. aber die zeitliche Begrenzung als Heilung, ist diese bei chronischen Krankheiten nicht möglich so bleibt der Auftrag des Arztes dennoch inhaltlich auf die Krankheit begrenzt.

Die gröbste aber eingängigste Vereinfachung der Kranker-Arzt-Beziehungen ist das Rollenmodell von Parsons (1951).

Ebenen des Paradigmawechsels akut → chronisch

1) Ebene des Sachverhalts krank:	akut → chronisch
2) Ebene des betroffenen Kranken:	Krankheit → Kranksein
	Sache → Person
	Angetan → hervorgebracht, gestaltet
	fremd → eigen
3) Ebene des ärztlichen Selbst-verständnisses:	Heiler → Helfer
4) Ebene der ärztlichen Aufgabe:	Eingriff → Anpassen
	Not-wenden → Not-Wender → Not-Helfer
5) Ebene von Haltungen und methodischen Zugängen:	Quantität → Qualität
	Messen/Berechnen → Werten
	Wiegen → Wägen
	Lebenserwartung in Jahren → lebenswert
	viele → einzelne
	Ausgliederung der Krankheit und des Kranken → umfassende Einordnung in um- und mitweltliche Bezüge

Dieses Modell eignet sich für eine soziologische Analyse von öffentlich zugewiesenen und beaufsichtigten Rollenverpflichtungen, die belohnt und bestraft, also gemeinschaftlich verhaltensgesteuert werden können. Dabei bleibt offen, ob das gekonnte Rollenspiel von der ernsten Rollenaneignung unterscheidbar ist, unterschieden wird oder ob überhaupt eine solche Unterscheidung beabsichtigt wird. Die Rollenträger bleiben als Personen unsichtbar; Identität kommt nicht vor, es sei denn als Störfaktor. Das Modell läßt die in ihm agierenden Personen unbefriedigt, ja unentdeckt, weil sie sich in ihrer Besonderheit nicht zur Geltung bringen können; es beschreibt die Oberfläche.

Große Anziehungskraft hat in einer Gegenbewegung zu einer dermaßen auf soziologische Merkmale verflachten Anthropologie das Vorbild der Partnerschaft gewonnen. Gemeint sind Gleichrangigkeit, Gleichwertigkeit, Gleichberechtigung der miteinander Handelnden und Umgehenden. Partnersein ist eine Leihgabe aus dem Berufs- und Geschäftsleben; Anwaltspraxen sind Partnerschaften; Geschäftspartner bringen nicht immmer gleich*artige,* wohl aber gleich*wertige,* vergleichbare Anteile ein; so hat z. B. der eine Kapital, Gebäude, Grundstücke, aber auch Geld, der andere dagegen Sachkunde (z. B. als Ingenieur), Tradition (z. B. den angesehenen Namen, alte Geschäftsbeziehungen), und der dritte wiederum hat eine Kundenkartei. Seit einigen Jahren wird der Begriff gebraucht für Lebensgemeinschaften, die vor oder außerhalb von Ehen als eheähnliche Beziehungen gegründet werden. Ihre Grundlage sind Intimbeziehungen vom Typus Liebe oder Freundschaft einerseits, Gleichberechtigung andererseits. Die Beziehung steht aber unter dem Vorbehalt jederzeitiger Kündigung und der Ausweitung oder Einengung der Inhalte von Gemeinsamkeit. Das gilt für beide Partner. In der Kranker-Arzt-Beziehung kann das nur für die Seite des Kranken anerkannt werden. Andererseits sucht dieser gerade die Hilfe eines Menschen, der mehr ist als ein Partner, eines der durch Sachkunde und Lagebeurteilung ihm überlegen ist, ihn zeitweise unterstützt, wenn nicht führt. Gerade Unausgewogenheit zwischen zwei Menschen ist Voraussetzung des Wirksamwerden ärztlicher Hilfe.

Die Folgerung aus diesen Überlegungen und Vergleichen ist: die Beziehung zwischen Kranken und Ärzten sind nicht einheitlich. Sie werden einseitig vom Kranken gestiftet und beendet. Sie sind Beziehungen besonderer Art. Sie enthalten Merkmale aller zwischen Menschen vorkommenden Arten von Beziehungen, gehen aber in keiner von diesen ganz auf. Selbst in der Beziehung eines Kranken und eines Arztes wechselt das Muster und Gefüge der Anteile möglicher Beziehungsformen. Es ist nicht zufällig, daß zur gleichen Zeit als Freidson und Parsons ihre Modelle vertraten, in den Vereinigten Staaten die Sichtweise des Vertrags zwischen Kranken und Arzt in den Vordergrund trat. Es wurde eine Vertragsethik propagiert, von der die Inhalte der Verträge ihre Allgemeinverbindlichkeit sollten ableiten können. Der archimedische Punkt ist das Selbstbestimmungsrecht des Kranken, verwirklicht im „informed consent". Inzwischen hat man gemerkt, daß die anthropologische Grundlage vernachlässigt wurde, das Vertrauen, das ein gegenseitiges ist. Maß und Verteilung von Verantwortung werden durch Umfang und Tiefe des Vertrauens begründet. So ist es zu erklären, daß derzeit nach einem angemessenen Verhältnis von Vertragsethik und Vertrauensethik gesucht wird. Ohne Einbeziehung von Gefühlen lassen sich die genannten Abhängigkeiten nicht nachempfinden. Wie sehr auch Intimität im Kranken-Arzt-Verhältnis beteiligt ist, läßt sich am Beispiel der Scham zeigen. Der Arzt gehört zu den wenigen Bezugspersonen, denen Menschen es erlauben, in Anamnestik, Diagnostik, Therapeutik und Prognostik an Schamgrenzen, die Schutzzone der Identität, zu rühren oder sie gar punktuell oder regional zu überschreiten. Man kann sich nicht oft und eindringlich genug klarmachen, welche wohlgehüteten Geheimnisse ein Kranker seinem Arzt zu offenbaren bereit ist und welche Schamgefühle geduldet werden bei Untersuchung oder im Krankenhaus bei Pflegebedürftigkeit oder wenn der Kranke das Krankenzimmer mit anderen teilen muß. Der Kranke erduldet all dies im Vertrauen nicht nur auf die Verschwiegenheit des Arztes, sondern auch darauf, daß er nicht unbedacht fragt, entblößt, untersucht, behandelt, ihn nicht Neugier oder – in der Klinik – Forscherdrang treibt. Im Gegensatz dazu leidet die Experten-Klient-Beziehung darunter, zu punktuell zu sein, um den Erwartungen von Kranken an die Ärzte zu genügen. Sie würde Krankheit und Kranksein aus einem Punkt erklären und verstehen wollen und nicht aus einem Horizont heraus, der notfalls umfassender ist, als der Kranke selbst es vermutet hat. Auf solche Horizonterweiterungen reagiert er oft abwehrend, erstaunt, befremdet, einsichtig, zustimmend, erleichtert, belehrt. Immer aber muß an diesem Punkt vor allem medizinischen Imperialismus gewarnt werden, der sich einer über den Erkenntnis- und Behandlungsauftrag hinausgehenden Ganzheit zu bemächtigen trachtet.

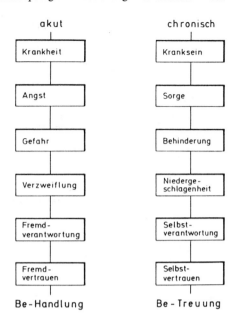

Abb. 5. Unterscheidende Merkmale
akuter Krankheit und
chronischen Krankseins

Lehrreich ist das Beispiel der Kranker-Arzt-Beziehungen im Chronisch-Kranksein; denn hier sind Wirklichkeit und Notwendigkeit einer anthropologischen Dynamik der Wechselbeziehungen sinnfällig. Bringt man die Unterschiede von akutem und chronischem Kranksein auf eine Art Formel (Abb. 5), so wird der anthropologische Gehalt der einzelnen Quotienten sofort erkennbar: z. B. Angst, Sorge Verzweiflung, Niedergeschlagenheit. Die Lehre für den Arzt daraus ist, den chronisch Kranken immer wieder Selbstvertrauen und Selbstverantwortung zurückzuübertragen zu versuchen (Abb. 6) Seine besondere Note bekommt das chronische Kranksein dadurch, daß der Kranke ein gelernter Kranker wird, ein Experte seiner Krankheit; das hat schon manchen jungen Arzt zu Beginn seiner Praxis in Verlegenheit gebracht, wenn er Kranken gegenübersaß, die ihre chronische Krankheit schon seit 20 und 30 Jahren kannten.

Wenden wir die Ergebnisse dieses Diskurses noch einmal ins Allgemeine, so lernen wir, daß in allen Formen möglicher Beziehungen zwischen Kranken und Ärzten immer nur Annäherungen, Vorläufigkeiten denkbar sind. Alle Begriffe, die wir zur Beschreibung der Vorgänge versuchen, drücken das aus: Assimilation, Akkommodation, Adaptation, Adäquation, Sichanähneln, Sichanbequemen, Sichanpassen, Sichgleichmachen verweist immer auf Richtung und Gegenrichtung: eine Person ähnelt sich eine andere oder einer anderen Person an. Immer muß beim Gebrauch dieser Begriffe die Frage „Wer wem?" gestellt werden. Das gilt auch für Beziehungen: Wer zieht wen, damit die Beziehung zustande kommt? Der Gezogene ist zugleich Ziehender. Auch Verhalten hat diesen Doppelsinn von beiderseitigem Verbergen und Zeigen, sich halten und den anderen halten, aber ein Verhältnis zugleich aufrechterhalten.

All diese Erörterungen laufen auf die soziale Figur von Gegenseitigkeit hinaus. Und diese ist mit dem Begriff Umgang angemessen beschrieben. Freilich hebt dieser Begriff die Asymmetrie zwischen Arzt und Krankem nicht auf. Wir wollen uns das an dem folgenden Schema vergegenwärtigen (Abb. 7): Ein bestimmter Kranker, der einen

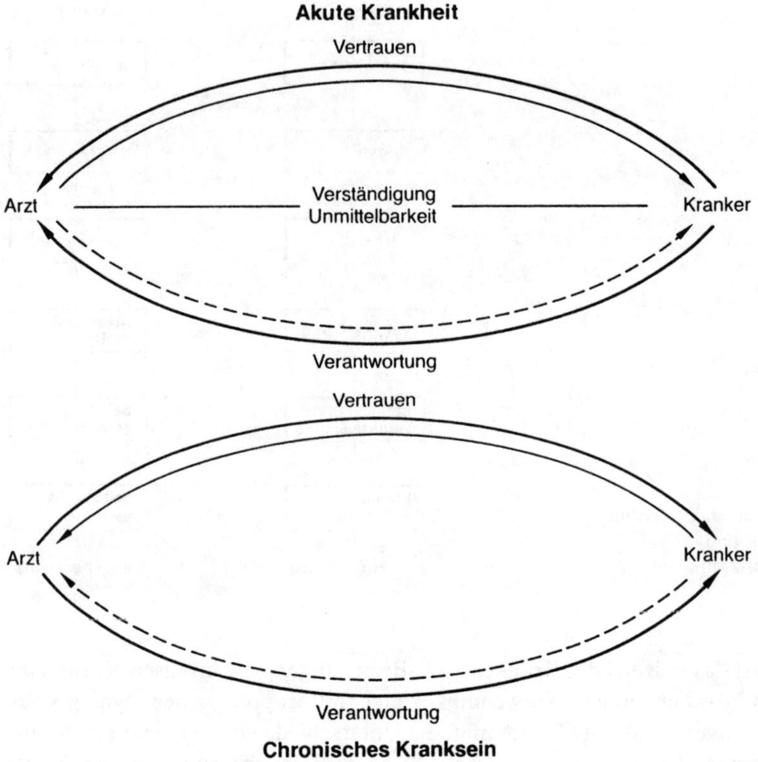

Akute Krankheit

Vertrauen

Arzt ——————— Verständigung
Unmittelbarkeit ——————— Kranker

Verantwortung

Vertrauen

Arzt   Kranker

Verantwortung

Chronisches Kranksein

Abb. 6. Akute Krankheit und chronisches Kranksein

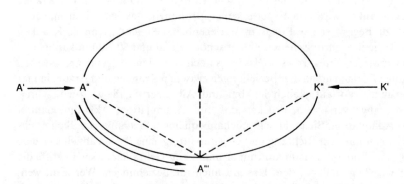

Abb. 7. Bewegung des Umgangs in der Arzt-Patient-Beziehung. *A'* Arzt, beruflich motiviert, in Erwartung von Kranken; *K'* Kranker, durch seinen Zustand motiviert, Hilfe zu suchen; *A''* Arzt, angeregt durch und ausgerichtet auf K/K, Identifikation – Verstehen; *K''* Kranker, auf Arzt eingestellt; *A'''* Arzt im Abstand zu seiner Lage im A-K-Verhältnis Distanzierung – Objektivierung – Beobachten – Erklären

bestimmten Arzt mit der Bitte um Rat und Hilfe aufsucht, tritt in eine soziale Beziehung ein, in der Arzt und ein Kranker füreinander aufgeschlossen, aufeinander eingestellt aktiviert sind (A″ und K″). Betrachten wir in dem sich aufbauenden Wechselverhältnis den Arzt, so wechselt dieser seine Sichtweisen zwischen Abstand und Nähe, Identifikation und Distanzierung. Als Gesunder und mit zwischenmenschlichen Vorgängen Vertrauter kann und soll er immer wieder jene Position am Rande des Geschehens einnehmen, die ihm einen kritischen Blick auf dieses und eine Reflexion darüber erlaubt.

Er kann die Möglichkeiten der Wahrnehmung seiner Fähigkeit zur exzentrischen Positionalität nutzen – ein Zentralbegriff der Anthropologie von H. Plessner. Sie ist ihm zugänglicher als dem Kranken.

Anthropologie als Summe des Erfahrungswissens über die Natur, Artung, Erscheinung des Menschen als Gattung ist weder eine Voraussetzung für Menschlichkeit und Sittlichkeit, noch ein Weg dahin oder ein Ersatz dafür. Anthropologie ist die Wissenschaft von der Natur, nicht vom Wesen des Menschen. Dieses verdichtet sich auf eine unverwechselbare Weise immer nur in einer Person. Daß der Mensch menschlich – allzumenschlich – unmenschlich sein kann und daß er sich nach Werten oder Gegenwerten richten kann, sind Aussagen über seine Anlagen, Fähigkeiten, Vermögen und über seine Unzulänglichkeiten, Brüchigkeiten, Hinfälligkeiten, Verführbarkeiten, Fehlbarkeiten. Die ältere Anthropologie hat für die positiven Seiten den Begriff „dignitas" gebraucht, Würde, im damaligen christlichen Sinn aber auch die Einheit von Auftrag und Ausstattung des Geschöpfes. Daß Anthropologie so viel Aufmerksamkeit auf sich zieht, weist darauf hin, daß wir unter den Bedingungen von Verweltlichung und Mannigfaltigkeit ungelöste und wahrscheinlich unlösbare Probleme mit unserem Menschsein und Mitmenschsein haben. Die Gegenseitigkeit und Übereinstimmungsfähigkeit stiftenden Gemeinsamkeiten sind Möglichkeiten, nicht notwendig Wirklichkeiten. Im Jetzt und Hier zerrinnen die ehemaligen Verheißungen zur sozialen Figur der Einsamkeit. Es wäre gut, wenn wir Ärzte das in unserem Umgang mit Gesunden, die gesund bleiben wollen, und mit Kranken, die es wieder werden möchten, bedächten und beherzigten. Anthropologie ist, auf die Praxis des Alltags angewandt, auch immer Geschichte, Kulturgeschichte, Lebensgeschichte und Geschichte von Beziehungen, nicht nur von solchen, in denen der Mensch lebt und sich erkennt, sondern auch solcher, in denen er sich übersteigt, auf die hin er sich entwirft.

Literatur

Buber M (1948) Das Problem des Menschen. Schneider, Lambert, Heidelberg
Freidson E (1975) Dominanz der Experten. Urban & Schwarzenberg, München Berlin Wien
Jaspers K (1913) Allgemeine Psychopathologie. Springer, Berlin Heidelberg
Kant E (1907) Anthropologie in pragmatischer Hinsicht. Akad. Ausgabe Bd VII, Berlin
Parsons T (1951) The social system. Glencoe, New York
Scheler M (1973) Wesen und Formen der Sympathie. Ges. Werke Bd 7, Bern
Weizsäcker V von (1951) Der kranke Mensch. Eine Einführung in die medizinische Anthropologie. Koehler, Stuttgart

Frauensyndrom – „Krankheit Frau"

I. Vogt

Die Herstellung des „schönen" Frauenkörpers

Frauenzeitschriften, wie *Für Sie, Brigitte, Freundin,* usw., belehren Mädchen und Frauen unausgesetzt darüber, daß ihr Körper der ständigen Pflege und Umsorgung bedarf, der Herrichtung und Zurechtmachung, der Formung, Umformung und Neuformung, damit er wenigstens halbwegs den jeweils gängigen Anforderungen an das Schönheitsideal entspricht. Kein Körperteil, an dem nicht ein Makel zu finden wäre, kein Glied, das man nicht verschönern könnte. Das gilt ebenso für das Gesicht als Ganzes wie für seine Teile, also Augen, Nase, Mund und Kinn, nicht zu vergessen die Haare, die, glaubt man den Frauenzeitschriften, oft den Charakter der Frau erst ausmachen sollen. Das gilt im größeren Maßstab für den gesamten Körper, also für Bauch und Brust (und diese ganz besonders und immer wieder von neuem) und Po, für Beine und Arme, für Ellenbogen und Kniekehlen, Hände und Füße, Finger und Zehen. Kurz, der Frauenkörper ist nach allgemeiner Ansicht sowohl in seiner Gesamtheit wie im Detail verbesserungs- wenn nicht gar reparaturbedürftig. Die Frauenzeitschriften liefern die Tips und Hinweise, wie Lieschen Müller in Heimarbeit ihren Körper verschönern kann, wenngleich sie auf diesem Wege nicht den „schönen" Frauenkörper herstellen kann.

So tragen die Frauenzeitschriften ihren Teil dazu bei, die Bedeutung des Körpers für Frauen zu wiederholen und zu unterstreichen. Sie führen fort, was seit Jahrhunderten in Lesebüchern für Mädchen und Bildungsbüchern für Frauen, in Haushalts- und Kochbüchern sowie in Lexika und sog. wissenschaftlichen Abhandlungen über den Charakter der Frau zu lesen war: daß neben der „Herzensbildung" der Körperbildung in der Erziehung des weiblichen Geschlechts ein ganz besonderer Stellenwert zukommt.[1]

Die Betonung der Körperbildung in der Erziehung von Mädchen und Frauen hing und hängt mit den Sexual- und Reproduktionsfunktionen des weiblichen Körpers zusammen, die ja weitgehend als Daseinsbestimmung von Frauen schlechthin genommen wurden. Erst in den letzten 2 Jahrzehnten findet man in den hochindustrialisierten Ländern Auflösungstendenzen gegenüber der solchermaßen festgeschriebenen Funktions- und Wesensbestimmung von Frauen, die in engem Zusammenhang zu

---

[1] „Sauberkeit und Körperpflege muß man junge Mädchen lehren. Beides muß ihnen auch eigener Wunsch sein ... Unsaubere Frauenkörper sind das größte Grauen, das die Erde bietet", stellt Peters in seinem Lehrbuch (1920) kurz und bündig fest. Vgl. dazu auch Scholz u. Schubert (1982).

Wagner (Hrsg.), Medizin – Momente der Veränderung
© Springer-Verlag Berlin Heidelberg 1989

sehen sind mit der Abkoppelung der Sexualität von der Reproduktion mit Hilfe moderner Verhütungstechniken. Allerdings stellen neue Gefährdungen diese Entwicklung schon wieder in Frage.[2]

Historische Quellen ebenso wie v. a. die triviale Gegenwartsliteratur spiegeln wieder, wie wichtig der Körper für Mädchen und Frauen ist. Das liegt auch daran, daß der Frauenkörper neben anderem eine Ware ist, die am Markt feilgeboten wird. Für den Körper kann sich ein Mädchen einen Ehekontrakt einhandeln, der ihr noch vor 100 Jahren ein standesgemäßes Leben überhaupt erst ermöglicht hat. Wenngleich der Wert der Ehe heute geringer eingeschätzt wird, so bringt die Verheiratung der Frauen noch immer gesellschaftliche Vorteile sowohl ideeller wie materieller Art. Dabei steigt der Wert des Körpers im selben Ausmaß, in dem er für schön befunden wird, und die Chancen der Frau, einen Ehepartner zu finden. Die Herstellung des „schönen" Frauenkörpers hat also auch eine ganz handfeste materielle Bedeutung.

Aber der Körper der Frau soll nicht nur schön sein, er soll auch unversehrt sein, wenn er in den Besitz des Mannes übergeht. Über Jahrhunderte hin reduzierte sich dabei die Vorstellung vom unversehrten Frauenkörper auf die Unberührtheit des Jungfernhäutchens. An dessen Zustand meinte man ablesen zu können, ob der Körper insgesamt intakt und folglich unversehrt war. Ein solcher Körper galt zugleich als gesund, denn von ihm konnte man erwarten, daß er in der Lage war, gesunde Kinder zu gebären. Solche Denkmuster sind um die Jahrhundertwende noch alltäglich.[3] Sie haben in den 30er Jahren noch einmal eine Hochblüte erlebt und sich gleichzeitig in gewissem Umfang auch abgewertet.

Insbesondere die Bedeutung, die der Unversehrtheit des Frauenkörpers zugemessen wird, hat in den letzten Jahrzehnten abgenommen. Etwa im gleichen Maße hat der Schönheitskult zugenommen, der aus dem täglichen Leben gar nicht mehr wegzudenken ist. Frauen sollen eben immer attraktiv und begehrenswert sein, nicht nur für den Einen und Einzigen, den Ehepartner. Und sie sollen möglichst in jedem Lebensalter körperlich anziehend für Männer sein, nicht nur als junge Frauen. Zur Aufrüstung der Frau als allzeit attraktive Partnerin ihrer männlichen Partner in Beruf und Freizeit trägt die Kosmetikbranche ebensoviel bei wie die kosmetische Chirurgie, die beide den Frauen vorgaukeln, sie hätten die Mittel und Methoden gefunden, mit denen der Frauenkörper auf ewig jugendlich-schön zu erhalten sei. Die Herrichtung des schönen Körpers ist also zur lebenslangen Aufgabe für alle Frauen geworden.

Die Fixierung der Frauen auf ihren Körper hat Folgen für ihr Selbstkonzept. *Frau*sein heißt demnach auch in erster Linie *Körper*sein. Es kann gar nicht ausbleiben, daß Frauen für diesen Körper eine hohe Sensibilität entwickeln, die sowohl Vorteile als auch Nachteile mit sich bringt. Frauen reagieren differenzierter als Männer auf körperliche Veränderungen.[4] In der Regel registrieren sie körperliche Vorgänge in den verschiedenen

---

[2] Hier ist auf die neue Krankheit Aids zu verweisen, die in erster Linie durch Sexualkontakte übertragen wird. Mit dem Verweis auf Aids wird Frauen (und in gewissem Umfang auch Männern) Angst gemacht vor Sexualität, zumal mit „unbekannten oder oft wechselnden Partnern", vgl. BzgA-Broschüre zur Aids-Aufklärung; ausführlich bei Süssmuth (1987); kritisch dazu: Franke (1987).

[3] Besonders radikale Vertreter dieser Denkrichtung und des gängigen Weiblichkeitswahns sind Moebius (1908) sowie Weininger (1906).

[4] Sowohl die historische wie die gegenwärtige Gesundheitsforschung belegt die Unterschiede zwischen Männern und Frauen gegenüber Körperempfindungen nachhaltig; vgl. neben vielen anderen: Duden (1976); Frevert (1986); Helfferich et al. (1986); Herzlich (1969); Lewin u. Olson (1985); Mechanic (1986).

Stadien, und sie interpretieren sie nach ihrem jeweiligen Wissensstand. Diesen beziehen sie u. a. wiederum aus den Frauenzeitschriften, die sich neben der Schönheit besonders noch mit den Themen Gesundheit und Krankheit auseinandersetzen.

In diesem Kontext gewinnt die Frage nach dem idealen Körpergewicht neues Interesse, ja, sie wird schlechterdings zum Gradmesser dafür, wie nahe die je individuelle Frau dem Schönheitsideal gekommen ist, das sich hier zugleich mit dem Gesundheitsideal zu decken scheint. Die herrschende Meinung schreibt Frauen vor, daß Schönheit sich nur in einem schlanken Körper manifestiert, nicht in einem mit runden Formen und weichen Konturen. Es ist sozusagen eine Sünde wider Zeitgeist, wenn man von diesem Schönheitsideal zu weit abweicht. Diese normative Forderung gewinnt ihre Legitimität aus dem von Medizinern definierten Normalgewicht, das die Voraussetzung für Gesundheit sein soll. Daneben gibt es dann noch das Idealgewicht, das die Illusion von „besserer" Gesundheit impliziert. Kann man diese Maßstäbe nicht einhalten, dann weicht man vom Schönheits- und Gesundheitsideal ab.

Allerdings suggeriert die Mode den Frauen darüber hinaus, daß sie eigentlich immer zu dick sind und das Ideal nicht erreicht haben. Sie verordnet ihnen zugleich permanente Diät, besser noch Hungerkuren, damit der Körper endlich in Form gebracht wird, damit er „schön" wird. Tatsächlich findet wohl kein Thema so viele aufmerksame Zuhörerinnen und Leserinnen wie das nach dem richtigen Essen und Trinken, um schlank zu werden, schlank zu bleiben, schlank zu sein.[5]

Die Beschäftigung mit Fragen nach dem richtigen Umgang mit Essen und Trinken hat in den Medien mittlerweile einen solchen Umfang angenommen, daß sich der Schluß aufdrängt, es handle sich um ein Problem, das alle Frauen angehe. Etwas pauschal gesagt, steht dahinter die Annahme, daß alle Frauen auf die eine oder andere Weise unter Eßstörungen litten, was wiederum belegt wird mit den vielen Diät- und Hungerkuren, denen sich Frauen immer von neuem unterwerfen. Noch weiter verallgemeinert folgt daraus, daß der Körper der Frauen zumindest tendenziell pathogen sein müsse. Die Eßstörungen zeigten demnach das Krankhafte an, das nach diesem Argument dem Frauenkörper anhaften solle.

Der Versuch der Frauen, den „schönen" Körper herzustellen, führt also in die Irre: die so sehnlichst erstrebte Schönheit ist nur zu erreichen über den Umweg pathologischer Verhaltensweisen, also von Krankheit. Unversehens wird der Körper zum Feind und das Idealbild vom „schönen" Körper zur fixen Idee. Im Selbstbewußtsein vieler Frauen verdichten sich die körperlichen Defizite zu psychischen Schwächen und Unfähigkeiten, die ihre Selbstwertgefühle belasten. So verheddern sich viele Frauen in psychosomatische Krankheiten, die zugleich Behinderungen bis zur Ohnmacht wie Zuflucht bedeuten, denn sie bieten sich an als Ausweg aus den Torturen, die mit der Herrichtung des „schönen" Körpers verbunden sind. Als Krankheiten beschneiden sie aber auch die Handlungsfreiheiten der Betroffenen in hohem Maße, verurteilen sie gewissermaßen zur Passivität und zum Ausharren. Damit sind alle Auswege aus dem Teufelskreis versperrt, in den die Frauen unversehens geraten sind. So gesehen wird der Körper für Frauen tatsächlich zum Schicksal.[6]

---

[5] Übersichten bei: Bruch (1973); Mader (1984); Orbach (1981, 1984); Rodin et al. (1985).

[6] Diese Feststellung lehnt sich nicht an die Behauptungen von Shorter an, daß erst die medizinische Erfindungen des 19. Jahrhunderts die Frauen von ihrer „biologischen ... Minderheit" befreit hätten; zur Befreiung der Frauen hat die Medizin beslang recht wenig getan, wie die Frauenforschung reichlich belegt. Siehe dazu u. a. Frevert (1982); Huerkamp (1985); Shorter (1984).

Kranke Frauen

Männer, so scheint es, haben schon immer gewußt, daß die Fixierung auf den Körper den Frauen zum Verhängnis wird. Das berühmteste Beispiel findet man in der Hysterika, der Frau im hysterischen Anfall, die, wie alle Beschreibungen belegen, ganz im Körper aufzugehen scheint. Es ist der Körper, der die Frauen agiert, nicht umgekehrt. Es ist der Körper, der sich mitzuteilen versucht mit allen nur verfügbaren Mitteln und der in der Körpersprache die ihm angemessene Ausdrucksweise findet. Zum Ausdruck kommen vornehmlich erotische und sexuelle Phantasien, was Freud zu folgender Feststellung veranlaßt hat: „Der hysterische Krampfanfall ist ein Koitus-äquivalent" (Freud 1909; Schlesier 1981).

Die Diskussion über die Hysterie belegt demnach, daß es die Sexualität sein soll, die die Frauen ständig umtreiben soll. In ihrem Dienst allein soll der weibliche Körper stehen. Man darf allerdings an dieser Stelle nicht vergessen, daß das Thema Hysterie v. a. Männer bewegt und beschäftigt hat und daß die Interpretation derselben Männersache war.

Wir wissen wenig darüber, wie Frauen ihre eigenen Leiden erlebt haben. Auch scheint ja die Hysterie ein Phänomen des 19. und der ersten Hälfte des 20. Jahrhunderts gewesen zu sein. Sowohl in der Theorie wie in der Praxis spielt die Hysterie heute kaum mehr eine Rolle. Frauen, die einen großen hysterischen Anfall produzieren, sind Ausnahmeerscheinungen. Das liegt sicherlich auch daran, daß die Hysterie in ihren besonders dramatischen Formen eine Krankheit der Frauen der Oberklasse war, während Frauen der Unterklasse von diesem Leiden fast immer verschont blieben. Interpretiert man Hysterie als eine Krankheit, die willentlich von Frauen produziert wurde, dann heißt das auch, daß Frauen der Unter- bzw. Arbeiterklasse sich diesen „Luxus" gar nicht leisten konnten. Dabei sollte man jedoch nicht übersehen, daß dieser Luxus die Frauen teuer zu stehen kam, brachte er doch viele von ihnen in die Irrenanstalten, in denen sie mit allerlei Arten von Gewaltkuren behandelt wurden, bis der ihnen unterstellte Widerstand – etwa gegen ihr weibliche Bestimmung – gebrochen war und sie als geheilt entlassen werden konnten.[7]

Im Zuge einer immer weiter zunehmenden Einbeziehung von Frauen aller Klassen und Schichten in die Erwerbsarbeit haben sich die weitreichenden Unterschiede in der Lebensführung von Frauen ohnehin abgeschliffen. Dazu kommt noch ein Wandel in der Bewertung von Krankheit und Gesundheit. Arbeitgeber ziehen diejenigen männlichen und weiblichen Arbeitnehmer vor, die nicht krank sind. Gesundheit, verstanden als Abwesenheit von Krankheit, erhält also im Zusammenhang mit Erwerbsarbeit einen neuen Stellenwert. Dieser Wandel in der Bewertung von Gesundheit und Krankheit betrifft wiederum alle erwerbstätigen Frauen ungeachtet ihrer sozialen Position. Wie weit Frauen über ihre zunächst ehrenamtliche und später auch professionelle Arbeit in der Armen- und Wohlfahrtspflege an diesem Wertewandel selbst beteiligt waren, ist bislang nicht untersucht worden.[8]

Aber das soziale Konstrukt der schwachen, kränklichen, wohl auch hysterischen Frau hat diese Wandlungen bislang recht unbeschadet überstanden. Gerade deswegen

---

[7] Vgl. Die Diskussionen bei Fischer-Homberger (1984), Honnegger u. Heintz (1984); Schaps (1982).
[8] Ansätze dazu, wenngleich ohne Berücksichtigung der Geschlechtsspezifik, finden sich bei Labisch (1985); s. dazu auch Riemann (1985); Sachsse (1986).

gelten Frauen noch immer als das kranke Geschlecht, das man mit allen möglichen Schutzbestimmungen vor allzuviel Erwerbsarbeit schützen muß. Bei der Hausarbeit, die noch immer als Teil der weiblichen Bestimmung gilt, liegen die Dinge anders.

Tatsächlich scheinen die empirischen Daten die Annahme von der größeren Kränklichkeit der Frau im Vergleich mit dem Mann zu bestätigen. Umfrageergebnisse belegen durchgängig, daß Frauen über mehr gesundheitliche Beeinträchtigungen und Beschwerden klagen als Männer und daß sie deswegen auch öfter den Arzt aufsuchen als diese. Frauen erhalten deshalb mehr Medikamentenverordnungen als Männer, und man kann vermuten, daß sie statistisch betrachtet mehr Arzneimittel einnehmen als jene.[9] Vor allem bei den psychosomatischen Erkrankungen scheinen Frauen weit vor den Männern zu liegen, und das gilt ganz besonders für diejenigen Beschwerden und Erkrankungen, die zum Frauensyndrom gehören, wie Kopfschmerzen und Migräne, Rückenschmerzen und Bandscheibenbeschwerden, Kreislaufstörungen und Herzrasen (ausschließlich ischämischer und anderer koronarer Herzkrankheiten), Nervosität und Unruhe, Schlaflosigkeit und Angst. Da zu diesen Beschwerden einige Daten aus der ärztlichen Praxis vorliegen, sollen sie etwas genauer betrachtet werden (Tabelle 1).

Die unspezifischen, oft auch funktionellen Beschwerden, über die Frauen in der ärztlichen Sprechstunde klagen, werden von den Ärzten bevorzugt unter den Diagnosen Neurosen (ICD 300) und Organneurosen (ICD 305) abgebucht. Dazu zählen die Angstneurosen, die hysterischen Neurosen, die depressiven Neurosen, die Neurasthenie und eben Neurosen schlechthin (ohne nähere Angaben, wie es dann im Jargon des Klinikers heißt), sowie schließlich noch psychogene und psychosomatische Störungen. Unter diesen vagen Diagnosen lassen sich schon allerhand Beschwerden unterbringen. Weiter stehen dann noch als gesonderte Diagnosen die Nervosität schlechthin zur Verfügung, und, ganz präzise, Schlafstörungen. Aus Tabelle 1 geht hervor, daß man mit Recht davon sprechen kann, daß diese Diagnosen frauentypisch sind. Nicht zu vergessen sind in dieser Auflistung noch die Kopfschmerzen über die eben viel mehr Frauen als Männer klagen. Schließlich muß noch die Hypotonie erwähnt werden, die offenbar bis zum 60. Lebensjahr fast ausschließlich Frauen plagt. Dahinter verstecken sich vermutlich u. a. die Kreislaufstörungen, von denen Frauen immer wieder berichten. Bei Frauen über 40 Jahre kommt dazu noch die wiederum unspezifische Diagnose Bluthochdruck, die wohl oft genug in keinem Zusammenhang mit koronaren Herzkrankheiten oder entsprechenden ischämischen Erkrankungen steht. Es handelt sich auch bei diesen Diagnosen in erster Linie um die Benennung funktioneller Beschwerden ohne apparativ nachweisbaren Organbefund. Diese Interpretation drängt sich schon deshalb auf, weil Frauen ja noch immer viel seltener an den Folgen koronarer Herzkrankheiten sterben als Männer. Die Daten belegen also, daß man mit einigem Recht von einem Frauensyndrom spricht.[10]

Ich gehe davon aus, daß dem Frauensyndrom im Gesundheitskonzept von Männern und Frauen ein zentraler Stellenwert zukommt. Das liegt einmal daran, daß sich im Frauensyndrom die Leiden bündeln, die auf die Kränklichkeit und Schwachheit von Frauen zurückweisen, also auf den Mythos von der „Krankheit Frau" worauf im folgenden noch einzugehen ist. Gehört es zur Frauenrolle, schwach und

---

[9] Balter (1974); Cooperstock (1974, 1982); Lennane (1973); MacLennan (1976); Sichrovsky (1984); Vogt (1985).

[10] Vgl. dazu Glaeske (1987); Pross (1975); Vogt (1983, 1985b, 1986); kritisch dazu Mielck (1986).

Tabelle 1. Häufigkeit von Diagnosen der niedergelassenen Ärzte, die zum Frauensyndrom gerechnet werden können, in der Bundesrepublik Deutschland pro 1000 (Erhebungszeitraum Juli 1982 bis Juni 1983). (Nach Glaeske 1987)

Alter	Diagnosen											
	Kopfschmerzen (ICD 791)		Neurose (ICD 300 – 300.0–300.9)		Organneurose (ICD 305 und 305.9)		Nervensystem (ICD 780 und 780.6)		Nervosität, Depressionen (ICD 790)		Hypotonie (ICD 458.0)	
	Frauen	Männer	Frauen	Männer	Frauen	Männer	Frauen	Männer	Frauen	Männer	Frauen	Männer
0–12	12,4	10,3	⎰ 15,8	⎰ 9,4	⎰ 17,3	⎰ 10,5	⎰ 21,0	⎰ 16,0	⎰ 34,0	⎰ 23,0	10,5	9,8
12–20	58,7	33,9	⎱	⎱	⎱	⎱					101,0	38,2
20–30	115,1	48,7			81,0	43,5	⎱	⎱	⎱	⎱	179,0	32,1
30–40	175,8	67,7	75,1	35,7	190,0	91,0	83,0	45,0	125,0	54,0	219,0	44,9
40–50	258,7	120,7	110,0	53,5	358,8	169,0	215,0	112,0	240,0	88,0	249,0	70,5
55–65	249,0	176,6	141,9	83,6	495,0	308,0	484,0	331,0	377,0	185,0	222,0	150,0
>65	238,5	193,1	131,1	71,9	456,0	273,0	1262,0	652,0	201,0	105,0	173,0	179,0
Durchschnitt:	170,4	87,7	77,7	36,4	252,0	118,0	286,0	140,0	156,0	65,0	172,3	66,9
Relation:	1,94:	1	2,31:	1	2,13:	1	2,04:	1	2,4:	1	2,58:	1

krank zu sein, so ist das soziale Konstrukt der Männerrolle dazu komplemantär: es steht für Stärke, Festigkeit, Härte etc. und eben auch für robuste Gesundheit, selbst wenn man dafür permanent die Zähne zusammenbeißen muß. Der Männerkörper ist, wie Theweleit (Theweleit 1972) zurecht beschrieben hat, zum Panzer geworden, an dem alles abprallt. Das gilt gleichermaßen für Signale von außen wie von innen. Um diesem Anspruch zu genügen, müssen Schmerzen erst einmal abgewehrt, aber eben auch abgewertet werden. So gesehen ist die „Ethik der Gesundheit" männlich, assoziieren wir doch alle mit dieser Adjektive wie kraftvoll, aktiv, männlich.[11] Von diesem Stereotyp weichen, wie gesagt, Frauen weit ab, gerade weil sie leiden und diesem Leiden auch Ausdruck geben. Die Klagen der Frauen decken sich damit fast mit den Vorstellungen, die gemeinhin mit psychischer Krankheit verbunden werden. Implizit gehen hier auch Vorstellungen ein über einen Mangel an Selbstkontrolle und Selbstbeherrschung, die offenbar als Voraussetzungen dafür angesehen werden, andere zu beherrschen. Eben deswegen bedürfen Frauen, aus der Sicht der Männer betrachtet, der beständigen Leitung und Lenkung. Nicht zuletzt zur Aufrechterhaltung der Fiktion vom „gesunden Mann" bedarf es des Mythos von den kranken Frauen.

Für Frauen hat das Frauensyndrom allerdings auch noch eine andere Bedeutung. Es scheint so, als wehre sich der Körper mit funktionellen Störungen gegen die ihm auferlegten Zumutungen. Oder anders formuliert: der Konflikt, in dem sich die Frauen in der Auseinandersetzung mit den gesellschaftlichen Forderungen nach der Herrichtung des schönen Frauenkörpers befinden, wendet sich gegen den Körper selbst als den vermeintlichen Feind, den es zu bekämpfen gilt. Sie schlagen sich selbst als ihre ersten und nächsten Opfer. Sie gewinnen zugleich ein Stück der so heiß begehrten gesellschaftlichen Anerkennung, denn als schwache und kranke Frauen entsprechen sie immerhin der Frauenrolle. Die Anpassung an die gesellschaftlichen Forderungen bringt also auch Vorteile mit sich, sie wird belohnt. Der Preis dafür ist neben der Konfliktvermeidung wiederum ein Stück Handlungs- und Entscheidungsfreiheit. Das kommt besonders deutlich zum Ausdruck in den Reaktionen der Ärzte auf das Frauensyndrom, die in der Regel in der Verordnung von Psychopharmaka (Lexotanil, Adumbran, Tavor, Limbatril etc.) bestehen.

Ärzte und Patientinnen

Es macht Sinn, von der Annahme auszugehen, daß Frauen, die wegen funktioneller Beschwerden wie Kopfschmerzen, Nervosität Unruhe und Angst usw. zum Arzt gehen, sich krank fühlen. Rollentheoretisch betrachtet nehmen sie damit die Krankenrolle an, wie sie zuerst von Parsons beschrieben worden ist. Wie verhält es sich mit dieser Krankenrolle, wenn Frauen am Frauensyndrom leiden, und wie verstehen Ärzte dann ihre Rolle als professionelle Helfer?

Parsons hat darauf aufmerksam gemacht, daß Krankheit einen devianten Zustand beschreibt, weil sie den Kranken daran hindert, seinen normalen Rollenverpflichtungen nachzukommen. Im einzelnen schreibt er:[12]

---

[11] Vgl. Brovermann et al. (1970); Chesler (1972); Phillips u. Segal (1979); Sherman (1980).

[12] Vgl. dazu den englichen Originaltext bei Parsons (1964), s. dazu auch die einschlägigen Kapitel in Parsons (1951); Parsons et al. (1955).

Krankheit ist folglich ein gesellschaftlich institutionalisiertes Rollenspiel. Ganz allgemein kann man es charakterisieren als eine davon ausgehende generelle Störung der Fähigkeiten des Individuums, Aufgaben und Rollen zu erfüllen, wie dies normalerweise von ihm erwartet wird. Es handelt sich dabei nicht um spezifische Fähigkeiten, die an bestimmte Aufgaben, Rollen, Organisationen, Normen oder Werte gebunden sind. Innerhalb dieser allgemeinen Formulierung eines Zustandes, der sich eben durch die Störung der Fähigkeiten des Individuums auszeichnet, lassen sich viel weitere und spezifische Bestandstücke der *Krankenrolle* aufzeigen: 1) Es liegt jenseits des Vermögens des Individuums, diese Unfähigkeit durch einen Willensentschluß zu überwinden. So gesehen kann man es nicht für diese Unfähigkeit verantwortlich machen. Vielmehr bedarf es eines entweder spontanen oder professionell eingeleiteten therapeutischen Prozesses, damit die Genesung stattfinden kann. 2) Unfähigkeit, die als Krankheit definiert ist, wird verstanden als legitimer Grund dafür, daß der Kranke von seinen gewöhnlichen Rollen und Aufgabenverpflichtungen entbunden wird, wobei das Ausmaß, die Ausformung und die Dauer dieser *Pflichtentbindung* je nach Art der Krankheit variiert. 3) Kranksein ist also ein Zustand, der zu einem Teil und bedingt *legitimiert* ist. Die wichtigste Bedingung der Legitimation ist es, daß der Kranke sich bewußt ist, daß Kranksein per se *unerwünscht* ist, daß er also verpflichtet ist, so schnell wie möglich aus eigener Kraft oder mit Hilfe anderer wieder gesund zu werden. 4) Wenn man nicht damit rechnen kann, daß eine Spontanheilung ... eintritt, dann müssen der Kranke und diejenigen, die Verantwortung für seinen Gesundheitszustand übernommen haben, vor allem die Familienmitglieder, *kompetente Hilfe in Anspruch nehmen,* und sie müssen mit diesen kompetenten Helfern zusammenarbeiten mit dem Ziel, die Genesung des Kranken herbeizuführen. In unserer Gesellschaft wird die kompetente Hilfe in erster Linie durch die Medizin vermittelt.

Die Krankenrolle, wie sie hier beschrieben wird, gilt für beide Geschlechter. Frauen ebenso wie Männer haben das Recht, diesen Sonderstatus für sich zu reklamieren, wenn sie krank sind. Das funktioniert allerdings nur dann, wenn Frau und Mann in gleicher Weise dem Rollenspiel unterworfen sind. Das sind sie jedoch nicht, wie Parsons selbst ausführlich dargelegt hat. So hat Parsons[13] als einer der ersten den „expressiven" Charakter der weiblichen Rolle in Abhebung vom „instrumentellen" der männlichen Rolle hervorgehoben, auch wenn sich diese Differenzierung der Geschlechtsrollen historisch schon viel früher etabliert hat:

> Die expressive Funktion dagegen betrifft in erster Linie die Harmonie und Solidarität der Gruppe selbst, die internen Beziehungen der Gruppenmitglieder untereinander und die emotionalen Spannungszustände bzw. deren Nichtvorhandensein in den Rollen der einzelnen innerhalb der Gruppe.

Demnach ist es also Aufgabe von Frauen, für emotionale Wärme in der Familie zu sorgen, damit die Familienmitglieder, insbesondere die Männer, ihren instrumentellen Rollenverpflichtungen optimal nachkommen können. Zu den expressiven Funktionen gehören auch häusliche Pflegedienste im Krankheitsfall. Für Parsons ist es ganz selbstverständlich, daß Krankenpflege zur Arbeit von Frauen gehört, nicht zu der von Männern. Erkranken der Ehemann oder die Kinder, dann obliegt es der Ehefrau, die Kranken zu pflegen und durch zusätzliche emotionale Zuwendungen an sie die Voraussetzungen für einen optimalen Gesundungsprozeß zu schaffen. Das System bricht lediglich dann zusammen, wenn die Ehefrau und Mutter selbst krank wird. Dann erhebt sich die Frage, wer die Verpflichtungen übernimmt, die der Hausfrau aus ihrer Rolle erwachsen. Dazu gehören gleichermaßen die emotionalen Reproduktionsleistungen wie die Organisationsleistungen für den Haushalt und die häusliche Krankenpfle-

---

[13] Parsons (1973); Hausen (1976, 1986).

ge. Wenn die Hausfrau und Mutter krank ist, wer übernimmt dann die Organisation des Haushalts, wer macht den Essensplan, wer kauft ein, kocht, wäscht, putzt, bügelt, hört zu, tröstet und ermutigt usw. , und wer sorgt dafür, daß Mann und Kinder zur rechten Zeit am rechten Ort sind? Wer kümmert sich dann um all die Kleinigkeiten, die den Alltag der Hausfrau ausmachen und von allen Familienmitgliedern so selbstverständlich als Teil der Hausarbeit betrachtet werden? Es ist viel einfacher, die Berufsrolle aus Krankheitsgründen vorübergehend aufzugeben, als sich von den Verpflichtungen, die mit der Hausfrauenrolle verknüpft sind, suspendieren zu lassen. Koos[14] hat als einer der ersten darauf hingewiesen, daß Frauen mit Kindern eben nicht einfach krank werden können, auch wenn sie sich hundeelend fühlen, weil niemand da ist, der ihre Arbeit übernehmen könnte oder wollte. Genaugenommen hat Parsons die Krankenrolle beschrieben, wie sie für berufstätige Männer paßt,[15] vielleicht auch noch für berufstätige Frauen, soweit ihre Berufsrolle betrachtet wird, und für Frauen die sich zur Behandlung einer Krankheit oder wegen der Geburt eines Kindes ins Krankenhaus begeben müssen. Da jedoch ein Großteil aller Krankheiten in der Familie auskuriert wird, ist die Krankenrolle der Frau neu zu überdenken.

In der Nachfrage von Parsons ist die Krankenrolle vielfach zum Gegenstand empirischer Untersuchungen und theoretischer Erörterungen gemacht worden. Alle diese Arbeiten haben wesentlich dazu beigetragen, die Krankenrolle als ein differenziertes Wechselspiel zwischen dem Kranken und seinem Konzept von Gesundheit, seinen sozialen Verpflichtungen und ökonomischen Restriktionen sowie seinen Pflegepersonen durchsichtig zu machen. Um so erstaunlicher ist es aber, daß die spezifischen Bedingungen, die mit der Krankenrolle der Frau verknüpft sind, nur am Rande oder überhaupt nicht untersucht worden ist, obwohl doch allenthalben bekannt ist, daß Frauen und Männer sich gegenüber Beschwerden und Krankheiten verschieden verhalten. Wir wissen wenig darüber, was Frauen, die einen Haushalt zu versorgen haben und zudem erwerbstätig sind, im Krankheitsfall tun. In diesem Zusammenhang hat Zola[16] darauf hingewiesen, daß es geschlechtsspezifische (männliche) Vorurteile sind, die die Forschung nachhaltig behindert haben. Diese Vorurteile werden ökonomisch begründet mit dem Verweis darauf, daß Hausarbeit, da sie keine produktive Arbeit darstelle, keinen besonderen Wert habe und also auch keiner gesonderten Würdigung bedürfe. Die wenigen und spärlichen Befunde, die vorliegen, machen dagegen nachhaltig deutlich, daß die Arbeit einer Hausfrau schlecht mit der klassischen Krankenrolle in Einklang zu bringen ist.

Das gilt freilich für alle Krankheitszustände, die Frauen heimsuchen können. Besonders mißlich ist es allerdings, wenn sich die Krankheiten der Frauen nicht „objektivieren" lassen, d. h. wenn keine Organbefunde festgestellt werden, an denen diese festgemacht werden können. Gerade das ist aber ein Charakteristikum des Frauensyndroms.

Wenn das Frauensyndrom eine ganz normale Krankheit wäre, dann müßten auf die daraus abzuleitende Krankenrolle dieselben oder doch sehr ähnliche Bedingungen zutreffen, wie sie Parsons für beliebige Krankheiten beschrieben hat, also:

---

[14] Koos (1954); vgl. dazu Franke (1985a); Graham (1984); Stacey (1985).
[15] Kritisch zur Definition der Krankenrolle: Twaddle (1969); Mechanic (1983).
[16] Zola (1972, 1983); Robinson (1971).

1) Die Frauen können sich nicht durch einen Willensentschluß von ihren Leiden befreien. Folglich sind sie auch nicht für die Unfähigkeit verantwortlich zu machen, die ihnen aus dieser Krankheit erwächst.

2) Die Frauen sind für die Dauer ihrer Krankheit von der Erfüllung ihrer normalen Rollenverpflichtungen befreit.

3) Die Frauen haben die Pflicht, so schnell wie möglich gesund zu werden.

4) Wenn keine Spontanheilung eintritt, müssen die Frauen professionelle Hilfe in Anspruch nehmen.

Von der Behandlung her, die Ärzte für das Frauensyndrom für angezeigt halten, nämlich Verschreibung von Psychopharmaka, wird deutlich, daß außer der Bedingung 4 keine der anderen Bedingungen zutrifft für Frauen, die unter dieser Krankheit leiden. Ganz im Gegenteil wird von Laien ebenso wie von den meisten Ärzten unterstellt, daß es sich beim Frauensyndrom gar nicht um eine Krankheit handelt, sondern um den Ausdruck von Wehleidigkeit und Willensschwäche. Daraus folgt, daß 1) die Frauen in der Lage sein müßten ihr Leiden durch einen Willensentschluß zu beenden. Sie sind also für ihre Unfähigkeit, die sich etwa aus diesem Leiden ergibt, verantwortlich zu machen und werden dafür verantwortlich gemacht. 2) Die Frauen werden nicht von ihren Rollenverpflichtungen entbunden – zumindest nicht von ihren Pflichten als Hausfrau. Gerade damit sie ihren Pflichten nachkommen können, werden ihnen Psychopharmaka verschrieben. 3) Inwieweit psychoaktive Medikamente dazu beitragen, volle Gesundheit wiederherzustellen, ist schwer zu entscheiden. Die Ausblendung von emotionalen Spannungen oder die Vortäuschung von physischen Kräften mit Hilfe von chemischen Mitteln kann dazu beitragen, daß die Frauen sich stabiler fühlen und daher besser in der Lage sind, mit äußeren und inneren Anforderungen auf befriedigende Weise fertigzuwerden. Es kann aber auch dazu führen, daß die Frauen sowohl von den Mitteln als auch von den verschreibenden Ärzten abhängig werden, ohne ihre eigene Lebenssituation zu verbessern. Wie auch immer der Beitrag der Psychopharmaka zur Wiederherstellung der Gesundheit der Frauen eingeschätzt wird, in jedem Fall ist deren Konsum ein sichtbarer Beweis dafür, daß die Frauen ihrer Pflicht nachzukommen versuchen, so schnell wie möglich wieder gesund zu werden.

Die Sachlage ist aber noch komplexer, als hier schon angedeutet wurde. Empirische Untersuchungen belegen nämlich, daß die Einnahme von Psychopharmaka häufig als Zeichen von Willensschwäche gewertet wird (Manheimer 1973). Frauen, die wegen frauentypischer Leiden zum Arzt gehen und von diesem entsprechende Verordnungen erhalten, geraten nur zu leicht in eine höchst prekäre Lage. Die Leiden, die sie dem Arzt präsentieren, gelten für sich genommen als Ausdruck mangelhafter Selbstkontrolle bzw. von Willensschwäche, kaum als ernstzunehmende Krankheiten. Dazu kommt dann noch die Verordnung von Psychopharmaka, die wiederum Willensschwäche signalisiert. Frauen, die Psychopharmaka einnehmen müssen, werden so zu doppelt schwachen Frauen, die das Kain-Zeichen ihrer Schwäche nicht nur in ihrem Geschlecht mit sich herumtragen, sondern die diese auch noch ärztlicher verbrieft bekommen haben.

Da ist zu fragen, welcher Prozeß hier eigentlich abläuft. Offensichtlich ist es nicht derselbe, den Parsons beschrieben hat. Frauen gehen zum Arzt, weil sie sich krank fühlen. Das aber ihre Beschwerden keine „richtigen" Krankheiten sind, wird ihnen die Krankenrolle mit ihren Privilegien verweigert. Aber irgenwie krank sind sie dann doch, und sei es nur, daß es ihnen am richtigen, d. h. männlichen Gesundheitsverständnis mangelt und also am rechten Maß an Selbstkontrolle. Das ist wohl eigentlich ihre Krankheit, die nach dem derzeitigen ärztlichen Verständnis am besten mit Psychopharmaka behandelt werden kann. Es sind dies Medikamente, die die Frauen beruhigen, und das heißt hier wohl auch: unter Kontrolle bringen. Dabei bleiben die Kontrollmechanismen in der Hand des Arztes, der über die Verordnung befindet, diese verlängern oder auch verweigern kann. So gesehen übernehmen Ärzte Kontrollfunktionen gegenüber Frauen, die gesellschaftlich hoch geschätzt werden. Hollister[17] hat das ganz unverblümt formuliert: „We hear much about the adverse effects of the drugs and their costs [gemeint ist hier Valium, I. V.], while we hear little in terms of how many divorces Valium may prevent."

„Krankheit Frau"

Alle bislang vorgebrachten empirischen Ergebnisse und Überlegungen belegen soweit, daß Frauen im Vergleich zu Männern nicht nur viel mehr klagen, sondern allen Anschein nach auch kränklicher sind. Untermauert werden diese Feststellungen durch die Statistiken über die Häufigkeit von Arztbesuchen und von Medikamentenverschreibungen bzw. Medikamenteneinnahme. Diese weisen alle nach, daß Frauen mehr professionelle Hilfe in Anspruch nehmen und mehr nach medikamentöser Therapie verlangen als Männer. Man meint auch dann noch zu eben diesen Ergebnissen zu kommen, wenn man alle Arztbesuche und Krankenbehandlungen aus der Statistik hinausmanövriert, die im Zusammenhang mit weiblichen Reproduktionsfunktionen stehen.[18]

So eindeutig das Bild zu sein scheint, es gibt dennoch einige Befunde, die ganz und gar nicht in dieses passen wollen. Dazu gehört die statistisch gut belegte Tatsache, daß die Sterblichkeit von Männern und Frauen in allen Altersklassen ungleich verteilt ist und erstere im Vergleich mit letzteren sozusagen im Nachteil sind. Statistisch betrachtet leben Frauen aller Altersstufen länger als Männer; im Durchschnitt liegt die Differenz bis etwa zum 8. Lebensjahrzehnt bei 6–7 Jahren. Erst bei den über 70jährigen schrumpft der Abstand zwischen beiden Geschlechtern zusammen. Betrachtet man den Gesundheits- bzw. Krankheitszustand von Männern und Frauen von der Mortalitätsstatistik aus, dann erweist sich die gesellschaftlich so hoch bewertete robuste Gesundheit der Männer nicht als Faktum, sondern als Fiktion.[19] Der Panzerkörper der Männer hat also Risse, durch die Krankheiten eindringen können, die oft genug zum frühzeitigen Tod der Helden führen.

---

[17] Hollister (1977); Cooperstock (1978).

[18] Angesichts der Verwobenheit von Krankheitszuständen muß man gegenüber derartigen methodischen Ansätzen sehr skeptisch sein. Es spricht vieles dafür, daß eine solche Trennung in Krankheiten, die reproduktionsbedingt sind, und solche, die davon unabhängig sind, in der Praxis nicht möglich sind. Vgl. dazu die von Labisch (1985) angeführten historischen Beispiele; dagegen Nathanson (1975).

[19] Cleary (1982); Gove (1979); Halhuber (1979); Statistisches Bundesamt (1983); Verbrugge (1976, 1979, 1981).

Es spricht also alles dafür, daß die intensive Beschäftigung mit dem Körper sich ingsgesamt genommen für Frauen auch auszahlt. Die größere Sensibilität, die sie für körperliche Prozesse und Veränderungen entwickeln, macht die Frauen offenbar bereit, in einem früheren Stadium nach Hilfen für ihre Leiden Ausschau zu halten als das Männer tun, wobei gerade diese Verhaltensweisen mit der sozioökonomischen Lage der Frauen variieren.[20] Professionelle Hilfe von Gesundheitsexperten macht dabei sicherlich nur einen Teil der Vorkehrungen aus, die die Frauen ergreifen. Vieles spricht dafür, daß Frauen besonders bei eigenen Gesundheitsbeschwerden sowie bei solchen ihrer nächsten Familienangehörigen auf ihre eigenen sozialen Netzwerke und Unterstützungssysteme zurückgreifen, in erster Linie auf ihre weiblichen Verwandten, ihre Freundinnen, Nachbarinnen und Kolleginnen. Mit ihnen beraten sie sich ebenso eingehend über ihr gesundheitlichen Störungen wie mit dem Arzt. Und anders als mit diesem stoßen sie dabei nicht auf verbale Mißverständnisse oder Verständigungsschwierigkeiten. Einer anderen Frau läßt sich immer klar machen, worin die eigenen Leiden gerade bestehen, und was man wohl am besten zu ihrer Behandlung und Heilung tun könne.

Dieser intensive Austausch über körperliche Mißempfindungen und Beschwerden hat zunächst einmal Entlastungsfunktion. Im Gespräch mit anderen Frauen läßt sich die eigene Angst vor der Krankheit erst einmal auffangen, und die vielen Ratschläge, die man gleichzeitig noch einsammelt, geben Hoffnung, daß sich einer darunter findet, der der Kranken selbst helfen wird.

Das viele Reden über Körperstörungen kann aber auch den Weg vorbereiten für typische Verhaltensmuster der psychosomatisch Kranken. Wenn nämlich die psychosozialen Anteile bei der Entstehung der Erkrankung bzw. bei deren endgültiger Etablierung verdrängt werden müssen, bleibt schließlich nur noch die Rede über organische Prozesse. Solche auf Körpervorgänge reduzierten Sprachspiele werden im übrigen durch die ärztlichen Gesundheitsexperten ständig verstärkt und also als Verhaltensmodus positiv belohnt. Auf diesem Weg lernen die Betroffenen, ihre Krankengeschichte als Organgeschichte zu verstehen, in der kein Platz mehr ist für lebensgeschichtliche Inhalte und Deutungen. Ist die Verdrängung vollständig gelungen, dann sind die Frauen kaum noch in der Lage, Emotionen nach außen dringen zu lassen und ihre Gefühlslagen mitzuteilen. Einmal mehr ist es der Körper, der die Frauen agiert und die Handlungsspielraum bestimmt.

Wie auch immer Frauen mit ihren Beschwerden umgehen, sie tun es in einer Weise, die zur Verlängerung ihres Lebens beiträgt. So gesehen ist es mehr als fragwürdig, wenn man am Mythos von der „Krankheit Frau" festhält. Versteift man sich dennoch darauf, Frauen ganz pauschal als kränklich und schwächlich zu beschreiben, dann handelt es sich um die Festschreibung einer ideologischen Position mit politischen Implikationen, worauf Franke (im Druck) hingewiesen hat:

> Gesundheit und Krankheit sind nicht nur Zustände eines Individuums, sondern in gleicher Weise gesellschaftliche und ökonomische Güter. Es gilt daher zu analysieren, welche ökonomischen Kräfte und Instanzen an welchen Daten interessiert sind und inwiefern Frauen ihre gesellschaftlich inferiore Position u. a. auch mit ihrer eigenen Gesundheit erkaufen.

---

[20] Siehe dazu: Frevert (1984); Gleiss (1973).

Die ideologische Fixierung auf den Mythos von der „Krankheit Frau" hat weitreichende Konsequenzen. Sie lassen sich in allen Verästelungen des Gesundheitsbereichs nachweisen. Hier soll abschließend jedoch nur auf ein – wenngleich zentrales – Problem hingewiesen werden. Als Folge der Abwertung des Gesundheits- und Krankheitsverhaltens von Frauen hat sich ein in gewissem Sinn eindimensionales und männliches Gesundheitskonzept durchgesetzt, das mittlerweile als Maßstab schlechthin im Gesundheitsbereich gilt. Nicht-Leiden-Können oder -Dürfen ist demnach die allgemeinverbindliche Norm, von der die Klagenden und Leidenden abweichen. Ganz auf dieser Linie liegt es dann, wenn man die instrumentellen Funktionen des Körpers positiv bewertet und seine Schwächen abwertet, verleugnet und verdrängt.

Der moderne Schönheitskult ist ein Beispiel dafür, welche Auswirkungen ein solches Gesundheitskonzept hat: körperliche Mängel des noch nicht oder nicht mehr schönen Frauenkörpers werden mit allen Mitteln und Methoden verdeckt, bemäntelt oder einfach wegmanipuliert durch Eingriffe aller Art und chirurgische Operationen als ein letztes Mittel. Schönheit wird nach Maß hergestellt, egal, wie blutig es dabei zugeht. Solche Entwicklungen sind die Ausläufer eines Gesundheitskonzepts, das Schwäche und Defekte nicht mehr zulassen kann. Es ist also höchste Zeit, daß sich ein neues, anderes Gesundheitsbewußtsein etabliert, der Platz läßt für psychosomatische Schwächen und Defekte, die dann wieder ihren selbstverständlichen und notwendigen Stellenwert im Selbstkonzept des Individuums finden können.

Literatur

Balter MB, Levine J, Manheimer DI (1974) Cross-national study of the extent of anti-anxiety/sedative drug use. New Engl J Med 290:769–774

Broverman IK, Broverman DM, Clarkson FE, Rosenkranz PS, Vogel SR (1970) Sex-role stereotyes and clinical judgement of mental health. J Consul Clin Psycho 34:1–7

Bruch H (1973) Eating disorders. Basic Books, New York

Cleary PD, Mechanic D (1982) Sex differences in medical care utilization: An empirical investigation. J Health Soc Behav 23:106–119

Chesler P (1972) Women and madness. Avon Books, New York

Cooperstock R (1974) (ed) Social aspects of the medical use of psychotropic drugs. ARF, Toronto

Cooperstock R, Lennard HL (1978) Role strains and tranquilizer use. ARF, Toronto

Cooperstock R, Hill J (1982) The effects of tranquilization: Benzodiazepine use in Canada. The minister of national health and welfare, Ottawa

Duden B (1987) Geschichte unter der Haut. Klett-Cotta, Stuttgart

Ehrenreich B, English D (1976) Zur Krankheit gezwungen. Frauenoffensive, München

Fischer-Homberger E (1984) Krankheit Frau. Luchterhand, Darmstadt

Franke A (1985a) Die Gesundheit der Männer ist das Glück der Frauen. In: Franke A, Jost I (Hrsg) Das Gleiche ist nicht dasselbe. DGVT-Verlag, Tübingen

Franke A (1985b) Einige Überlegungen zur Geschlechtsspezifität von Gesundheit und Krankheit bei Frauen. Vortrag auf der Tagung: „Medikamente für Frauen – Chemie für die Seele", Bremen

Franke A (1987) Gesundheitsversorgung und die Frauen. In: Walter M (Hrsg) Ach, wär's doch nur ein böser Traum. Frauen und Aids. Hensch, Freiburg, S 70–84

Freud S (1909) Allgemeines über den hysterischen Anfall. (Gesammelte Werke, Bd 7, S 259; Fischer, Frankfurt am Main, 1966ff.)

Frevert U (1982) Frauen und Ärzte im späten 18. und frühen 19. Jahrhundert – Zur Sozialgeschichte eines Gewaltverhältnisses. In: Kuhn A, Rüsen J (Hrsg) Frauen in der Geschichte II. Schwann, Düsseldorf, S 177–210

Frevert U (1984) Krankheit als politisches Problem 1770–1880. Vandenhoeck & Ruprecht, Göttingen

Frevert U (1986) Frauen-Geschichte. Suhrkamp, Frankfurt am Main

Glaeske G Das sogenannte Frauensyndrom. Tagungsbeitrag zum Expertengespräch der BzgA: Frauen und Gesundheit – Neue gesundheitserzieherische Ansätze zur Förderung der Gesundheit der Frau, Travemünde 1987

Gleiss I, Seidel R, Abholz R (1973) Soziale Psychiatrie. Fischer, Frankfurt am Main

Gove WR, Hughes M (1979) Possible causes of the apparent sex differences in physical health: An empirical investigation. Am Socio Rev 44:126–146

Graham H (1984) Women, health and the family. Harvester, Brighton

Halhuber C (1979) Frauen werden älter, aber sie sind früher kaputt. Psych heute 6:42–45

Hausen K (1976) Die Polarisierung der „Geschlechtscharaktere" – Eine Spiegelung der Dissoziation von Erwerbs- und Familienleben. In: Conze S (Hrsg) Sozialgeschichte der Familie in der Neuzeit Europas. Klett, Stuttgart

Hausen K (1986) Patriarchat. J Gesch 5:12ff

Helfferich C, Walter M, Franzkowiak P (1986) Risikoaffinität und Gesundheitsverhalten in der Sozialisation weiblicher Jugendlicher. Bundeszentrale für gesundheitliche Aufklärung, Köln

Herzlich C (1969) Santé et maladie, Mouton, Paris

Hollister L (1977) Valium: A discussion of current issues. Psychosom 18:44–58

Honnegger C, Heintz B (1984) Listen der Ohnmacht. Syndikat, Frankfurt am Main

Huerkamp C (1985) Der Aufstieg der Ärzte im 19. Jahrhundert. Vandenhoeck & Ruprecht, Göttingen

Koos E (1954) The health of Regionsville. Columbia Univ Press, New York

Labisch A (1985) Die soziale Konstruktion der „Gesundheit" und des „homo hygienicus". Zur Soziogenese eines sozialen Gutes. Österreich Z Sozio 10:60–81

Lennane J, Lennane J (1973) Alleged psychogenic disorders in women – a possible manifestation of sexual prejudice. New Engl J Med 288:288–292

Lewin E, Olesen V (1985) (eds) Women, health and healing. Tavistock, London

Mac-Lennan A (1976) (ed) Women: Their use of alcohol and other legal drugs. ARF, Toronto

Mader P (1984) Gestörtes Essverhalten. Neuland, Hamburg

Manheimer DI, Davidson ST, Balter MB, Mellinger GD, Cisin IH, Parry H (1973) Popular attitudes and beliefs about tranquilisers. Am J Psychiatr 130:1246–1253

Mechanic D (1983) The experience and expression of distress: The study of illness behavior and medical utilization. In: Mechanic D (ed) Handbook of health, health care and the health professions. Macmillan, New York

Mechanic D (1986) Form advocacy to allocation. Macmillan, New York

Mielck A (1986) Männersyndrom. Soz Med 13:19

Moebius PJ ([8]1907) Über den physiologischen Schwachsinn des Weibes. Marhold, Halle

Nathanson C (1975) Illness and the feminine role: A theoretical review. Soc Sci Med 9:57–62

Orbach S (1981) Anti-Diät-Buch. Frauenoffensive, München

Orbach S (1984) Anti-Diät-Buch II. Frauenoffensive, München

Parsons T (1951) The social system. Free Press, London

Parsons T (1964) Definitions of health and illness in the light of american values and social structure. In: Parsons T (ed) Social structure and personality. Free Press, London, p 274

Parsons T (1973) Das Inzesttabu in seiner Beziehung zur Sozialstruktur und zur Sozialisierung des Kindes. In: Parsons T (Hrsg) Soziologische Theorie. Luchterhand, Darmstadt

Parsons T, Bales RF, Olds J, Zelditch M, Slater PE (1955) Family, socialisation, and the interaction process. Free Press, New York

Peters E (1920) Frauenleben – Frauenliebe. Volkskraft, Konstanz, S30

Phillips DL, Segal BE (1969) Sexual status and psychiatric symtoms. AM Socio Rev 34:58–72

Pross H (1975) Die Wirklichkeit der Hausfrau. Rowohlt, Reinbek

Riemann I (1985) Soziale Arbeit als Hausarbeit. Fachhochschule, Frankfurt am Main

Robinson D (1971) The process of becoming ill. Routledge & Kegan Paul, London

Rodin J, Silberstein L, Striegel-Moore R (1985) Women and weight: a normative discontent. In: Sonderegger TB (ed) Psychology and gender. Univ Nebraska Press, Lincoln (Nebraska Symposium on motitation 1984)

Sachsse C (1986) Mütterlichkeit als Beruf. Suhrkamp, Frankfurt am Main

Schaps R (1982) Hysterie und Weiblichkeit. Campus, Frankfurt am Main

Schlesier R (1981) Konstruktionen der Weiblichkeit bei Sigmund Freud. Europäische Verlagsanstalt, Frankfurt am Main

Scholz R, Schubert P (1982) (Hrsg) Körpererfahrung. Rowohlt, Reinbek

Sherman JA (1980) Therapist attitudes and sex role stereotyping. In: Brodsky AM, Hare-Mustin RT (eds) Woman and psychotherapy. Gilford, New York, pp 35–66

Shorter E (1984) Der weibliche Körper als Schicksal. Piper, München

Sichrovsky P (1984) Krankheit auf Rezept. Kiepenheuer & Witsch, Köln

Stacey M (1985) Women and health: The United States and the United Kingdom compared. In: Lewin E, Olesen V (eds) Women, health, and healing. Tavistock, London, pp 270–303

Statistisches Bundesamt (1983) (Hrsg) Frauen in Familie, Beruf und Gesellschaft. Stuttgart

Süssmuth R (1987) AIDS: Wege aus der Angst. Hoffmann & Campe, Hamburg

Theweleit K (1971, 1972) Männerphantasien. Roter Stern, Frankfurt (Bd 1, 2)

Twaddle AC (1969) Health decisions and sich role variations: an exploration. J Health Soc Behav 10:105–115

Verbrugge LM (1976) Sex differences in morbidity and mortality in the United States. Soc Bio 23:275–296

Verbrugge LM (1979) Female illness rates and illness behovior: Testing hypotheses about sex differences in health. Woman and Health 4:61–79

Verbrugge LM; Steiner RP (1981) Physical treatment of men and women patients. Sex bias of appropriate care? Med Care 19:609–632

Vogt I (1983) Frauen als Objekte der Medizin: Das Frauensyndrom. Leviathan 11:161–199

Vogt I (1985a) Frauen im Medizinsystem- Frauensyndrom und „Krankheit Frau". Österreich Z Sozio 10:127–138

Vogt I (1985b) Für alle Leiden gibt es eine Pille. Westdeutscher Verlag, Opladen

Vogt I (1986) Reflexionen über das Frauensyndrom. Soz Med 13:4–10

Weininger O ([8]1906) Geschlecht und Charakter. Wilhelm Braumüller, Wien

Zola IK (1972) Studying the decision to see a doctor. Adv Psychosom Med 8:216–236

Zola IK (1983) Sozio-medical inquiries. Temple Univ Press, Philadelphia

Zum Problem des Fortschritts in der Psychiatrie

J. Glatzel

Betrachtet man die Entwicklung der Psychiatrie von der „Geste du Pinel" bis zu den ersten Berichten über die Behandlungserfolge mit Imipramin, so wird auch der Skeptiker einen kontinuierlichen Fortschritt psychiatrischer Therapeutik nicht bestreiten wollen. Auch bezüglich der Psychopathologie scheint der Weg von den Spätromantikern Heinroth, Ideler und Carus über die Einheitspsychotiker und Kraepelin bis hin zu Schneider ein stetes Voranschreiten, einen unentwegten Zuwachs an Wissen und Einsicht in die Vielfalt psychischer Abwegigkeiten zwingend nahezulegen.

Die Tatsache allerdings, daß innerhalb offenbar recht konstanter Zeitintervalle nicht nur dieselben Probleme die Diskussion beherrschen, sondern auch immer wieder die nämlichen Lösungsansätze thematisiert werden, legt es nahe, nach dem Fortschrittsbegriff dieser Disziplinen zu fragen.

Eine generelle Skepsis gegenüber dem Gedanken an einen Fortschritt insbesondere in der Psychopathologie – bisweilen liebevoll gepflegt – hat ihre Vorläufer in der Fortschrittsfeindlichkeit mancher Denker des 18. und 19. Jahrhunderts. So meint Rousseau: „In dem Maße, in dem unsere Wissenschaft und Künste zur Vollkommenheit fortschritten, sind unsere Seelen verderbt worden." Im Namen der „Natur" wandte er sich gegen das „Vernüftige". Es gelte, den "Irrgang der Verstandeskultur" rückgängig zu machen, um eine natürliche, der echten Menschennatur entsprechende Gesellschaftsordnung aufzurichten. (Die gegenwärtige Aktualität Rousseaus belegt ein Blick in die Leitartikel der Tagespresse.) Der Genfer Uhrmachersohn stand gegen Voltaire („Wir nehmen uns, was uns gut zu sein dünkt, von Aristoteles bis Locke und machen uns über den Rest lustig"; zit. nach Heinicke 1965) und gegen die französischen Enzyklopädisten. Diese glaubten an die befreiende Kraft der Wissenschaft, auf deren Grundlage eine neue Ordnung aller Dinge anzustreben sei und die jene „mathematische Methode" lehre, die allein eine Verwirklichung des Ideals der "Klarheit und Deutlichkeit" erlaube.

Es ist das Fortschrittsverständnis der deutschen Klassik (Lessing, Herder, Goethe) – Wieland hatte 1770 dieses Wort erstmals benutzt –, ein Fortschrittsbegriff, den Nietzsche „bloß eine Idee, das heißt eine falsche Idee" genannt und in dem Spengler die „Erstarrung des unabwendbaren Endes" gesehen hatte.

Droysen und Dilthey wehrten sich im Ausgang des 19. Jahrhunderts gegen die Tendenz, Fortschritt an die Begründung von Gesellschaft und Geschichte in Naturgesetzlichkeiten zu binden. Der Übertragung naturwissenschaftlicher Methoden auf ihren Forschungsgegenstand begegneten sie mit einer autonomen Fundierung der Geschichtswissenschaften.

Wagner (Hrsg.), Medizin – Momente der Veränderung
© Springer-Verlag Berlin Heidelberg 1989

Die gegenwärtige Psychiatrie – und, soweit geduldet, die Psychopathologie – steht in der Tradition der Enzyklopädisten. Die beeindruckende Selbstverständlichkeit, mit der sie sich heute als angewandte Naturwissenschaft definieren will – in ähnlicher Unbedingtheit war sie vor 20 und 30 Jahren bereit, als angewandte Psychoanalyse oder Soziologie ihre Eigenständigkeit preiszugeben –, erlaubt es ihr, jene Kriterien zu formulieren, anhand deren ein Ansatz, eine neue Einsicht als Fortschritt zu definieren ist. Im Krankensaal etwa bemißt sich der Fortschritt an der Zeitspanne zwischen erlittener sozialer Inkompetenz und Rehabilitation, ausgedrückt in Bettzahlen, Verweildauer und Prozenten der Erwerbsminderung. Und in der Studierstube bzw. dem Laboratorium gilt als Fortschritt die konsequente Übersetzung bzw. Überführung eines psychologischen bzw. psychopathlogischen Sachverhalts in biologische Parameter nach vorgängiger Isolierung vermeintlich transindividueller Indikatoren psychischer Abnormität.

Der Forscher, der sich auf der Höhe seiner Zeit weiß, verzichtet tunlich auf die Lektüre eines Heinroth und Ideler, eines v. Gebsattel, Binswanger und Kuhn u. a. – es sei denn, er wolle sich mit dem anachronistisch-lächerlichen Attribut des historisch gebildeten Seelenarztes schmücken.

Nicht nur gegenwärtiges und zukünftiges Denken bestimmt die psychiatrischen Enzyklopädisten, sie wissen sich auch berufen, die Vergangenheit ihrer Wissenschaft zu richten. „Wo man nun wirklich versucht, den neuen Menschen (d. h. die neue Psychiatrie) zu schaffen", schreibt Gehlen in einem Aufsatz über die Säkularisierung des Fortschritts, „dort ändert sich das Verhältnis zur Geschichte. Dies geschieht meist so, daß die siegreiche Fortschrittsgruppe die Wurzeln der alt etablierten Herrschaftsmächte abgräbt und ihre eigene Geschichtslosigkeit zum Prinzip der Gesamtgesellschaft ausruft."

Eine zentrale Rolle in der Argumentation enzyklopädischer Psychiatrie spielt die Idee der Objektivität. Die Forschungsansätze müssen objektivierende sein, Sachverhaltsdarstellungen operationalisierbar und die erhobenen Begriffe intersubjektiv verifizierbar. Objektivität soll sich verwirklichen im Nachweis einer Vorgehensweise, die es ermöglicht, durch Introspektion und Verstehen evident gewordene psychologisch-psychopathologische Zusammenhänge biologischen Parametern zu parallelisieren und in falsifizierbaren Protokollsätzen auszudrücken. Diese Forderung impliziert die Konstruktion eines Gegensatzes zwischen einer unverbindlich unexakten, an die einmalige Person des Forschers gebundenen subjektiven Psychopathologie auf der einen, einer verbindlich exakten, weil intersubjektiv verifizierbare Regelhaftigkeit abbildenden objektiven Psychopathologie auf der anderen Seite. Tatsächlich handelt es sich hier aber um einen Schein-Gegensatz. Die Rede von wahrnehmungsunabhängigen Naturgesetzen, aus denen objektive, nicht an den Beobachter und dessen Denkschemata und Vorannahmen gebundene, jedermann einsichtige Fakten abgeleitet werden können, meint eine durch nichts zu belegende Glaubensüberzeugung. (Die Entscheidung für Kopernikus oder Ptolomäus, Newton oder Goethe kann sich nicht des Kriteriums der Wahrheit bedienen.) Die Gesetze, gemäß denen wir physikalische und biologische Geschehensabläufe ordnen, sind nicht in der Natur vorgegeben, d. h. sie sind nicht empirisch auffindbar. Als unerläßliche Voraussetzungen eines von uns geforderten stimmigen und vernünftigen Handelns tragen wir sie an die Geschehnisse heran. Die Weise seines Erfahrens konstituiert den Gegenstand. Die Übersetzung eines psychopathologischen Sachverhalts in ein bestimmtes Muster biologischer Parameter, die Transformation eines zeitlich ausgedehnten seelischen Geschehens in eine Sequenz biochemischer Reaktionen bedeutet Objektivierung nicht mehr als die Darstellung des nämlichen Sachverhalts, etwa in der Sprache der Daseinsanalyse. In beiden Fällen bedient sich der Beobachter apriorischer Festsetzungen, d. h., er verwendet ein Koordinatensystem, mit dessen Hilfe der Gegenstand des Interesses vermessen bzw. formuliert wird, um ihn greifbar, d. h. beherrschbar zu machen. Der besondere, nicht hinlänglich reflektierte Objektivitätsbegriff steht hinter den Forderungen, die eine enzyklopädische Psychiatrie an eine wissenschaftliche Theorie stellt. An erster Stelle stehen instrumentale Festlegungen, die vorschreiben, welche Instrumente eingesetzt werden dürfen. In Frage kommen allein messende Instrumente, die zu quantifizierbaren Resultaten führen. Berücksichtigt werden nur solche Meßdaten, die sich innerhalb festgelegter Grenzen bewegen und deren Aussagekraft und damit Verwendbarkeit mit Hilfe der Fehlerrechnung ermittelt werden kann. Vorschriften legen fest, welche Eigenschaften eine Theorie besitzen muß und welche Experimente über ihre Ablehnung oder Anerkennung entscheiden. Schließlich werden jene Axiome als gültig übernommen, auf denen die herangezogenen Naturgesetze beruhen.

Ein Beispiel: Die biologische Depressionsforschung geht von der Festlegung aus, im Gebiet des Psychopathologischen ließen sich abnorme seelische Tatbestände auch unabhängig von dem jeweils Betroffenen begrifflich darstellen. Sie postuliert also den wahrnehmungsunabhängigen, intraindividuell identischen psychopathologischen Tatbestand. Andere axiomatische Festlegungen liefern die naturwissenschaftlichen Disziplinen, deren Gesetze Grundlagen jener biochemischen, neurochemischen, neurophysiologischen usw. Studien sind, die dem Aufweis somatopsychischer Korrelationen oder Entsprechungen dienen. Instrumentale Festsetzungen bezeichnen auf der psychiatrischen Ebene die zur Gewinnung der Tatbestände eingesetzten Mittel oder Instrumente in Gestalt von Fragebögen wechselnder Zielrichtung. Judikale Festsetzungen schließlich bestimmen, welcher Art die Experimente sein müssen, die über Annahme oder Verwerfung einer Theorie entscheiden. Da die enzyklopädische Psychiatrie sich diesem Theorieverständnis verpflichtet weiß, ist ihr Fortschritt auch nur in einem bestimmten Sinn denkbar. Fortschritt bedeutet demnach die Ableitung von Theorien aus vorgegebenen Axiomen und die genaue Bestimmung der gemäß der Theorie zu fordernden Konstanten. Noch einmal am Beispiel der biologisch forschenden Psychiatrie exemplifiziert heißt das: Fortschritt muß sich auf 2 Ebenen ereignen. Zum einen gilt es, das Wissen um jene Funktionen und Funktionsträger zu präzisieren, zu denen interindividuell identische, psychisch-psychopathologische Tatbestände in Beziehung gesetzt werden sollen. Zum anderen gilt es, eben diese Tatbestände weiter zu differenzieren mit der Absicht, die somatopsychischen Korrelationen und Entsprechungen von der Vieldeutigkeit über die Mehrdeutigkeit zur Eindeutigkeit zu bringen. Das Ziel ist erreicht, wenn es gelingt, den nämlichen Sachverhalt sowohl in der Sprache der Biologie als auch derjenigen der Psychopathologie abzubilden, dergestalt also, daß die verschieden beschriebenen Tatbestände miteinander identisch sind. Zwei Aussagen sind dann miteinander identisch, wenn das von ihnen in unterschiedlichen Formulierungen Bezeichnete nichts Verschiedenes ist. Bezogen etwa auf die Depressionsforschung heißt das: Ein bedeutsamer Schritt in Richtung auf die Vollendung der Psychiatrie in diesem Feld wäre getan, wenn der psychopathologische Terminus Melancholie in eine bio- oder neurochemische Formel oder eine definierte Sequenz derartiger Formeln übersetzt werden könnte, ohne daß etwas verloren ginge von der

Information, die mit dem Begriff Melancholie vermittelt wurde und ohne daß etwas nicht in diesem Begriff Enthaltenes hinzuträte.

Es gibt keinen vernünftigen Grund, der enzyklopädischen Psychiatrie die Legitimation ihres Fortschrittsbegriffs zu bestreiten, nicht einmal ihr mögliches Scheitern darf die Berechtigung des Ansatzes in Frage stellen.

Zu bestreiten ist jedoch dessen Verabsolutierung, das Verlangen, Psychiatrie und Psychopathologie müßten sich eben diesen Begriff von Fortschritt zu eigen machen, wollen sie nicht den Anspruch auf Wissenschaftlichkeit aufgeben. Dem enzyklopädischen ist ein anderer Fortschrittsbegriff gegenüber bzw. an die Seite zu stellen.

Fortschritt kann nicht nur verstanden werden als Explikation eines wissenschaftlichen Systems, d. h. als eines axiomatischen Systems. So wenig wie Theorien und Theorienhierarchien wahrnehmungsunabhängig sind, so wenig bezeichnen Axiomsysteme – und begründeten sie vermeintlich objektive Naturgesetze – apriorisch in der Natur vorfindliche Tatsachen. Hübner wendet sich gegen die Verabsolutierung eines, hier enzyklopädisch genannten Fortschrittsbegriffs, wenn er schreibt: „Wir sollten es also, glaube ich, endgültig aufgeben, den Entwicklungsaspekt der wissenschaftlichen Erkenntnis mit dem Malen eines Portraits zu vergleichen, das man immer genauer, immer besser den wirklichen Menschen immer ähnlicher machen kann." Auch Kuhn unterscheidet ein „konvergentes Denken", dem etwa ein Fortschrittsbegriff im Sinn der Explikation eines wissenschaftlichen Systems entspricht, von einem divergenten Denken. Von letzterem schreibt er: „Divergentes Denken ... die Freiheit, verschiedene Wege zu beschreiten ... die Zurückweisung der alten Lösung und der Neubeginn einer anderen Richtung."

Hübner stellt dem Fortschrittsbegriff I – Explikation wissenschaftlicher Systeme (enzyklopädischer Fortschrittsbegriff) – die Mutation als Fortschritt II an die Seite, die auf der Änderung der Systemgrundlage beruht. Nun ist es dem Wissenschaftler und auch dem Psychiater durchaus nicht freigestellt, sich bei der Förderung seiner Disziplin mal des einen, mal des anderen Fortschrittsbegriffs zu bedienen. Es hängt nicht allein von seinem Geschmack ab, ob er konvergent oder divergent denken will.

Die Notwendigkeit von der Explikation im Sinn des Enzyklopädischen zur Mutation, d. h. einem Paradigmenwechsel, überzugehen, muß zwingend erwiesen sein, anders wäre der Wechsel von einem zum anderen Ansatz nicht nur willkürlich, sondern auch unökonomisch, weil die Möglichkeiten des Wissenszuwachses auf dem Weg des systemgebundenen konvergenten, d. h. explikativen Forschens nur unzulänglich ausgelotet wären und ihnen daher irgendwann einmal wieder nachgegangen werden müßte. Andererseits bedeutet es ein steriles Auf-der-Stelle-Treten – steril trotz der kontinuierlichen Anhäufung immer höherer Datenberge –, wollte man trotz der offensichtlichen Notwendigkeit eines Paradigmenwechsels an einem fälschlich absolut gesetzten Forschungskonzept festhalten. Diese Notwendigkeit ergibt sich am häufigsten, wenn es mit Hilfe des bisherigen Ansatzes nicht gelingt, Widersprüche und Unklarheiten zu beseitigen und umfassende stimmige Zusammenhänge herzustellen.

Auf eine alltägliche klinische Erfahrung, die aus der Sicht einer enzyklopädischen Psychiatrie einen unlösbaren Widerspruch darstellt, sei hingewiesen. Schizophrenie versteht die biologische Psychiatrie als Resultante aus einem notwendigen – aber nicht hinreichenden – pathosomatischen Basisprozeß und vorgegebenen individuellen Dispositionen. Träfe diese Annahme zu, so ergäben sich daraus zwingend die beiden folgenden Schlußfolgerungen. Zum einen wäre eine – zumindest relative – intraindividuell unbegrenzte Mannigfaltigkeit schizophrener Persönlichkeitsstörungen zu erwarten, zum anderen eine – zumindest relative – individuelle Syndromkonstanz über den Zeitverlauf. Das 1. Postulat folgt aus der Tatsache, daß die individuelle Matrix bezüglich zweier Probanden niemals die, gleiche sein kann. Das 2. ergibt sich aus der Überzeugung, daß der individuellen Disposition im Verlauf einer Biographie eine weitgehende Konstanz zukommt, daß radikale Modifikationen der geprägten Einstellungs- und Handlungsbereitschaften allenfalls als Folge gravierender organischer Hirnaffektionen denkbar sind. Die alltägliche klinische Erfahrung nun ist mit beiden Postulaten nicht in Übereinstimung zu bringen, diese klinische Erfahrung kann – bezogen auf den enzyklopädischen Forschungsansatz – nur mit 2 einander widersprechenden Prämissen erklärt werden.

Als gesicherter klinischer Wissensbestand darf gelten, daß es möglich und angängig ist, eine begrenzte Anzahl von Typen schizophrenen Krankseins darzustellen. Unbestritten ist also eine relative Monotonie jener psychopathologischen Syndrome, die konventionsgemäß mit dem Begriff Schizophrenie belegt werden. Diese relative Monotonie ist – vom erwähnten Schizophrenieverständnis ausgehend – nur erklärbar mit einer gegenüber der individuellen Disposition wesentlich stärkeren Penetranz des Faktors pathosomatischer Basisprozeß. Aber auch eine andere Tatsache zählt zu dem gesicherten Bestand klinischen Wissens. Ein keineswegs zu vernachlässigender Teil schizophrener Psychosen unterliegt über die Jahre und Jahrzehnte gesehen einem Stilwandel in Richtung auf das Melancholische, und zwar dergestalt, daß nicht selten eine Differenzierung vom primär Melancholischen schließlich nicht mehr gelingt. Von einem dem erwähnten Schizophrenieverständnis analogen Verständnis der endogenen Depression ausgehend, kann ein solcher „Gestaltwandel" aber nur mit der Annahme erklärt werden, der Faktor pathosomatischer Basisprozeß stehe hinsichtlich seiner gestaltenden Kraft, d. h. seines die Sichtpsychose prägenden Gewichts, hinter der spezifischen individuellen Ausstattung deutlich zurück. Das heißt, daß aus der Perspektive des enzyklopädischen Forschungsansatzes 2 der Klinik hinlänglich geläufige Beobachtungen nur mit 2 einander offenbar widersprechenden Prämissen zu erklären sind.

Prüft man, welche Wege der enzyklopädischen Psychiatrie zur Verfügung stehen, um diesen aus ihrem Ansatz resultierenden Widerspruch aufzulösen, so wird man sich ihrer eingangs erwähnten Festlegungen entsinnen. Sowohl die syndromale Konzeption des Gegenstands Schizophrenie als auch die deskriptive Erfassung des Formwandels über die Zeit orientieren sich an den axiomatischen Festlegungen auf der psychopathologischen Ebene ebenso wie auf der biologischen. Sie stehen auch nicht im Widerspruch zu den instrumentalen Festlegungen, d. h., es sind jene Vorschriften eingehalten, denen die Gewinnung der forschungsrelevanten Tatbestände genügen soll. Ein Gleiches gilt für die funktionalen und die judikalen Festlegungen. Mit anderen Worten: Zu den klinischen Tatsachen gelangt man mit Hilfe des von der enzyklopädischen Psychiatrie als einzig sachangemessen behaupteten Theorieverständnisses. Gerade aufgrund dieser Theorientreue gelangt man zu Schlußfolgerungen, die jeweils einer der klinisch geläufigen Beobachtungen widersprechen, sie nicht zulassen. Diese Einsicht kann und muß den Ansatz einer enzyklopädischen Psychiatrie nicht generell in Frage stellen, wohl aber zeigt sie dessen partielles Ungenügen. Die Explikation des durch die erwähnten Festlegungen bestimmten wissenschaftlichen, also axiomatischen Systems – d. h. das Arbeiten im Blick auf den enzyklopädischen Fortschrittsbedarf – wird über den gezeigten Widerspruch nicht hinweghelfen können. Die Kenntnis vom pathosomatischen Basisprozeß mag vertieft und ausdifferenziert, das Instrumentarium zur objektivierenden Erfassung psychopathologischer Phänomene verfeinert und die Vorschriften über den Umgang mit den Daten und ihre Auswertungen mögen präzisiert werden: Die angesprochenen klinischen Beobachtungen werden weiter ärgerlich, weil inkompatibel bleiben.

Fortschritt, sich spiegelnd in der Übereinstimmung zwischen wissenschaftlichem System und beobachtbaren Fakten, verlangt zumindest in diesem Punkt eine Änderung der Systemgrundlage, d. h. einen Paradigmenwechsel. Der enzyklopädische Fortschrittsbegriff trägt hier nicht weiter; an seiner statt ist ein divergentes Denken geboten. Aufzugeben ist die axiomatische Festlegung, die eine bestimmte Auffassung dessen impliziert, was ein psychopathologischer Tatbestand (Symptom) ist. In manchen Bereichen kann die Psychiatrie durchaus mit einem solchen Symptombegriff arbeiten. Zu denken ist an viele Störbilder im Zusammenhang mit einer organischen Hirnaffektion. Auf die sog. endogenen Psychosen übertragen aber führt dieser Ansatz – nicht nur in dem gewählten Beispiel – zu Widersprüchen. Daß deren Überwindung bzw. Auflösung auf der Basis einer anderen axiomatischen Festlegung gelingt, sei angedeutet.

Es kann versuchsweise gesagt werden, es gebe Weisen des Erlebens und daraus resultierend auch des Verhaltens, die offenbar von der Mehrzahl der Menschen als fremdartig und befremdlich gewertet werden, weil sie von ihnen bislang nicht erfahren wurden. Deren somatische Fundierung bleibt ebenfalls selbstverständlich. Auch die biologische Verankerung neurotischer Persönlichkeitsstörungen wird schließlich niemand in Abrede stellen wollen, ohne damit allerdings die Forderung nach intersubjektiver Verifizierbarkeit neurotischer Symptome zu erheben oder von ihrer unterschiedlichen relativen Somanähe zu reden.

Bezogen auf die Schizophrenie (bzw. die Melancholie) heißt das: Das diagnostizierende oder typisierende Urteil des Psychiaters bzw. Psychopathologen bewertet die Art und Weise wie dieser Mensch einem gemeinsamen Wahrnehmungsgegenstand zugewandt ist, d. h. dessen Wahrnehmungs- bzw. Auffassungsperspektive. Psychopathologische Tatbestände meinen dann den Sinn faktisch vollzogener oder virtueller, d. h. sprachlich dargestellter Handlungsentwürfe. Ihre Identität resultiert nicht aus objektivierbaren formalen Elementen – gewonnen als verbale Abbildungen seelischen Befindens und Erlebens –, sondern orientiert sich an der Intentionalität, d. h. an dem erkannten Sinn virtuellen oder faktisch vollzogenen Handelns. Konzipiert man den Begriff des psychopathologischen Tatbestands, d. h. also des psychotischen Symptoms, und die – für die eine psychiatrische Krankheitslehre zweifellos unverzichtbare – Rede von der Identität psychiatrischer Symptome unter Bezug auf die im faktischen oder virtuellen Handlungsvollzug artikulierte Wahrnehmungsperspektive und damit auf die Sinnhaftigkeit als die auf einen bestimmten werthaltigen Sachverhalt gerichtete Intention, so bedeutet das natürlich ein Aufgeben der axiomatischen Festlegung einer enzyklopädischen Psychiatrie. Schizophrenie (und ebenso Melancholie) bezeichnet dann nicht eine Summe intersubjektiv verifizierbarer Symptome, sondern eine Wahrnehmungs- bzw. Auffassungsperspektive, eine sinnhafte intentionale Gerichtetheit. Es ist nicht zu erwarten, daß die nämliche Wahrnehmungsperspektive, in der 2 oder auch mehr Menschen einem Gegenstand zugewandt sind, sprachlich gleichartig zur Darstellung kommt. Es ist sogar durchaus denkbar, daß die Verbalisationen so deutlich differieren, daß derjenige, der seine Aufmerksamkeit allein auf sie als vermeintlich objektivierbare

Sachverhalte konzentriert, bei beiden Probanden zu Unrecht ganz unterschiedliche Einstellungen, intentionale Gestimmtheiten usw. unterstellt.

Der gegenwärtig so heftig beforschte pathologische Basisprozeß wird deswegen nicht geleugnet, wohl aber wird behauptet, er sei im Blick auf die Sichtpsychose phänotypisch belanglos. Auch die instrumentalen Festlegungen werden von einem solchen Paradigmenwechsel – neben den axiomatischen – betroffen. Angemessen sind nicht objektivierbare Meßverfahren. Die spezifische Sinnhaftigkeit eines faktisch vollzogenen oder imaginierten Handlungsentwurfs erschließt sich nur einer Beziehung zwischen dem einen und dem anderen, die insofern schließlich zu einer Verständnisgemeinschaft wird, als der andere – hier also der Psychopathologe – durch Übernahme der ihm fremden Wahrnehmungsperspektive jene besondere Sinnhaftigkeit und intentionale Einstellung erfaßt, deren Unkenntnis ihn vor Eintritt in die Beziehung befremdete, verwirrte und gegebenenfalls erschrak.

Ebenso wandeln sich funktionale und judikale Festlegungen. Da Meßdaten im engeren Sinn nicht gewonnen werden – eine Verständnisgemeinschaft in der skizzierten Form kann lediglich erlebt (horribile dictu!), nicht skaliert werden –, erübrigen sich Angaben über den Umgang mit ihnen ebenso wie Bestimmungen von Fehlergrenzen usw.

Suspendiert man in dieser Weise die Festlegungen einer enzyklopädischen Psychiatrie, d. h., suspendiert man das diesen Forschungsansatz charakterisierende Paradigma, indem man insbesondere dessen axiomatische Festlegung durch eine andere ersetzt, so bedeuten die beschriebenen klinischen Tatsachen weder einen Widerspruch noch eine Unstimmigkeit.

Die Erscheinung eines sog. Gestaltwandels ist aus dieser Perspektive nicht nur kein Ärgernis, sondern sogar zu fordern. Psychopathologische Tatbestände und so auch psychiatrische Symptome, verstanden als virtuelle oder faktisch vollzogene Handlungsentwürfe, in denen sich eine beschreibbare – verzerrte bzw. abgewandelte – Wahrnehmungsperspektive abbildet, müssen situationsabhängig sein in einem sehr weiten Sinn. In ihnen spiegeln sich die durch die relevanten Bezugspersonen repräsentierten Erwartungen ebenso wie die äußeren Konstellationen, unter denen sich die Beziehung verwirklichte. Sie sind abhängig von aktualisierten Erfahrungen im Umgang mit der eigenen Person ebenso wie im Umgang mit einem bestimmten Partner und einem Umfeld, in dem und auf das bezogen sich das soziale Handeln ereignet. So ist von vornherein mit einer Vielzahl realisierter psychopathologischer Tatbestände über die Dauer der Erkrankung hinweg als selbstverständlich zu rechnen.

Enzyklopädischer Fortschrittsbegriff, wie ihn z. B. die biologische Psychiatrie vertritt, und Fortschritt, der divergentes Denken verlangt, schließen einander nicht aus. Fortschritt in der Psychopathologie – und auch in der Psychiatrie – als Übersetzung des im Umgang mit psychisch abnormen Erfahrenen und Beobachteten in ein Theoriensystem, verlangt die ständige Bereitschaft zum Paradigmenwechsel, d. h., er ist nicht vereinbar mit der starren unbedingten Orientierung an einen bestimmten Fortschrittsbegriff. So wie einzelne Tatsachen – zumindest gegenwärtig – nur auf dem Hintergrund eines biologisch-naturwissenschftlichen Paradigmas schlüssig zu interpretieren und in ein Theoriensystem zu integrieren sind, gilt für andere, ebenso offenkundige Sachverhalte, daß sie sich nur mit Hilfe anderer axiomatischer Festlegungen befriedigend mit der konsensierten klinischen Realität in Übereinstimmung bringen lassen.

Literatur

Glatzel J (1978) Allgemeine Psychopathologie. Enke, Stuttgart
Glatzel J (1981) Spezielle Psychopathologie. Enke, Stuttgart
Hübner K (^{2}1979) Kritik der wissenschaftlichen Vernunft. Alber, Freiburg München
Meinicke F (1965) Die Entstehung des Historismus. Karger, Basel
Nietzsche F (^{8}1978) Umwertung aller Werte. Kröner, Stuttgart
Rousseau JJ (Ausg. 1978) Abhandlung über die Wissenschaften und Künste. In: Ritter H von (Hrsg) J. J. Rousseau: Schriften. Bd I. Beck, München Wien
Spengler O (1922) Der Untergang des Abendlandes. Beck, München
Wieland CM (1857) Betrachtungen über J. J. Rousseaus ursprünglichen Zustand des Menschen. Werke Band 29. Göschen, Leipzig

Die Gegensätzlichkeit von Praxis und Technik in der Psychosomatik*

P. Novak

Mag es zunächst als reine Behauptung gelten, daß die moderne psychosomatische Medizin in bedeutendem Maße auf neuere Erscheinungsformen des Gegensatzes, wenn nicht des Widerspruchs zwischen Technik und Praxis in der Medizin zurückgeht. „Neuere Erscheinungsformen" zu sagen, ist deswegen angebracht, weil dieser Gegensatz oder Widerspruch bereits vor mehr als 2000 Jahren sichtbar geworden ist und der Erfahrung zugänglich wird, wenn man z. B. Platos Phaidros liest, besonders aber, wenn man sich mit Aristoteles' Nikomachischer Ethik auseinandersetzt. Es sei zusätzlich noch behauptet, daß die frühere Erscheinung des Widerspruchs zwischen Technik und Praxis gegenwärtige Probleme medizinischer Praxis besser zu verstehen und möglicherweise auch zu lösen erlaubt. Wenn man die Werke der Begründer der modernen Psychosomatik betrachtet – ich erwähne nur Viktor v. Weizsäcker, Alexander Mitscherlich und Thure v. Uexküll –, so werden m. E. hauptsächlich 3 Determinanten sichtbar, die ihren Zugang zur Psychosomatik in der Weise bestimmen, daß er in hohem Maße als Zugang zum Widerspruch zwischen Technik und Praxis in der Medizin charakterisierbar wird:

- Eine dieser Bedingungen ist die Vorherrschaft eines Begriffs von Gesundheit entsprechend der Konzeption eines produzierbaren oder reproduzierbaren Gegenstands der Naturwissenschaften und der Technik.
- Eine weitere wichtige Entwicklungsdeterminante für die psychosomatische Medizin darf in der Entwicklung der Soziologie, Psychologie und der Psychoanalyse gesehen werden.
- Die 3. wichtige Determinante schließlich resultiert aus der Konfrontation der modernen Krankenversorgung mit den sozialen Problemen von Individuen, Gruppen und sozialen Schichten bzw. Klassen (Virchow 1849, Mosse u. Tugendreich 1913, Scheler 1914, v. Weizsäcker 1939).

Eine Beziehung zu spüren oder gar explizit wahrzunehmen, die zwischen den Entwicklungen der Naturwissenschaften, der Sozialwissenschaften, der Technologie, der sozialen Probleme und der Gesundheitsversorgung besteht, führt im Kern zu der Aufgabe, jenen Konsens herzustellen, der die geeigneten Mittel und Methoden findet,

---

* Übersetzung des Vortrags "Psychosomatic Medicine and the Difference between Practice and Technique", der am 7. 7. 1986 auf der 16. European Conference on Psychosomatic Research "Psychosomatic Medicine Past and Future" in Athen gehalten wurde.

die richtigen Ziele gesundheitlicher Versorgung zu realisieren. Es gab und gibt noch ein Gefühl der Unzufriedenheit mit einer medizinischen Praxis, welche nicht in der Lage ist, wenigstens dann den Patienten in Prozesse des Konsensfindens einzubeziehen, wenn es um seine individuellen Interessen und Bedürfnisse geht. Es bestand und besteht noch der Eindruck, daß das Paradigma des Konsensfindens innerhalb einer Gemeinschaft wissenschaftlicher Forscher und Techniker, d. h. innerhalb einer Gemeinschaft von Experten nicht der Notwendigkeit entspricht, eine Konsensbasis für die medizinische Alltagspraxis zu finden. Daraus folgt, daß das Paradigma des Konsensus der Experten zu ersetzen oder zu ergänzen ist durch jenen Konsensus, den eine Gemeinschaft der medizinischen Praktiker und der ihre Hilfe suchenden kranken Menschen erreichen sollte.

Aber was ist eigentlich charakteristisch dafür, Konsens innerhalb einer Gemeinschaft der wissenschaftlich Forschenden oder der Experten zu finden?

Es ist v. a. das Bedürfnis oder die Notwendigkeit, solche Hindernisse des Forschungsprozesses zu überwinden wie Mißverständnisse, Fehlinformationen und „Kunstfehler", die sich auf Objekte, Ziele, Methoden, Mittel und Regeln generalisierter Handlungen beziehen, über die es im Prinzip keinen Dissens gibt unter wissenschaftlich ausgebildeten und erfahrenen Akteuren, deren Handlungsfelder ausschließlich generalisierbare Erfahrungen sind.

Im Gegensatz dazu ist die Möglichkeit und auch der Prozeß, Konsens innerhalb einer Patienten-Arzt-Beziehung zu finden, von konkreter und unmittelbarer Erfahrung abhängig, d. h. er ist abhängig von gelebter Zeit, von erlebten Personen und Situationen. Hier ist es nicht möglich, sich auf eine prinzipielle Übereinkunft unter Experten zu verlassen. Werden Experten in solche Prozesse des Konsensfindens verstrickt, so wird notwendigerweise jeder aufgrund seiner besonderen und historisch bedingten Erfahrung argumentieren müssen, ohne sich auf einen im Prinzip gemeinsamen Gesichtspunkt berufen zu können. Es ist der ernsthafte Dialog, wovon die Möglichkeit eines Konsenses zwischen ärztlichem Praktiker und Patient abhängt wie auch der Konsens zwischen ärztlichen Praktikern. Der Ausdruck „ernsthaft" meint hier, daß kein allgemein verbindliches oder wissenschaftliches Vorverständnis die Basis dafür bilden kann, Konsens innerhalb eines konkreten Dialogs oder in einem Prozeß des Sich-gegenseitig-Inanspruchnehmens zu finden. Hier erweist sich die aktuelle Relevanz von Aristoteles' Aussage, daß wir keinen Dialog und keine Diskussion darüber führen und mit uns zu Rate gehen, was Gegenstand der exakten und sich selbst genügenden Wissenschaften ist, sondern nur darüber, was von uns und von unseren Handlungen abhängt (Nikomachische Ethik, 112a 30; 112a 34, b1).

Dies führt uns zu der besonderen Bedeutung, die Aristoteles' Paradigma der Medizin für die heutige psychosomatische Medizin hat. Das aristotelische Paradigma der Medizin unterscheidet Praxis von Technik, und es unterscheidet 2 Arten von Wissen, auf deren eine sich die Technik und auf deren andere sich die Praxis bezieht. Das Wissen, worauf sich Technik bezieht, ist wissenschaftliche Erkenntnis („episteme"), das Wissen, worauf sich Praxis bezieht, ist praktische Vernunft („phronesis").

Wissenschaftliches Wissen bezieht sich auf das Machen, auf die Herstellung oder Wiederherstellung von Dingen, auf die Beherrschung der Natur. Insoweit macht es Technik möglich, und die Technik ihrerseits wendet wissenschaftliches Wissen an. Der Bereich von Wissenschaft und Technik ist ein geschlossenes System, das nur den Experten offensteht, den Laien dagegen verschlossen ist. Auch die jeweils besonderen natürlichen und sozialen Umgebungen, in denen und von denen wir leben, gehören gerade wegen ihrer konkreten und historischen Besonderheit, d. h. Einmaligkeit, prinzipiell nicht in den Zuständigkeitsbereich von Wissenschaft und Technik. Wissenschaft und Technik haben hier nichts zu sagen. Gegenüber alltäglichen Erfahrungen, ihren mannigfaltigen Bedingungen, Verbindlichkeiten und Verantwortlichkeiten ist das Gebiet von Wissenschaft und Technik autonom oder – wie Aristoteles es nennt – sich selbst genügend, selbstgenügsam oder autark (Nikomachische Ethik 112a 24ff.; Politica 1281b 38–1282a 23). Irrtümer sind hier möglich, aber nur Experten oder Professionals sind in der Lage, sie zu identifizieren, sie quantitativ einzuschätzen und sie zu verantworten; sie werden als Kunstfehler definiert (Gadamer 1972, XXIVf.).

Wissen und Kenntnisse der Praxis auf der anderen Seite sind nur zu erwerben in Situationen wirklichen menschlichen Zusammenlebens unter realen Bedingungen des Handelns (Gadamer 1972, XIII). Praxiswissen ist unmittelbar verbunden mit Erfahrungen, die jedermann in gegebenen Situationen machen kann. Es besteht in der Fähigkeit, die richtigen Mittel und Methoden zu finden und zu verwenden, um in jeweils besonderen Situationen und jeweils besondere Personen betreffend die richtigen Entscheidungen im rechten Augenblick entsprechend den richtigen Zielen und Werten zu treffen (Nikomachische Ethik 103b 32, 145a 4). Damit aber auch die richtigen Ziele und Werte offenbar werden, braucht der vernünftige Praktiker noch jene Fähigkeiten, die Aristoteles als Weisheit („sophia") und moralische Fähigkeit bzw. ethische Sicherheit bezeichnet (Nikomachische Ethik 144a 5ff.).

Im Bereich des auf praktische Vernunft gegründeten Handelns ist jeder jedem verantwortlich, und diese Art des Verantwortlichseins ist nur zu verwirklichen in einem Dialog, zu dem jeder als Teilnehmer zugelassen sein muß. Dieser auf praktische Vernunft gegründete Dialog ist auch das Feld, wo sogar der Experte gezwungen ist, jedermann Rechenschaft zu geben für sein professionelles Handeln und dessen Einfluß auf das alltägliche Leben und seine Bedingungen. Auf diese Weise – so stellt Aristoteles dar – ist der Architekt den Menschen verantwortlich, die in den Häusern leben, die er gebaut hat, ist der Koch dem Gast verantwortlich, der Arzt dem Patienten und der Politiker jedem Bürger (Politica 1281b 38–1282a 23).

Aristoteles hebt die Nützlichkeit und Notwendigkeit von Wissenschaft und Technik für die medizinische Praxis hervor, aber er rechtfertigt und fordert eine klare Unterordnung von wissenschaftlichem Wissen und Technik unter praktische Vernunft und Dialog, wenn die Praxis der Medizin im Zentrum des Interesses steht.

Geht es um die Beziehung zwischen Wissenschaft, Rationalität, Erkenntnis und Praxis in der gegenwärtigen Medizin, besonders in der Psychosomatik, so finden wir im Dialog mit Aristoteles' Reflexionen über denselben Gegenstand eine Bestätigung der großen Bedeutung von Wissenschaft und Technik. Wir gewinnen aber auch Einsicht in den Primat der praktischen Vernunft und des Dialogs. Es ist daher nützlich, unser wissenschaftliches Wissen über körperliche Funktionen zu erweitern und jene Techniken zu verbessern, die sie zu beeinflussen vermögen. Es ist auch nützlich, sie zu ergänzen durch beständig erweitertes Wissen und verbesserte Verfahren der Psychologie und Soziologie, die sich auf die Wechselwirkung zwischen körperlichen Prozessen, psychischen und sozialen Ereignissen und Situationen beziehen.

Allerdings kann die Erweiterung von wissenschaftlichem Wissen und die Verbesserung von Techniken nur dann nützlich sein, wenn es wissenschaftlichen Forschern und Praktikern erfolgreich gelingt, wissenschaftliches Wissen und Techniken in medizinische Alltagspraxis zu übersetzen, d. h. in die aktuelle Interaktion und den Dialog zwischen ihnen als Praktikern und in die aktuelle Interaktion und den Dialog zwischen ihnen und ihren Patienten.

Diese Übersetzungsleistung unter Anleitung und im Dienste praktischer Vernunft und ethischer Tüchtigkeit muß sich auch auf Lehren und Lernen in der Medizin auswirken können. Am Ende seiner Nikomachischen Ethik stellt Aristoteles deutlich heraus: Es scheint nicht möglich zu sein, daß jemand nur durch das Studium von Lehrbüchern Arzt werden kann. Doch – so liegt es nach Aristoteles' Thesen nahe – gibt es durchaus gute Lehrbuchautoren. Diese sind selbst in ausgezeichnetem Maße praxiserfahren und bauen auf Erfahrung auf. Sie beschreiben daher nicht nur im allgemeinen z. B. therapeutische Methoden, sondern sie stellen auch dar, wie sie im individuellen Fall mit Rücksicht auf verschiedene psychosomatische Konstitutionen anzuwenden sind. Lehrbücher sind daher dann nützlich, wenn jemand bereits auf dem Wege ist, auf der Grundlage von praktischer Vernunft und Erfahrung ärztlich zu praktizieren. Andernfalls sind Lehrbücher nutzlos (Nikomochische Ethik 181 b 1–6).

Nach Aristoteles' Auffassung muß Lehren und Lernen der Medizin, insbesondere der psychosomatischen Medizin, immer eine schrittweise erweiterte Einführung in Praxis sein. Es besteht auch darin, wissenschaftliches Wissen und Techniken zu vermitteln, aber v. a. darin, Werte des Handelns zu vermitteln und den Erwerb praktischer Vernunft erfahrbar zu machen in wirklichem Dialog und in wirklicher Interaktion.

Literatur

Aristoteles (1957) Politica. In: Ross WD (ed) Univ Press, Oxford (dt: Politik. Tsouyopoulos N, Grassi E (Hrsg) Rowohlt, Reinbek 1965)
Aristoteles (1959) Ethica Nicomachea. In: Bywater I (ed) Oxford Univ Press, London (dt: übersetzt und kommentiert von F. Dirlmeier, Akademie, Berlin 1983)
Gadamer H-G (1972) Theorie, Technik, Praxis – die Aufgabe einer neuen Anthropologie. In: Gadamer H-G, Vogler P (Hrsg) Neue Anthropologie, Bd 1. Thieme, Stuttgart, S IX–XXXVII
Mosse M, Tugendreich G (Hrsg) (1913) Soziale Lage und Krankheit. Lehmanns, München
Plato (1957) Phaidros. In: Burnet J (ed) Platonis opera. Clarendon, Oxford (vol II)
Scheler M (^{5}1972) Die Psychologie der sogenannten Rentenhysterie und der rechte Kampf gegen das Übel. In: Scheler M, Gesammelte Werke Bd 3. Vom Umsturz der Werte (1911–1914). Franke, Bern München
Virchow R (1968) Mitteilungen über die in Oberschlesien herrschende Typhusepidemie (1849). Wissenschaftliche Buchgesellschaft, Darmstadt
Weizsäcker V von (^{2}1955) Soziale Krankheit und soziale Gesundung (1930) Vandenhoeck & Ruprecht, Göttingen

Gesundheit und Krankenpflege –
zum Verständnis von Gesundheit

P.-W. Schreiner

Ein Buch, das dem Gedenken an Paul Lüth gewidmet ist, ist ein überaus geeigneter Ort, über das nachzudenken, was sich mit dem Begriff Gesundheit verbindet. Man wird sagen dürfen, daß das Ringen um ein angemessenes Verständnis von Gesundheit eines der Themen ist, die das Leben und Werk Paul Lüths gekennzeichnet haben – bis hin zu seinem letzten Buch, dessen Untertitel „Entdeckung der neuen Gesundheit" lautete. Die Reflexion über ein angemessenes Gesundheitsverständnis soll hier aus der Perspektive der Berufsgruppe unternommen werden, die zahlenmäßig im sog. „Gesundheits"-wesen am stärksten vertreten ist: aus der Perspektive der Krankenpflege. Dabei kann es nicht darum gehen, der Vielzahl von Definitionen von Krankheit und Gesundheit aus der Sicht der Krankenpflege und für die Krankenpflege eine hinzuzufügen. Es wird zu zeigen sein, wie das Verständnis dieser beiden Begriffe, die sich gegenseitig bedingen und sich nicht voneinander trennen lassen, das berufliche Selbstverständnis in der Krankenpflege mitbedingen und welche Implikationen sich für die Krankenpflege ableiten lassen. Dabei kann keine abschließende Vollständigkeit beansprucht werden, die folgenden Ausführungen werden Erwägungen, Versuche bleiben.

Der Stellenwert des Begriffs Gesundheit in der Krankenpflege

Von beruflicher Krankenpflege im eigentlichen Sinn läßt sich erst ab der Mitte des vergangenen Jahrhunderts sprechen. Dies fällt mit der ab diesem Zeitpunkt rasch fortschreitenden Entwicklung der sog. naturwissenschaftlichen Medizin zusammen. Diese Entwicklung geht in ihren Grundlagen auf das im Zuge der Aufklärung einschneidend veränderte Verständnis von der Welt und der Natur sowie, als Teil dieser, des Menschen zurück. Der Mensch wurde nicht mehr als leib-seelische Einheit verstanden, Leib und Seele wurden als getrennt zu betrachtende Aspekte des Menschen angesehen. Dabei erhielt die Betrachtung des Leiblichen das größere Gewicht: der Körper wurde als Apparat betrachtet, der in Einzelfunktionen zerlegt werden kann, die wiederum separat erforscht werden können und damit grundsätzlich als beeinflußbar und handhabbar galten.

Natürlich wurden auch vorher Kranke, Alte und Hilfsbedürftige gepflegt. Pflege und Heilkunde waren aber nicht eindeutig getrennt. Nur in Kulturen mit einem hochdifferenzierten medizinischen System tritt auch schon vorher, z. T. schon im

Wagner (Hrsg.), Medizin – Momente der Veränderung
© Springer-Verlag Berlin Heidelberg 1989

Altertum, neben den Heilkundigen die Gruppe der Pflegenden in Erscheinung. Es war jedoch neben der Versorgung von Kranken, Alten und Hilfsbedürftigen überall ein gemeinsames Anliegen von Heilkunde und Pflege, sich um eine gesunde Lebensweise zu bemühen. Krankheit wurde, wenn nicht als Strafe für Vergehen gegen die von der Gottheit verfügte Lebensordnung, als Folge des Nichtbeachtens bzw. der Nichteinhaltung einer gesunden Lebensführung angesehen. In der hippokratischen Medizin bestand die Therapie einer Krankheit darin, dem Kranken eine Diät zu verordnen; die Diätetik als wesentlicher Bestandteil der Heilkunde war eine umfassende Lebensordnungslehre. Seidler formuliert dies so: „..., daß nämlich die Heilkunde nicht nur in der Wiederherstellung der verlorenen Gesundheit, in der Reparatur des sichtbaren Schadens ihre Erfüllung findet, sondern auch in der Bewahrung und Pflege der normalen Abläufe des Lebens eine Aufgabe zu suchen hat" (Seidler 1972).

Damit, daß nun der Mensch nicht mehr als leibseelige Ganzheit in einem das ganze Leben und den ganzen Lebensraum umfassenden Sinngefüge verstanden wurde, änderte sich das Bewußtsein und das Selbstverständnis der Heilkundigen. Ziel der jetzt entstehenden Medizin war nicht mehr die Sorge um eine den ganzen Menschen betreffende gesunde Lebensführung, sondern der Kampf gegen die Krankheit als einem Nicht-mehr-Funktionieren eines Teils des Körpers. Es ist unbestreitbar, daß diese Medizin nicht erfolglos war und ist. Man denke z. B. an die erfolgreiche Bekämpfung der Infektionskrankheiten oder an die Möglichkeiten der operativen Versorgung von Frakturen. In zweierlei Hinsicht ist aber dieses Konzept des Angehens gegen etwas, das Reparieren einer gestörten Funktion, in die Krise geraten. Zum einen haben die technischen Möglichkeiten Dimensionen erreicht, die die Sinnhaftigkeit dieses Bemühens in Frage stellen, zum anderen ist die Medizin zunehmend mit Erkrankungen konfrontiert, gegen die ihre bislang zumindest vordergründig erfolgreiche, auf kausalen, mechanistischen Gesetzen beruhende Vorgehensweise weithin wirkungslos bleibt, dies trifft für die meisten der weitverbreiteten chronischen Erkrankungen zu.

Wußten sich Heilkundige und Pflegende, so sie überhaupt unabhängig voneinander in Erscheinung traten, der gleichen Zielsetzung verpflichtet, so darf es nicht wundern, daß sich auch die Krankenpflege mit dem Entstehen und raschen Fortschreiten der sog. modernen, naturwissenschaftlichen Medizin in Anlehnung an diese, weiterentwickelte – und damit veränderte. War, entsprechend dem Bewußtsein der Heilkunde, die Sorge um eine gesunde Lebensführung wesentliches Anliegen auch der Pflege, so verlagerte sich jetzt der Schwerpunkt pflegerischen Tuns zunehmend auf die Versorgung und Pflege der Erkrankten. Die Krankenpflege wurde damit mehr und mehr zu einer ärztlichen Assistenztätigkeit. Dies läßt sich heute recht gut daran verdeutlichen, welchen Stellenwert die Begriffe Krankheit und Gesundheit in der Krankenpflegeausbildung haben. Die Vermittlung des Wissens darum, was Krankheit ist, nimmt einen weit größeren Raum ein als die Vermittlung des Wissens um Gesundheit und die Erhaltung derselben, wobei letzteres zudem noch häufig im Fach Allgemeine Hygiene unterrichtet und damit de facto abgewertet wird. Auch geht die Darstellung dessen, was Krankheit ist, in den seltensten Fällen über die medizinischen Fakten hinaus. Dies hat z. B. zur Folge, daß die in der Krankenpflege Ausgebildeten zwar in der Regel gut krankhafte Erscheinungen und Symptome beobachten und beschreiben können, jedoch häufig nicht in der Lage sind, anzugeben, was als gesund zu bezeichnen wäre. Das Wissen der Krankenpflege um das, was Krankheit und Gesundheit ist, ist in der

Praxis ein primär medizinisches, was nicht nur für den beruflichen Alltag, sondern auch für das berufliche Selbstverständnis der Krankenpflege bestimmend ist.

In dem Maße nun, in dem das medizinische System an seine Grenzen gerät, die selbstverständliche und unbedingte Sinnhaftigkeit verliert, gewinnt der Begriff Gesundheit in der theoretischen Begründung der Krankenpflege an Bedeutung, Gesundheitsvorsorge und Gesundheitserziehung werden wieder Ziele pflegerischen Tuns. Dieser Aspekt der Krankenpflege war mit dem Entstehen und der fortschreitenden Entwicklung der Medizin ab der Mitte des vergangenen Jahrhunderts und in dem Maße, wie die Pflege in dieses System eingebunden wurde und sich auch einbinden ließ, zunehmend in den Hintergrund getreten, aber nie ganz verschwunden: „Gesundheit ist in der Pflege kein unbekanntes Thema, allenfalls ein verschüttetes" (Schroeder-Hartwig 1987). Die alte Zielsetzung war v. a. dort lebendig geblieben, wo sich Pflegekräfte bewußt um eine berufliche Eigenständigkeit bemühten. Beispielhaft sei hier Nightingale erwähnt; sie hat um 1860 ein Buch verfaßt: *Notes on Nursing for the Labouring Classes,* das, von dem Leipziger Dozenten der Heilkunde Niemeyer übersetzt, 1878 als *Rathgeber für Gesundheits- und Krankenpflege* auch im Deutschen zugänglich war. Die ersten 10 Kapitel dieses Buches lauten: „Lüftung und Erwärmung"; „Von der gesunden Einrichtung der Wohnstätten"; „An alles denken!"; „Von Lärm und Unruhe"; „Von der Sorge für Abwechslung"; „Ueber Ernährung im allgemeinen"; „Ueber die Beschaffenheit der Nahrung"; „Vom Bett und der Bettwäsche"; „Vom Sonnenlicht"; „Wie Zimmer und Wände rein zu erhalten sind" (Nightingale 1878).

In der Einleitung zu diesem Buch schreibt Nightingale:

> Das Wort ‚Pflege', wie ich es verstanden wissen will, hat eine weit tiefere Bedeutung als ihm im gewöhnlichen Leben zugeschrieben wird, wo man sich nicht viel mehr dabei denkt, als die Darreichung von Arzneimitteln oder von Umschlägen und andere bloße Handleistungen. Von Rechts wegen aber begreift diese Tätigkeit die richtige Verwendung und Regelung der frischen Luft, des Lichts, der Wärme in sich, die Sorge für Reinlichkeit, Ruhe, richtige Auswahl und rechtzeitige Darreichung von Speise und Trank, und zwar das alles unter größt möglicher Schonung der Lebenskraft des Kranken (Nightingale 1878, S. 2).

Es ist aber im Zusammenhang mit dem Entstehen eines eigenständigen beruflichen Selbstverständnisses in der Krankenpflege noch auf eine weitere Entwicklung aufmerksam zu machen, von der auch die Krankenpflege in der zweiten Hälfte des vergangenen Jahrhunderts betroffen war. Die von rasanten Fortschritten gekennzeichnete Entwicklung der Medizin in dieser Zeit machte es notwendig, Pflegekräfte speziell auszubilden; es erschienen die ersten Krankenpflegelehrbücher, es wurden Ausbildungslehrgänge geschaffen, und diese wurden zunehmend länger. Diese Ausbildungen waren nicht selten von Ärzten initiiert und bezüglich ihrer Inhalte deutlich an den Bedürfnissen der sich rasch entwickelten Medizin orientiert: es sollten Assistentinnen für die Ärzte ausgebildet werden. Parallel dazu entstand aber auch eine sich emanzipierende Krankenpflege, geprägt von Frauen, denen es darum ging, Krankenpflege zu einem in der Gesellschaft anerkannten und bezahlten Beruf zu machen. Beide Entwicklungen standen lange Zeit im Widerspruch zum Selbstverständnis der in Ordensgemeinschaften und Diakonissenmutterhäusern organisierten Krankenpflege. Die nicht selten sehr gut ausgebildeten Krankenschwestern fanden vielfach, z. T. sicher auch gewollt, keinen Anschluß an die konfessionell geprägten Schwesternschaften, sie wurden freie Schwestern, die sog. „wilden Schwestern", die in Deutschland 1903 von Karll in der

„Berufsorganisation der Krankenpflegerinnen Deutschlands" zusammengeführt wurden. Diese Frauen bemühten sich um eine christlich geprägte, aber dennoch allgemeine Berufsethik und ließen damit die strengen, alle Aspekte des Lebens einschließenden Ordnungs- und Sinngefüge der Kirche hinter sich. Für den Zusammenhang des hier zu erörternden Themas ist daran interessant und wichtig, daß mit dieser Emanzipation von der kirchlichen Organisation der Einfluß des auf die Aufklärung zurückgehenden medizinischen Denkens auch auf die Krankenpflege größer geworden sein dürfte. Dies steht im Einklang mit der Entwicklung, die mit der Aufklärung begann und in deren Folge die religiösen Sinngefüge ihre Unbedingtheit einbüßten und die Religion zur Privatsache wurde. Dies soll hier nicht beklagt werden, ist aber nicht ohne Bedeutung und sollte beachtet werden.

Wird nun heute wieder vermehrt darüber nachgedacht, welche Rolle die Krankenpflege in der Gesundheitsvorsorge und -erziehung spielen kann, so ist dies auch als Ausdruck des Bemühens der Krankenpflege anzusehen, sich von dem sie die letzten 100 Jahre bestimmenden medizinischen Denksystems zu emanzipieren und eine berufliche Eigenständigkeit zu begründen.

Ein ganzheitliches Verständnis von Gesundheit und Krankheit

In der Literatur, im angloamerikanischen Bereich schon seit längerem, in den letzten Jahren vermehrt aber auch im deutschsprachigen Bereich, finden sich eine ganze Reihe von Ansätzen der Begründung eines eigenständigen beruflichen Selbstverständnisses der Krankenpflege. In diesen Krankenpflegemodellen – manche sprechen auch von Krankenpflegetheorien, Ferguson plädiert für den Begriff „Krankenpflegephilosophie" – spielt der Begriff „Ganzheitlichkeit" eine zentrale Rolle, er ist für das Verständnis von Gesundheit und Krankheit grundlegend: Gesundheit und Krankheit sind als den Menschen in seiner Ganzheit betreffende Seinsformen des Lebens zu verstehen.

Poletti schreibt über die ganzheitliche Betrachtung der Gesundheit:

> Die holistische [ganzheitliche] Gesundheitsauffassung stellt die komplexe Wechselbeziehung des Körpers, des Geistes und der Umwelt in den Mittelpunkt. So ist die Reaktion eines Menschen auf Umweltveränderungen stets ganzheitlich und nicht nur als Summe reagierender Einzelteile zu sehen (Poletti 1985).

Juchli versteht in Anlehnung an Levine „Krankheit" als „in erster Linie Störung der Ganzheit, der Strukturen, der Integrität und der Anpassungsfähigkeit des Menschen, und zwar auf der Organebene (Körper/Leib), in der inneren Natur (Seele/Geist) und im Zusammenhang mit den äußeren Umgebungsstrukturen (Umwelt/Mitwelt)" (Juchli 1986, S. 71). „Gesundheit" dagegen besteht für sie in der „Ganzheit und Funktionstüchtigkeit der Körperorgane und -funktionen sowie aller psychisch-geistigen Struktur" (Juchli 1986, S. 70). Roper et al. schreiben:

> Gesundheit kann im wesentlichen nur im Verhältnis zum einzelnen und seinen Erwartungen definiert werden und in Bezug zu seinen optimalen Grenzen an Funktionsfähigkeit im Alltag. Eine zunehmende Zahl an Autoren und Praktiker nehmen jetzt an, daß der Gesundheitszustand des einzelnen von seiner Fähigkeit abhängt, sich den Herausforderungen des täglichen Lebens anzupassen und sie zu bewältigen (Roper et al. 1987, S. 14).

Gesundheit und Krankheit sind nicht für jeden Menschen in gleicher Weise beschreibbare und noch nicht einmal für einen einzelnen Menschen für den Lauf seines ganzen Lebens immer in gleicher Weise vorstellbare bzw. reproduzierbare Daseinsformen seines Lebens. Gesundheit bedeutet vielmehr eine im ganzen Leben immer wieder neu und auf unterschiedliche Weise zustandekommende harmonische Übereinstimmung der verschiedenen Sphären menschlichen Seins: der Körperlichkeit, der geistigen Fähigkeit, der Psyche und dessen, was – wie es auch immer zu beschreiben sein mag – über den Menschen hinaus geht, ich möchte es als das Transzendente bezeichnen. Entsprechend läßt sich Krankheit als Disharmonie dieser Sphären beschreiben. Eine Vielzahl im Menschen selbst liegender und von außen herankommender Faktoren beeinflussen die Ganzheit und das Zusammenspiel der Lebenssphären. Roper et al.:

> Es ist jetzt allgemein anerkannt, daß der Gesundheits- und Krankheitszustand nicht durch einen einzelnen Faktor, sondern durch viele Faktoren bestimmt wird, und zwar in verschiedenen Kombinationen für jedes Individuum, je nach Erbgut, Umwelt, Alter, momentanen Umständen und Kultur (Roper et al. 1987, S. 12).

Gesundheit und Krankheit können zudem nicht als statische, absolute, sich gegenüberstehende, lupenrein voneinander abgrenzbare und sich gegenseitig ausschließende Daseinsformen menschlichen Lebens verstanden werden. Sie lassen sich nur für jeden Menschen individuell beschreiben, sie stellen recht labile Phasen jeden Lebens dar, zwischen denen fließende Übergänge bestehen. Roper et al.:

> Gesundheit ist kein absoluter Zustand, sondern ein Konzept, das sich ständig ändert, mit Zunahme der Kenntnisse und wechselnden kulturell bedingten Erwartungen (Roper 1987, S. 13).

Dies stellt natürlich keine griffige und gut handhabbare Definition von Gesundheit und Krankheit dar. Es ist der Versuch eines ganzheitlichen Verständnisses, das der allem Lebendigen konstitutiven Komplexität menschlichen Seins gerecht wird.

Implikationen für die Krankenpflege

Roper et al. leiten das Kapitel „Ein Modell für die Krankenpflege" in dem Buch *Die Elemente der Krankenpflege* wie folgt ein:

> „Heutzutage wird zunehmend akzeptiert, daß die Krankenpflege notwendigerweise ihre Bindung an das ‚Krankheitsmodell' lösen muß, welches in diesem Jahrhundert in vielen Ländern der Welt vorherrschte (Roper et al. 1987, S. 114).

Und an anderer Stelle:

> Die Krankenschwestern, ebenso wie andere Angehörige von ‚Gesundheitsberufen', beginnen einzusehen, wie wichtig es ist, zunehmend der Erhaltung der Gesundheit Priorität einzuräumen, Krankheiten zu verhüten, Selbsthilfe zu fördern und die den Fähigkeiten des einzelnen Patienten entsprechend größtmögliche Selbständigkeit anzustreben (Roper et al. 1987, S. 10).

Dittrich sieht die Krankenpflege an einem „Scheideweg zwischen Sackgasse und neuen Wirkungsfeldern". Sie schreibt:

> Der Sinn der Pflege, Ziel und Aufgabe von Gesundheits- und Krankenpflege besteht darin, Menschen, gesunde und kranke, und ihre Angehörigkeit zu befähigen, Gesundheitsprobleme und

damit zusammenhängende Lebensprobleme selbst zu bewältigen durch Wissen (Information, Gesundheitsbildung), Können (Befähigung, Anleitung), Wollen (Motivierung) und nach Bedarf mangelnde Lebensfunktionen zu ergänzen, auszugleichen, zu ersetzen mit besonderer Hilfe für die letzte Lebensfunktion, das Sterben. Diese Pflegekunde in Form von Wissen (aus theoretischen Grundlagen), Können (aus der Pflegeerfahrung) und Wollen (aus der Motivation zur Hilfe der Leistung) (Dittrich 1987).

Davon ausgehend lassen sich eine Vielzahl von Implikationen für Krankenpflege aufzeigen, von denen hier nur einige wenige aufgegriffen werden können.

Auswirkungen auf die Pflegenden selbst

Ein ganzheitliches Verständnis von Gesundheit und Krankheit als Grundlage des eigenen Tuns kann nicht ein Verständnis sein, das nur den anderen tangiert und betrifft. Wer erfahren will, inwiefern ein anderer Mensch krank ist und wie seine Gesundung gefördert und unterstützt werden kann, wird um die Bedingungen des Gesundseins wissen müssen und dies nicht nur in Form abstrakten Wissens, er wird auch um sein eigenes Gesundsein wissen müssen.

Es ist in diesem Zusammenhang zum einen nach der eigenen Lebensgestaltung zu fragen. Es ist dies die Frage, inwieweit der einzelne Pflegende in der Lage ist, sein theoretisches Wissen um die Bedingungen einer Lebensführung zunächst einmal für sich selbst als wichtig und für die eigene Gesundheit grundlegend zu erfahren und zu erleben. Gelingt diese Verknüpfung von theoretischem Wissen und eigenem Leben nicht, wird der Pflegende die Folgen gesundheitsschädlichen Verhaltens auch nur bedingt als solche ansehen; sie sind dann für ihn vielmehr behandlungsbedürftige Krankheiten, die nicht unmittelbar etwas mit dem betroffenen Menschen und seinem Leben zu tun haben. Zum anderen ist hier der Begriff des Lebenskonzepts aufzugreifen. Das Lebenskonzept enthält individuell unterschiedlich große unbewußte, im Zuge der Sozialisation entstandene, und bewußte Anteile. Die Realisierung des Lebenskonzepts ist ein meist nicht bewußt erfahrener, jedoch nicht unwesentlicher Bestandteil der Gesundheit, die nicht mehr mögliche Realisierung dagegen stellt einen wesentlichen Aspekt der Krankheit dar. Indem der – ja meist gesunde – Pflegende sich so weit wie möglich seines eigenen Lebenskonzepts und damit einem nicht unwesentlichen Teil der Bedingungen seiner eigenen Gesundheit bewußt wird, wird er erfahren, daß der kranke zu Pflegende nicht etwas grundsätzlich anderes ist als er selbst, sondern daß dieser sich nur graduell von ihm unterscheidet. Dies hat Konsequenzen für die Art, wie der Pflegende sich in den Prozeß der Pflege einbringen wird. Es gibt nicht mehr hier den Gesunden und da den Kranken, nicht mehr hier den Pflegenden und da den zu Pflegenden. Der Pflegende weiß, daß er als Gesunder Aspekte des Krankseins, und der Kranke Aspekte des Gesundseins in sich birgt – zumindest als Möglichkeit. Der gesunde Pflegende und der kranke zu Pflegende stehen dann nicht mehr auf unterschiedlichen Ebenen, Pflege wird in Partnerschaft möglich. Gelingt dieses Erkennen der Bedingungen der eigenen Gesundheit nicht, wird sich der gesunde Pflegende von dem kranken zu Pflegenden abgrenzen, was einer ganzheitlichen Betreuung abträglich ist.

Der Wirkungskreis des Pflegeberufs

Das Tätigkeitsfeld der Angehörigen des Pflegeberufs ist in den vergangenen 100 Jahren zunehmend auf die Krankenpflege eingeengt worden. Parallel dazu erfolgte eine Verlagerung der Behandlung und pflegerischen Betreuung der Kranken in die Institution Krankenhaus. Gleichzeitig veränderte sich, nicht unabhängig von dem Selbstverständnis der Medizin, sondern mitinduziert dadurch, die gesellschaftliche Einstellung zu Gesundheit und Krankheit: Das Bewußtsein vom Zusammenhang zwischen Lebensführung und Gesundheit bzw. Krankheit ist weitgehend verloren gegangen. Roper et al. schreiben:

> Starkes Übergewicht, Alkoholsucht, Medikamentenmißbrauch und übermäßiger Streß werden als behandlungsbedürftige Zustände angesehen. Früher waren sie als Probleme des einzelnen oder einer Familie betrachtet worden, oder vielleicht in den Bereich der Kirche gehörig. Heute fallen sie in die Verantwortung des Gesundheitsdienstes (Roper et al. 1987, S. 14).

Sie stellen aber weiter fest:

> Obwohl in den Industrieländern der einzelne so sehr vom Staat und besonders den Gesundheitsdiensten abhängig wurde – und alle europäischen Länder haben irgendeine Form von Gesundheitsfürsorge –, ist es faszinierend, ein Wiederaufleben von Interesse an Selbstbestimmung in bezug auf die Gesundheit festzustellen (Roper 1987, S. 15).

Hier ist die Krankenpflege gefordert, eine ganzheitliche und umfassende Sichtweise von Gesundheit und Krankheit einzubringen und auf dieser Grundlage an neuen Strukturen eines Gesundheitssystems mitzuwirken. Hall formulierte 1981 in *Ein Positionspapier zur Krankenpflege* als zweite grundlegende Annahme:

> Die primäre Aufgabe der Pflege besteht darin, einzelnen und Gruppen (Familien, Gemeinden) behilflich zu sein, bei unterschiedlichem Gesundheitsstand eine optimale Funktionsfähigkeit zu bewahren. Dies bedeutet, daß die Disziplin pflegerische Funktionen erfüllt, die sich auf Gesundheit ebenso beziehen wie auf Krankheit und die sich von der Empfängnis bis zum Tode erstrecken. Wie die Medizin ist sie um die Erhaltung, Förderung und den Schutz der Gesundheit, die Betreuung von Kranken und die Sicherstellung der Rehabilitation bemüht. Sie befaßt sich mit den psychosomatischen und psychosozialen Aspekten des Lebens in ihren Auswirkungen auf Gesundheit, Krankheit und Sterben (Hall 1981, S. 1).

Ein erster Schritt in Richtung dieser Neuorientierung ist in Ansätzen getan: Die Rückverlagerung der Betreuung und pflegerischen Versorgung vieler bislang vorwiegend alter Menschen mit überwiegend chronischen Erkrankungen aus der anonymen Institution Krankenhaus in ihr angestammtes, soziales Umfeld zurück. Beim Aufbau ambulanter pflegerischer Strukturen sind sicher noch nicht alle Möglichkeiten ausgeschöpft, diese Entwicklung steht noch in den Anfängen und wird Auswirkungen auf die Struktur des Gesundheitswesens haben müssen, z. B. Abbau bzw. Umbenennung von teuren Krankenhausbetten. Hier ist politisches Engagement auch seitens der Krankenpflege notwendig.

Ein ganzheitliches Verständnis von Krankheit und Gesundheit impliziert aber auch eine Überwindung der Beschränkung pflegerischen Tuns auf die Versorgung und Betreuung von erkrankten Menschen. Dittrich sagt:

> Pflege muß und kann eine Schlüsselfunktion in der Anpassung des Gesundheitswesens an die Bedürfnisse, aber auch an die Gegebenheiten und Möglichkeiten unserer heutigen Gesellschaft übernehmen (Dittrich 1987, S. 361).

Das umfassende Bemühen um Krankheitsverhütung ist danach gleichrangiges Anliegen des Pflegeberufes. Hall nennt als eine der Funktionen des Pflegepersonals: „Mitarbeit an der Gesundheitserziehung der Öffentlichkeit" (Hall 1981). Dazu gehört zunächst, daß sich die Pflegenden am Aufbau und der Entwicklung der Erforschung von die Gesundheit bedingenden und gefährdenden Faktoren beteiligen und in diese Forschungsarbeit ihren Arbeitsansatz einbringen werden. Es bedeutet weiter, daß sich der Pflegeberuf für den Aufbau von Gesundheitsberatungs- und Erziehungsstrukturen einsetzen wird.

Dies muß Konsequenzen für die Ausbildung im Pflegeberuf haben und macht eine spezielle Vorbereitung für die Mitarbeiter in solchen Diensten sowie das Angebot von Fort- und Weiterbildung erforderlich. Ermutigende Beispiele dafür gibt es nicht nur in Ländern der Dritten Welt (Rothenberger 1987), sondern auch in den sog. entwickelten westlichen Industrieländern mit ihren weitgehend hypertrophierten Krankheitsversorgungsinstitutionen, als Beispiel sei Finnland (Geust 1987) genannt.

Die Wirkungsfelder der Pflegeberufe, die pflegerische Versorgung der Erkrankten auf der einen und die Gesundheitsvorsorge und -erziehung auf der anderen Seite stehen sich nicht gegenüber, sie sind als gleichgewichtig anzusehen, sie bedingen sich gegenseitig, die Übergänge sind fließend. Dittrich formuliert dies so:

> Das pflegerische Angebot an fachkundiger Gesundheitshilfe zur Lebensbewältigung muß ein Kontinuum sein, das nicht abreißt, sondern durch einen ungehinderten Informationsfluß ein sicheres Auffangnetz darstellt, im Wohn- und Lebensbereich wie im Spital (Dittrich 1987).

Konsequenzen für die Pflege kranker Menschen

Die Einbeziehung der Gesundheitsförderung in das Tun der Pflege wird mittelbar einige wichtige Konsequenzen für das pflegerische Vorgehen bei der Versorgung und Betreuung von Kranken haben. Die Pflegenden werden den ihr Tun bislang sehr weitgehend bestimmenden Ansatz revidieren müssen, wonach das pflegerische Tun sich an von den Pflegenden festgelegten Zielen orientiert, mithin also angenommen wird, daß das Überwinden der Krankheit bzw. das Erlangen der Gesundheit Ergebnis pflegerischen Tuns, letzlich also machbar ist. Das Überwinden der Krankheit bzw. Erlangen der Gesundheit ist nur als aktiver Prozeß des betroffenen Menschen denkbar. Das bedeutet, daß dem Erkrankten die Verantwortung für seine eigene Gesundheit soweit als möglich zurückgegeben werden muß und die Pflegenden sich so weit wie möglich zurückziehen; sie werden auf der Grundlage der Ressourcen des Erkrankten beratend, Möglichkeiten aufzeigend, begleitend und natürlich mit fachlicher Hilfe unterstützend versuchen, den Prozeß zu fördern, den der Erkrankte durchlaufen und bewältigen muß.

Dabei wird ein ganzheitliches Verständnis von der möglichen und erreichbaren Gesundheit des Erkrankten das Vorgehen und die Strategien der Pflegenden bestimmen. Werden die Bedingungen der Gesundheit bzw. die Ursachen von Krankheit nicht mehr ausschließlich im somatisch-medizinischen Bereich vermutet und gesucht, wird sich das pflegerische Bemühen um die Gesundung auch nicht mehr auf die somatisch-medizinischen Aspekte beschränken. Die Pflegenden werden nicht alleine von diesem Teil ihres Tuns die Gesundung des zu Pflegenden erwarten, sie werden zumindest damit rechnen, daß der Patient, der somatisch-medizinisch keine Störungen mehr zeigt, im ganzheitlichen Sinne durchaus nicht zwingend gesund sein muß, und auch, daß derjenige, der medizinisch noch oder auch bleibend als krank zu bezeichnen wäre, dann, wenn Gesundheit mehr als das Fehlen somatischer Störungen bedeutet, im ganzheitlichen Sinne durchaus gesund werden kann. Da ist z. B. der Mensch, der sich wegen mehrfacher Magengeschwüre einer Magenresektion unterziehen muß, bei dem die postoperative Phase schnell und komplikationslos verläuft, bei dem sich aber an der Problematik, die zu seinem Ulkusleiden geführt hat, nichts geändert hat. Diesen Menschen wird man schwerlich als gesund bezeichnen können. Oder, da ist der Querschnittgelähmte, der zumindest nicht nur wegen seiner Lähmung krank ist, sondern auch deshalb, weil sein Lebenskonzept – er ist begeisterter Sportler und von Beruf Sportlehrer – in keiner Weise mehr realisierbar ist, der aber, im Zuge seiner somatischen Rehabilitation, die ja nie zu einer vollständigen somatischen Gesundung führen wird, wie auch immer und mit wessen Hilfe auch immer zu einem neuen Lebenskonzept findet, was ihn dann auch mit seiner Lähmung gesund werden läßt. Hier wird der Aspekt der Ganzheitlichkeit von Gesundheit besonders sinnfällig: ein Mensch wird mit einer bleibenden körperlichen Schädigung gesund, indem er zu einem neuen Lebenskonzept findet, das ihn mit sich selbst in Einklang stehen läßt.

Für die Krankenpflege bedeutet dies konkret, daß sie neben dem sorgfältigen Erfassen und Planen der notwendigen somatischen Pflege versuchen wird, auch das zu erkennen und zu verstehen, was das Kranksein des zu pflegenden Menschen ausmacht, wie und worin vorher sein Gesundsein bestand, ob dies wieder möglich sein wird, was z. B. bei einem jungen Menschen, der zu einer Tonsillektomie ins Krankenhaus kommt, zu erwarten sein wird, oder ob dies nicht mehr oder nur noch wesentlich eingeschränkt möglich sein wird, was z. B. bei den meisten chronischen Erkrankungen der Fall ist. Die Krankenpflege wird ihr Tun dann nicht danach ausrichten, was der Kranke nicht mehr kann, sondern danach, was er noch kann. Sie wird intensiv versuchen, die noch vorhandenen und die vielleicht vorhandenen, aber noch verborgenen Möglichkeiten des Kranken zu aktivieren und für den Prozeß seiner Gesundung nutzbar zu machen.

Pflege in der Institution Krankenhaus

Die Pflege kranker Menschen wird auch weiterhin zu einem hier nicht näher bestimmbaren Anteil in der Institution Krankenhaus erfolgen müssen. Das Krankenhaus wird in diesem Fall für einen begrenzten Zeitraum zur Lebensstätte des Erkrankten. Die Ausgestaltung der Lebensstätte und die Struktur des Tagesablaufs sind wesentliche Bedingungsfaktoren der Gesundheit. Somit werden der Lebensraum Krankenhaus bzw. Krankenzimmer und der Tagesablauf im Krankenhaus Einfluß auf die Genesung des Erkrankten haben. Die Pflegenden werden untersuchen und erforschen müssen, ob die Umstände in ihrem Arbeits- und Zuständigkeitsbereich einer Gesundung förderlich sind. Es sind z. B. die Eindrücke zu bedenken, die ein Kranker erfährt, wenn er fast ausschließlich weiße Wände und Decken anstarrt; es ist an das frühe Wecken zu denken, an die nicht zur Verfügung stehenden Ruhephasen im Tagesablauf, an die jeder Vorstellung von einer gesunden Lebensführung hohnsprechenden Zeiten, zu denen Mahlzeiten gereicht werden, und an vieles mehr.

Nun sind natürlich die Pflegenden nicht alleine an dem vielschichtigen Prozeß der Gesundung eines Kranken beteiligt. Wird ein Kranker gesund, wird dies stets das

Ergebnis des Zusammenwirkens der Arbeit und des Engagements verschiedener Berufsgruppen sein. Aber die Pflegenden sind, zumindest in der Klinik, diejenigen, die am unmittelbarsten und am dauerndsten mit dem Kranken in Kontakt sind, zu denen dieser in den meisten Fällen auch das größte Vertrauen hat. Bei den Pflegenden liegt häufig die nicht leichte Aufgabe, sich ein möglichst umfassendes Bild von dem zu machen, was zur Gesundung des Kranken notwendig ist, auch wenn dies in vielen Fällen über das hinausgeht, was die Krankenpflege unmittelbar zu leisten vermag. Daraus ist abzuleiten, daß das an den Bedürfnissen des Patienten und an dem Wissen um eine gesunde Lebensführung orientierte Strukturieren des Tagesablaufs im Krankenhaus als eine wichtige Aufgabe der Krankenpflege anzusehen ist und daß dieses bewußte Gestalten der Lebensbedingungen im Krankenhaus einen wesentlichen Anteil an der Gesundung des Erkrankten hat.

Abschließende Erwägungen – Grenzen

Bei allem Bemühen um eine umfassende, ganzheitliche Sicht von Gesundheit und um eine entsprechende angemessene Therapie und Betreuung des Kranken ist nun aber stets zu bedenken, daß Gesundheit nicht etwas ist, was, etwa im Sinne einer physikalischen oder chemischen Analyse, klar definierbar wäre, was sich also auch nicht durch ein bestimmtes Verhalten in jedem Fall erhalten bzw. durch entsprechend sachgemäßes Vorgehen und Bemühen in jedem Fall einfach wieder herstellen läßt. Gesundheit in einem ganzheitlichen Sinn ist eine komplexe und labile Daseinsform menschlichen Seins, die sich jeglichem kausalen und mechanistischen Denken entzieht. Bei der Gesundung eines Kranken spielen stets Faktoren mit eine Rolle, die wir mit unserem Denken vielfach nicht erfassen können. Es handelt sich um einen derart komplexen und vielschichtigen Prozeß, daß angenommen werden darf, daß er in seinen Einzelheiten und Verknüpfungen menschlichem Denken letztlich verschlossen bleibt. Entsprechend eingeschränkt wird auch unser Wissen von dem sein, was Gesundheit ist. Unser Bemühen um ein ganzheitliches Verständnis von Gesundheit und die auf dieser Grundlage erarbeiteten Strategien zur Erhaltung und Wiederherstellung von Gesundheit werden dadurch nicht sinnlos, beides wird aber stetiges Bemühen bleiben. Daraus resultiert, so glaube ich, daß wir allen Grund haben, sowohl für unsere eigene Gesundheit als auch für die Gesundung eines uns anvertrauten Kranken dankbar zu sein. Dankbarkeit ist eine Haltung, in der auch Bescheidenheit im Hinblick auf die Einschätzung und Bewertung der eigenen Möglichkeiten zum Ausdruck kommt.

Ein weiteres ist zu bedenken: Alle, die sich um die Gesundung anderer Menschen bemühen, müssen sich dessen bewußt sein, daß ihr Bemühen auch scheitern kann. Dabei ist nicht in erster Linie an die stets sehr schlimme Situation eines Behandlungsfehlers zu denken, sondern daran, daß bei allem Bemühen die Situation eintreten kann, daß es nicht gelingt, einem Kranken in umfassendem Sinne so zu helfen, daß er in einer ihm möglichen Weise leben kann, und er daran zerbricht, sei es, daß das Leben erlischt, oder der Betreffende Hand an sich legt. Dies ist für die Helfenden immer eine schlimme Situation, die endlose Fragen und Ratlosigkeit hinterläßt.

Es ist in diesem Zusammenhang danach zu fragen, ob und inwieweit der Tod mit Gesundheit zu vereinbaren ist. Das Verständnis von Gesundheit ist nur dann ein wirklich

Ganzheitliches, wenn es den Tod, der wie die Geburt konstitutiv zum Leben gehört, als einen wesentlichen und wichtigen Teil gesunden Lebens begreift. Das bedeutet zunächst, daß die Pflegenden die Begleitung des Menschen an seinem Lebensabend als eine ihrer vornehmsten Aufgaben wahrnehmen und sich jedem Bemühen wiedersetzen, den Prozeß des Sterbens eines altgewordenen Menschen durch medizinische Maßnahmen zu stören und hinauszuzögern. Nur sterben natürlich nicht nur alte Menschen, ganz unterschiedliche Ursachen führen „zur Unzeit" zum Tode, was eine not-wendende Intervention, Behandlung und Pflege, erforderlich macht, die zunächst unbesehen auch gerechtfertigt ist. Gerade in einem solchen Fall ist aber die oben erwähnte Haltung der Bescheidenheit im Hinblick auf die Einschätzung der eigenen Möglichkeiten von großer Bedeutung. Die Pflegenden werden den Tod eines Menschen, auch den Suizid, als den für diesen Menschen aus vielleicht nie verständlichen Gründen einzig möglichen Weg akzeptieren müssen und werden diesen Menschen auch auf diesem Weg begleiten.

Das Nachdenken über ein ganzheitliches Verständnis von Gesundheit muß an dieser Stelle ausgedehnt werden zu einem Nachdenken über das, was menschliches Leben ist bzw. sein kann, und damit auch darüber, wo Grenzen einer sinnvollen Intervention liegen. Eine wesentliche Voraussetzung dafür ist, daß das in der Medizin vorherrschende, sezierende, sich um Detailfragen kümmernde Denken überwunden wird zugunsten eines Denkens, das das Leben in seiner Ganzheit erfaßt und von Sinnzusammenhängen geleitet wird. In einer Erklärung der Evangelischen Akademikerschaft in Deutschland zur Wissenschaftspolitik mit dem Titel *Aufgabe und Unvermögen der Wissenschaft* stehen folgende Sätze:

> Im Dialog mit der Natur kann der Mensch auch fragen, was die Natur mit dem Menschen vorhat (Thure von Uexküll), welchen Weg Mensch und Natur gemeinsam zu gehen haben und auf welches Ziel ihre Entwicklung angelegt ist, anstatt wie bisher nur sich zu fragen, was mit der Natur zu machen sei. Der Mensch muß einen Fortschritt an die Bedingungen der Natur ausrichten und sich hiervon gegebenenfalls korrigieren lassen. Hier kommt somit eine Partnerschaft der Ungleichen ins Spiel mit einer Überlegenheit und Autorität beider Seiten auf je eigenem Gebiet. Mit diesen Fragen geraten wir auch an Grenzfragen der Wissenschaft, die in die Bereiche von Philosophie und Religion überleiten. Und es ist keine Frage, daß die im dialogischen Verhältnis geförderte Betroffenheit und Selbstreflexion allgemein zur notwendigen Öffnung der Lebenswissenschaften gegenüber philosophischen und religiösen Fragen, wie die Frage nach den Sinnzusammenhängen, beitragen werden, so daß diese Wissenschaft über die Funktion von Ausbildung hinaus auch wieder menschenbildende Funktionen wahrnehmen kann (Evangelische Akademikerschaft 1987).

Da der Pflegeberuf bislang in weiten Teilen vom medizinischen Denksystem mitbestimmt ist und, auch wenn er in Zukunft auf manchen Gebieten eine gewisse Eigenständigkeit erlangen wird, nicht völlig unabhängig von der Medizin gedacht werden kann, gilt, was hier allgemein im Hinblick auf eine Neuorientierung der Wissenschaft gesagt wird, nicht nur für die Medizin, sondern auch für den Pflegeberuf. Die Pflegenden dürfen sich um ihrer eigenen beruflichen Identität willen aus dieser Diskussion und Auseinandersetzung nicht heraushalten, sie sollen sie vielmehr aktiv mitzugestalten versuchen. Sie müssen sich dabei mit dem naturwissenschaftlichen Denkmodell auseinandersetzen. Es ist auszuloten, inwieweit die Krankenpflege mit einem ganzheitlichen Verständnis von dem, was Gesundheit und Leben ist bzw. sein kann, einer Medizin, die nach naturwissenschaftlichen Kriterien zu arbeiten versucht und damit die Krankenpflege nicht unwesentlich mitbestimmt, einen ein Sinngefüge herstellenden Aspekt hinzufügen und damit einen Beitrag zu einer gemeinsamen Neuorientierung von Heilkunde und Pflegeberuf leisten kann.

Literatur

Dittrich F (1987) Krankenpflege am Scheideweg – zwischen Sackgasse und neuen Wirkungsfeldern. Die Schwester/Der Pfleger 5

Evangelische Akademikerschaft in Deutschland (1987) Aufgabe und Unvermögen der Wissenschaft. Radius 1

Geust B (1987) Gesundheitsfürsorge in Finnland. DKZ 7:416

Hall DC (1981) Ein Positionspapier zur Krankenpflege. DKZ-Beilage 9

Juchli L (1986) Pflegen, begleiten, leben. Reinhardt u. Recom, Basel

Nightingale F (^{2}1878) Rathgeber für Gesundheits- und Krankenpflege. Brockhaus, Leipzig

Poletti R (1985) Wege zur ganzheitlichen Krankenpflege. Recom, Basel

Roper N et al. (1987) Die Elemente der Krankenpflege. Recom, Basel

Rothenberger J (1987) Aufbau eines Dorfgesundheitsprogrammes in Bolivien. DKZ 7:411

Schroeder-Hartwig K (1987) Gesünder leben – bewußter pflegen. Krankenpflege 2:49

Seidler E (1972) Geschichte der Pflege des kranken Menschen. Kohlhammer, Stuttgart

Selbsthilfe zwischen Subsidiarität und Klassensolidarität*

H.-U. Deppe

Die „Wende" begann bereits vor der „Wende"

Am 1. 7. 1982 beschloß das damals noch sozialliberale Bundeskabinett die „Eckwerte zum Bundeshaushalt 1983" und läutete damit die Schlußrunde des Bonner Bündnisses ein. Es verabschiedete zur Finanzierung des Staatshaushalts einen umfangreichen Katalog mit gravierenden sozialpolitischen Maßnahmen, die v. a. zu Lasten der privaten Haushalte – der Arbeitslosen, Rentner und Kranken – gingen. Damit erlitten die Vorstellungen der „sozialen Symmetrie" und Ausgewogenheit der Eingriffe wie sie vom sozialdemokratischen Teil der Bundesregierung vertreten wurden, um Verständnis für ein „gemeinsames" Verzichten zu gewinnen, Schiffbruch. Der in der Nachkriegszeit an der Oberfläche entstandene breite sozialstaatliche Grundkonsens, der den Ausbau der Sozialpolitik ohne größere Widerstände ermöglicht hatte, entpuppte sich als eine „Schönwetter"-Erscheinung bei anhaltender wirtschaftlicher Prosperität. Die Verabschiedung der Eckwerte zum Bundeshaushalt 1983 veranlaßte schließlich den DGB, der bis zu diesem Zeitpunkt die sozialliberale Sozial- und Gesundheitspolitik kritisierte, aber doch auch tolerierte, für Oktober 1982 seine Mitglieder zu bundesweiten Demonstrationen aufzurufen.

Inzwischen hatte die Regierung gewechselt, die sozialliberalen „Eckwerte" vom Sommer 1982 konnten nicht mehr realisiert werden. Die neue Regierung aus CDU/CSU und FDP hatte die Parole von der „Wende" ausgegeben. Wie sieht diese „Wende" in der Sozial- und Gesundheitspolitik aus? Zunächst verschrieb sich die konservative Koalition eine konzeptionelle „Atempause", denn die sozialpolitische Betätigung der CDU war bislang eher aus der Frontstellung als Oppositionspartei zur sozialliberalen Koalition, denn durch ein eigenes realisierbares Konzept geprägt. Sie schien sich nicht von vornherein auf das neoliberale und marktradikale Autoritätsprogramm des Lambsdorff-Papiers, das Anlaß für den Regierungswechsel war, einlassen zu wollen. Hier wären voraussichtlich auch innerparteiliche Widerstände von seiten der CDU-Sozialausschüsse zu erwarten gewesen, die gerade ihr gesundheitspolitisches Programm „Gesundheit – am Menschen orientiert" verabschiedet hatten (25. 9. 1982). Angesichts dieser konzeptionellen Beschränkungen und Unsicherheiten der ersten Monate knüpfte die neue Koalition nahtlos an den Beschlüssen der sozialliberalen Koalition vom Juli 1982 an. Die Operation '83 unterschied sich von den vorangegange-

---

* Dieser Beitrag wurde erstmals veröffentlicht in der ÖZS (1985), Heft 3/4.

Wagner (Hrsg.), Medizin – Momente der Veränderung
© Springer-Verlag Berlin Heidelberg 1989

nen Operationen v. a. durch eine Ausweitung und Beschleunigung des bereits laufenden Sozialabbaus. Neu waren allerdings in der Gesundheitspolitik Maßnahmen zur Verschärfung der sozialen Kontrolle. So wurde im Zusammenhang mit Krankschreibungen der Druck auf die Kassenärzte verstärkt und den Arbeitgebern die Möglichkeit eingeräumt, verordnete Arbeitsunfähigkeit überprüfen zu lassen. Dies blieb – neben der anhaltenden Angst der Beschäftigten vor Arbeitslosigkeit – nicht ohne Auswirkungen auf den Krankenstand, der inzwischen auf das niedrigste Niveau seit Bestehen der Bundesrepublik abgesunken ist. Insgesamt war das Bett für die neue konservative Regierung bereits vor dem Regierungswechsel gemacht. Die erste Wende in der Sozial- und Gesundheitspolitik erfolgte bereits vor der „Wende".

Zur Restauration des Subsidiaritätsprinzips

Nach der Bundestagswahl vom März 1983, aus der die konservative Koalition gestärkt hervorging, bekamen jene Kräfte Auftrieb, die den Grundlegungen der sozialen Marktwirtschaft wieder zu einer Priorität verhelfen wollten wie Wettbewerb, Marktsteuerung, Unternehmerfreiheit, Eigenverantwortung und Risikobereitschaft. Erinnert sei in diesem Zusammenhang an die aggressiven Stellungnahmen von Arbeitgeberverbänden (Remmers 1983), die Albrecht-Thesen (Meyer 1984) und das George-Papier (FAZ vom 20. 8. 1984). Diese Äußerungen sind sich darin einig, daß die Ertragslage der Privatwirtschaft nur durch eine Senkung der Löhne und den Abbau sozialer Schutzrechte und Leistungen zu verbessern ist – und dies trotz einer sich abzeichnenden wirtschaftlichen Aufwärtsentwicklung.

In dieser Situation sehen CDU-Sozialpolitiker eine Chance zur Restauration des überkommenen Ordnungsprinzips der Subsidiarität aus der katholischen Soziallehre. Frühzeitig und deutlich wird dies vom Fraktionsvorsitzenden der CDU im niedersächsischen Landtag, Remmer, formuliert, der darin die eigentliche sozialpolitische „Wende" sieht. Er sagte Ende 1982:

> Vor allem geht es in dieser politischen Strukturkrise um die konsequente Durchsetzung und Beachtung des Grundsatzes der Subsidiarität. Alle politischen Fragen und Entscheidungen müssen sich an der Frage orientieren, welche Hilfe der einzelne und die kleinere Gemeinschaft von oben wirklich benötigen, ohne dadurch in ihrer Eigeninitiative und Eigenverantwortung schließlich so gelähmt zu werden, daß sie sich nur noch durch die anonyme Tätigkeit eines allmächtigen Sozialstaates gewissermaßen „entsorgen" lassen (Nell-Breuning 1983, S. 33).

Die Bundesregierung sieht inzwischen in der Subsidiarität das Ordnungsprinzip für eine Neuorientierung der Sozialpolitik (Nell-Breuning 1983, S. 42, 59) und im August 1984 beschloß der Parteitag der CDU Westfalen-Lippe als kommunalpolitischen Beitrag ein Aktionsprogramm „Lebendige Gemeinde". Der Grundgedanke ist, daß Bund und Länder zwar die Finanzkraft der Gemeinden zu sichern haben, im übrigen aber das Recht der Gemeinden gewährleisten müssen, „alle Angelegenheiten der örtlichen Gemeinschaft im Rahmen der Gesetze in eigener Verantwortung zu regeln". In dem Papier wird ein Subsidiaritätsprinzip der Gemeinde zum Staat formuliert und erklärt, die Bürger seien grundsätzlich „bereit und befähigt, für sich und ihre Gemeinschaft zu sorgen und Verantwortung zu übernehmen" (Abendroth 1969).

Zur Genese des Subsidiaritätsprinzips

Angesichts des wachsenden Stellenwerts, der dem Subsidiaritätsprinzip inzwischen beigemessen wird, ist es notwendig geworden, diesem größere Aufmerksamkeit zu schenken und genauer nach seinen Ursprüngen und Funktionen zu fragen. Der Gedanke des Subsidiaritätsprinzips wird zurückgeführt auf die erste Sozialenzyklika Rerum novarum des Papstes Leo XIII. aus dem Jahr 1881, die sich v. a. der „Arbeiterfrage" widmete. Hier wird der Begriff der Subsidiarität zwar noch nicht ausdrücklich erwähnt, aber inhaltlich doch bereits vorformuliert: „Nur soweit es der Hebung des Übels und zur Entfernung der Gefahr nötig ist, nicht aber weiter", heißt es hier, „dürfen die staatlichen Maßnahmen in die Verhältnisse der Bürger eingreifen" (Ziffer 29). Der staatliche Handlungsspielraum soll dadurch eingeschränkt werden. Schwerpunkt dieser Enzyklika war indessen die Rechtfertigung der bestehenden Eigentumsverhältnisse und der Vorstellung, daß zwischen den verschiedenen gesellschaftlichen Klassen kein unversöhnlicher Gegensatz bestehe, sondern alle Mitglieder der Gesellschaft „in einem Boot sitzen". Sie war ausdrücklich gegen die sich formierende sozialistische Arbeiterbewegung gerichtet. Heute wird „es zumindest als ein arger Schönheitsfehler" angesehen, daß die Enzyklika auch noch mit einer „Apologie des Eigentums" beginnt und von Anfang an „gleich in Abwehr geht gegen den damaligen Sozialismus ... und das von ihm vorgeschlagene Allheilmittel, die Abschaffung des Privateigentums an Produktionsmittel" (Cordes, Herzog 1966). Gleichwohl wird jedoch um Verständnis für die Enzyklika geworben, denn man habe bei ihrer Beurteilung zu bedenken, daß sie im selben Jahr wie das Erfurter Programm der Sozialdemokratie verabschiedet wurde (Nell-Breuning 1955).

Nun – das Erfurter Programm war Ausdruck einer Partei, die gerade wieder legal geworden war und in der Illegalität (1878–1890) sich von einer kleinen Gruppe zu einer Massenpartei der deutschen Arbeiter entwickelt hatte. Sie hatte erfahren, daß durch ihren politischen Druck der Staat und durch gewerkschaftlichen Druck das Kapital zu erheblichen Zugeständnissen gebracht werden konnte. Die Politisierung der Arbeitermassen wird im Erfurter Programm als Bildungsaufgabe verstanden, um diese für die Übernahme der Macht im Staat und zur Selbstverwaltung der Wirtschaft in einer sozialistischen Produktionsgemeinschaft zu befähigen. Das Erfurter Programm wurde also zur Grundlage der geistigen Erziehung der Parteimitglieder, aber auch der theoretischen Diskussion in der Sozialdemokratie bis zum Ausbruch des 1. Weltkriegs (Kimminich 1981).

Die Enzyklika Quadragesimo anno 1931 erweiterte das begrenzte Thema der Enzyklika Rerum novarum („Arbeiterfrage") auf die gesamte Ordnung der menschlichen Gesellschaft. Hier wird das Subsidiaritätsprinzip erstmals genannt und als sehr wichtiger Grundsatz der katholischen Sozialphilosophie anerkannt. Es heißt: „Wie dasjenige, was der Einzelmensch aus eigener Initiative und mit seinen eigenen Kräften leisten kann, ihm nicht entzogen und der Gesellschaftstätigkeit zugewiesen werden darf, so verstößt es gegen die Gerechtigkeit, das, was die kleineren und untergeordneten Gemeinwesen leisten und zum guten Ende führen können, für die weitere und übergeordnete Gemeinschaft in Anspruch zu nehmen; zugleich ist es überaus nachteilig und verwirrt die ganze Gesellschaftsordnung. Jedwede Gesellschaftstätigkeit ist ja ihrem Wesen und Begriff nach subsidiär; sie soll die Glieder des Sozialkörpers unterstützen, darf sie aber niemals zerschlagen oder aufsaugen" (Nell-Breuning 1955, S. 4).

Auch die Enzyklika Quadragesimo anno wurde in einer Zeit nachhaltiger und tiefgreifender sozialer Ereignisse und Vorgänge verkündet. Die Weltwirtschaftskrise hatte zu hoher Massenarbeitslosigkeit in den kapitalistischen Industriegesellschaften geführt. Es gab inzwischen starke sozialistische und kommunistische Arbeiterparteien, und die Entwicklung in der Sowjetunion fand Resonanz weit über deren eigene Grenzen hinaus. Die katholische Kirche fühlte sich dadurch herausgefordert und proklamierte das Subsidiaritätsprinzip als „Korrektiv" gegen den „überhandnehmenden Kollektivismus". Es sollte „Waffe" und „Schutzwall gegen alles (sein), was Kollektivismus ist und in den Kollektivismus führt" (Nell-Breuning 1955, S. 2, 4).

Was heißt Subsidiarität heute?

Das lateinische Wort subsidium heißt soviel wie Hilfe, Hilfeleistung oder Hilfestellung. Seine ursprüngliche Bedeutung liegt im militärischen Bereich, das subsidium ist das Hintertreffen, die Reservetruppe, die erst dann eingreift, wenn die in der vordersten Schlachtreihe stehenden Kräfte nicht mehr ausreichen. Diesem Sachverhalt entspricht die Vorstellung von Subsidiarität als einem Kräfteeinsatz, der erst in zweiter Linie in Frage kommt (Nell-Breuning 1980). Als sozialethische Grundlegung befaßt sich das Subsidiaritätsprinzip mit der Zuständigkeit zwischen dem einzelnen bzw. kleineren und größeren Gemeinschaften. Es besagt, daß der kleinere Lebenskreis die Rechte und Pflichten hat, die Aufgaben wahrzunehmen, zu denen er imstande ist. Größere Lebenskreise (z. B. Staat) indessen sollen lediglich Aufgaben übernehmen, denen kleinere Lebenskreise (z. B. Familie, Gemeinde) nicht mehr gewachsen sind. Nach der katholischen Soziallehre ist wohlverstandene Subsidarität etwa so vorzustellen: „Wie Gott mit uns Menschen, wie verständige Eltern mit ihren Kindern, so sollen gesellschaftliche Gebilde von Gemeinwesen, insbesondere Staat und Gemeinde mit ihren Gliedern verfahren" (Pechmann, Schraven 1984).

In seiner weiteren Entwicklung erfuhr das Subsidiaritätsprinzip unterschiedliche Auslegungen. So wird das Subsidiaritätsprinzip auf dem Hintergrund der Formel „soviel Freiheit als möglich, soviel Bindung als nötig" in Anspruch genommen für Privatinitiative, freien Wettbewerb, Privateigentum, Bedürftigkeit in der Sozialhilfe, gegen Wirtschaftlenkung und weiteren Ausbau staatlicher Sozialleistungen. Andererseits beruft man sich seit Nell-Breunings Neuinterpretation Ende der 50er Jahre auf das „richtig verstandene Subsidiaritätsprinzip", das nun ganz im Gegenteil die Grundlage für gesamtwirtschaftliche Maßnahmen und für eine Politik der sozialen Sicherheit bilden soll. Der Staat habe nicht Enthaltsamkeit zu üben, sondern das Gemeinwesen schulde seinen Gliedern Hilfe. Die Gesellschaft habe die Voraussetzungen zu schaffen, „unter denen allein der einzelne Mensch seine Kräfte mit Erfolg regen kann". Der einzelne soll in der Weise gefördert werden, „daß seine Leistungsfähigkeit so viel wie möglich wiederhergestellt und erhöht wird". Darin wird nach der katholischen Soziallehre auch der Sinn für die These von der „Hilfe zur Selbsthilfe" gesehen (Nell-Breuning 1980, S. 73). Folgt man nun der „recht verstandenen" Auslegung des Subsidiaritätsprinzips, so kann die Bewältigung sozialer Risiken und Gefährdungen dem einzelnen nicht allein zugemutet werden. Gesellschaftliche Hilfe hat Vorleistungen zu erbringen, um den jeweils Betroffenen zu fördern. Das indessen heißt, daß der einzelne dahingehend durchleuchtet und überprüft werden muß, ob er auch bedürftig ist. Er hat sich unwürdigen Kontrollmaßnahmen zu unterwerfen, die weit in seine private Lebenssphäre hineinreichen. Es besteht zwar ein gewisser Rahmen, der gesellschaftlich festgelegt ist, aber der gegenwärtig generell verbriefte Versorgungsanspruch der Betroffenen wird auf die Ebene von Einzelhilfe (Tendenz zur Vereinzelung) reduziert.

In diesem Zusammenhang stellt sich die Frage, wozu die Leistungsfähigkeit des einzelnen Menschen wiederhergestellt werden soll: Damit er sich an die gefährdenden Strukturen wieder anpassen kann? Damit er seine Arbeitskraft auf dem Markt wieder anbieten kann? Damit seine Leistungsfähigkeit von anderen wieder ausgebeutet werden kann? Oder aber, daß der einzelne Mensch Kräfte für seine Emanzipation und Selbstverwirklichung entfaltet? Generell muß man sich schließlich fragen, wie das Prinzip der Subsidiarität in einer Klassengesellschaft funktionieren soll. Die Verhältnisse zwischen Kapitaleignern und Arbeitenden, die betrieblichen Auseinandersetzungen um direkte und indirekte Ausbeutung und Unterdrückung, ja selbst die Beziehungen zwischen konkurrierenden Privatunternehmen, die das Recht des Stärkeren – bei Strafe des eigenen Untergangs tagtäglich befolgen müssen; für all diese Ausdrucksformen des sozialen Kampfs scheint mir das „rechtverstandene" Subsidiaritätsprinzip untauglich. Und Nell-Breunings Interpretation – „rechtverstanden hält das Subsidiaritätsprinzip genau die goldene Mitte: positiv gewendet wehrt es der individualistischen negativ gewendet der kollektivistischen Einseitigkeit" (Bundesarbeitsminister 1984) – gerinnt unter solchen realen gesellschaftlichen Bedingungen zu einer politischen Abstraktion. In der gesellschaftlichen Wirklichkeit dominiert die andere Auslegung, die sich als Legitimationsbasis für privates unternehmerisches Handeln anbietet.

Hinzu kommt ein eher mechanisches Verständnis vom Staat als ein Gebilde von kleinen und immer größer werdenden konzentrischen Kreisen. Völlig ignoriert wird dabei, daß der Staat keineswegs eine neutrale Instanz, sondern Instrument zur Sicherung und Durchsetzung übergreifender Herrschaftsinteressen ist, und von daher auch kleinere staatliche Gebilde und Apparate – mit all ihren sozial integrativen, kontrollierenden und repressiven Funktionen – bestimmt werden.

Nicht zuletzt wird die Subsidiarität als naturrechtlicher Grundsatz verstanden, der eine überzeitliche, von der historischen, kulturellen und sozialen Situation und Entwicklung unabhängig Gültigkeit beansprucht. Indem sie zur ethischen Norm und zum sozialen Ordnungsprinzip erhoben wird, richtet sie sich in erster Linie gegen die Grundsätze der humanistischen Tradition der Neuzeit. Sie stellt eine fundamentale Kritik des modernen Prinzips der Demokratie dar, das den christlich-transzendentalen Grundsatz „Alle Autorität stammt von Gott" den humanistisch-diesseitigen Grundsatz „Alle Gewalt geht vom Volk aus" entgegensetzt (Spieker 1982). Nach der katholischen Soziallehre steht „die Lehre von der unbeschränkten und unbedingten („absoluten') Volkssouveränität", auch heute noch, „in unzweideutigem Widerspruch zu der Wahrheit, daß Gott allein letzter Anspruch und Garant aller Autorität ist" (Bundesarbeitsblatt 1983).

Subsidiarität und Sozialhilfe

In der Sozialpolitik der Bundesrepublik tritt der Gedanke der Subsidiarität am deutlichsten bei der Sozialhilfe in Erscheinung. Hier wird nach dem Prinzip der Fürsorge verfahren, die sich aus der traditionellen Armenfürsorge ableitet. Hilfeleistungen orientieren sich in diesem Zusammenhang ausschließlich an der Besonderheit des Einzelfalls. Ihm soll entsprechend seiner individuellen Notlage geholfen werden. Diesbezügliche „Hilfe soll vor allem zur Selbsthilfe befähigen" (Nell-Breuning 1980, S. 65). Zuvor ist jedoch Bedürftigkeit nachzuweisen, die von seinen eigenen Einkommens- und Vermögensverhältnissen sowie denen anderer Familienangehöriger abhängt. Zwar hat ein Bedürftiger einen Rechtsanspruch auf Sozialhilfe, aber bei der Festlegung von Art und Umfang der Leistungen handelt es sich weitgehend um Ermessensentscheidungen. Der Rechtsanspruch auf Hilfe, ein grundlegendes sozialstaatliches Element, beschränkt sich in der Sozialhilfe auf die Vorgabe einer unspezifischen Rahmenbedingung. Öffentliche Hilfe erfolgt hier also erst „aus zweiter Linie", nachrangig oder subsidiär – dann, wenn die Betroffenen oder ihre Familien auf den Boden der Gesellschaft abgerutscht sind.

Und hinsichtlich der Trägerschaft sozialer Leistungen soll der Staat das System der Sozialleistungen zwar regeln, jedoch nur dann mit Eigeneinrichtungen eingreifen, wenn „personennähere" dazu nicht mehr in der Lage sind. In der Hierarchie der Träger ist „den jeweils personennäheren, also den gesellschaftlichen und kirchlichen oder auch halbstaatlichen Einrichtungen wie den durch Zwangsbeiträge finanzierten Solidagemeinschaften der Vorrang vor staatlichen Einrichtungen oder vor der vollen Übernahme dieser Leistungen in den steuerfinanzierten Staatshaushalt zu geben" (Blüm 1984).

Ideologische „Wende": Subsidiarität und Solidarität

Vor diesem Hintergrund von Subsidiarität und Sozialhilfe soll noch einmal die „Wende" und die Richtung ihrer Entwicklung thematisiert werden. Bereits in der Regierungserklärung vom 13. Oktober 1982 wird vor der „neuen Entfremdung eines anonymen Wohlfahrtsstaats" (Schmidt, Standfest 1984) gewarnt, und für den Bundessozialminister beruht der Grundsatz der Sozialversicherung auf dem Verhältnis von Leistung und Gegenleistung, dem Äquivalenzprinzip, das bisher die genuine Grundlage privater Versicherungen bildet. Darin sieht er das „Kernstück der Gerechtigkeit". Denn „der Vorsorgungsstaat" ist, wie Blüm in deutlicher Anlehnung an Nell-Breuning formuliert, die futurologische Variante des autoritären Staates" (Bundesminister für Arbeit und Sozialordnung 1984, S. 7).

Damit gerät die Sozialpolitik auf Kollisionskurs zu dem traditionellen und grundlegenden Prinzip der Sozialversicherung – nämlich dem der Solidarität, das in der Sozialversicherung die kollektive Absicherung der wichtigsten Lebensrisiken meint (Bundesarbeitsblatt 1983). Dies wird indessen sehr wohl erkannt. So heißt es bereits im Sozialbericht '83: „Solidarität und Subsidiarität gehören in ein ausgewogenes Verhältnis zueinander" – und weiter – „dieses Spannungsverhältnis von solidarischer Sicherung und eigenverantwortlichem Handeln ist nicht nur eine Ordnungsfrage für die Sozialpolitik im engeren Sinne, sondern auch für die gesellschaftlichen Strukturen schlechthin" (Bundesarbeitsblatt 1983). Was bedeutet aber nun „ausgewogenes Verhältnis"? D. h. nichts anderes, als daß das Solidaritätsprinzip zwar nicht aufgehoben, aber doch gewaltig zurückzudrängen ist; und dies nicht nur in der Sozialpolitik, sondern in der Gesellschaft schlechthin. Entsolidarisierung durch Vereinzelung heißt die Parole! Die kollektive solidarische Hilfe (Selbsthilfe) und Interessenvertretung der durch die Struktur des Gesellschaftssystems Benachteiligten soll geknackt werden. Mehr oder weniger erfolgreich wurde danach ja auch in der Auseinandersetzung um die 35-Stunden-Woche und die flexible Arbeitszeitregelung operiert.

Hinzu kommt die Umformulierung von Solidarität, die stärker für kleine Kreise bzw. Gemeinschaften als für größere gesellschaftliche Gruppen – also keineswegs für soziale Klassen – gelten soll. Auch dies heißt Schwächung solidarischer Hilfe- und Durchsetzungskraft. Große Bedeutung wird folglich der Eigeninitiative und der Eigenvorsorge beigemessen. Diese „müssen wieder einen höheren Stellenwert erhalten. Familien, Nachbarschaft, freie Träger, Initiativ- und Selbsthilfegruppen sowie soziale Dienste können mehr Bürgersinn und Bürgerverantwortung erzeugen, als es großen und anonymen Gruppen je möglich sein wird" (Hofemann 1984). Dies läßt sich freilich nicht ohne weiteres durchsetzen, dafür bedarf es einer neuen Kultur. Es gilt deshalb, „die sinnstiftende und kulturfördernde Bedeutung der sozialen Sicherung in überschaubaren Wir-Gemeinschaften zu unterstützen". Und als des „Pudels Kern" entpuppt sich schließlich die ganz banale und pragmatische These: „Während institutionell und hauptberuflich geleistete soziale Dienste oft schon unbezahlbar geworden sind, gilt es, den gemeinschaftsstiftenden Sinn unbezahlter und ehrenamtlicher Tätigkeiten neu zu entdecken" (Hofemann 1984, S. 7). Damit wird aus dem sozialethischen Prinzip der Subsidiarität auch ein Sparinstrument, denn „Subsidiarität ist einfach kostengünstiger" (Hofemann 1984, S. 9). Die gesellschaftliche Arbeitskraft soll ordnungspolitisch verbilligt werden. Aus unserer Geschichte wissen wir, daß solche unbezahlte ehrenvolle und ehrenamtliche Tätigkeiten insbesondere Frauen betreffen. Es schließt sich also der Kreis zwischen Subsidiarität und Sozialabbau. Mit der Restauration des Subsidiaritätsprinzip und seiner kulturellen Belebung ist die 2. Phase der Wende zu charakterisieren, die man auch als die Phase der ideologischen Wende bezeichnen kann.

Subsidiarität und Kostendämpfung

Als nächstes stellt sich dann die Frage nach der konkreten Durchsetzung der ideologischen Wende. Wo und wie schlägt sich der Gedanke der Subsidiarität in der gesellschaftlichen Bewältigung sozialer Probleme nieder? In diesem Zusammenhang bietet sich die Untersuchung der Haushaltsbegleitgesetze von 1983 und 1984 an, die zur Wiederbelebung der Wirtschaft und Beschäftigung sowie zur Entlastung der öffentlichen Haushalte verabschiedet wurden. Dabei geht es v. a. um deren gesundheitspolitische Inhalte, die allerdings in enger Beziehung zu sozial- und wirtschaftspolitischen Entscheidungen stehen.

Die Maßnahmen des Haushaltsbegleitgesetzes '83 konzentrieren sich in der Krankenversorgung auf den Ausbau der Selbstbeteiligung bei Krankenhausaufenthalten, Kuren, Rehabilitationsmaßnahmen und Arzneimittel. Mit der Ausweitung und

Erhöhung der Selbstbeteiligung wird das traditionelle Prinzip der gesetzlichen Krankenversicherung, das Sachleistungsprinzip, das medizinisch notwendige Leistungen unabhängig von der Höhe des Einkommens garantiert, untergraben. Hinzu kommt die Beeinflussung des Krankenstands durch die mögliche Überprüfung der Arbeitsunfähigkeit auf Antrag des Arbeitgebers. Darüber hinaus realisieren sich erste Ansätze von Äquivalenz, also das Verhältnis von Leistungen und Gegenleistungen, auch in der Arbeitslosenversicherung durch die Staffelung der Leistung nach Dauer der Beitragszahlung. Insgesamt wird davon ausgegangen, daß die gesetzliche Krankenversicherung, die Leistungsempfänger und die Versicherten durch das Haushaltsbegleitgesetz '83 zusätzlich um 3,2 Mrd. DM belastet werden (Bundesminister für Arbeit und Sozialordnung 1984, S. 23).

Auch das Haushaltsbegleitgesetz '84 geht in die gleiche Richtung. Durch die volle Einbeziehung des Krankengelds in die Beitragspflicht zur Renten- und Arbeitslosenversicherung, die Zuordnung der Tbc-Heilbehandlung zur Krankenversicherung und die Einbeziehung der knappschaftlichen Krankenversicherung der Rentner in den Finanzausgleich der Krankenversicherung der Rentner der gesetzlichen Krankenversicherung sollen aus Arbeitnehmersicht weitere 3,8 Mrd. DM als Belastungen ausfallen (Bundesrats-Drucksache 1984).

Der schwerwiegendste Eingriff ist zweifellos die Einbeziehung des Krankengelds in die Beitragspflicht, da er die unteren Einkommensgruppen besonders belastet. So bedeutet für einen Beschäftigten mit einem durchschnittlichen Monatsnettoeinkommen von 1900 DM diese Regelung eine Kürzung des Krankengelds um ca. 220 DM. Betroffen sind v. a. die schwer- und längerfristig Erkrankten wie Krebskranke, Kranke mit akuten und chronischen Herzkrankheiten und schwer psychisch Erkrankte. Hinzu kommt, daß ungelernte Arbeiter und Arbeiterinnen, die häufiger an hochbelastenden Arbeitsplätzen eingesetzt werden, knapp doppelt so häufig von der vorgesehenen Krankengeldkürzung betroffen sind als Facharbeiter und Angestellte (Baumann et al. 1985).

Einen weiteren Schwerpunkt bildet die Krankenhauspolitik. Für die Einrichtung der stationären Krankenversorgung gilt, daß sie im Gegensatz zur kassenärztlichen- und Arzneimittelversorgung überwiegend nicht erwerbswirtschaftlich betrieben wird, da ihre Einrichtungen v. a. staatliches und gemeinnütziges Eigentum sind und direkte staatliche Finanzierungshilfe erhalten. Seitens der privaten Leistungsanbieter im Gesundheitswesen (Pharmaindustrie, Kassenärzte), aber auch seitens des Bundes selbst wird in den Ausgaben für Krankenhäuser eine finanzielle Manövriermasse gesehen, die noch nicht voll mobilisiert und unmittelbaren privaten Interessen zugänglich gemacht werden konnte. Die Neuordnung der Krankenhausfinanzierung wird deshalb als eine zentrale Aufgabe der Gesundheitspolitik angesehen (Bundestags-Drucksache 1984). Angekündigt wurde dieses Ziel bereits in der Regierungserklärung vom 4. Mai 1983 und konkretisiert wird es in dem vorliegenden Gesetz zur Neuordnung der Krankenhausfinanzierung (Deppe 1985). Dieses sieht vor: den Rückzug des Bundes aus der Investitionsförderung und den bisherigen Finanzhilfen; die Schaffung von Anreizen zu einer wirtschaftlicheren Betriebsführung etwa in der Weise, daß Überschüsse dem Krankenhaus verbleiben und entstehende Verluste von ihm zu tragen sind; die Selbstkostendeckung wird aufgehoben und durch vorauskalkulierte Selbstkosten ersetzt; insgesamt soll das „eigenverantwortlich wirtschaftende Krankenhaus" in den Vordergrund geschoben werden. Hinzu kommt „insbesondere die wirtschaftliche

Sicherung freigemeinnütziger und privater Krankenhäuser". Auch hier schimmern offenkundig subsidiäre Grundsätze durch (Behrendt 1982).

Und schließlich ist im Zusammenhang mit der Kostendämpfung auch die Einführung des „Arztes im Praktikum" zu sehen, die darauf abzielt, im Krankenhaus „Billigärzte" zu schaffen. Der Arzt im Praktikum, der nicht voll approbiert ist, soll nämlich bereits Arzt sein. Er soll die üblichen Aufgaben, die auf der Krankenstation zu erledigen sind, unter Aufsicht ausführen können. Allerdings soll er keineswegs wie die anderen Ärzte im Krankenhaus bezahlt werden, sondern lediglich ein Drittel ihres Einkommens erhalten (Reidegeld 1985).

Vor diesem Hintergrund stellt sich also erneut die Frage danach, mit welchen realen Entwicklungen der Sozial- und Gesundheitspolitik das Konzept der Subsidiarität konfrontiert ist. Insgesamt kann zunächst resümiert werden, daß die Rechtskoalition das Instrument der Kostendämpfung und -verschiebung genauso souverän beherrscht wie die vorangegangene. Sie unterscheidet sich lediglich darin, daß sie den Abbau sozialer Leistungen verstärkt und beschleunigt. Das kommt nicht zuletzt darin zum Ausdruck, daß sie bis 1987 die Sozialleistungsquote bis auf 30% – einen Stand, der bereits vor mehr als 10 Jahren überschritten wurde – zurückdrehen will. Am stärksten belastet werden dadurch die privaten Haushalte, d. h. die kleine Gemeinschaft Familie. Es findet also eine weitere Verschiebung hin zur individuellen und familiären Bewältigung gesellschaftlich verursachter Probleme und Schäden statt. Parallel zu dem quantitativen Abbau wird der konservative Umbau traditioneller Strukturen der Sozialversicherung vorangetrieben. Ansätze dafür zeigen sich in der Ausweitung des Äquivalenzprinzips, also der stärkeren Abhängigkeit des Leistungsumfangs von den vorangegangenen Beitragszahlungen, der weiteren Aushöhlung des Sachleistungsprinzips (z. B. Selbstbeteiligung) und der Zurückdrängung bzw. Uminterpretation des Solidaritätsprinzips.

Die politisch wichtigste Funktion der Restauration des Subsidiaritätsprinzips scheint mir darin zu liegen, daß damit große solidarische Widerstandspotentiale gegen eine solche Politik aufgeweicht bzw. deren Zustandekommen verhindert werden sollen. Denn durch die Strategie der Vereinzelung und die Reduktion von Solidarität auf „kleine Kreise" wird Solidarität, die genuine Widerstandskraft der abhängig Beschäftigten, in Frage gestellt, verunsichert und schließlich geschwächt. Die Propagierung von Subsidiarität ist deshalb auch als ideologisches Instrument gegen die Herausbildung eines Klassenbewußtseins, also die organisierte Einsicht der Betroffenen in ihre reale gesellschaftliche Lage, anzusehen. Das ist freilich nicht neu; schon 1931 war dies die Absicht der Verkündung des Subsidiaritätsprinzips durch die Enzyklika Quadragesimo anno (Trojan 1985).

Subsidiarität und Selbsthilfe: linke Strategie?

Anschließend stellt sich die Frage: kann Subsidiarität Teil des Konzepts einer demokratischen Alternative oder „linken" Strategie sein? Eine Kernaussage des Subsidiaritätsprinzips ist die „Hilfe zur Selbsthilfe" in dezentralen kleinen Einheiten. Diese Vorstellung ist auch heute in der demokratischen und alternativen Gesundheitsbewegung weit verbreitet. Sie ist entstanden aus dem berechtigten Unbehagen und der

Kritik im Umgang mit verselbständigten, starren, z. T. sogar inhumanen Auswirkungen bürokratischer und technischer Apparate, die den einzelnen zum Spielball undurchschaubarer Kräfte machen. Reale Bedürfnisse – insbesondere solche der psychosozialen Betreuung – wurden durch die Technisierung und Formalisierung von Hilfeleistungen ausgegrenzt und vernachlässigt. Verschärft wird dieser Prozeß durch die Folgen der Wirtschaftskrise im Gesundheitswesen. In der Öffentlichkeit hat sich deshalb der Ruf nach Entbürokratisierung, Dezentralisierung, Partizipation der Betroffenen und Deprofessionalisierung verstärkt. Da die traditionellen und etablierten parlamentarischen und außerparlamentarischen Massenorganisationen dieses reale Massenbedürfnis lange Zeit schlichtweg ignorierten und übergingen, hat sich außerhalb eine breite Palette von unterschiedlichen Selbsthilfeeinrichtungen (Opielka 1984) entwickelt und zu einer Bewegung formiert, der es darum geht, die Strukturen einfacher, überschaubarer und auch menschlich wärmer zu machen.

Die Selbsthilfedebatte hat seit einiger Zeit Hochkonjunktur. Es gibt inzwischen kaum eine politische Gruppierung, die sich diesem Gedanken nicht mehr oder weniger geöffnet hat. Im Mittelpunkt der Diskussion steht dabei immer wieder die Frage, ob sich Staatshilfe durch Selbsthilfe ersetzen läßt und damit ein Umbau des Sozialstaats erreicht werden kann oder aber ob Selbsthilfe als sinnvolle Ergänzung zum Sozialstaat anzusehen ist (Ebermann et al. 1984). Die Grünen unternehmen in ihrer Diskussion um eine grün-alternative Gesundheitspolitik gegenwärtig den Versuch, daraus ein politisches Konzept zu zimmern. Ausgehend von einer Etatismuskritik, einer Sensibilität und Parteilichkeit gegenüber sozialen Minderheiten und benachteiligten Gruppen, Vorstellungen von Dezentralisierung und Basisdemokratie, scheint sich für die Grünen Selbsthilfe als ein wichtiges Element zum Umbau des Sozialstaats herauszukristallisieren. Dabei wird von Teilen der Grünen gesehen, daß dies ohne den „Umbau des marktwirtschaftlichen Sektors" (Hirsch 1982) nicht möglich ist. In dieser programmatischen Diskussion richtet sich auch der Blick auf das Subsidiaritätsprinzip, zu dem unterschiedlich Stellung bezogen wird. Während von einer Strömung das Konzept der „solidarischen Subsidiarität" als ordnungspolitischer Rahmen für Sozialpolitik favorisiert wird, lehnen andere das Subsidiaritätsprinzip grundsätzlich ab. So fordert Opielka (Fink 1983) unter der „solidarischen Subsidiarität":

– einerseits solidarische Selbsthilfe und Selbstorganisation in der Tradition der frühbürgerlichen, sozialistischen und romantischen Sozialutopien,
– andererseits vom Staat die Rücknahme seiner kontrollierenden polizeilichen Funktion und die Einlösung von „Bereitstellungsansprüchen" (Einkommen, soziale Infrastruktur).

Ebermann und Trampert hingegen können insbesondere im Zusammenhang mit der Arbeitslosenunterstützung dem Subsidiaritätsprinzip keine richtungsweisende Bedeutung abgewinnen. In der Sozialpolitik halten sie es sogar für ausgesprochen „reaktionär", wenn „die Familie, die häufig genug finanziell ohnehin genug gebeutelt ist, ... auch noch für ihre arbeitslosen Familienmitglieder aufkommen (soll)" (Esser, Hirsch 1984).

Insgesamt scheint sich offenbar die Erkenntnis durchzusetzen, daß Selbsthilfe und Staatshilfe sich keineswegs zueinander antagonistisch verhalten müssen, sondern sich durchaus ergänzen können und daß Dezentralität keine abstrakte Alternative zur Zentralität ist. Es geht also nicht darum, entweder Formen der Selbstorganisation oder staatlichen Organisation durchzusetzen, sondern um das Sowohl-als-auch, um die *gesellschaftliche und politische Besonderung des Allgemeinen*, die keineswegs widerspruchslos verläuft. Insofern ist auch eine Verrechtlichung sozialer Ansprüche und Hilfeleistungen und damit eine gesellschaftliche Generalisierung nicht per se abzulehnen. Festzuhalten wäre beispielsweise an einer rechtlichen Absicherung von gesellschaftlich verursachten Risiken und von Mindeststandards der sozialen Existenz, damit soziale Minoritäten und benachteiligte Gruppen nicht wieder zu unwürdigen Almosenempfängern werden bzw. bleiben. Dazu schrieb Hirsch: „Anzuvisieren wären Strukturveränderungen, die auf eine Zurückdrängung der mit dem herrschenden Sozialstaat verbundenen repressiven Kontroll- und Selektionsnetze hinauslaufen und Ansätze von Selbstbestimmung und Selbstorganisation zu stärken, ohne zugleich den erreichten Stand einer gesellschaftlich getragenen und garantierten Sicherung individueller und kollektiver Risiken zu untergraben" (Fink 1985). Die Möglichkeiten sozialer Kontrolle und Selektion dürfen freilich nicht übersehen und unterschätzt werden. Ihre Zurückdrängung bei gleichzeitiger Erhaltung und Ausweitung sozialer Leistungen wird jedoch nur gegen erheblichen Widerstand möglich sein, da es sich hier um relevante Staatsfunktionen handelt.

Zum Populismus der CDU

Bereits seit einiger Zeit wird als Gefahr für die Regierungs- und Handlungsfähigkeit der staatlichen Organe beunruhigt registriert, daß die Legitimität des politischen Handelns der Exekutive wachsender Kritik ausgesetzt ist und daß durch die Verlagerung von politischen Prozessen in den vorparlamentarischen Raum der Herrschaftsanspruch der Parlamente bedroht scheint. Im Zeichen der Subsidiarität vermag auch der konservative Staat Felder gesellschaftlicher Selbsttätigkeit zu schaffen, die den Anschein „lockerer Zügel" erwecken. Sein Ziel scheint es jedoch, solche Aktivitäten an das gesellschaftliche Ganze um so reibungsloser anzubinden und diesem unterzuordnen (Grottian et al. 1985) Die CDU denkt keineswegs an eine Rückkehr zu einem liberalen Staat. Entgegen der offiziellen Propaganda geht es ihr nicht um weniger Staat. Vielmehr soll die längst stattgefundene Durchstaatlichung der Gesellschaft durch autoritäre Eingriffe effektiver, kostengünstiger und politisch störungsfreier organisiert werden. Mit dem Schlagwort der „neuen Sozialpolitik" oder der „neuen Subsidiarität" soll der Sozialstaat umgebaut werden, freilich nicht nur durch Sparen, sondern als Konzept einer übergreifenden Neuorganisation gesellschaftlicher Interessenartikulation und Interessenspaltung. Die Sozialleistungen werden abgebaut, soziale Risiken und Reproduktionsbedingungen privatisiert. Bestehende gesellschaftliche Spaltungen werden sozialstaatlich vertieft. Dazu bedient sich die CDU eines „autoritär-populistischen Diskurses" (Rosenbrock 1983), mit dem sie versucht, bestehende soziale Institutionen ein Stück weit aufzulösen und sie in ein Gemenge dezentraler und fragmentierter Dienste zu verwandeln. Dieser Diskurs wirkt durch die systematische Ausklammerung von Themen und Konflikten, die zu einer bewußten Formierung von sozialen Klassenwidersprüchen führen könnten, entpolitisierend. Er zerfasert und verklärt die aus Ausbeutung, Unterdrückung und Krise gewonnenen Erfahrungen, läßt die gesellschaftlichen Spaltungs-, Marginalisierungs- und Verarmungsprozesse zu rivalisierenden Interessen gerinnen und bindet sie ideologisch so zusammen, daß sich die Betroffenen die bestehenden Zustände selbst zuschreiben.

Modell Berlin: Selbsthilfe in der Koalition von CDU und Alternativen

Als Beispiel für die „neue Sozialpolitik" der CDU soll auf das „Berliner Modell" eingegangen werden. In Westberlin hat sich sehr schnell nach dem Regierungswechsel 1981 auf dem Gebiet der Selbsthilfe zwischen der regierenden CDU und der alternativen Szene eine Koalition herausgebildet. 1983 gab es in Westberlin etwa 1500 alternative Projekte, in denen 10000–15000 zumeist junge Menschen arbeiteten. Der Forderung dieser Gruppen nach öffentlicher Finanzierung kam der Berliner Senat – insbesondere der zuständige CDU-Senator Ulf Fink, der sich als Repräsentant des „richtig verstandenen Subsidiaritätsprinzips" versteht – mit der Vorlage eines Programms zur Förderung von Selbsthilfegruppen entgegen. Damit wurde an das „neue" sozialpolitische Konzept im Grundsatzprogramm der CDU angeknüpft. Westberlin gilt sozusagen als Experimentierfeld. Nachdem zuvor 1050 Akutbetten im Krankenhaus mit einem Spareffekt von rund 100 Mio. DM gestrichen worden waren, bewilligte das Berliner Abgeordnetenhaus 1983 erstmals 7,5 Mio. DM zur Förderung dieser Initiativen. Der gleiche Betrag soll jährlich bis 1987 bereitgestellt werden. 1984 erhielten 167 Projekte Zuwendungen in Höhe von rund 5,4 Mio DM. Wie im Jahr zuvor wurden nicht alle Mittel ausgeschöpft (Grottian 1985). Nachdem zuerst das Programm und die anfänglich liberale Mittelvergabe auf seiten der Alternativen Erstaunen und Neugier hervorrief, gibt es inzwischen hinsichtlich der Realisierung des Programms erheblich Zweifel und Kritik. Als Hauptkritikpunkte werden aus den eigenen Reihen der Alternativen formuliert: (Fink 1985).

–   „Hilfe zur Selbsthilfe" findet durch eine „Vernetzung von oben", durch staatliche Kontrolle statt. Die Auflagen, die mit der Vergabe der Mittel verbunden sind, schränken die Autonomie der Gruppen ein.
–   Subsidiaritätspolitik hat nur einen sehr geringen Beschäftigungseffekt. Im gesamten Berliner Selbsthilfesektor wurden lediglich 42 volle und 37 halbe Personalkostenpauschalen bewilligt. Darüber hinaus wird die Einrichtung von Selbsthilfegruppen anderenorts sogar als Argument für Stellenstreichungen genutzt.
–   Berliner Sozialpolitik zielt darauf ab, unentgeltliche, ehrenamtliche Arbeit zu mobilisieren. Bezahlte Tätigkeiten werden nicht selten unter Tarif entgolten und die Mitbestimmungsrechte der Beschäftigten ausgehöhlt. Hinzu kommt der zwangsweise Arbeitseinsatz von Sozialhilfeempfängern zu „gemeinnütziger und zusätzlicher Arbeit".
–   Geringe Stundenlöhne, stundenweise Beschäftigung und der Einsatz von nicht ausgebildetem Personal – insbesondere Studenten – ermöglichen durch die Ausnutzung einer sozialen Notlage „billigste und schnellste Hilfe" (49).
–   Öffentlich-rechtliche Leistungen werden eingeschränkt und durch private ersetzt, auf die kein Rechtsanspruch besteht.

Insgesamt scheint sich die gegenwärtige Berliner Sozialpolitik auch hinsichtlich der anderen Schwerpunkte, wie Sozialstationen, Hilfe für die Familie und Nachbarschaftshilfe, für die Alternativen immer mehr zu entzaubern. Die anfängliche unbefangene

Verwunderung weicht inzwischen durch unbequeme Erfahrungen einer nüchterneren Einschätzung. Der Kern des Berliner Modells wird von Tag zu Tag deutlicher sichtbar: Unter dem Deckmantel der Subsidiaritätsrhetorik erfolgt mit dem Abbau von Sozialleistungen der erhoffte qualitative Umbau des Sozialstaats – allerdings in einer anderen, seitens der Alternativen nicht gewünschten Richtung. Der „Sparkommisar" betreibt in der Koalition mit Selbshilfegruppen eine Politik, die den sozialen Rechtsstaat des Grundgesetzes mehr und mehr des „Sozialen" beraubt (50).

Klassensolidarität: linke Perspektive

Die vorhandenen Formen der Selbsthilfe, ihre inhaltliche Heterogenität, ihre unterschiedliche politische Orientierung und ihr mehr oder weniger zufälliges Nebeneinander genügen nicht, um dem allgemeinen politischen Druck zu widerstehen, geschweige denn staatliche Herrschaftsfunktionen zurückdrängen zu können. Bereits in der Geschichte hat sich gezeigt, daß einzelne oder kleine isolierte Gruppen – selbst wenn sie sich „vernetzen" – ihre Bedürfnisse und Interessen gegenüber gesellschaftlichen Institutionen und dem Staat nicht oder nur äußerst begrenzt durchsetzen können. Voraussetzung für eine solche Kraft ist vielmehr die Formulierung eines gemeinsamen Bewußtseins, das das gleiche Interesse aufgrund elementarer gesellschfatlicher Bedingungen zum Inhalt hat und mittels gegenseitiger Unterstützung und Hilfsbereitschaft durchzusetzen ist. Zu denken ist dabei an den Begriff der Solidarität, den es – wegen seiner permanenten Denunziation von außen und oben, aber auch wegen seiner Aushöhlung von innen und unten – neu zu beleben gilt. Solidarität meint das Gegenteil von politischer Vereinzelung; sie hebt diese auf. Freilich wäre es verfehlt, der Selbsthilfebewegung die Intention nach solidarischem Handeln absprechen zu wollen. Durch das Zusammenrücken in kleinen Gruppen wird Solidarität unmittelbar und konkret erfahrbar. Wenn man im Gespräch oder der Diskussion erkennt, daß persönliche Probleme – von denen man zunächst annimmt, daß sie nur einen selbst betreffen – auch andere plagen, so schließt das zusammen. Und wenn man erste unmittelbare Durchsetzungserfolge der Gruppe erlebt, so begreift man, was es heißt: gemeinsam sind wir stärker! Gleichwohl kann sich die reale und gesellschaftliche Kraft von Solidarität erst voll entfalten, wenn das Gefühl und das Bewußtsein von Zusammengehörigkeit über diese Unmittelbarkeit hinausgeht. Erst wenn das Anliegen des einzelnen, das persönliche Interesse mit dem anderer Betroffener, die sich in derselben Lage befinden und zur selben sozialen Klasse zählen, übereinstimmt und sich damit verbindet, kann die Veränderung überkommener gesellschaftlicher Strukturen Perspektive bekommen. Solidarität erreicht ihre größte gesellschaftliche Kraft in Form der Klassensolidarität. Diese zu erlangen und wiederherzustellen, scheint mir gegenwärtig eine der wichtigsten politischen Aufgaben zu sein. Das ist freilich kein einfacher Prozeß. Die zunehmende Teilung und Segmentierung der gesellschaftlichen Arbeit, neue Technologien und sich wandelnde Formen der Arbeitsorganisation, die die reelle Subsumption der Arbeitskraft unter das Kapital vorantreiben und deren effizientere Kontrolle und Ausbeutung ermöglichen, machen die Einsicht der abhängig Beschäftigten in das Gemeinsame ihrer sozialen Lage schwieriger. Sie wirken desintegrierend und spaltend und erschweren die kollektive Interessenvertretung und gemeinsames politisches Handeln. Das gleiche gilt für die Auswirkungen der Wirtschaftskrise auf die Lohn- und Gehaltsabhängigen. Es wird also viel Geduld erfordern, diese Zusammenhänge transparent zu machen.

Der Begriff der Klassensolidarität steht jedoch in einem unauflöslichen Widerspruch zu dem Prinzip der Subsidiarität, so, wie es seitens der katholischen Soziallehre proklamiert wird. Solidarität wird danach zwar keineswegs vollständig abgelehnt, aber es wird auf die Kleingruppe reduziert und verkümmert zur wirkungslosen Minisolidarität. Hinzu kommt eine weitere politische Funktion der aufgefrischten Subsidiaritätsdebatte, die darauf abzielt, die objektiv bestehenden Grenzen und Widersprüche in der kapitalistischen Gesellschaftsordnung zu verwischen. Die sozialpartnerschaftliche Position, die Formel „Wir sitzen alle in einem Boot", die sich mit der anhaltenden Wirtschaftskrise zunehmend eskamotiert, soll ideologisch gekittet und durch Rückbesinnung auf die Enzyklika Rerum novarum (1891) und die Enzyklika Quadragesimo anno (1931) dem äußeren Schein nach aufrechterhalten werden. Übergreifende Klasseninteressen werden dethematisiert und politisch neutralisiert. Aus Sicht von CDU-Politikern müssen die „neuen sozialen Fragen … prinzipienorientiert, nicht tagesorientiert angegangen werden, weil sonst die Gefahr besteht, daß sich die alten Interessen doch wieder durchsetzen. Um dieses sozialpolitische Konzept auf eine Kurzformel zu bringen: Solidarität ist das Ziel – und zwar nicht als Kampfbegriff einer Klasse gegen die andere – sondern als Ausdruck der Solidarität zwischen Starken und Schwachen – Subsidiarität ist der Weg" (51). Der Begriff der Subsidiarität ist also ein konservativer politischer Begriff, der explizit gegen die Herausbildung von Klassensolidarität gerichtet ist. Er kann deshalb – auch in Abwandlung – von linken und alternativen Bewegungen nicht okkupiert und übernommen werden.

Subsidiarität und Selbsthilfe sind nicht identisch. Obwohl sie als formale Organisationsprinzipien auf der Erscheinungsebene Ähnlichkeiten aufweisen, bedeuten sie historisch und inhaltlich verschiedenes. Die Selbsthilfe ist viel älter und hat insbesondere in der Geschichte der Arbeiterbewegung eine lange Tradition – zu denken ist dabei an genossenschaftliche Produktionsformen, die Arbeiterbildungsvereine, die Hilfskassen, die gewerkschaftlichen Zusammenschlüsse und schließlich die Herausbildung von Arbeiterparteien. Ihr Ziel ist es, sich von gesellschaftlichen Zwängen, insbesondere der Abhängigkeit durch das Kapital selbst zu befreien und zu Formen der Selbstverwirklichung zu gelangen. Das Subsidiaritätsprinzip der katholischen Soziallehre hingegen, das keineswegs zufällig gerade in wirtschaftlichen und politischen Krisenzeiten in der öffentlichen Diskussion an Bedeutung gewinnt, benutzt und instrumentalisiert Selbsthilfe für ein theologisches Ordnungsprinzip der Gesellschaft, das auf die Refeudalisierung gesellschaftlicher Verhältnisse abzielt. Typisch für die gesellschaftliche Bedeutung der Subsidiaritätsdebatte ist, daß sie ihre geschichtlichen Höhepunkte immer dann bekam, wenn soziale Notlagen und hohe Arbeitslosigkeit mit politischen Systemauseinandersetzungen einhergingen. Das war:

– Anfang der 90er Jahre im vergangenen Jahrhundert, als die SPD ihr Erfurter Programm verabschiedete,
– Anfang der 30er Jahre in unserem Jahrhundert auf dem Hintergrund der Weltwirtschaftskrise,
– Mitte der 50er Jahre während des „kalten Krieges" und der Debatte über die Reform der Sozialversicherung,

– und das ist heute seit Beginn der 80er Jahre mit hoher Dauerarbeitslosigkeit, Sozialabbau und einer wachsender politischer Massenbewegung gegen Aufrüstung.

Die politischen Inhalte des Subsidiaritätsprinzips und des aus gesellschaftlicher Not und Unterdrückung geborenen Selbsthilfebegriffs, der im Kontext mit emanzipatorischen Intentionen durch Klassensolidarität zu sehen ist, widersprechen sich grundsätzlich. Für die gegenwärtige Diskussion ist es deshalb unumgänglich, scharf zwischen Subsidiarität und Selbsthilfe zu trennen, damit der Selbsthilfebegriff der linken und alternativen Bewegung nicht in Mißkredit gerät oder aufgrund von Uninformiertheit von Konservativen schleichend absorbiert werden kann. Zwischen der Selbsthilfe und der Solidarität der abhängig Beschäftigten zur kollektiven Absicherung und Überwindung gesellschaftlich verursachter Gefährdungen muß kein unaufhebbarer Widerspruch bestehen, wenn sie aufeinander bezogen sind und als *Besonderung des Allgemeinen* begriffen werden. Sie können dann nämlich unterschiedliche Stufen und Entwicklungsformen ein und derselben Bewegung sein, die sich fruchtbar ergänzen.

Literatur

Abendroth W (^{2}1969) Aufstieg und Krise der deutschen Sozialdemokratie. Stimme, Frankfurt am Main, S 30f.

Albrecht E (1983) Zehn Thesen zum Problem der Arbeitslosigkeit. Frankfurter Rundschau vom 27. 8. 1983

Arbeitsgemeinschaft selbständiger Unternehmer (1983) Mehr Marktwirtschaft im Gesundheitswesen. Eigenverlag, Bonn

Baumann W, Deppe H-U, Priester K (1985) Kommerzialisierung und private Kapitalanlage im Krankenhaus. Zur gesetzlichen Neuordnung der Krankenhausfinanzierung. Frankfurter Rundschau vom 20. 3. 1985

Behrendt J-U (1982) Selbsthilfezusammenschlüsse. Gesellschaftliche Entstehungsbedingungen und gesundheitspolitische Bedeutung. In: Deppe H-U, Gerhardt U, Novak P (Hrsg) Medizinische Soziologie, Jahrbuch 2. Campus, Frankfurt am Main, S 132–163

Blüm N (1984) Patentrezepte aufgeben. Bundesarbeitsblatt 5:7

Bundesarbeitsblatt (1983) 3:6

Bundesarbeitsminister für Arbeit und Sozialordnung (Hrsg) (1984) Sozialbericht '83. Bonn, S 34

Bundesarbeitsminister für Arbeit und Sozialordnung (Hrsg) (1984) Sozialbericht '84. Bonn, S 7

Bundesrats-Drucksache (1984) 581 vom 7. 12. 1984

Bundestags-Drucksache (1984) 10/1196 vom 28. 3. 1984, S 2

Cordes C, Herzog R (1966) Subsidiaritätsprinzip. In: Kunst H (Hrsg) Evangelisches Staatslexikon. Kreuz, Berlin Stuttgart, S 2264–2272

Deppe H-U (1984) Bonner Gesundheitspolitik nach der „Wende". Demokratisches Gesundheitswesen 11:1–4

Ebermann T, Trampert R (1984) Die Zukunft der Grünen. Konkret-Literatur-Verlag, Hamburg, S 191–193

Esser J, Hirsch J (1984) Der CDU-Staat: Ein politisches Regulierungsmodell für den „nachfordistischen" Kapitalismus. Prokla 56:61f.

Fink U (1983) Keine Angst vor Alternativen. Herder, Freiburg, S 7–46

Fink U (1985) Der Gedanke der Solidarität droht zu verkümmern. Frankfurter Rundschau vom 13. 6. 1985 (Dokumentation)

Georg H (1983) Denkanstöße. Arbeit- und Sozialpolitik 8:167ff.

Grottian P, Lütke G (1984) Berliner Sozialstationen. Argument, AS 113:111–123

Grottian P, Krotz F, Lütke G, Wolf M (1985) Die Entzauberung der Berliner Sozialpolitik. Frankfurter Rundschau vom 2. 4. 1984 (Dokumentation)

Hall S (1982) Popular-demokratischer oder autoritärer Populismus. Argument, AS 78:104–124

Hall S (1985) Die Bedeutung des autoritären Populismus für den Thatcherismus. Argument, AS 152:533–543

Hirsch J (1982) Sozialstaatskrise und das sozialdemokratische Dilemma. Widersprüche 2:63

Hofemann K (1984) Sozialabbau in der sozialen Krankenversicherung. Soziale Sicherheit 1:7

Kimminich O (Hrsg) (1981) Subsidiarität und Demokratie. Patmos, Düsseldorf, S 10

Meyer K (1984) Zielbestimmung. Bundesarbeitsblatt 5

Nell-Breuning O von (1955) Zur Sozialreform. Erwägungen zum Subsidiaritätsprinzip. Stimme der Zeit 81, 157:10f.

Nell-Breuning O von (1980) Gerechtigkeit und Freiheit. Grundzüge der katholischen Soziallehre. Europa, Wien München Zürich, S 50

Nell-Breuning O von (^{3}1983) Soziallehre in der Kirche. Europa, Wien München Zürich

Opielka M (1984) Alternativen zum Sozialstaat. Elemente einer Ökologischen Sozialpolitik. Widersprüche 12:57 [nachgedruckt in: Gewerkschaftliche Monatshefte (1984) 8:504ff.]

Pechmann A von, Schraven M (1984) Subsidiarität – Herausforderung des Humanismus. Deutsche Volkszeitung/Die Tat vom 13. 7. 1984

Reidegeld E (1985) Selbsthilfe. WDI-Mitteilungen 7:379–386

Remmers W (1983) Mit der Zukunft rechnen. Bundesarbeitsblatt 3:5

Rosenbrock R (1983) Selbsthilfe und Marktökonomie. Argument, AS 102:84–101 (Sonderband)

Schmidt A, Standfest E (1984) Subsidiarität gegen Solidarität. Soziale Sicherheit 10:298

Spieker M (1982) Sozialstaat und Subsidiaritätsprinzip. Frankfurter Allgemeine Zeitung vom 13. 11. 1982

Trojan A (1985) hektographiertes Manuskript, S 12

Lebenserhaltung und Lebensdeutung

R. Schmidt-Rost

Einführung

Die eindrucksvollen Erfolge der naturwissenschaftlich-technischen Medizin ernten immer wieder staunende Bewunderung, sie haben inzwischen aber auch zahlreiche Kritiker auf den Plan gerufen. Die Appelle, eine seelenlose Apparatemedizin durch ein partnerschaftliches Vertrauensverhältnis zwischen Arzt und Patient zu humanisieren, vermehren sich in Korrespondenz zur Ausweitung der diagnostischen und therapeutischen Möglichkeiten der medizinischen Wissenschaft. Die kritische Spitze solcher Appelle richtet sich v. a. gegen die Folgen der naturwissenschaftlichen Methodik; denn die mit außerordentlichem Forschungsaufwand erarbeiteten Verfahren haben in ihrer Subtilität und Präzision den Kranken zum Objekt weitreichender Eingriffe gemacht – nachdem er sich zuvor v. a. als Opfer schicksalhafter Krankheitsprozesse hatte fühlen müssen.

Die Kritik an der wissenschaftlich-technischen Arbeitsweise der Medizin ist allenfalls oberflächlich Ausdruck einer Furcht vor den Apparaten, sie ist – tiefer gesehen – eine Gestalt der Sorge, daß Menschen unversehens und scheinbar nicht weniger schicksalhaft von Menschen abhängig werden, daß für diese Abhängigkeit Kontrollen aber kaum institutionalisiert sind. Diese Kritik hat nicht zuletzt darin ihre Grundlage, daß die analytischen Verfahren zwar nach Ursachen forschen, aber die Bedeutung ihrer Ergebnisse v. a. als Meßwerte, d. h. nur in bezug auf eine vorliegende Störung und deren Abweichung von der Norm formulieren können, nicht hingegen im individuell-biographischen oder im sozialen Zusammenhang. Eine umfassendere Bedeutung von Krankheit zu ermitteln rechnet der Arzt zwar im Falle vermutbarer psychosomatischer Störungen zu seinen Aufgaben, die Deutungsbedürftigkeit auch solcher wie aller kausalanalytisch gewonnener diagnostischer Daten läßt sich indessen an einigen Momenten der historischen Entwicklung der Medizin in den letzten 100 Jahren aufzeigen. Die Diskussion zwischen Arzt und Seelsorger insbesondere liefern Material zur Illustration des Deutungsproblems der naturwissenschaftlich arbeitenden Medizin:

Die 1. Diskussion zwischen „Arzt und Seelsorger" im Jahre 1893 sieht kausalanalytische und ethische Betrachtung seelischer Krankheiten in heftiger, persönlich geführter Fehde, die einer Naturalisierung des Ethos mehr und mehr zutreibt (s. Abschn. „Die kausale Betrachtung von Krankheit und die Naturalisierung des Ethos"). Die 2. Diskussion in den 20er Jahren des 20. Jahrhunderts bemüht sich auf verschiedenen Wegen, die kausalanalytische Bedeutung von Krankheitsprozessen neu zu begründen,

Wagner (Hrsg.), Medizin – Momente der Veränderung
© Springer-Verlag Berlin Heidelberg 1989

um so mehr als die Ärzte durch ihre Erfolge in der Verhütung und Heilung von Krankheiten an Gewicht für die Regelung der Probleme der Lebensführung gewonnen haben (s. Abschn. „Die Weltanschauungskrise der Medizin"). Die 3. Diskussion zwischen Arzt und Seelsorger nach dem 2. Weltkrieg dokumentiert eine Entwicklung, in deren Verlauf die Ärzte als Lebensführer einige Autorität an spezielle Berufe zur Lebensberatung und Lebensorientierung, an die psychologisch-psychotherapeutischen Berater, delegiert haben (s. Abschn. „Lebenserhaltung durch Lebensdeutung?").

Die kausale Betrachtung von Krankheit und die Naturalisierung des Ethos

Der Streit zwischen „Irrenärzten und Irrenseelsorgern"[1] über die sachgemäße Betreuung und Behandlung von Patienten in psychiatrischen Anstalten hat viele Facetten. Am allerwenigsten aber darf er in seiner Komplexität als das mißverstanden werden, was er vordergründig am ehesten zu sein scheint: als eine Auseinandersetzung von Vertretern einer modernen Weltbetrachtung, der Ärzte, mit Vertretern einer überholten Weltanschauung, den Pfarrern, in den psychiatrischen Anstalten, in Leitung und Begleitung. Namen wie Bethel oder Kaiserswerth stehen gerade nicht für eine überholte Praxis psychiatrischer Betreuung, sondern für ein Konzept kirchlich gebundener, ethisch verantworteter Arbeit im Dienste psychisch Kranker. Die heftigen gegenseitigen Vorwürfe von Irrenärzte und Irrenseelsorgern müssen deshalb anders interpretiert werden, nicht als Ausdruck des Kampfes Fortschritt gegen Beharrung, sondern als Schulstreit innerhalb der medizinischen Wissenschaft, der Ärzteschaft und der sozialen Werke insgesamt, und auch als Auseinandersetzung über das Problem der wirtschaftlichen Sicherung des ärztlichen wie des geistlichen Standes. Denn die Diskussion über die sachgemäße Hilfeleistung ist unvermeidlich zugleich ein Streit über die berufliche Anerkennung der Helfenden. Nicht von ungefähr fällt die Auseinandersetzung zwischen Irrenärzten und Irrenseelsorgern in die Periode ausgeprägter Spezialisierungsprozesse innerhalb der medizinischen Wissenschaft und der Ärzteschaft und zugleich in die Zeit der Klärung der Strukturen einer staatlichen Gesundheitspolitik im deutschen Reich (Riedl 1982; Huerkamp 1985).

Auslöser der Auseinandersetzung sind Vorfälle in psychiatrischen Anstalten und Vorträge auf Tagungen der beiden Parteien, die zu Mißverständnissen führen bzw. sachliche Gegensätze ans Licht bringen. Im Mittelpunkt des Streits stehen die Fragen nach der Interpretation von Seelenstörungen, nach der daraus folgenden Entscheidung über die ethische Verantwortlichkeit des seelisch Kranken und nach den Zielen der ärztlichen oder seelsorgerlichen Einwirkung auf psychiatrische Patienten. Es wird aber bei näherer Betrachtung schnell deutlich, daß selbst die Seelsorger, die im Interesse der Wahrung sittlicher Verantwortlichkeit „als letzte Ursache aller Anomalie die dämonische Welt im weitesten Umfang" (Hafner 1893, 7:880), bezeichnen, in Kausalzusammenhängen denken und argumentieren, die – bei allen inhaltlichen Unterschieden – eine Orientierung am kritisierten kausalanalytischen Denken darstellen:

---

[1] Dieser Streit findet sich protokolliert im 7. Jg. der evangelischen Wochenzeitschrift *Christliche Welt*.

Wir Seelsorger möchten auch kein andres Motiv haben als das Wohl der Kranken und unser Pflichtgefühl. Wir haben dafür zu sorgen, daß den Kranken das werde, was zur Förderung ihres geistlichen Lebens und zu ihrer Seligkeit uns notwendig erscheint (Hafner 1893, S. 890).

Die defensive Position, in die sich die Konferenz der Irrenseelsorger durch die Anschaulichkeit ärztlicher Beweisführung gedrängt sah,[2] führte – psychologisch verständlich – zur Identifikation mit dem übermächtigen Konkurrenten, zur Suche nach Wegen für das „Zusammenwirken von Irrenseelsorger und Irrenarzt" (Naumann 1893), und dabei zur Zustimmung zum ärztlichen Erklärungsmodell:

Der erste Paragraph im Katechismus des Irrenseelsorgers muß lauten: Jede Seelenstörung, sie heiße, wie sie wolle, ist als eine Erkrankung zu begreifen. Wohin im einzelnen Falle der Herd der Erkrankung zu verlegen ist, ob ins Nervenleben oder ins Gehirn, welche körperlichen Bedingungen oder organischen Veränderungen eine Erkrankung des Seelenlebens hervorrufen u.s.w., das berührt uns hier nicht. Genug, daß praktische Erfahrung wie wissenschaftliche Forschung in einhelligster Weise zu demselben Ergebnis gelangt sind: auch die sogenannte Geisteskrankheit ist in der That eine Krankheit ... (Achtnich 1893).

Diese Auffassung regte unter den Seelsorgern folgerichtig das Bedürfnis nach besserer psychologisch-psychiatrischer Berufsvorbereitung an.[3]

Die Konzentration auf das Wohl der Kranken, auf die Störung und deren Behebung hatte indessen 2 Folgen, die diesem Denkmodell nicht ohne weiteres anzusehen waren: Die vergleichende Methode in der naturwissenschaftlichen Denkweise muß für ihre Aussagen den einzelnen mit seinen Symptomen ins Verhältnis zum Durchschnitt möglicher Fälle setzen. Die medizinische Wissenschaft muß vom durchschnittlichen Menschen ausgehen, kann den einzelnen in seiner Besonderheit nur als besonderen Fall allgemeiner Ordnungen und Prozesse betrachten, nicht als Individuum würdigen.

Die Konzentration auf das Wohl, auf die Gesundheit von Leib und Seele, verstärkt diesen Trend der Entindividualisierung. Die punktuelle Störung, die Beeinträchtigung des Wohlbefindens, das Symptom, läßt sich mit dem Durchschnitt entsprechender Störungen leichter vergleichen als eine Kranken- oder gar eine Lebensgeschichte.

Die Reduktion der Bedeutung des Individuellen bei dieser auf Symptome konzentrierten Verfahrensweise wird bestätigt gerade durch das wachsende Interesse an lebensgeschichtlicher Einordnung von organisch ungeklärten oder unklärbaren Krankheitssymptomen. Die psychosomatische Medizin ist ein Produkt der Erkenntnis, daß der organische Befund zur Erklärung vieler Störungen nicht ausreicht oder völlig unsachgemäße Deutungen aufnötigt. Sie ist aber trotz ihrer Individualität interpretie-

---

[2] Einen Eindruck von der Heftigkeit der Auseinandersetzung gibt der folgende Kommentar aus der „Freien Presse" in Elberfeld: „Was man nicht alles von einer orthodox-reaktionären Reichstagsmajorität erhofft, geht aus dem Bestreben einer Gruppe protestantischer Geistlicher hervor, die eine Reform der Irrengesetzgebung bezwecken, wonach Geistesstörung nicht als Krankheit, sondern als Besessenheit von einem Dämon betrachtet werden soll. Diese Versuche sind nun von der soeben in Frankfurt stattgefundenen [Sommer 1893] Versammlung deutscher Irrenärzte entschieden zurückgewiesen worden, was allerdings die Herren Bodelschwingh und verwandte evangelische Vereinshausfanatiker nicht hindern wird, nach wie vor für ihre verrückten Ideen einzutreten. Es ist erfreulich, daß die Vertreter der deutschen Psychiatrie sich mit Einstimmigkeit gegen diese Bestrebungen ausgesprochen haben. Die Herren, die auf dem Boden der Dämonenlehre stehen, würden gut daran thun, mit bayrischen Kapuzinern zusammen eine Anstalt zu errichten." (Hafner 1893, S. 888).
[3] Das praktisch-theologische Zeitschriftenwesen stand um die Jahrhundertwende in bemerkenswerter Blüte.

renden Methodik ein kausalanalytisches, somit kein Individualität freisetzendes Verfahren, ordnet also auch noch die Lebensgeschichte in überindividuelle Denkstrukturen der kausalen Analyse ein. Die ethische Frage nach der individuellen Verantwortung für die je eigene Lebensführung tritt nur noch als spezifische Gestalt der Frage nach Gesundheit auf, als Frage nach der gesunden Lebensführung:

> Der Arzt lernt ebenso wie der Geistliche auch die innere Geschichte des Kranken kennen. Er nennt sich in neuerer Zeit gern einen weltlichen Beichtvater. Ein französischer Arzt behauptet geradezu: Das Beichtgeheimnis ist auf den Arzt übergegangen. Etwas Wahres ist daran: wievielfach hängen die sittlichen Zustände einer Familie eng mit gesundheitlichen Fragen zusammen, in die der Arzt eher als der Geistliche Einblick gewinnt, weil ihm gegenüber die natürliche Scheu leichter überwunden wird, und weil häufig die Notwendigkeit der Mitteilung sich dringender geltend macht (Neumann 1893, 7:1228).

Die Deutung des Lebens als gesundes Leben tritt in dieser Denkbewegung in den Vordergrund, der Lebenserhaltung gilt das primäre Interesse; welches Leben zu erhalten sei, bleibt vorerst unerörtert, gilt noch als unproblematisch. Die Frage, was Leben sei, was wertvolles und verantwortetes Leben auszeichne, scheint mit dem Begriff der Gesundheit ausreichend beantwortet. Die orientierende und differenzierende Kraft einer religiösen Vorstellung wie die der Sünde wird der natürlichen Anschaulichkeit der organischen Krankheitserreger, der Bakterien und Viren, geopfert.

Eine ausdrucksvolle Illustration für diesen Vorgang liefert der Schweizer Pfarrer und Freund Freuds, Pfister, wenn er einem Klienten als Therapieziel vor Augen hält:

> Sie werden einst staunen, was für ein glücklicher, liebenswürdiger, tatenfroher Vollmensch in Ihnen steckt! Beten Sie! Im Gebet atmen Sie Höhenluft. Ihre überschüssige Kraft muss irgendwohin; nicht in Hypochondrie, greisenhaften Weltschmerz, Kopfweh, sondern ins Reich des Ideals und der Freude! (Pfister 1909).

Die Weltanschauungskrise der Medizin

Die „Krise der Medizin" (Klasen 1984) in den 20er Jahren des 20. Jahrhunderts ist u. a. eine Krise ihrer weltanschaulichen Orientierung. Die ethische Frage wird neu virulent; Lebenserhaltung reicht als Antwort nicht mehr aus, wenn die Frage gestellt wird, welches Leben erhaltenswert sei. Die Ärzte haben zwar als „Arbeiter an der Volksgesundheit" die richtungsweisende Autorität in Fragen der Lebensführung übertragen bekommen (Soden 1924), aber diese Verantwortung wird ihnen durchaus zur Last (Grote 1929), denn ohne einen positiven Begriff von Leben ist weder die Aufgabe der Lebensführung sinnvoll zu bearbeiten, noch die Bemühung um Lebenserhaltung letztlich vor Abwegen zu bewahren.

Die Notwendigkeit, die gültige Vorstellung von Leben zu diskutieren, wird gesehen, als kritische Aufgabe aufgefaßt und als solche unterschiedlich bearbeitet:

1) In der medizinischen Wissenschaft wird das Problem der Lebensdeutung bearbeitet durch die Intensivierung einer biographisch orientierten, psychosomatischen Medizin mit der Leitvorstellung einer Heilung des ganzen Menschen. Die Frage nach einer Lebensganzheit entsteht dem Arzt am Ungenügen an der kausalen

Ursachenforschung, ohne daß er das kausale Argumentationsmuster grundsätzlich aufgeben könnte. Auf der Suche nach übergeordneten Orientierungen des Handelns liegt der Begriff der Ganzheit nahe und bereit als Zielvorstellung für das ärztliche als lebensführendes Handeln; denn zum einen hat die psychosomatische Medizin ihre diagnostische Perspektive entsprechend ausgeweitet, und zum anderen ist die fragliche Zeit – wenigstens in Deutschland – von einer Sehnsucht nach Totallösungen, von einem „Hunger nach Ganzheit" geprägt.[4]

2) Der Orientierung an einer Lebensganzheit, von einer diagnostischen Perspektive zu einer therapeutischen Zielvorstellung leicht zu transformieren, treten im Gespräch von Arzt und Seelsorger in den 20er Jahren weltanschauliche Entwürfe zur Seite, die die Schwäche jener aus der Mitte der Medizin gewachsenen Vorstellung der Ganzheit, als einer nur formalen Vorstellung zu überwinden bestrebt sind, und zwar auf dem Wege einer positiven weltanschaulichen Bindung.

In diesem Zusammenhang zu sehen sind die Betrachtungen von Ärzten und Theologen über die Heilungen Jesu (Seng 1925, 1926) ebenso wie die Forderungen nach weltanschaulicher Fundierung ärztlichen Handelns seitens einzelner Psychotherapeuten. Insbesonder Künkel, ein Schüler Adlers, setzt sich vehement für eine weltanschauliche Bindung der Psychotherapie ein (Künkel 1926, 1928). Der Theologe v. Soden warnt hingegen immer wieder vor weltanschaulichen Einseitigkeiten des medizinischen Denkens und Handelns.[5]

3) Ein dritter Weg im Umgang mit dem Problem der Lebensführung stellt für die Ärzte die Delegation an neu entstehende Beraterberufe und staatliche Organisationen dar. Die Verselbständigung der Beraterberufe geht einher mit einer differenzierten und spezialisierten Betrachtung der Lebenssituationen, für die eine Beratung als nützlich bzw. notwendig erachtet wird (Fricke 1930a, b; Kleßmann 1930; Hauff 1939).

---

[4] Vor einem inflationären Gebrauch des Begriffs der Ganzheit warnt v. Weizsäcker schon früh: „Ein solcher Versuch einer Erkenntnistheorie klinischer Erfolgbeurteilung und damit überhaupt klinischer Objektivität bleibt indes noch unvollkommen. ... Wenn jedenfalls das Schlagwort, man müsse den ganzen Menschen behandeln, ernst genommen würde, so müssen wir ihn auch mit dem ganzen Menschen behandeln. Es ist aber kein Modewort undeutlicher und vieldeutiger als dieses. Gewiß ist, daß die Kategorie der Ganzheit oder der Totalität analytischer Erkenntnisweise unzugänglich bleibt" (v. Weizsäcker 1927). Den Begriff der Ganzheit als Kennzeichen der politischen Kultur in der Weimarer Republik interpretiert Gay folgendermaßen: „Die vielfältigen Sorgen, die ich ‚Hunger nach Ganzheit' genannt habe, erweisen sich bei näherer Betrachtung als eine mächtige Regression, die einer großen Angst entsprang: der Angst vor Modernität. Die abstrakten Begriffe, mit denen Tönnies, Hofmannsthal und andere hantierten – Volk, Führer, Organismus, Reich, Entscheidung, Gemeinschaft –, offenbaren ein verzweifeltes Verlangen nach Verwurzelung und Gemeinschaft, eine heftige, häufig bösartige Ablehnung der Vernunft, begleitet von dem Drang nach unmittelbarer Aktion oder nach Kapitulation vor dem charismatischen Führer" (Gay 1980).

[5] „Ich kann mir nun nichts davon versprechen, ..., wenn man die bekannten Lücken und Rätsel der spezifisch naturwissenschaftlichen Auffassung, der kausal-mechanischen benützt, um darin den Idealismus und den religiös=sittlichen Glauben anzusiedeln, ihn gewissermaßen in die Ritzen Brüche der Naturwissenschaft einzusprengen. Ich halte den Vitalismus Drieschs und seiner Schule und die Erneuerung des aristotelisch=scholastischen Entelechiegedankens in ihr ... zwar für eine begrüßenswerte Reaktion gegen den geistverlassenen Materialismus, aber selbst für eine aus einer gebrochenen Wissenschaft und einer dürftigen Religion bedenklich zusammengeflickte Halbschlächtigkeit" (Soden 1924). Diese kritische Haltung hat v. Soden in seinem Marburger Gutachten gegen den Arierparagraphen in der Kirche 1933 bewahrt.

Die Gefahren einer weltanschaulichen oder einseitig professionellen Antwort auf die ethische Frage nach dem Wert des Lebens sind am extremen Beispiel, am Schicksal der geistig behinderten Menschen in der Zeit der NS-Herrschaft, überdeutlich ablesbar. Jedoch nicht erst die Gleichschaltung der beratenden Berufe durch den nationalsozialistischen Staat, sondern auch schon die wissenschaftliche Diskussion in der Weimarer Zeit hat Merkmale, die die Entwurzelung des Ethos aus einer humanen, christlichen Tradition erkennen lassen, die damit zugleich die ethische Verselbständigung einer angeblich nur als Lebenserhaltung praktizierten Lebensdeutung demonstrieren.

Lebenserhaltung durch Lebensdeutung?

Mit dem Thema ihrer 4. Arbeitstagung, „Die Wandlung des Menschen in Seelsorge und Psychotherapie", diskutiert die nach dem 2. Weltkrieg neu begründete Gemeinschaft „Arzt und Seelsorger" ihr Anliegen erstmals prinzipiell:

Die dringend geforderte „wesentliche neue Denkungsart" (Einstein), die die Menschheit in den sozialen und technischen Revolutionen und nach der NS-Katastrophe zum Überleben braucht, darf – so Bitter – nicht von Sozialreformen und -revolutionen erhofft werden. Zu solcher Wandlung ist eine „totale Neuwerdung des Einzelmenschen" unabdingbar. Da aber kein anderer Beruf „einen tieferen Einblick in die Natur des Menschen, seine Nöte und Möglichkeiten [hat] als die Seelsorger und Psychotherapeuten", – denn nur sie „wissen aus täglicher Erfahrung, daß die Neuwerdung des Einzelmenschen Voraussetzung ist für Heil und Heilung seiner selbst sowie der engeren und weiteren Gemeinschaft, in der er lebt" ist es ihre Aufgabe, den „Mensch, wie er leibt und lebt, dem Erneuerungsprozeß [zu] unterwerfen ... einschließlich seiner sogenannten Tiefen-Person". Die Übereinstimmung in dieser Lagebeurteilung führte Theologen aller Konfessionen und Psychotherapeuten der verschiedenen Schulen zu gegenseitig fruchtbarem Erfahrungsaustausch: „Die Seelsorger der verschiedenen Konfessionen haben sich Erkenntnisse der analytisch-psychotherapeutischen Forschung zu eigen gemacht – die Psychotherapeuten ihrerseits die Unabdingbarkeit religiöser Urerfahrungen für die Ganzwerdung ihrer Patienten anerkannt" (Bitter 1956).

Der Konflikt zwischen Arzt und Seelsorger ist somit auf der Ebene der Berater mindestens prinzipiell beigelegt, der Psychotherapeut verbindet sich mehr und mehr mit dem Seelsorger zu einer neuen Gestalt des Priesterarztes. Sein Beitrag zur Lebenserhaltung ist zugleich und überwiegend ein Akt der Lebensdeutung, Heil wird damit aber erst recht in die Vorstellungen von Heilung einbezogen. Andere Vorstellungen vom Heil haben gegen die umfassenden individuellen Heilungsansprüche an Leib, Seele und Gemeinschaft keine kritische Kraft mehr, die Gesundheitserwartungen und Lebensansprüche können sich weiter ausdehnen. Die Suche nach Krankheitsursachen umgreift die ganze Biographie und alle psychischen und organischen Funktionen.

Die religiöse Gründung des Menschen in einem transzendenten Gegenüber wird zwar angesprochen (Köberle 1956), aber nicht in ihrer ganzen Tiefe und Schärfe diskutiert, weil sie in den therapeutischen Prozeß methodisch nicht einzuführen ist, – oder bei diesem Versuch (Logotherapie) doch unvermeidlich wieder zum Instrument des Menschen wird; die prometheische Selbstsetzung aber führt nicht nur im Mythos zur Fesselung an neue Felsen.

Die Faszination durch die Idee der leibseelischen Heilung hat in den vergangenen Jahren vielfältige Blüten getrieben, der religiöse Charakter dieser Lebensdeutung ist inzwischen kaum mehr übersehbar. Gegen die darin angelegte unausweichliche Vereinsamung durch therapeutisch verordnete Selbstbezogenheit entwickelte sich kompensatorisch eine vielfältige Gruppenkultur; auch wird das psychologische Konzept des Narzißmus zur Analyse und Therapie der Vereinsamung aufgehoben. Das Lebensdeutungsproblem ist virulent und als solches erkannt. Es scheint aber mit therapeutischen Mitteln, mit Mitteln der Lebenserhaltung nicht lösbar, auch wenn diese in Gestalt der Lebensdeutung auftritt.

Bedeutung durch Bindung

Die Überweisung der expliziten Lebensdeutungsaufgabe an Psychotherapeuten, Berater wie Seelsorger, läßt sich solange und soweit als Regelpraxis aufrechterhalten, als die ärztlichen Bemühungen und wissenschaftlich-medizinischen Anstrengungen zur Lebenserhaltung nicht neue fundamentale Probleme der Lebensdeutung aufwerfen. Solche Probleme sind aber mit den therapeutischen Möglichkeiten der Organspende, der künstlichen Beatmung, der biogenetischen Bekämpfung von Krankheitserregern und der künstlichen Befruchtung gegeben. Verfahrensweisen, die auf technischem Wege eine Lebensverlängerung herbeiführen, deuten Leben als ein technisch erhaltbares, als ein durch menschliche Kunst sogar reproduzierbares. Menschliches Leben liegt damit so ausschließlich in der Hand von Menschen, daß Allmachtvorstellungen alltäglich werden. Die Ermutigung zu vertrauensvoller Zusammenarbeit zwischen Arzt und Seelsorger oder gar die Aufforderung zur Partnerschaft von Arzt und Patient verschleiern gerade wegen ihres humanen Anspruchs die brisante Auswirkung der genannten technologischen Fortschritte auf die Lebensdeutung, erhalten zu unrecht den Eindruck aufrecht, als gäbe es eine verbindliche Vorstellung von Leben, auf die Arzt und Seelsorger oder gar alle Betroffenen gemeinsam verpflichtet seien, als gäbe es eine Möglichkeit für Patienten, das Lebensverständnis von Ärzten zu überprüfen.

Es kann auf dem Hintergrund der skizzierten Entwicklungen gerade nicht einfach akzeptiert werden, „wenn der modernen Medizin ... in der Seelsorge ein Anwalt" erwachsen soll, „der all das unterstützt, was dem Menschen zum Segen wird", insbesondere wenn der „Anwalt Seelsorge" z. B. zur Transplantation von Spendenorganen einfach ein „eindeutiges ja" spricht, weil „das Evangelium zur Gnade der Sachlichkeit befreie" (Lasch 1987). Bei solchem Absegnen therapeutischen Tuns wird das „Unfallmenschenopfer" offenbar selbstverständlich vorausgesetzt.

Es müßte jedoch gerade bei Entscheidungen dieser Größenordnung die Aufgabe des Seelsorgers sein, die Vieldeutigkeit ärztlichen Handeln bewußt zu halten, wenn sein Handeln der Auslegung der christlichen Glaubensüberzeugung gilt, wie sie in dem Wort des Paulus gegeben ist: „Leben wir, so leben wir dem Herrn, sterben wir, so sterben wir dem Herrn; darum: wir leben oder sterben, so sind wir des Herrn" (Röm. 14, 7 + 8).

Das Streben nach Lebenserhaltung könnte bei allgemeiner kritikloser Zustimmung die differenzierte Frage nach der Bedeutung von Leben weiter in den Hintergrund drängen. Bedeutungsvolles Leben aber ergibt sich – wie Bedeutung überhaupt – nur dort, wo Grenzen etwas umgrenzen, auf das man deuten kann; nur Grenze schafft Bedeutung. Eine Lebensdeutung, die sich auf Lebenserhaltung beschränkt, nimmt dem Menschen das lebenswichtige, bedeutungshaltige Moment der Grenze. Denn Selbstverständnis kann sich nur profilieren, wenn es in Relation zu anderen, begrenzenden Momenten der Welt tritt, wenn es sich nicht nur an der eigenen Biographie, an der leibseelischen Ganzheit oder an der individuellen Tiefenstruktur orientiert und zu gewinnen sucht.

Der christliche Deutungsversuch, menschliches Leben in der Beziehung auf Gott bestimmt zu finden, und nur von der Bindung an diese begrenzende, bedeutungsstiftende Realität, wie sie in den Zeugnissen des Glaubens zur Annäherung sich gibt, eine humane Lebensdeutung zu erwarten, wird sich der Lebensdeutung durch Lebenserhaltung und jeder Lebenserhaltung durch inhumane Lebensdeutungen als kritische Kraft entgegenstellen.

Literatur

Achtnich T (1893) Das Zusammenwirken von Irrenseelsorger und Irrenarzt. ChW 7:448

Bitter W (1956) Vorwort. In: Bitter W (Hrsg) Die Wandlung des Menschen in Seelsorge und Psychotherapie, 4. Arbeitstagung der Gemeinschaft „Arzt und Seelsorger" Stuttgart. Verlag für Medizinische Psychologie, Göttingen, S 5f

Fricke P (1939) Kirchliche Seelsorge im Krankenhaus. Arzt und Seelsorger 22:5–18

Fricke P (1934a) Psychologie des Alters. Arzt und Seelsorger 22:5–18

Fricke P (1934b) Christliche und psychologische Seelenführung. Arzt und Seelsorger 27:11–24

Gay P (1980) Der Hunger nach Ganzheit. In: Stürmer M (Hrsg) Die Weimarer Republik. Athenäum, Königstein, S 224–236

Grote L (1929) Über die Beziehungen der Medizin zur Theologie vom Standpunkt der Praxis. Arzt und Seelsorger 19:3–20

Hafner P (1893) Die Seelsorge an Geisteskranken. ChW 7:840

Hauff W von (1930) Der Lehrer als Seelsorger. Arzt und Seelsorger 23

Huerkamp C (1985) Der Aufstieg der Ärzte im 19. Jahrhundert. Vom gelehrten Stand zum professionellen Experten: Das Beispiel Preußens. Vandenhoeck & Ruprecht, Göttingen

Klasen E-M (1984) Die Diskussion über eine „Krise" der Medizin in Deutschland zwischen 1925 und 1933. Med. Dissertation, Mainz

Kleßmann E (1930) Die Sprechstunde in der Heilerziehung. Arzt und Seelsorger 22

Köberle A (1956) Diskussionsbeitrag in der „Aussprache über das Referat von Professor Dr. Graf K. v. Dürckheim". In: Bitter W (Hrsg) Die Wandlung des Menschen in Seelsorge und Psychotherapie. Verlag für medizinische Psychologie, Göttingen, S 322ff

Künkel F (1926) Psychotherapie und Seelsorge. Arzt und Seelsorger 1:7–29

Künkel F (1928) Krankheit und Sünde (Diskussionsbeiträge). Arzt und Seelsorger 14

Lasch H-G (1987) Hochleistungsmedizin und Seelsorge im modernen Krankenhaus. Gelbe Beilage zu den Nachrichten aus der ärztlichen Mission 1:6

Naumann J (1893) Arzt und Seelsorger. ChW 7:1199ff

Pfister O (1909) Ein Fall von psychoanalytischer Seelsorge und Seelenheilung. EvFr 9:147

Riedl H (1982) Die Auseinandersetzungen um die Spezialisierung in der Medizin von 1865–1925. Med. Dissertation, München

Seng H (1925) Zur Frage der religiösen Heilungen. Arzt und Seelsorger 1:30–37

Seng H (1926) Die Heilungen Jesu in medizinischer Beleuchtung. Arzt und Seelsorger 4

Soden H von (1924) Religion und Medizin in der geistigen und sozialen Krisis der Gegenwart. ChW 38: Sp 690–699, 747–751

Weizsäcker V von (1987) Psychotherapie und Klinik. In: Gesammelte Schriften, Bd 5, S 161ff. Suhrkamp, Frankfurt

Von der Familienplanung zur Kindesankunft.
Ein Paradigmenwechsel ist notwendig

P. Petersen

Familienplanung und Kontrazeption sind uns in den letzten 3 Dezennien zur Selbstverständlichkeit geworden – in soziologischen, psychologischen, medizinischen und pädagogischen Bereichen, darüber hinaus in der Gesundheitspolitik geht die Diskussion seit Jahren nur um das Wie, nicht mehr aber um das Ob von Kontrazeption. Über der Entwicklung soziopsychomedizinischer Technologien der Kontrazeption und beim Schwangerschaftsabbruch und über polemischem Getöse bezüglich der Abtreibung sind anthropologische Grundfragen in Vergessenheit geraten. Durch den jüngsten Schub von Fertilitätstechnologien (In-vitro-Fertilisation = Retortenbefruchtung) ist die Klärung anthropologischer Grundlagen aktueller geworden. Die extrakorporale Befruchtung mit ihren expansiven Technologiemöglichkeiten ruft zur Besinnung auf: ist das kontrazeptive Paradigma hier noch ausreichend als tragende Kraft? Kann der individualistische Kinderwunsch der Eltern weiterhin die einzige Legitimation für medizinisches Handeln sein? Wird die Einspannung der Empfängnis in einen Terminplan dem Wesen von humaner Empfängnis und Zeugung gerecht? Zeugt es von Respekt gegenüber dem zukünftigen Kind, es zum Gegenstand elterlicher Selbstverwirklichung und zum Wunscherfüllungsobjekt zu machen?

Oder ist angesichts der Fülle neuer Fertilitätstechnologien die Entwicklung eines neues Bewußtseins notwendig – eines Bewußtseins, das sich als Paradigma der Kindesankunft niederschlägt? Dabei öffnen sich neue Fragen: welche (bisher vernachlässigten) Qualitäten seelischer und geistiger Haltungen gegenüber dem noch nicht gezeugten Kind sind angemessen? Mit welchen anthropologischen Denkfiguren läßt sich Empfängnis und Zeugung beschreiben – wie ist deren emotionale und geistige Atmosphäre? Welche Folgerungen können sich daraus für unsere Lebenspraxis ergeben?

Im Laufe meiner 20jährigen praktischen und wissenschaftlichen Tätigkeit als Psychiater und Psychoanalytiker im Bereich von Familienplanung, als ehemals führendes Mitglied der Pro Familia (Deutsche Gesellschaft für Familienplanung und Sexualberatung), als Mitglied der von der deutschen Bundesregierung eingesetzten „Arbeitsgruppe für In-vitro-Fertilisation, Genomanalyse und Gentherapie" (sog. Benda-Kommission) wurde mir deutlich: hier steht mehr auf dem Spiel als nur die Handhabung kontrazeptiver oder fertilisierender Technologien. Es geht um die Fragen: Mit welchem Bewußtsein wollen wir zukünftig unsere Kinder empfangen? Auf welche Welt hin wollen wir uns entwickeln, und welche Welt wollen wir unseren Kindern bereiten? Eine manipulierte Welt oder eine durch ein neu zu bildendes Bewußtsein gewandelte Welt?

Wagner (Hrsg.), Medizin – Momente der Veränderung
© Springer-Verlag Berlin Heidelberg 1989

Im folgenden werde ich Strukturen eines Bewußtseins der Kindesankunft beschreiben – im Kontrast zu den einer mechanisierten Fertilitätstechnik zugrundeliegenden Bewußtseinsstrukturen. Ich habe diese strukturellen Elemente der Kindesankunft gewonnen aus meiner psychoanalytischen Arbeit mit Patienten und aus meinen Forschungen der Erlebnisweisen von Eltern zur Zeit der Empfängnis ihres Kindes (Petersen 1983, 1986b).

Die Elemente eines Bewußtseins der Kindesankunft werde ich in 5 Abschnitten darstellen. Es sind seelische Haltungen, die als Beitrag zu einem Paradigma der Kindesankunft dienen können. Diese 5 seelischen Haltungen zur Kindesankunft werde ich jeweils konfrontieren mit seelischen Einstellungen, wie ich sie im Zusammenhang mit manipulativen Befruchtungstechniken fand. Durch diese Gegenüberstellung kann die Qualität der verschiedenen Haltungen besonders betont werden.

Das Bewußtsein der Kindesankunft liegt jenseits des Bewußtseins der Fertilitätstechnologien und damit jenseits des Bewußtseins der Familienplanung. Es ist ein Bewußtseinssprung notwendig, um von einer Dimension in die andere zu gelangen. Dieser Sprung verlangt eine gewisse Anspannung und Anstrengung.

Schließlich ist auf eine Methode der Darstellung hinzuweisen: die Sphäre von Sensibilität und Intuition um die Kindesankunft scheint mir durch Poesie klarer zu werden als ausschließlich durch wissenschaftliche Begriffe. Deshalb werde ich einige Gedichte mit einfließen lassen.

Ethik: Personale Antwort versus Anonymität und Verpflichtung

Was eigentlich heißt das: Verantwortung im Hinblick auf das ankommende Kind? Verantwortung ist im herkömmlichen Sinn eine ethische Kategorie. So hat sich der Philosoph Jonas (1979) mit der Verantwortung im Rahmen von Familienplanung und Fertilität prinzipiell auseinandergesetzt. In seinem vielzitierten Buch *Das Prinzip Verantwortung – Versuche einer Ethik für die technologischen Zivilisation* spricht er in seiner grundsätzlichen Erörterung über den „Fortpflanzungstrieb" von „kosmischer Verantwortung" als „Pflicht zur Existenz" (S. 186). In seinem Denken gibt es eine „Pflicht zu solcher Urheberschaft, zum Zeugen von Kindern, zur Fortpflanzung von Kindern"; er stellt unsere „Pflicht zum Dasein und Sosein einer Nachkommenschaft überhaupt" fest (S. 86). Dieses normalerweise unausgesprochene Urgebot – oder, wie Jonas sagt: „dieses erste Gebot zur Existenz der Menschheit" – versteht er als „sanktionierend". Dieses erste Gebot zur Existenz der Menschheit ist für Jonas letztlich nicht hinterfragbar; das Nichtsein oder die Nichtexistenz des Menschen ist für sein philosophisches Bewußtsein letztlich keine Alternative. Damit wird aus diesem Urgebot zur Existenz ein Zwang zum Leben: die Freiheit der Entscheidung zum Nichtleben ist in Jonas Denkstruktur nicht vorgesehen; es gibt weder die Freiheit zum eigenen Tod (den Suizid) noch die Freiheit zur Nichtempfängnis eines Kindes.

Für mich als psychoanalytischen Therapeuten, der ständig mit suizidalen Menschen und mit Menschen in einer Konfliktschwangerschaft arbeitet, würde ein derartiges Urgebot des Zwangs zum Leben meine therapeutische Arbeit grundsätzlich lähmen: die Freiheit der Entscheidung zwischen Leben oder Nichtleben wäre durch dieses erste Gebot von Jonas ausgelöscht. Ich müßte meinen Patienten wie ein Richter gegenübertreten, der sie zum Leben verurteilt – statt ihnen die Freiheit zum eigenen Leben ebenso wie die Freiheit zum Kinde (Petersen 1979a) selbst zu überlassen.

Diese Denkstruktur habe ich hier etwas ausführlicher zitiert, weil Jonas in der heutigen Diskussion um Fertilitätstechnologien und um Familienplanung häufig als Kronzeuge für Ethik angeführt wird. Jedoch welche Art von Ethik, welches „Prinzip Verantwortung" entpuppt sich dabei?[1]

Es ist eine Kollektivethik, die letztlich auch als Instrument der Bevölkerungspolitik mißbraucht werden kann: es müssen Menschen als spätere Soldaten oder als spätere Industriearbeiter produziert werden. Ein grundlegendes Motiv dieser Sollensethik ist die Angst: Angst vor Bevölkerungsschwund, Angst vor Reduktion der Altersrenten, Angst vor Minderung der Wehrkraft. Sinngerecht wird dann auch von Verfechtern der Retortenbefruchtung dieses angstmachende Motiv mit benutzt, indem sie darauf hinweisen, 10% aller Paare im fruchtbaren Lebensalter seien steril – durch In-vitro-Fertilisation könnte ihnen geholfen werden.

Diese Ethik ist nicht neu. Wahrscheinlich führte eine solche Ethik im Spätmittelalter und am Beginn der Neuzeit zur Ausrottung der Hebammen in der 300jährigen Hexenverfolgung des Abendlandes, als das Wissen um kontrazeptive Mittel vermutlich deshalb vernichtet wurde, um das Bevölkerungswachstum zu beschleunigen (Heinsohn u. Steiger 1985).

Diese Kollektivethik ist eine Ethik anonymer Verpflichtung. Verantwortung heißt hier soviel wie: „Du hast die Pflicht, Kinder zu kriegen, damit die Menschheit existieren kann!" In einer solchen Ethik von Anonymität und Verpflichtung ist weder Liebe noch personale Begegnung zwischen den Liebenden zu finden – noch gibt es jenen *Zwischen*raum zwischen den Liebenden, in dem das Dritte, das ankommende Kind sich als eine Frucht der Liebe und Freiheit einfinden kann. Denn ebenso wie die Liebe allein eine Frucht der Freiheit ist, ebensowenig kann ein Kind unter dem Zwang einer Kollektivethik in Liebe gezeugt werden. Die Anonymität einer Kollektivethik löscht das Bewußtsein für die Individualität des Geschlechtspartners aus – ebenso wie diese Anonymisierung die Sensibilität für die Individualität des ankommenden Kindes verdeckt.

Wenn ich von unserer Verantwortung zum ankommenden Kind spreche, so meine ich mit *Verantwortung* immer die individuelle Begegnung zwischen einzelnen Menschen, eine Begegnung, in der Ich und Du einander Antwort geben. Es ist die Ethik des Gesprächs (Fischer 1986): Ich und Du antworten aufeinander und gegeneinander. Diese Ethik des Gesprächs kann sich nur dann verwirklichen, wenn Ich und Du sich in ihrer Person wahrnehmen – je klarer sie sich wahrnehmen, desto besser. Jedoch ist die klarere Wahrnehmung häufig auch schwerer zu ertragen, weil sich dem klaren Blick die Schönheit ebenso wie die Häßlichkeit des Partners darlegt. Verantwortung, die aus personaler Liebe, nicht aus kollektiver Verpflichtung geboren ist, ist Ethik des personalen Wahrnehmens. Es ist die für den Psychotherapeuten existenznotwendige Wahrnehmungsdimension, in der das Ich, das wahre Selbst des Patientenpartners Wirklichkeit werden kann. Diese innere Wahrnehmungsweise für die geistige Gestalt

---

[1] So sehr angesichts des rigorosen Hedonismus in der Theorie der Familienplanung und der Fertilitätstechnologien (Petersen 1985, 1986b) eine Besinnung auf das „Prinzip Verantwortung" zu begrüßen ist, ebenso schädlich ist eine Regression in Denkstrukturen von Anonymität und kollektiver Ethik; es wäre eine Regression zur normativen Ethik, die therapeutisch nicht brauchbar ist.

des Gegenüber, die für mich als Psychotherapeuten zum notwendigen Instrument meiner Arbeit gehört, eine solche Wahrnehmung für die geistige Gestalt der Person begründet auch die Begegnung der Geschlechter im leiblichen Akt der Liebe – diese Begegnung kann, in Freiheit verwirklicht, auch die Wahrnehmung eröffnen für die geistige Gestalt des ankommenden Kindes (Petersen 1983, 1984).

Ethik des Wahrnehmens hat es zu tun mit der personalen Begegnung zwischen Ich und Du (Buber 1973); diese personale Begegnung kann sich ereignen in der sexuellen Vereinigung der Zweierbeziehung, diese personale Begegnung kann sich dann auch umwandeln zur Dreierbeziehung, in der die geistige Zukunftsgestalt des ankommenden Kindes die Begegnung der Geschlechter mit manchmal unheimlicher Gewalt aufbricht (Petersen 1984).

Verantwortung zum ankommenden Kind hat nichts zu tun mit Ethik anonymer Verpflichtung und Ethik kollektiver Sollensvorschriften – mögen sie nun von Gott gesandt oder durch Menschen entworfen sein – Verantwortung zum ankommenden Kind lebt aus der personalen Begegnung von Ich und Du, es ist eine Ethik des Wahrnehmens, die von Freiheit und Liebe getragen ist.

Transpersonale Individualität versus isolierender Individualismus

Bei modernen Befruchtungstechnologien wie der In-vitro-Fertilisation steht nicht selten ein narzißtisch eingeschränkter Individualismus Pate. Großangelegte (statistisch belegte) psychosomatische Untersuchungen an unfruchtbaren Paaren brachten narzißtische und depressive Persönlichkeitsstrukturen überproportional häufig zu Tage (Stauber 1985); Ehen mit funktioneller Sterilität zeichnen sich aus durch gegenseitige Anklammerung und durch eine ängstlich-depressive Partnerschaft. Der Kinderwunsch ist die entscheidende Legitimation des Arztes für die Durchführung einer künstlichen Befruchtung. Bei etwas genauerer Betrachtung zeigt sich: dieser Kinderwunsch dürfte v. a. gespeist sein aus der Haben-Haltung gegenüber dem Leben, so wie sie Fromm (1977) in seinem Buch *Haben oder Sein* bezeichnet. Diese Haben-Haltung mag sich niederschlagen in dem Motto: „Ich liebe Dich, weil ich Dich brauche", nicht aber: „Ich brauche Dich, weil ich Dich liebe".

Der Kinderwunsch bezieht sich v. a. auf die Befriedigung eigener Bedürfnisse des Paares – am wenigsten hat er zu tun mit der Zukunft und den Bedürfnissen des so sehr erwünschten Kindes. Einfach ausgedrückt heißt das: Eltern brauchen vor allem ein Kind für ihre eigenen Bedürfnisse und ungelösten Konflikte – aber sie können nicht oder kaum daran denken, daß ein Kind aufgeschlossene Eltern braucht, damit des Kindes Bedürfnisse erfüllt werden.

In einer psychologischen Untersuchung an einer Normalbevölkerung wurden als Motive des Kinderwunsches folgende festgestellt (Lukesch 1983):

- Wunsch nach Nachkommen, die den Namen erhalten;
- Kinder als Erfüllung des Lebens und der Ehe;
- Kinder zu haben ist ein Naturgesetz;
- Kinder bringen Abwechslung in die Ehe;
- Kinder halten die Ehe zusammen, damit die Eltern im Alter nicht allein sind.

Dieser besitzergreifende Individualismus ist mit der Idee behaftet: Ich lebe in meinem Kind leiblich weiter. So kommen Nijs u. Rouffa (1975) in einer psychologischen Studie an 96 Paaren mit heterologer Inseminationsbehandlung zu folgendem Fazit über deren innere Haltung zum Kind:

- „die einzigen echten Kinder sind die eigenen";
- „die einzige echte Mutter ist die natürliche";
- „die einzigen wirklichen Eltern sind die biologischen";
- „der Mythos vom eigenen Fleisch und Blut";
- „der Mythos der Blutsbande ist noch am Leben".

Diese Haltung ist auf die Fortsetzung des eigenen Ich der Eltern in ihren Kindern ausgerichtet. Zu welchen Demütigungen, Entwürdigungen, seelischen Verletzungen und seelischen Verkrüppelungen und damit schwersten seelischen Fehlentwicklungen des Kindes diese elterliche Haltung führen kann, wissen wir aus der psychoanalytischen Literatur zur Genüge.

Dieser im Haben-Wollen begründete Individualismus führt letztlich zur Isolation des sich voller Angst auf sich selbst zurückziehenden Ich – eine Tendenz, die jedem von uns als Teil unseres Selbst bekannt ist. Diese Vereinzelung des Menschen jedoch führt nicht zur Erfüllung. Rainer Kunze sagt in einem kurzen Vierzeiler:

Ethik

im Mittelpunkt steht
der mensch
nicht
der einzelne.

Der Mensch als über seine Vereinzelung hinauswachsendes Wesen, der Mensch als in diesem Sinn transpersonale Individualität kann zur Erfüllung des Menschseins und zur Solidarität der Menschheit führen. Als Transperson ist der Mensch ein Durchgangstor für seine eigenen Kinder. Der arabische Schriftsteller Kahlil Gibran (1982) hat diese Existenzweise in seinem Büchlein *Der Prophet* in folgende Worte gefaßt:

Eure Kinder sind nicht eure Kinder:
Es sind die Söhne und Töchter von des Lebens
Verlangen nach sich selber.
Sie kommen durch euch, doch nicht von euch;
Und sind sie auch bei euch, so gehören sie euch doch nicht.
Ihr dürft ihnen eure Liebe geben, doch nicht eure Gedanken,
Denn sie haben ihre eigenen Gedanken.
Ihr dürft ihren Leib behausen, doch nicht ihre Seele,
Denn ihre Seele wohnt im Hause von Morgen,
das ihr nicht zu betreten vermöget, selbst nicht in euren Träumen.
Ihr dürft euch bestreben, ihnen gleich zu werden,
doch suchet nicht, sie euch gleich zu machen.
Denn das Leben läuft nicht rückwärts,
noch verweilet es beim Gestern.
Ihr seid die Bögen, von denen eure Kinder als
lebende Pfeile entsandt werden.

Dieses Wachstum hin auf eine transpersonale Individualität setzt allerdings bewußten Verzicht voraus – Verzicht auf Selbstverwirklichung in einem Kinderwunsch, in dem die Eltern sich selbst genug sind. Dem ankommenden Kind als reinem Zukunftswesen kann die durch Selbstgenügsamkeit motivierte Selbstverwirklichung der Eltern nie genug sein: entweder sprengt das Kind diese Selbstbezogenheit der Eltern, oder es geht selbst (zumindest psychisch) zugrunde.

Gesteigertes Offensein versus Herstellung nach Plan

> Man muß wirken auf das,
> was noch nicht da ist.
> (*Laotse*, 604–514 v. Chr.)

Dieser Satz des Laotse ist paradox. Denn im kausalmechanischen Sinn können wir immer nur auf das Vorhandene wirken, das Nichtvorhandene, Noch-nicht-Daseiende ist nicht greifbar und deshalb im Sinn des uns vertrauten Begriffs von Ursache und Wirkung auch nicht bewirkbar. Ich werde später darlegen, wie gesteigertes Offensein auf das ankommende Kind hin eine positive Antwort zu diesem scheinbar paradoxen Satz des Laotse ist. Zunächst aber werde ich mich kurz mit der Denkstruktur der Herstellung des Menschen nach Plan befassen.

Die modernen medizinischen Fertilitätstechnologien fußen auf dem anthropologischen Konzept vom Menschen als einer hochkomplizierten biopsychosozialen Fruchtbarkeitsmaschine, in welche die Lustphysiologie ebenso wie das sexuelle Reiz-Reaktions-Schema beim Mann und bei der Frau mit eingebaut ist. Dieses Konzept des Maschinenmenschen geht auf Descartes (1596–1650) zurück, dessen Nachfolger dann die Idee des „L'homme machine" (de la Mettries 1748) schuf. Ein wichtiges methodisches Werkzeug zur Beherrschung der Menschmaschine ist die mechanische Kausalität – die der mechanischen Kausalität unterworfenen Vorgänge sind mit Hilfe des statistischen Durchschnitts quantitativ meßbar und vorausberechenbar. Das ist das Prinzip der kalkulatorischen Prognose im Gegensatz zur intuitiven Prognose. Sarkastische Kritiker dieser Medizin ohne Herz sprechen deshalb auch davon: „Die Rattenebenbildlichkeit des Menschen sei eine medizinwissenschaftliche Definition des Menschen, seine Gottebenbildlichkeit eine theologische." Der einzelne Mensch mit seiner biographischen Individualität wird dabei eliminiert (aus diesem Grund wird bei Eileiterverklebung nach Schwangerschaftsabbruch auch unbesehen von der Person zur In-vitro-Fertilisation oder Mikrochirurgie geschritten) – oder ihm wird ein unverbindliches Innenleben zugestanden, das in Descartes' dualistischem Modell allerdings noch das Gewicht der selbstbestimmenden, sinngebenden und fühlenden Seele hat. Fußend auf Descartes' Dualismus von der selbstbestimmenden und fühlenden Seele (Innerlichkeit) gegenüber dem meßbaren Körper (Äußerlichkeit) schufen manche psychosomatische Konzepte das Prinzip der psychophysischen Wechselwirkung – wobei auch hier das Instrument der mechanischen Kausalität gebraucht wird: bekanntermaßen ist das ein wissenschaftlicher Irrtum, denn niemand kann sich theoretisch vorstellen, wie intensives, erfülltes Liebesgefühl die Verbesserung der Spermaqualität des Mannes kausalmechanisch bewirken soll – wenngleich die Gleichzeitigkeit dieser Phänomene wissenschaftlich erwiesen ist.

Dieses Konzept der Herstellung des Menschen nach Plan hat den Vorteil, daß das Risiko der Unbestimmbarkeit von Empfängnis und Zeugung kalkulierbar geworden ist: mit Hilfe biopsychologischer Techniken wird die Offenheit der unbestimmten Kindesankunft umdefiniert zum festgelegten Termin der Penetration des Ovums durch ein Spermium in der Petri-Schale bei der In-vitro-Fertilisation – mag deren Erfolgsquote auch nur bei 5–15% liegen (Lebendgeburten bezogen auf Häufigkeit der Laparoskopien).

Durch das Konzept der planenden Herstellung der Menschwerdung eliminieren wir zwar das Risiko, und wir gewinnen an rational-kalkulierbarer Sicherheit, jedoch schleicht sich damit unbemerkt ein grauer Geselle in unsere Denkstruktur ein: unser Denken wird vergangenheitsbesetzt, die Geister der Vergangenheit herrschen über die Zukunft, oder es kommt zur Herrschaft der Toten über die Lebenden (Loew 1985). Wie ist das zu verstehen?

Das Kind ist die Inkarnation reiner Zukunft – Zukunft jedoch ist in ihrer Reinheit nie planbar oder definierbar. Planen läßt sich immer nur aufgrund von Erfahrungen und Daten aus der Vergangenheit. Das Kind als Individualität ist weiterhin die Verkörperung von Spontaneität in ihrer reinsten Form. Wenn wir die Kindesankunft mit Hilfe eines wissenschaftlichen Plans terminieren und auf diese Art seinen Körper herstellen, so schalten wir die in der Spontaneität liegende Zukunft der Kindesankunft aus. Die Zukunft ist aber nicht planbar oder herstellbar – nur das aus dem vergangenheitsverhafteten Denken stammende *Re*produkt ist machbar. Der Mythos der Machbarkeit hat deshalb auch gar nicht die spontane Ankunft eines individuellen Menschen im Blick, dem Mythos der Machbarkeit ist die spontane Individualität vielmehr verdächtig – der Mythos der Machbarkeit macht sich nur zu schaffen mit dem ihm schon Bekannten, dem *Re*produkt, der Wiederauflage des wissenschaftlich schon Begriffenen. So ist Wagner denn auch der Typus des engstirnigen, zukunftslosen Wissenschaftlers in Goethes *Faust*: Wagner, der Menschenmacher, der den Homunculus in der Retorte herstellt – wohlgemerkt: in Gegenwart des Mephisto. Solche Gedanken mögen den weltbekannten Molekularbiologen Chargaff (1986), den Mitentdecker der Chromosomenstruktur zu dem sarkastischen Satz veranlaßt haben:

> Die Leute haben noch immer nicht gelernt, daß es zwar das Ziel der Forschung ist, die Wahrheit zu finden, daß aber nicht alles, was der Forscher findet, Wahrheit ist. Manchmal ist es nur des Teufels Visitenkarte, die er vom Boden aufhebt.

Herstellbar ist nur der aus der Vergangenheit bestimmbare Mensch als ein *Re*produkt des schon Vorhandenen. Der Mensch als Zukunftswesen, als ein immer Neuwerdender ist der Mentalität der Manipulatoren nicht nur unbequem, er ist unkalkulierbar und deshalb im Schema des Sicherheitskomplexes undenkbar. Der Mensch als ein spontan Werdender sollte aus unserem wissenschaftlichen Denken verschwinden, denn er ist mit den Mitteln einer kartesianischen Logik, einer rational kalkulierenden und planenden Wissenschaft nicht denkbar.

Wir sahen: daß wir den Menschen als *Re*produkt einer Fruchtbarkeitsmaschine heute herstellen können, ist begründet in der kartesianischen Denkstruktur. Wir haben es heute zu der Perfektion gebracht, daß wir sagen können: der Mensch ist, was er denkt, daß er ist.

Diese Denkstruktur hat einen tieferen Grund. Dieses Denken verschafft uns bequeme Sicherheit, welche uns abschottet gegen den Einbruch der Zukunft. Denn die spontane Ankunft des Kindes ist immer auch ein Einbruch – nicht selten ein gewaltsamer – in unserer Zweisamkeit. Offensein gegenüber der unterminierbaren Ankunft eines Kindes setzt jene Gelassenheit voraus, die auch das Unvorhergesehene akzeptiert: eine ungeplante Empfängnis, ein Mädchen, wenn ein Knabe erwünscht war, oder ein behindertes Kind, wenngleich wir uns alle ein gesundes Kind wünschen. Dieses Offensein ist gesteigert, weil es nicht von der natürlichen Naivität einer elementaren Mütterlichkeit ist; es setzt einen Transformationsprozeß voraus, der die natürliche Selbstverständlichkeit des Wunsches nach einem ganzen und gesunden Kind in die Erwartung auch eines behinderten Kindes verwandeln kann. So akzeptieren Eltern in der Haltung des gesteigerten Offenseins auch das ganzheitliche Anderssein ihres ankommenden Kindes – anders als es ihren Wünschen entsprach.

Gesteigertes Offensein lebt aus jener Wirkung, wie sie der Satz des Laotse beschreibt: es ist die Wirkung auf das, was noch nicht da ist, auf das noch nicht im Dasein vorhandene Kind, das von den Eltern aber in ihrem Ahnen erreichbar ist. Nelly Sachs, die große deutsche Lyrikerin nach dem 2. Weltkrieg, deutet in ihrem Gedicht „Chor der Ungeborenen" auf diese Beziehung zwischen den Eltern und ihrem noch ungeborenen Kind (wohl noch vor der Empfängnis) hin:

Chor der Ungeborenen

Wir Ungeborenen
Schon beginnt die Sehnsucht an uns zu schaffen
Die Ufer des Blutes weiten sich zu unserem Empfang
Wie Tau sinken wir in die Liebe hinein.
Noch liegen die Schatten der Zeit wie Fragen
über unserem Geheimnis.

Ihr Liebenden
Ihr Sehnsüchtigen,
Hört, ihr Abschiedskranken:
Wir sind es, die in euren Blicken zu leben beginnen,
In euren Händen, die suchende sind in der blauen Luft –
Wir sind es, die nach Morgen Duftenden.
Schon zieht uns euer Atem ein,
Nimmt uns hinab in euren Schlaf
In die Träume, die unser Erdreich sind
Wo unsere schwarze Amme, die Nacht
Uns wachsen läßt,
Bis wir uns spiegeln in euren Augen
Bis wir sprechen in euer Ohr.

Schmetterlingsgleich
Werden wir von den Häschern eurer Sehnsucht gefangen –
Wie Vogelstimmen an die Erde verkauft –
Wir Morgenduftenden,
Wir kommenden Lichter für eure Traurigkeit.

Vertiefte Sinnenhaftigkeit versus Abspaltung vom Leibe

Durch In-vitro-Fertilisation kommt es bei der Frau in systematischer Weise zur psychosomatischen Abspaltung und zur Entfremdung von ihren tieferen Körperempfindungen, von ihren seelischen Gefühlen und der (psychosexuellen) Sensibilität gegenüber ihrem Partner. Dieser Prozeß der psychosomatischen Anästhesierung (Abstumpfung) ist notwendig. Denn die Frauen sind in einer oft monatelangen klinischen Routine von ständigen Bauchspiegelungen (Laparoskopien), Hormonbestimmungen, Hormonstimulationen und Ultraschalluntersuchungen eingespannt, die derartig mit streßhafter Spannung behaftet sind, daß fast nur robuste Naturen diesen Prozeß durchstehen – sensible Frauen scheiden spontan aus. Es kommt zu depressiven Zusammenbrüchen, so daß Frauen sich zurückziehen müssen; 6–46% aller Frauen reagieren zudem mit Depression auf die In-vitro-Fertilisation (Stauber 1985). Der Mann spielt die Rolle eines Anhängsels; seine Aufgabe ist es, den Samen in dem zur besseren Lustausbeutung pornographisch hergerichteten Masturbationsraum auszustoßen (auch diese Samengewinnung ist ein Aspekt der psychophysischen Lust- und Fruchtbarkeitsmaschine).

Eine tiefgehende partnerschaftliche Entsinnlichung und Entleiblichung wird hier deutlich. Um die Absurdität entfremdender Denkstrukturen zu veranschaulichen, möchte ich kurz eine Episode aus einer Diskussion in einer Kommissionssitzung über die In-vitro-Fertilisation zitieren: Auf mein Argument der leibseelischen Abstumpfung in der Partnerschaft wandte ein Theologe ein: man könne doch das Paar zuvor mit Kondomschutz koitieren lassen und so den Samen im Präservativ, auf diese Art in der Scheide, also im Leib der Frau, auffangen! Dann sei doch die leibseelische Verschmelzung der Partner auch gewährleistet. Worauf ein Gynäkologe sachlich korrigierte, das sei deshalb nicht zulässig, weil der Samen in einem sterilen Glas aufgefangen werden müsse!

Mit einem Kritiker der In-vitro-Fertilisation (Schuller 1986) läßt sich nur noch sarkastisch feststellen: Hier feiert Königin Victoria in glorreicher Prüderie ihren schlimmsten Triumph, indem die Befruchtung ohne den Mann technisch perfektioniert ist und mit Argumenten von eindrücklicher Beschränktheit abgesichert wird. Leibfeindlichkeit, sinnentleerte Askese, „Pflicht zur Existenz" und Fortpflanzung (Jonas 1979) sowie technisch-mechanische Perfektion sind hier eine unheilige Allianz eingegangen. Sexualität und die Begegnung der Geschlechter (Petersen 1979b) werden hier systematisch zerstört.

Diese Strömung von Leibfeindlichkeit und Sinnentleerung, die tendentiell auch in jedem von uns vorhanden ist, betrachte ich als Herausforderung, uns intensiver auf die Wurzeln von sinnlicher Leiblichkeit und Sinnenhaftigkeit in ihrer Fülle und Tiefe zur zeit von Empfängnis und Zeugung zu besinnen. Es ist richtig, daß Masters u. Johnson (1973) eine Fülle physiologisch-psychischer Vorgänge der Sexualität aufgedeckt haben; zugleich glaube ich: die Geheimnisse der geschlechtlichen Begegnung und der Zeugung des Kindes reichen in größere seelische Tiefen und umfassendere geistige Höhen. Unsere wachen Sinne sind dabei Durchgangspforte für uns, um diese Geheimnisse zu vollziehen. Das, was ich oben die Ethik des Wahrnehmens zwischen Ich und Du nannte, läßt sich auch als eine Ethik vertiefter Sinnenhaftigkeit bezeichnen.

In der Treffsicherheit des Ausdrucks, der Fülle der Sprache und der sensiblen Differenziertheit der Worte finde ich ein Vorbild für diese Ethik vertiefter Sinnenhaftigkeit in der modernen Dichtung. Ich schließe deshalb diesen Abschnitt mit 2 lyrischen Stücken chilenischer Dichter: einer Frau, Gabriela Mistral, und eines Mannes, Pablo Neruda. Beide Dichter lassen die Fülle und Sinnesfreude des Kosmos in ihrer Liebeslyrik aufblühen, und zugleich ist darin die Geistigkeit der zwischenmenschlichen Begegnung erkennbar.

Er hat mich geküßt

Er hat mich geküßt und schon bin ich verwandelt:
verwandelt durch den Pulsschlag, der den meinen verdoppelt;
verwandelt durch den Atem, den ich in meinem spüre.

Mein Leib ist geadelt wie mein Herz ...

Und in meinem Atem verspüre ich sogar einen Blumenduft:
alles um dessentwillen, der sanft in meinem Inneren ruht,
wie der Tau auf dem Grase.

(Gabriela Mistral)

Der Sohn

Ach, Sohn, weißt du denn, weißt du,
von wo du kommst?
Von einem See mit weißen,
hungrig kreischenden Möwen.

Am winterlichen Wasser,
da entfachten wir, sie und
ich, ein rotes Geloder,
verschlissen uns die Lippen,
uns die Seele zu küssen,
warfen alles ins Feuer,
verbrannten unser Leben.

Und so kamst du zur Welt.

Doch sie, um mich zu sehen,
und auch dich eines Tages,
überquerte die Meere,
und ich, um zu umarmen
ihre zierliche Taille,
lief um die ganze Erde,
durch Kriege, über Berge,
durch Wüsten, Dornendickicht.

Und so kamst du zur Welt.

Von so viel Orten kommst du,
vom Wasser, von der Erde,
vom Feuer und vom Schnee,
von so weit her gelangst du
bis zu uns beiden hier,
von der schrecklichen Liebe,
die uns verkettet hat,
daß wir nun wissen wollen,
wie du bist, was du sagst, denn
du weißt mehr von der Welt,
die wir zwei dir gegeben.

Wie ein heftiger Sturm
rütteln wir den Baum
des Lebens, ihn erschütternd
bis hinab zu den letzten,
geheimsten Wurzelspitzen,
und jetzt erscheinst du singend
dort, auf dem höchsten Zweig,
den wir mit dir erreichen.

(Pablo Neruda)

*Ein*bindung versus absoluter Kinderwunsch

Im Rahmen medizinischer Fertilitätstechniken kommt dem Kinderwunsch – meist dem Kinderwunsch der Frau – die entscheidende Bedeutung zu. Häufig ist dieser Kinderwunsch absolut [im Sinn von Molinski (1985)]. Absolut heißt: der Kinderwunsch ist von seiner gewöhnlich ambivalenten Eigentümlichkeit losgelöst, er ist erstarrt; denn normalerweise pendelt die Einstellung zwischen ja und nein gegenüber dem Kinde, bis schließlich die Bejahung überwiegt. Ebenso ist die Loslösung, die Absolutsetzung von der eigenen Biographie zu beobachten. Als Beispiel mag jene Frau dienen, deren heißinniger Kinderwunsch wegen Eileiterverklebung nicht erfüllt wird, die aber ihre unverarbeiteten Schuldgefühle über ihren einige Jahre zurückliegenden Schwangerschaftsabbruch verdrängt hat und diese Schuldgefühle jetzt in ihre Vorwurfshaltung gegenüber ihrem Mann projiziert, als biographischer Kontext bleibt zudem die Möglichkeit verdrängt, daß die Eileiterverklebung eine Folge des Schwangerschaftsabbruchs sein kann. Bei dieser Frau ist der Kinderwunsch absolut, er ist abgetrennt von ihrer emotionalen Fühlsphäre und der Einbindung in den Zusammenhang ihres Lebens. Der Wunsch hat sie isoliert, er bekommt eine dranghafte Eigendynamik. Diese Schizoidisierung hat Fromm (1981) in seiner *Anatomie der menschlichen Destruktivität* als eine Tendenz zum nekrophilen Automatenmenschen beschrieben, der seine emotionale Fühlfähigkeit verloren hat und auf zerebral gesteuerte Wünsche nur noch reflexartig reagiert. Aber auch der Arzt und Therapeut ist in diesen destruktiven Prozeß mit einbezogen – als Biotechniker ist er in der Gefahr, sich zum Kinderwunscherfüllungsautomaten manipulieren zu lassen (Petersen 1985).

Angesichts dieser Schizoidisierung ist die Herausforderung zur Einbindung eine doppelte: erstens mögen wir uns einbinden in unsere eigene Biographie mit ihren schmerzvollen Enttäuschungen und Verletzungen, und wir mögen dieses Leben mehr und mehr als unser eigenes und zu uns gehörig akzeptieren. Im Falle der Kinderlosigkeit würden wir einen nicht selten tiefgehenden und langen Beratungsprozeß in der Begleitung eines Therapeuten eingehen, an dessen Ende die durchlebte Trauer über die akzeptierte Kinderlosigkeit stehen kann – und dann erst in einer gereiften Entscheidung die Wahl für oder gegen eine Fertilitätstechnologie treffen. In einer zweiten Einbindung können wir die Loyalitäten zum Kind, die tieferen Bindungskräfte in uns aufsuchen, die normalerweise unserem Bewußtsein verborgen sind. Familientherapeuten sprechen von unsichtbaren Loyalitäten zwischen den Familienmitgliedern. Diese Loyalitäten sind transpersonaler und nichtpsychologischer Natur – sie gehen über die psychologischen Qualitäten des Kinderwunsches hinaus, ohne aber den Wunsch zu vernachlässigen. Zwar sind diese unsichtbaren Bindungskräfte familientherapeutisch nur beschrieben zwischen Eltern und schon geborenen Kindern, und sie haben in der Familientherapie v. a. eine pathologische Bedeutung. Jedoch dürften ähnliche Loyalitäten für die normale Eltern-Kind-Beziehung und auch für die pränatale Beziehung zum ankommenden Kind zu finden sein (Petersen 1979a). Es ist eine Aufgabe pränataler Forschung, die Struktur dieser Loyalitäten genauer offenzulegen.

Schlußbemerkungen

Ich habe 5 Elemente seelischer Haltungen geschildert. Diese 5 Elemente sind als untereinander verbunden zu denken; ich halte es für möglich, daß sie durch weitere Elemente zu ergänzen sind. Die 5 Elemente weisen auf das Paradigma der Kindesankunft hin. Das Paradigma der Familienplanung hat den Kinderwunsch der Eltern zum zentralen Element; es gehört zur Selbstbestimmung der Eltern, wann und wie viele Kinder sie bekommen wollen. Dagegen ist im Paradigma der Kindesankunft die Individualität und die Selbstbestimmung des ankommenden Kindes zentrales Element – das Kind bestimmt, ob, wann und wie es kommt. In diesem Paradigma liegt für unsere rationale Vernunft eine Paradoxie und eine Herausforderung. Um diese Paradoxie zu fassen, bedarf es noch einer grundlegenden Theorie – diese Theorie ist aufgegeben.

Ich habe die 5 Elemente seelischer Haltungen jeweils in Gegenüberstellungen gruppiert: seelische Haltunen, wie ich sie bei intensiven Psychotherapien fand, habe ich mit solchen seelischen Haltungen konfrontiert, wie sie einer wunschzentrieten und maschinenhaften Haltung entsprachen, wie sie in Verbindung mit Fertilitätstechnologien (mit der In-vitro-Fertilisation als vorläufigem Gipfel) erscheinen. Diese Gegenüberstellung hat sich für mich v. a. im Rahmen eines fast 3jährigen Diskussionsprozesses ergeben. Diese Diskussion hatte ich als psychoanalytischer Psychotherapeut mit Ärzten zu führen, die als Verfechter der In-vitro-Fertilisation auftraten. Es war dabei eine Herausforderung an meine Wachsamkeit, die beiden konfrontierten Gruppierungen seelischer Haltungen jetzt in der Diskussion nicht zu personalisieren, mit anderen Worten: ich hatte darüber zu wachen, in meinem Gegner bei aller Schärfe dieser grundlegenden Diskussion nicht einen Feind zu sehen, den ich mit der von mir weniger erwünschten Haltung identifizierte. Denn bei einer solchen Identifizierung wären Verteufelung und Idolbildung nicht mehr weit entfernt gewesen.

Diese innere Aufforderung zur Toleranz an mich selbst wurde mir durch die Besinnung darauf erleichtert, daß ich immer mit beiden Tendenzen in mir zu leben und sie zu erleiden habe – einer Tendenz, die die mechanistische Befriedigung des Kinderwunsches zum Ziel hat, und der anderen Tendenz, die die überpersönliche und individuelle Kraft eines ankommenden Kindes akzeptiert und dafür sensible Wahrnehmungsorgane ausbildet. Diese Tendenzen leben in uns: die eine sehnt sich wohl nach Wandlung durch die andere. Jedoch – das braucht Toleranz, Ausdauer und Liebe.

Ich möchte schließen mit einem Gedicht des österreichischen Lyrikers Josef Weinheber (1978). In diesen lyrischen Bildern fand ich eine Zusammenfassung der beschriebenen Elemente: das Offensein für die Ankunft des Neuen und Transpersonalen, eine gesteigerte Sinnenfreude und Sinnlichkeit und die Einbindung als Verbundenheit mit der Fülle der Welt.

Verkündigung

Hoch im Blauen eine weiße Taube.

Unterm Blütenstaube
Mund zu Mund.
Fürchte nichts! Empfange, glaube!

Hoch im Blauen eine weiße Taube,
tiefer reift das Glück im Sommerlaube,
Stund um Stund.
Sieh den Apfel, sieh die Traube!

Wird das Herz dem großen Sturm zum Raube,
welk und wund:
Fürchte nichts! Gebäre, glaube!

Hoch im Blauen eine weiße Taube ...

Literatur

Buber M ([3]1973) Das dialogische Prinzip. Schneider, Heidelberg
Chargaff E (1986) Der Spiegel 3:178
Fischer E (1986) Pränatale Diagnostik als Herausforderung an Kirche und Diakonie. (Referat vor dem Diakonischen Rat, Februar 1986)
Fromm E (1977) Haben oder Sein (Die seelischen Grundlagen einer neuen Gesellschaft). dva, Stuttgart
Fromm E (1974, 1981) Anatomie der menschlichen Destruktivität. dva, Stuttgart, Rowohlt, Reinbek
Gibran K ([14]1982) Der Prophet. Walter, Olten/Freiburg
Heinsohn G, Steiger O (1985) Die Vernichtung der weisen Frauen (Hexenverfolgung, Menschenproduktion, Kinderwelten). März, Herbstein
Jonas H (1979) Das Prinzip Hoffnung. Insel, Frankfurt am Main
Loew R (1985) Leben aus dem Labor (Gentechnologie und Verantwortung – Biologie und Moral). Bertelsmann, München
Lukesch H (1983) Psycho-soziale Aspekte der extracorporalen Befruchtung und des Embryotransfers beim Menschen. In: Jüdes U (Hrsg) In-vitro-Fertilisation und Embryotransfer. Wissenschaftliche Verlagsgesellschaft, Stuttgart
Masters WH, Johnson VE (1973) Impotenz und Anorgasmie. Goverts, Frankfurt am Main
Mistral G ([3]1976) Spürst du meine Zärtlichkeit. Waage, Zürich

Molinski H (1985) Therapeutischer Umgang mit kinderlosen Paaren, die sich ein Kind wünschen. Vortrag: Psychosomatisch-Gynäkologisches Kolloquium, Frauenklinik der Medizinischen Hochschule Hannover, 28. 11. 1985

Neruda P (1981) Liebesgedichte. Luchterhand, Darmstadt Neuwied

Nijs P, Rouffa L (1975) A.J.D.-Couples: psychological and Psychopythological evaluation Andrologia 7, Heft 3:147–154

Petersen P (1979a) Fruchtbarkeit und die Freiheit zum Kinde. Familiendynamik 4:255–67

Petersen P (1979b) Brücken zur Liebe (Die männliche Sexualität in der Begegnung der Geschlechter) Sexualmedizin 8:364–371

Petersen P (1983) Unsere Beziehung zur Kindesankunft: Machen oder Kommenlassen. Schlesw-Holstein Ärzteblatt 10:676–681

Petersen P (1984) Verantwortete Dreierbeziehung (Familienplanung zwischen Kunst und Künstlichkeit). In: Frick-Bruder V, Platz P (Hrsg) Psychosomatische Probleme in der Gynäkologie und Geburtshilfe. Springer, Berlin Heidelberg New York Tokyo

Petersen P (1985) Retortenbefruchtung und Verantwortung (Anthropologische, ethische und medizinische Aspekte neuerer Fertilitätstechnologien). Urachhaus, Stuttgart

Petersen P (1986a) Schwangerschaftsabbruch: unser Bewußtsein vom Tod im Leben (Tiefenpsychologische und anthropologische Aspekte der Verarbeitung des Schwangerschaftsabbruchs). Urachhaus, Stuttgart

Petersen P (1986b) Empfängnis und Zeugung: Phänomene der Kindesankunft. Z klin Psychol Psychother Psychopat 1:19–31

Schuller A (1986) Diskussion der Zeitschrift „Medizin heute", Köln, 11. April 1986

Stauber M (1985) Psychosomatische Aspekte der extracorporalen Befruchtung. Vortrag 14. Tagung Psychosomatischer Geburtshilfe u. Gynäkologie, Köln 13.–16. 3. 1985

Weinheber J (^{5}1978) Kammermusik. Hoffmann & Campe, Hamburg

Holistic Concepts of Medical Practice in Aristotelian Thought and Contemporary Medicine*

P. Novak

Assuming that Rudolf Virchow's prophecy from the mid nineteenth century which states that will be a natural science or it will not exist any longer has been taken seriously, modern medicine has decisively adopted the rationality of the natural sciences as the legitimizing cornerstone of medical practice without questioning (or only marginally questioning) the possibility that there may be a difference between the rationalities of scientific investigation and therapeutic interaction. Virchow was the founder of cellular pathology, the milestone medicine reached its way toward achieving a scientific basis in research, training, and diagnostic and therapeutic action, a basis on which the scientific community of mathematicians, physicists, and chemists was already working.

But having laid a scientific foundation, medicine committed itself to follow what K. R. Popper (1969), according to his logic of scientific discovery, has identified as the guidelines of the "piece-meal technologist." The piecemeal technologist who by taking only small steps and approaching short-range goals is the strong and always responsible, so far the only true representative of science.

As Popper points out in his *Poverty of Historicism* (1960), the alternative to the piece-meal technologist is the holist. The approach of the holist is far reaching, idealistic, or even ideological, looking at the whole of a problem or an object. He is carelessly pseudo-scientific, uncritical, and incapable of real scientific scrutiny. Now, is it not the essential assumption especially of psychosomatic medicine that a human being seeking help in matters of health is always to be considered as affected in his whole personal being?. Can symptoms, complexes of symptoms, and their possible causes primarily be perceived on the somatic, the psychological, or on the social level of organization of the individual?

In order to realize this assumption, psychosomatic research has brought together the expertise of the biomedical sciences such as physiology, biochemistry, immunology, of psychology, and even of sociology in order to gain adequate knowledge about its object, the human being who can fall ill, who is sick, and who should be assisted in his or her recovery with the help of medicine.

---

* Erstmals erschienen in: Christodoulou (Hrsg) (1987) Psychosomatic medicine. Post and future. 16th European conference on psychosomatic research, 6–11 September 1986, Athens, pp 1–5. Überarbeitete Fassung.

Wagner (Hrsg.), Medizin – Momente der Veränderung
© Springer-Verlag Berlin Heidelberg 1989

Indeed, we owe knowledge which is of great importance in medical practice to such complex empirical research I need only mention the findings of life-event and stress research concerning myocardial infarction or cancer. No doubt we have gained and are still gaining complex interdisciplinary knowledge which is useful in differentiating groups of people according to their attitudes toward health and illness, their inclination to fall ill, their chances of recovery. There is also no doubt that this kind of scientific knowledge escapes Popper's verdict of holism.

But are these findings identical with knowledge about individual people? Obviously not. And when using those scientific findings in medical practice, is medical practice then already identifiable with applied science? On the one hand, yes, as Talcott Parsons (1951) masterly demonstrated to us in his role analysis of physician-patient interaction. On the other hand, Parsons knows that medical practice cannot wholly be identified with applied science.

Medical practice, and especially the practice of psychosomatic medicine, is in the dilemma either of being an applied science and therefore not person oriented, or of using only partly generalized scientific findings which are in essence person oriented. In the first case Popper's verdict on holism does not apply to medical practice, in the second case it does.

If medical practitioners refuse to give up their claim of being able to use scientific findings and at the same time of being oriented to individuals and not to generalized cases, it only remains that Popper's characterization of the holist does not apply to then likewise, and that the rationality of his piece-meal technologist does not fit the person-oriented medical practitioner. This implies that in relation to medical practice the rationality of technology as on applied science is a false paradigm. The logic of scientific discovery cannot be the logic of real everyday medical practice. But what kind of rationality does medical practice follow? Is there a kind of rationality different from that of scientific discovery in the sense of Popper, but comparable concerning the incorruptability of its judgements?

Everyone who is to a certain degree familiar with philosophic thinking and its history will remember Kant's criticism of practical reason, and therefore the dependency of the rationality of practical reason upon the fundamental moral law. Considering Kant's exemplifications of his arguments, however, references to medical practice are missing; Kant was writing in the age of enlightenment and perhaps it was too late for the practice of medicine to be taken as a paradigm of the rationality of practical reason in action.

You may call it chance or not, but this conference is being held in the very place where the decisive discussion about the difference between rationality of science and rationality of practice took place more that 2000 years ago. Here Aristotle, who was a disciple, and, as usual in philosophy, a critic of Plato, but also the son of a physician, expounded the Nicomachean Ethics. The same point is crucial in contemporary debates about the trends in modern science and technology and their role in shaping the future of our everyday lives. In this discussion medical practice is still a paradigm.

An attempt will be made here to outline the characteristics of Aristotle's holistic view of medical practice as his main paradigm for the realization of values within a community by responsible human action. I will try to illustrate the relevance of this conception to the present and future practice of medicine, especially of psychosomatic medicine.

At first glance it seems as if Aristotle is describing the same piece-meal technologist as Popper when he speaks about the physician, among other specialists, to become a better physician when looking for the idea of his special craft? His aim is not health as such, but the health of a particular human being (ἡ ὑγίεια τοῦ ἀνθρώπον τοῦδε). He offers therapy according to each individual's needs (καθ' ἄκαστον γὰρ ἰατρεύει; 97a 10–19). Aristotle is decisively emphasizing action in medicine rather than therory and discourse.

To know the effects of drugs and therapeutic techniques is useless to medical practice without knowing *how*, to *whom*, and *when* they are to be applied. Acting, in this respect requires more than having knowledge, just as knowing how to *act* justly, and *achieving* justice requires more than being familiar with the laws (137a 17–24). Here Aristotle's medical practitioner already clearly deviates from Popper's piece-meal-technologist. The skillfulness of a medical practitioner does not lie in relying on technique and its tradition, but in being able to perceive, and not to miss, the right moment of intervention (δεῖ δαῦτοὺς ἀεὶ τοὺς πράττοντας τὰ πρὸς τὸν καιρὸν ὀκοπεῖν; 104a 9). Another of the important signs of skilfulness is striking the right balance (τὸ μέσον) between too much (ὑπερβοδή) and too little (ἔλλειψις) intervention, in giving drugs, for example, (138a 31) concerning a particular patient in a special situation and acting at the right moment within this period of the patient's life.

Truely, as Aristotle points out, a professional practitioner who acts with regard to individual persons, individual situations, and individual time periods does not have general concepts available that make actions independent of time and circumstances or those that make the results of actions repeatable every time and which are applicable to everybody. Therefore, the medical practitioner, aiming at what is beneficial for health, cannot rely on the exactness of a self-sufficient science (τὰς ἀκριβεῖς κκὶ αὐτάρκεις τῶν ἐπιστημῶν; 112b 1). His objects like his actions are historical in nature, unrepeatable, of course, but in principle are influencing every future state of the object and concept of action. As historically determined (i.e.), depending on contexts of values, persons, situations, knowledges, problems, and techniques) medical practice is based on a special kind of exactness and rationality: the exactness and rationality of practical reason (φρόνησις), in contrast to the exactness and rationality of the self-sufficient science (ἔπιστήμη).

Practical reason is the ability to act according to the right concept (κατὰ τὸν ὀρθὸν λόγον πράττειν; 103b 32), to come to the right decision of action (ἡ προαίρεσις ὀρθή; 145a 4), and to use adequate means and methods for the realization of values concerning the good. But in order to make right aims or values apparent the professional practitioner who is capable of practical reason also needs wisdom (σοφία) and the ability to act ethically (ἤθηκὴ ἀρετή; 144a 5ff.). Because of the difference between making values apparent and of finding the right means and methods to realize these values, wisdom is in a higher hierarchical position than practical reason, just as health is in a higher hierarchical position than medical practice: medical practice cannot use or direct health, but can only see to it that it occurs (ἡ ἰατρικὴ οὐ γὰρ χρῆται αὐτὴ (τῇ ὑγίεια), ἀλλ' ὀρᾷ ὅπω γίνεται; 145a 5–9).

We have perceived the emphasis Aristotle places on practice and practical reason concerning medicine. But does there exist in his view a relation between the rationality of practical reason and the rationality of scientific discovery, and if so, what kind of relation is it? Aristotle assumes that in medical practice more exactness is to be gained when looking at the individual patient than when looking at the generalized nosological case (180b 7–13). But the individual patient will receive the best care when the medical practitioner is also informed about and knows the scientifically conceptualized and therefore generalized health problems (180b 13–16). How so? By using practical reason the experienced practitioner, who is also trained in scientific thinking and has scientific knowledge, is able to decide why the general rule of coping with a certain problem should not be applied to this individual case; in other words, he is able to anticipate and avoid error (154a 22–25).

I have elaborated on the framework of Aristotle's holistic approach to medical practice as a paradigm of action in the common interest, guided by the rationality of practical reason, and based on experience and generalizable knowledge. Let me attempt to summarize the main characteristics of this holistic concept of medical practice:

1. Functionally specialized somatic medicine is to be founded and practiced according to a comprehensive concept and knowledge of the body: a good ophthalmologist is treating the whole body and like every good physician has comprehensive knowledge about the human body (102a 19–24).
2. Knowledge and practice concerning the human body necessarily include the mind. The mind is differentiated into a conscious and an unconscious part, though it is undecided whether this is only a conceptual difference or whether in concrete terms these parts have the same relation to each other as the concave and convex arc of a circle (102a 23–32).
3. The preeminence of the patient as an individual person in a special situation within a special and unrepeatable period of his life over the patient as a nosological case excludes lowering medical practice to the status of being an applied science.
4. In medical practice, like in every practice using special techniques, there is a hierarchical relation between method and aim with consequent subordination of method to aim.
5. Medical practice, like other forms of practice, e.g., politics, follows the rationality of practical reason. That does not exclude the possibility of also instrumentally using the rationality of scientific investigation, but this rationality is then subordinate to the rationality of practical reason.
6. Medical practice does not produce health; health cannot be produced. Medical practice has to do its best so that health can realize itself. Medical practice is subordinate to health as an important value.
7. Practical reason, as the ability to find adequate methods and means to realize right aims, is subordiante to wisdom and the ability to act ethically which make the right aims apparent and perceivable.
8. Medicine is only to be justified, understood, and practiced in connection with other forms of human knowledge and practice, which make it possible for humans to live together in a manner that promotes the common good, according to the abilities or virtues of becoming good by different kinds of action.
9. The emphasis placed on scientific rationality, neglect and underestimation of practical reason and the ability to act ethically i.e., neglect of holistic concepts in medical research, practice, and training, appears in the light of Aristotle's

Nicomachean Ethics to be a fallacy of misplaced concreteness. This interpretation of Aristotle's message is of great importance to the conception of psychosomatic theory and practice (Gadamer 1967, 1972).

References

Aristotle (1959) Ethica Nicomachea. Oxford University Press, London
Gadamer H-G (1967) Apologie der Heilkunst. In: Gadamer HG Kleine Schriften I. J. C. B. Mohr (Paul Siebeck), Tübingen, pp 211–219
Gadamer H-G (1972) Theorie, Technik, Praxis – die Aufgabe einer neuen Anthropologie. In: Gadamer H-G, Vogler P (eds) Neue Anthropologie, vol 1. Thieme, Stuttgart, pp IX-XXXVII
Kant I (1959) Kritik der praktischen Vernunft. Meiner, Hamburg (Originally published in 1787)
Parsons T (1951) The social system. The Free Press, New York
Popper KR (1969) Logik der Forschung 3rd edn. J. C. B. Mohr (Paul Siebeck), Tübingen
Popper KR (2960) The poverty of historicism, 2nd edn. Routledge and Kegan Paul, London